और बाबासाहेब अम्बेडकर ने कहा...

6

और बाबासाहेब अम्बेडकर ने कहा...

डॉ. बाबासाहेब अम्बेडकर के वक्तव्य, टिप्पणियाँ एवं पत्र

(1927-1944)

खंड : छह

डॉ. भीमराव रामजी अम्बेडकर

अनुवादक/सम्पादक

डॉ. एल.जी. मेश्राम 'विमलकीर्ति'

राधाकृष्ण प्रकाशन

ISBN : 978-81-8361-205-0 (सेट)

और बाबासाहेब अम्बेडकर ने कहा...

पहला संस्करण : 2008
चौथा संस्करण : 2021
This book is printed on **Print on Demand** Technology : 2024

मूल्य : ₹5550
(छह खंडों का सेट)

प्रकाशक
राधाकृष्ण प्रकाशन प्राइवेट लिमिटेड
जी-17, जगतपुरी, दिल्ली-110 051

शाखाएँ : अशोक राजपथ, साइंस कॉलेज के सामने, पटना-800 006
पहली मंजिल, दरबारी बिल्डिंग, महात्मा गांधी मार्ग, प्रयागराज-211 001
1, अनमोल सोराबजी संतुक लेन, धोबी तलाव, मरीन लाइंस, मुम्बई-400 002
वेबसाइट : www.radhakrishnaprakashan.com
ई-मेल : info@radhakrishnaprakashan.com

AUR BABASAHEB AMBEDKAR NE KAHA... (Vol. 6)
Transleted and Edited by Dr. L. G. Meshram 'Vimalkirti'

प्रकाशकीय

दलित चेतना के अग्रदूत बाबासाहेब अम्बेडकर की क्रान्तिमूलक प्रेरणाओं से सारा विश्व परिचित है। आधुनिक भारत के इतिहास में जिन महापुरुषों के शब्द हमारी अमूल्य थाती हैं, उनमें डॉ. अम्बेडकर पहली पंक्ति में आते हैं। वर्ण-व्यवस्था के दुष्चक्र में फँसे भारतीय समाज के एक बड़े हिस्से को बाबासाहेब ने जिस तरह आत्मसम्मान की राह दिखाई, उससे साबित होता है कि वे सचमुच एक युगद्रष्टा थे। अपनी गहरी विश्लेषणात्मक दृष्टि और स्वानुभूत पीड़ा के मेल से उन्होंने जो बल दलित-दमित जातियों को दिया, वह आगे चलकर युग-प्रवर्तक सिद्ध हुआ।

अपने आलेखों, भाषणों और टिप्पणियों में उन्होंने बार-बार ब्राह्मणवाद की जड़ पर प्रहार किया और समाज का ध्यान उस अन्याय की तरफ दिलाया जिसे लोग सदियों से स्वाभाविक और प्राकृतिक मानते आ रहे थे। आज भी उनके शब्दों की महत्ता और प्रासंगिकता घटी नहीं है, क्योंकि अनेक कारणों से आज भी यह अन्याय भारत में मौजूद है, और इसीलिए अम्बेडकर साहित्य को बार-बार पढ़ने की जरूरत है।

और बाबासाहेब अम्बेडकर ने कहा... के पाँच खंड इसी उद्देश्य को ध्यान में रखकर 2008 में प्रकाशित किए गए थे। इन खंडों में डॉ. अम्बेडकर के लेखों, अभिलेखों और भाषणों को सिलसिलेवार ढंग से संकलित किया गया था। इसके बावजूद चूँकि बाबासाहेब का जीवन और कर्मक्षेत्र अपने काल में काफी विशाल है, बहुत कुछ समय पर उपलब्ध नहीं होने के कारण सम्मिलित नहीं हो पाया था। यह विद्वान सम्पादक डॉ. विमलकीर्ति का अथक परिश्रम ही है कि वे अपनी खोजी प्रक्रिया में लगे रहे और अन्ततः ऐसा कुछ हासिल कर लिया, वर्तमान समय में जिसके महत्त्व को देखते हुए एक पूरा खंड तैयार किया जा सके। और यह जो छठा खंड है, यह इस मायने में दुर्लभ है कि इसमें बाबासाहेब के विभिन्न मौकों पर दिए गए

वे वक्तव्य, टिप्पणियाँ, पत्र आदि शामिल हैं जिनको जाने बिना उनके युग और योगदान को सम्पूर्णता में नहीं जाना जा सकता।

उम्मीद है, इस पुस्तक के पूर्व प्रकाशित प्रामाणिक खंडों की तरह यह खंड भी अभी तक हिन्दी में अनुपलब्ध अम्बेडकर साहित्य के रूप में समकालीन पाठकों को चिन्तन के लिए प्रेरित करेगा तथा वर्तमान समाज-व्यवस्था और दलित-चेतना के नवीन उत्कर्ष को नई रोशनी प्रदान करेगा!

—अशोक महेश्वरी

क्रम

परिशिष्ट

सम्मान की और दबाव की लड़ाई में ही अपने आन्दोलन की सफलता

पूना जिला बहिष्कृत परिषद का पहला सम्मेलन दिनांक 23 और 24 मई, 1931 को नारायणगाँव तहजुन्नर में हुआ था। डॉ. बाबासाहेब अम्बेडकर इस सम्मेलन के अध्यक्ष थे। उन्होंने अपने अध्यक्षीय भाषण में कहा—

"आप लोगों ने मुझे आज की परिषद का अध्यक्ष बनाया है लेकिन उस पद को स्वीकार करते हुए मुझे संकोच हो रहा है। आज की इस परिषद में अपने परम पूज्य नेता कोंडाजी रामजी मास्टर मौजूद हैं। उनके साथ काम करनेवाले अन्य लोग भी दिखाई दे रहे हैं। इसके अलावा जो लोग यहाँ उपस्थित नहीं हैं किन्तु जिन्होंने मेरे पहले कई सालों तक अछूत वर्ग में जोरदार आन्दोलन किया था ऐसे लोग इस जिले में हैं। मुझे याद है, मैं मराठी चौथी क्लास में था, उस समय पूना में माननीय शिवराम जानबा काम्बले, थोरात, रामचन्द्रराव कदम आदि लोग अछूतों के लिए काम कर रहे हैं, ऐसा मेरे पिताजी बता रहे थे। उनमें से माननीय थोरात आज यहाँ स्वयं मौजूद हैं। काम्बले जी और कदम जी आज की परिषद में नहीं आ सके। इस प्रकार के बुजुर्ग और पुराने नेता लोगों के होने पर भी आज के अध्यक्ष पद का सम्मान केवल आप लोगों के आग्रह पर मुझे स्वीकार करना पड़ रहा है, खैर...

आज, हम लोगों को आज की स्थिति में क्या करना जरूरी है इस बात पर पहले सोचने की जरूरत है। हम लोगों को अछूत समझा गया फिर भी हम मनुष्य हैं। अन्य समाजों की तरह हम लोगों को भी समानता से रहने का हक चाहिए। हम सही मान-सम्मान के योग्य होने पर भी अन्य समाजों ने हमारे अज्ञान का फायदा उठाकर हम लोगों को बहिष्कृत घोषित कर दिया है। इस देश पर अपना अधिकार स्थापित करने के लिए जिन वीरों की मदद हुई वे सभी योद्धा अधिकांश हमारी जाति के ही थे। महार फौज के बल पर अंग्रेजों को यहाँ अपनी सत्ता मजबूत करने में सफलता मिली और उसके लिए विजय के प्रतीक के रूप में अंग्रेजों ने कोरेगाँव में विजय स्तम्भ बनाकर अपने समाज के वीर पुरुषों की स्मृति को अमर किया है। उस समय का अपना स्थान आज कहीं दिखाई नहीं दे सकता।

यह बात सही है कि महारों की वीरता पर अंग्रेजों को राज मिला। लेकिन देश के अन्य उच्चवर्णीय लोगों को खुश करने के लिए महार आदि अछूत समझे गए लोगों का अन्य कोई वाली नहीं होने की वजह से अंग्रेज सरकार ने फौज में ऊँचे पद और अन्य पद महारों को देने पर पाबन्दी लगाई। आज स्थिति इस प्रकार की है कि फौज में महार अफसरों के हाथ के नीचे नौकरी करना पाप समझनेवाले लोग मुस्लिम अफसरों के हाथ के नीचे काम करने में किसी प्रकार का पाप महसूस नहीं करते। यही बात पुलिस विभाग की भी है, किन्तु अपने पिछले पाँच-छह साल के स्वावलम्बी सोच के आन्दोलन के कारण परिस्थिति में कुछ परिवर्तन हो रहा है।

परसों के सरकारी पत्र से पता चलता है कि पुलिस विभाग में अपने समाज भाइयों को कई सहूलियतें प्राप्त हुई हैं। इसके आगे हम सभी को इस बात का ध्यान रखना चाहिए कि हम लोगों को अन्य समाजों में बड़ा स्थान प्राप्त नहीं करना है, केवल इनसानियत प्राप्त करनी है। हम अपनी आर्थिक स्थिति के बारे में सोचें तो हम भारत के अन्य दरिद्र लोगों से ज्यादा दरिद्र हैं। हम लोगों को दरिद्रता क्यों प्राप्त हुई, इसके बारे में जब हम सोचते हैं तो पता चलता है कि अछूतपन की परम्परा ही अपने दु:ख का मूल कारण है। इसके लिए आप लोगों को जिन उपायों से अपने इनसानियत के हक प्राप्त करना सम्भव हो उस हर मार्ग को अपने संगठन के बल पर प्राप्त कीजिए और आप साहस के साथ आगे बढ़िए। नासिक, पूना आदि जगहों के सत्याग्रह के हथियार को तेज करते हुए अपने आन्दोलन को सफल करने की हिम्मत रखिए और ऐसे सम्मान की और दबाव की लड़ाई को सभी लोगों के लड़ने से ही हम लोग अपने आन्दोलन को कामयाब बना सकते हैं।"

सा. जनता, 8 जून, 1931

स्वराज्य में अछूत जनता को समान हक मिलने चाहिए

गोलमेज परिषद, लंदन से लौटने के बाद मुम्बई इलाके के अछूत वर्ग के लोगों ने डॉ. बाबासाहेब अम्बेडकर का सत्कार और स्वागत मुम्बई में करने का तय किया। यह समारम्भ दिनांक 1 मार्च, 1931 को हुआ। डॉ. सोलंकी इस सत्कार-स्वागत सभा के अध्यक्ष थे। इस सभारम्भ में डॉ. बाबासाहेब अम्बेडकर ने कहा—

"आज करीब-करीब पाँच माह के बाद आप सभी से मुलाकात करने का मौका मिला है। इसके लिए मुझे बड़ी खुशी हो रही है। आप सभी लोग मुझ पर भरोसा रखकर सहयोग कर रहे हैं, इस बात का मुझे गर्व है। लेकिन उतनी ही जोखिम और जिम्मेदारी भी लगती है। मनुष्य के पीछे जो पारिवारिक जीवन है उससे रास्ता निकालना अलग बात है और फिर मुझ पर आप सभी के हित सम्बन्धों के सवालों की स्थिति से रास्ता निकालना एकदम मुश्किल काम है। इस स्थिति से बाहर निकलने के लिए मुझे ही रास्ते की तलाश करनी पड़ेगी। यहाँ से जो मुस्लिम, सिख, उदारवादी आदि प्रतिनिधि गए थे उनको उनकी पार्टी के लोगों ने विदा करते हुए कहा था कि फलाँ-फलाँ तरह का काम कीजिए। लेकिन आप लोगों ने जब मुझे विदा किया उस समय परिषद में किस प्रकार की जिम्मेदारी निभानी है इस बात की पूरी जिम्मेदारी मुझ पर ही डाल दी थी। आप लोगों ने आपके उत्थान का रास्ता खोजने की जिम्मेदारी मुझ पर ही डाल दी है, यही परिषद में गए प्रतिनिधियों में और मुझमें बड़ा फर्क था। मैं परिषद में बातचीत के माध्यम से जो रास्ता तय करूँगा वह रास्ता आप लोगों को और मुझे समान रूप से पसन्द आएगा, इस बात का मुझे सन्देह था। लेकिन बेहद प्रयासों से और जिद से जो रास्ता खोज निकाला है उसकी योजना आप लोगों को भी पसन्द है। इसलिए चन्द शब्दों में उसके बारे में कहता हूँ।

मैंने रावबहादुर श्रीनिवास के सहयोग से जो योजना परिषद में प्रस्तुत की उसमें कुल आठ बातों की माँग की है। उसमें है, समान हक की नागरिकता। भारत को स्वराज्य मिलना चाहिए या नहीं? स्वराज्य मिलने पर वह किस प्रकार का चाहिए? स्वराज्य किसी भी प्रकार का हो उस स्वराज्य में अछूत जनता को समान हक से रहने का अवसर मिलना चाहिए। यदि उस स्वराज्य में हमारा कोई स्थान न हो तो उस प्रकार का स्वराज्य सौ नम्बरी होने पर भी हमें नहीं चाहिए। उसी प्रकार भारत

में स्वराज्य की स्थापना होनी हो, और उसमें जो बात निश्चित होनी हो तो वह है, राजनीतिक सत्ता ऊँची जातियों के हाथों में जानेवाली है। और इसमें कोई सन्देह नहीं है, इसलिए सवर्ण लोगों के हाथों में राजनीतिक सत्ता जाने से पहले हमारा अछूतपन कानून के द्वारा समाप्त किया गया तो ही हम उस बात को स्वीकार करेंगे।

कानून के द्वारा अछूतपन समाप्त करने का कानून बनाया गया तब भी सभी स्तर के लोग समान हक से रहेंगे इस बात को स्वीकार करना जरूरी था। किसी ने अछूतों पर अन्याय करने का प्रयास किया तो उसको राजनीतिक गुनहगार समझा जाए। इसके लिए केवल मुख्य प्रधान मि. रॅम्से मैकडोनाल्ड का आश्वासन मिला है। बाद में जो कमेटियाँ बनेंगी उसकी बहस में इसके बारे में और भी फैसला किया जाएगा।

कुछ भी हुआ और हमको कितने भी राजनीतिक हक मिले फिर भी मुझे इस बात का डर है कि अगली योजना में अपने बारे में कानून के द्वारा या कार्यकारी मंडल के आदेश से भेदभाव दिखाया जाएगा। इसलिए इस प्रकार का नफरत पर आधारित किसी भी प्रकार का भेदभाव विधि मंडलों को या कार्यकारी मंडलों को करना असम्भव हो इस दृष्टि से प्रयास किए बगैर बहुसंख्यक लोगों की सत्ता में रहने की बात कबूल करना अछूत समाज के लिए असम्भव है। अगले विधिमंडल में भी हम लोग अल्पसंख्यक ही रहेंगे। सौ में दस-पन्द्रह प्रतिनिधि तो एकदम कम होते हैं। इसके लिए विधि मंडलों को जाति-जाति में किसी भी प्रकार का भेद कर कानून बनाने का मौका नहीं मिलना चाहिए। केवल इनसानियत के हक हासिल हों इस प्रकार की नीति अपनानी चाहिए। और इस माँग को परिषद ने स्वीकार किया है।

मतदान के सम्बन्ध में आज की स्थिति संतोषजनक नहीं है। इसमें केवल धनी और मध्यवर्ग को ही अपने मतदान का हक है। गरीब, मेहनतकश लोग अपना लायक प्रतिनिधि नहीं चुन सकते। देश में गरीबों की संख्या नब्बे प्रतिशत है। उनको अपने कल्याण के सवालों के लिए सरकार की ओर देखना पड़ता है। जिसकी वजह से उनको दूसरों पर निर्भर रहना पड़ता है। भावी स्वराज्य में इस प्रकार की अपमानजनक स्थिति समाप्त होनी चाहिए, इसलिए मैंने आम मतदान प्रणाली की योजना की माँग की है। इस सवाल पर काफी बहस हुई। हम चारों प्रतिनिधियों ने इस सवाल पर बल दिया लेकिन उसका खास उपयोग नहीं हुआ। यह सवाल पूछा गया था कि अछूतों को स्वतंत्र या संयुक्त मतदान प्रणाली चाहिए? मैंने सुझाव दिया कि या तो आम मतदान पद्धति से, और प्रारम्भ के दस साल स्वतंत्र मतदान पद्धति से बाद में संयुक्त मतदान पद्धति से और आरक्षित सीटों की व्यवस्थानुसार व्यवस्था होनी चाहिए। इसके सन्दर्भ में कुछ दिन स्वतंत्र मतदान पद्धति को स्वीकार कर लिया गया है।

सरकारी नौकरी में प्रवेश के बारे में किसी का भी चयन करना हो तो वह सरकारी अफसर के तय करने की बजाय वह कमीशन के चयन पर निर्भर रहेगा। लेकिन इससे भी लाभ की बात यह है कि सरकारी नौकरी में अमुक प्रतिशत में अल्पसंख्यक,

अछूत समाज के लिए सीटें रिक्त रखी जाएँगी। इससे सम्बन्धित सभी जिम्मेदारी के अधिकार केवल गवर्नर के ही हाथ में रहेंगे।

यदि विधि काउंसिल में बहुसंख्यक लोगों ने अल्पसंख्यक लोगों की परवाह नहीं की, बजट में हमारी माँगों पर कुछ भी विचार नहीं किया तो हम क्या करेंगे? इस सम्बन्ध में अपील करने का अधिकार दिया गया है। यदि हमारी न्याय पर आधारित माँगों का अनादर हुआ तो गवर्नर के पास अपील करने, और यदि गवर्नर भी नहीं सुनता है तो वायसराय के पास अपील करने का अधिकार दिया गया है। इसके अलावा महत्त्वपूर्ण बात यह है कि अछूतपन के सवाल का स्वरूप अखिल भारतीय है। उसके लिए एकसूत्रता चाहिए थी और केन्द्रीय विधिमंडल में अछूतों की ओर से एक दीवान की नियुक्ति करके सभी प्रकार की शिकायतों को उसके द्वारा सुना जाना चाहिए। लेकिन इसके बारे में संतोषजनक समाधान नहीं निकला है। पुलिस और फौज में अपने लोगों को सभी प्रकार की नौकरियाँ मिलने की व्यवस्था की गई है। इसके आगे इन दोनों विभागों में नौकरी के लिए प्रवेश पाते समय जाति, धर्म आदि के बारे में कोई रुकावट नहीं आएगी, इसके लिए सभी प्रतिनिधियों का समर्थन प्राप्त हुआ है।

अन्त में उक्त सभी बातों पर गम्भीर रूप से विचार करने पर ऐसा लगता है कि भारत को प्राप्त होनेवाले भावी स्वराज्य में अल्पसंख्यकों की शर्तें सुनिश्चित हुए बगैर किसी भी प्रकार का नया संविधान फिजूल साबित होगा। और इसके लिए हमारी यह इच्छा हो कि बहुजन समाज को समानता का राज्य प्राप्त हो तो उम्र में आए हर व्यक्ति को मतदान का हक मिलने के लिए प्रयास करना चाहिए। यह आम मतदान का सवाल बहुत ही महत्त्वपूर्ण है और इसके लिए मेरी ईमानदारी की राय यह है कि जहाँ गरीबों का जीवन सुरक्षित नहीं वह स्वराज्य खतरनाक है।

इसके बाद मैं आप लोगों से बड़ी विनम्रता से अनुरोध करता हूँ कि इसी माह में नासिक कालाराम मन्दिर प्रवेश के सत्याग्रह को आप लोगों को तन-मन-धन से सहयोग करना चाहिए। आपके पीछे यहाँ कुल स्थिति प्रतिकूल होने के बावजूद भी मेरे सहयोगी मित्रों ने अखिल भारतीय बहिष्कृत समाज सेवा संघ और डॉ. अम्बेडकर सेवा दल ने जो जिम्मेदारी का कार्य किया है उसके लिए मैं आभार प्रदर्शित किए बगैर नहीं रह सकता।

सा. जनता, 9 मार्च, 1939

केवल शिक्षा से योग्यता आती है ऐसी बात नहीं

धारवाड़ जिले के बहिष्कृतों की (अछूतों की) पहली परिषद डॉ. बाबासाहेब अम्बेडकर की अध्यक्षता में दिनांक 28 दिसम्बर, 1929 को धारवाड़ में आयोजित की गई थी। इस परिषद में डॉ. अम्बेडकर ने अपने अध्यक्षीय भाषण में कहा—

"यहाँ मेरी जो प्रशंसा की गई है उसके लिए मैं स्वयं लायक हूँ या नहीं यह तय करना मेरे लिए असम्भव है। फिर भी प्रशंसा के लिए लायक मानना सुननेवालों पर निर्भर करता है। जब मैं इंग्लैंड से आया उस समय मुझे सम्मानपत्र देने के लिए आप लोगों ने काफी कोशिश की। लेकिन मैंने किसी भी लालच में न आकर सम्मानपत्र स्वीकार नहीं किया। मेरी राय में इसका कारण एकदम साफ है। सम्मानपत्र लेने के लिए योग्यता चाहिए। केवल शिक्षा प्राप्त कर लेने मात्र से उस तरह की योग्यता आती है ऐसी बात नहीं है। किसी मनुष्य के विद्वान होने से वह समाज के लिए उपयोगी होता ही है, ऐसी बात नहीं है। विद्वान आदमी धूर्त, चालाक, तिकड़मी, लापरवाह और न जाने कितने प्रकार के दुर्गुणों से भरा हुआ होता है। आज की स्थिति में विद्वान, पढ़े-लिखे, प्रगत लोग अछूतों के साथ किस प्रकार का बर्ताव करते हैं इसको हम देख रहे हैं। लेकिन यह ऐसे ही चलनेवाला है, क्योंकि छूत-अछूत की व्यवस्था काल के परे चीज है और कोई भी व्यक्ति छाती ठोककर यह नहीं कह सकता कि यह व्यवस्था कब टूटेगी। अछूतपन निर्मूलन के कई रास्ते हैं। उसमें महत्त्वपूर्ण मार्ग है राजनीतिक सत्ता को अपने हाथ में लेना। आप लोगों में परिवर्तन लाने के लिए कई सवर्ण लोग आपके बीच में रहने लगे हैं। कुछ साहब लोग भी आप लोगों के प्रति हमदर्दी दिखाने लगे हैं, लेकिन धीरे से कहते हैं कि अपना रहन-सहन सुधारिए, साफ-सुथरा रहिए, नई सोच रखिए। यह सब बातें सही हैं लेकिन ध्यान में रखिए कि उक्त सभी बातें राजसत्ता पर निर्भर करती हैं।

राजसत्ता हाथों में आने के बाद सब कुछ हो जाएगा। राजसत्ता के अभाव में जो कुछ होता है वह केवल सुधार है और राजसत्ता प्राप्त होने तक यह सुधार जारी रहता है। अभी-अभी मुझे स्टार्ट कमिटियर जाने का अवसर प्राप्त हुआ और उसकी वजह से जिनको 'जंगली लोग' कहा जाता है उनसे मेरा परिचय हुआ। उनमें और हममें क्या फर्क है? केवल कपड़ों के बाह्य आवरण के अलावा कोई फर्क नहीं

है। किसी ने कितना भी कहा तब भी वे लोग अपना पहनावा कभी भी नहीं छोड़ेंगे। आज इस पहनावे की वजह से ही वे एकदम अलग दिखाई देते हैं। इन लोगों में सुधार केवल पहनावे से होनेवाला नहीं है। परिवर्तन के लिए पहनावे का, कपड़ों का कोई महत्त्व नहीं है।

जंगली लोग, हिन्दू समाज और अछूत समाज में काफी फर्क दिखाई देता है। एक-दूसरे के रीति-रिवाजों में भिन्नता है। सरकार को अछूतोद्धार के बारे में कानून बनाने की हिम्मत नहीं है। खुद पर अन्य जातियों का गुस्सा लेने के लिए सरकार तैयार नहीं है। जब तक राजनीतिक सत्ता का कुछ अंश अपने हाथों में आता नहीं तब तक अपने सुधार की गति तेज होती नहीं। इसलिए हम लोगों को राजनीतिक सत्ता हाथ में लेने का प्रयास करना चाहिए। उसी प्रकार ऊँची जाति के जुल्म-ज्यादतियों को भी दूर करने के लिए झगड़ना चाहिए। सभी ओर से संघर्ष करने की जरूरत है। कोंकण में अछूतों की स्थिति केवल गाँववालों की मर्जी पर ही निर्भर है। अछूतों के लिए गाँव के पाटील (मुखिया) अनुकूल चाहिए। पाटील के भड़क जाने पर वह और गुंडे लोग मिलकर अछूतों का जीना मुश्किल कर देते हैं। उन पर जबर्दस्त सामाजिक बहिष्कार डालते हैं। इस प्रकार वे उन पर बहिष्कार डाल सकते हैं। इस प्रकार के बहिष्कार से अछूत लोग घबराते हैं। इसलिए वे स्वाभाविक तौर पर इस प्रकार के आन्दोलनों से दूर रहना चाहते हैं और रहते भी हैं। आज भी अछूतों की स्थिति बड़ी विचित्र है।

इस अंग्रेजी राज में अछूतों पर इस्तेमाल करनेवाले सामाजिक बहिष्कार को दूर करनेवाला कानून कोई विशेष महत्त्व नहीं रखता है। अब अपनी स्पष्ट राय बन गई है कि हम सभी को स्वराज्यवादी ही बनना चाहिए। इस देश में कम से कम महार, मातंगों को स्वराज्य चाहिए। आज के स्वराज्य के झंझट में पड़ने से दूसरों को ही लाभ होगा। अब स्वराज्य का संविधान बन रहा है। उसमें हम जरूरतमन्द लोगों को हक मिलने चाहिए। लेकिन मुझे ऐसा नहीं लगता कि इस स्वराज्य के लेन-देन का कुछ अर्थ है। मैं साफ तौर पर कहना चाहता हूँ कि मुझे अंग्रेज सरकार पर भरोसा नहीं है। यह सरकार हमारे उद्धार के लिए कुछ करनेवाली नहीं है। हमारा उद्धार हमको ही करना चाहिए। स्वागताध्यक्ष कहते हैं कि जब तक अछूतपन है तब तक स्वराज्य मिलनेवाला नहीं। लेकिन यह केवल नासमझी है। अंग्रेज सरकार कोई सिद्धान्तों पर चलनेवाली सरकार नहीं, वह पूरी तरह से व्यवहारवादी है। वह सरकार जो स्वराज्य माँगेंगे उनको स्वराज्य देने के लिए नहीं आई है। अंग्रेज सरकार काटनेवाले को, भौंकनेवाले को खुश करेगी। वह यह देखेगी कि अपना साम्राज्य सुरक्षित है या नहीं। उसको तुम्हारे झंझटों से कुछ भी लेना-देना नहीं है।

इस देश के सुख के लिए कोई स्वराज्य देनेवाला नहीं है। फिलहाल स्वराज्य के बारे में विचार-विमर्श चल रहा है। इसमें आपको-हमको कौन पूछ रहा है? वे महात्मा गांधी, सप्रू, नेहरू, जिन्ना से विचार-विमर्श कर रहे हैं। इन लोगों का अपने

लोगों के साथ कितना सम्बन्ध होता होगा, वह तो दिखाई दे रहा है। इसके लिए अब हम लोगों को स्वराज्यवादी बनना चाहिए। लेकिन केवल स्वराज्य प्राप्त करने से ही क्या होगा? हम लोगों में स्वराज्य की योग्यता चाहिए। यदि हमने चिल्लाना शुरू किया तो हमें लगना चाहिए वह सत्ता मिलेगी। लेकिन वह ज्ञान के बगैर बेकार है। केवल अछूतों के बहुसंख्य होने से कुछ नहीं होगा। स्वराज्य के उपभोग के लिए योग्यता चाहिए। अपनी सामाजिक स्थिति अन्य समाजों से एकदम अलग है। जो जातिभेद अपने में है वही दूसरों में भी है। लेकिन अपने में एक एकदम विशेष दिखाने लायक इस प्रकार की दूसरी गुण भिन्नता भी है।

जाति भिन्नता और गुण-भिन्नता समानान्तरगामी है। वह आज भी समानान्तर है। यह प्रकार अन्य किसी भी देश में दिखाई नहीं देगा। हमने अनादि काल से वंश परम्परा से प्राप्त गुणों को स्वीकार किया है। उसके दुष्परिणाम भोग रहे हैं। अछूत कितना भी विद्वान हो दूर ही रहता है। लेकिन मूर्ख ब्राह्मण ऊपर ही घूमता-फिरता है। इस बात को आज तक केवल नासमझी की वजह से चलने दिया गया है। यदि अज्ञान न होता तो समता की लड़ाई कब की शुरू हो गई होती। ब्राह्मण गुणों से नीच होने के बावजूद भी जन्म से श्रेष्ठ होता है।

गुण-भिन्नता का अन्तर खत्म होना चाहिए। इसके लिए शिक्षा का प्रचार होना चाहिए। हम लोगों को काफी जागरूक होना चाहिए। अवसर प्राप्त होना और उसको हासिल करना अपने हाथ में है। शिक्षा के अभाव में वह हासिल नहीं हो रहा है। हम स्वयं अपने हक छिनने का, हम छिनने को ही कहते हैं, लेकिन उनको हासिल करने का प्रयास करना चाहिए।

यह हमारा इनसानियत का झगड़ा है। इसके लिए अन्त में सत्याग्रह करना पड़ेगा। वही अन्तिम रास्ता है। स्वदेशी और विदेशी दोनों के खिलाफ सत्याग्रह करना पड़ेगा। दोनों जिस प्रकार का अन्याय करेंगे उस तरह से उनके खिलाफ युद्ध नीति अपनानी चाहिए। पुराणकालीन कौरव और पांडवों में इतनी बड़ी लड़ाई क्यों हुई? वह केवल राज्य के लिए। अछूतपन सारे समाज का कल्याण नहीं होने देगा। लेकिन हमको अपना स्तर ऊँचा उठाना चाहिए। ध्यान में रखिए, हम लोगों को अपने उद्धार की लड़ाई कभी न कभी लड़नी ही पड़ेगी। सवर्ण समाज के मन से हठधर्मिता कब जाएगी? वे पुराणमताभिमानी तो रहेंगे ही। मुझे अन्त में यही कहना है कि स्वावलम्बन का मार्ग अपनाइए। आप लोगों को इस अवस्था में रखने का काम बहुत ही पक्का है। तुम्हारे महार की वतन (इनाम), उस वतन (इनाम) के अभिमान से तुम लोग कितने परावलम्बी हुए हो इस बात को क्या आप लोग जानते हैं? इस महार की इनाम की वजह से महार गाँव-देहातों में हमेशा के लिए दबाया गया है।

महार का मतलब सरकारी भिखारी। इस इनाम (वतन) के कारण हर गाँव-देहात में इस तरह के सरकारी भिखारी मिल गए हैं। महारों को इस भिखारी बनानेवाले इनाम

(वतन) के पीछे लगने की बजाय अपने कलाई के बल पर संघर्ष करना चाहिए। अपनी शिक्षा के लिए उसको स्वयं मदद करनी चाहिए। उसको दूसरा कोई भी मदद नहीं करेगा। कुछ उदारवादी लोग मदद करेंगे।

चूहे की मदद केवल दिखावटी है। महार लोग गरीब हैं, लेकिन क्या संख्याबल में कम हैं? उन्होंने अपनी खुद की ही सहायता को इकट्ठा किया तो उनका शिक्षा का सवाल अपने आप हल हो जाएगा। धारवाड़ जिले में एक लाख महार होंगे। हर एक ने एक-एक रुपया दिया तो एक लाख का फंड इकट्ठा होगा। और उसके बल पर सौ बच्चों का छात्रावास चलेगा। फिलहाल यहाँ एक छात्रावास शुरू हुआ है। सरकारी आश्रम है। ग्रांट पर्याप्त है। हर छात्र के पीछे दस रुपये मिलते हैं। दूसरी ओर इस तरह की सहायता नहीं दी जाती। फिलहाल यहाँ पन्द्रह बच्चों की ही व्यवस्था है। झगड़ने पर इस संख्या को बढ़ाया जा सकता है। लेकिन हमारी व्यवस्था हमको ही करनी चाहिए। फिलहाल इस छात्रावास की व्यवस्था हमारे पास है। मैं मुम्बई में रहता हूँ और छात्रावास यहाँ है। अन्तर काफी है। जिस प्रकार की व्यवस्था होनी चाहिए थी उस प्रकार की व्यवस्था नहीं हो रही है। इसके लिए एक कमेटी गठित कीजिए और स्वयं ही इसकी व्यवस्था कीजिए। यह धारवाड़ जिले के अछूत छात्रों की व्यवस्था है। इससे विशेष व्यवस्था होनी चाहिए। वह व्यवस्था तुम स्वयं कर सकते हो।"

ज्ञान प्रकाश, 1 जनवरी, 1930

मजदूरों की कोई जाति नहीं कहनेवाले सवर्ण नेताओं को इसका जवाब देना चाहिए

पूना के पार्वती सत्याग्रह को समर्थन देने के लिए दिनांक 16 अक्तूबर, 1929 को परल में मुम्बई के अछूतों की एक विशाल जनसभा डॉ. बाबासाहेब अम्बेडकर की अध्यक्षता में आयोजित की गई थी। डॉ. अम्बेडकर ने कहा—

"हम लोगों ने मिल मजदूरों की यूनियन का क्यों विरोध किया है, इसके बारे में पिछली हड़ताल के कारणों की और परिस्थिति की कई लोगों को कुछ भी जानकारी नहीं है, ऐसा लगता है। पहली बात तो यह कि यह हड़ताल आम नहीं थी। मिलों में काम करनेवाले मुस्लिम मजदूरों में से एक भी मजदूर हड़ताल में सम्मिलित नहीं हुआ था। जिन एरिया के मिलों में मुसलमान मजदूर (कर्मचारी) ज्यादा हैं वहाँ की मिलें पूरी तरह बगैर दिक्कत चल रही थीं। उसी प्रकार हड़ताल के एक दिन पहले मिल मजदूर यूनियन के अध्यक्ष, सेक्रेटरी और अन्य दो लोग मुझसे मिलने के लिए आए। उस समय वहाँ मि. देवराव नाईक और मि.द.वि. प्रधान भी मौजूद थे। उनके साथ काफी देर तक बातचीत होती रही। उस समय मैंने मिल मजदूर यूनियन के लोगों को बताया कि हड़ताल करने के लिए पर्याप्त कारण नहीं होने पर भी हड़ताल करना मूर्खतापूर्ण है। यदि हड़ताल करने के लिए पर्याप्त कारण हों और उसमें यदि हमारे बहिष्कृत वर्ग का कुछ लाभ होता हो तो ही मैं बड़ी खुशी के साथ समर्थन देकर हड़ताल में सम्मिलित होऊँगा, अन्यथा नहीं।

बाद में मेरे स्वयं हड़ताल के सभी कारणों की खोज करने के बाद मुझे ऐसा यकीन हो गया कि कुछ लोग अपनी हेकड़ी के कारण इस हड़ताल को टिकाना चाहते हैं। यूनियन द्वारा दिए गए अभिवचनों को यदि यूनियन के चालक ही पालन न करते हों तो उस यूनियन के शब्दों का कौड़ी की कीमत नहीं रहेगी। इस प्रकार की स्थिति थी। सभी लोगों को इस बात को ध्यान में रखना चाहिए कि मुम्बई सरकार द्वारा नियुक्त हड़ताल जाँच कोर्ट के सामने गवाही देते समय इसी यूनियन के अधिकारियों ने इस प्रकार का कबूली जवाब दिया है कि हमारा संगठन टूट रहा था इसलिए हमने हड़ताल करवाई।

तीसरा मुख्य कारण यह है कि आज तक जितनी भी हड़तालें हुई हैं उसमें बहिष्कृतों को किसी भी प्रकार का न्याय नहीं मिला है। उनको कपड़ा विभाग में अभी भी पाबन्दी है। सम्भव हो तो कपड़ा विभाग बहिष्कृतों के लिए खुला हो। और मुम्बई के लोगों को कपड़े का काम आना चाहिए इसलिए मैंने विरोध किया। क्योंकि वहाँ के सवर्ण लोग उनको काम सिखाने के लिए तैयार नहीं हैं। वे वरहाड से 130 लोगों को लाए। किन्तु कपड़ा विभाग के सवर्ण वर्गीय मजदूरों ने कहा कि हम अछूत लोगों के साथ काम नहीं करेंगे। इसलिए इन सवर्ण मजदूरों ने जगह-जगह हड़ताल की, जिसकी वजह से लाए गए अछूत मजदूरों को वापस लौटना पड़ा। यदि अछूतों पर अन्याय करते हुए, यही मजदूर आन्दोलन का न्याय हो तो मजदूरों की कोई जाति नहीं होती कहनेवाले, चिल्लानेवाले सवर्ण नेताओं को इस बात का जवाब तो देना चाहिए।

उसी प्रकार यह भी सच है कि मिल में कोई भी बड़ा पद अछूत वर्ग के लोगों को नहीं दिया जाता। इसकी वजह यही है कि जाति माननेवाले सवर्ण (हिन्दू) मजदूर अछूत अमलदार और मुकादम के हाथ के नीचे काम करने के लिए तैयार नहीं होते हैं। मिल के नलके पर होनेवाले झगड़े और सवर्ण औरतों की ओर से अछूत औरतों को बेइज्जत करने की बातें रोज की चीज हैं। जिस आन्दोलन में बहिष्कृतों पर अन्याय होता हो और उसको जारी रखने की सोच जिनमें हो ऐसे किसी भी आन्दोलन का विरोध करना हमारा काम है।

जिनको बहिष्कृत वर्ग के सहयोग की अपेक्षा हो उनको बहिष्कृत वर्ग को न्याय देना चाहिए। जहाँ जो लोग मेरे बहिष्कृत वर्ग को न्याय देकर उनकी गुलामी से और जो स्थिति है उससे ऊपर उठाने के लिए दिल से आन्दोलन करते होंगे उन लोगों के साथ सहयोग करने के लिए मैं कभी भी पीछे नहीं रहूँगा। लेकिन हर आन्दोलन की नीति बहिष्कृतों को न्याय और समानता का व्यवहार ही हो तो ही वह न्याय और उचित होगा। स्वार्थी सवर्णों (हिन्दू) के लाभ से प्रेरित आन्दोलन से मेरा कोई सम्बन्ध नहीं है। पुनः मैं आप सभी लोगों से निवेदन करता हूँ कि पार्वती सत्याग्रह को मदद कीजिए।"

बहिष्कृत भारत, 15 नवम्बर, 1929

हम सभी अछूतों को एक मानते हैं

दिनांक 29 जून, 1929 को परल, मुम्बई के दामोदर हॉल में रावबहादुर बोले की अध्यक्षता में बहिष्कृत वर्ग की विशाल जनसभा आयोजित की गई थी। इस परिषद में चार महत्त्वपूर्ण प्रस्ताव भी स्वीकार किए गए। परिषद में लोगों के आग्रह पर और परिषद के अध्यक्ष की इच्छा के खातिर परिषद को सम्बोधित करते हुए डॉ. बाबासाहेब अम्बेडकर ने कहा—

"आज के जैसी कठिन स्थिति में हम सभी अछूतों को सुसंगठित होना चाहिए। बड़े अफसोस की बात है कि हममें से ही कुछ लोग महार-गैरमहार इस तरह का विवाद पैदा कर रहे हैं। जबकि महारों ने महाड़ के चवदार तालाब के लिए अपने विरोधियों से लोहा लिया और उन्होंने उस तालाब को अपना कर लिया, फिर भी उस तालाब का पानी चमारों को और मातंगों को भी पीने से कोई रोक नहीं सकता। फिर भी हम लोगों को एक हुए बगैर इसमें टिकना मुश्किल है। इतना ही नहीं अपनी संस्था की ओर से इस इलाके में जो-जो छात्रावास शुरू हैं उनमें किसी भी प्रकार का भेदभाव नहीं होना चाहिए। इस छात्रावास में अछूत जाति का कोई भी विद्यार्थी प्रवेश ले सकता है। विशेष बात यह है कि अधिकांश सभी जाति के छात्र इन छात्रावासों में हैं।

अपने निजी स्वार्थ के लिए कुछ चमार लोग बेवजह महारों के विरोध में हो-हल्ला मचाकर अपने आपको धन्य समझ रहे हैं। वास्तव में हमारा आन्दोलन जिस ढंग से चल रहा है उससे महाराष्ट्र के अन्य आन्दोलनों के मुखियाओं को कुछ सीखना चाहिए। पूना, सोलापुर के म्यूनिसिपैलिटी के चुनाव में इन दोनों जगह मैंने स्वयं प्रयास करके महार उम्मीदवार को अपने नाम वापस लेने के लिए कहा और इन दोनों म्यूनिसिपैलिटियों में अछूतों की ओर से केवल चमार उम्मीदवारों को ही चुनाव जिताया गया। इससे किसी के भी ध्यान में आ सकता है कि हम सभी अछूतों को एक मानते हैं। फिर उसमें जाति या प्रदेश के आधार पर फर्क करने की हमें जरूरत महसूस नहीं होती। क्योंकि परिस्थिति ने सभी के साथ कुछ कम या ज्यादा अन्याय किया है।"

बहिष्कृत भारत, 12 जुलाई, 1929

अछूतों द्वारा धर्मान्तरण का नोटिस

बुलडाणा जिले के पातुर्डा गाँव में दिनांक 29 मई, 1929 को मध्य प्रान्त और बेरार (वन्हाड) अछूत परिषद का आयोजन किया गया था। डॉ. बाबासाहेब अम्बेडकर इस परिषद के अध्यक्ष थे। उन्होंने परिषद में उपस्थित सभी दलितों को सम्बोधित करते हुए अपने अध्यक्षीय व्याख्यान में कहा—

"वास्तव में इस जिले के अछूत वर्ग के और ब्राह्मणेतर वर्ग के नेताओं ने मिलकर अछूतपन निर्मूलन का जबर्दस्त प्रयास किया है। लेकिन इस काम में उनको जितनी चाहिए उतनी सफलता नहीं मिली। बल्कि यहाँ के ब्राह्मणशाही की ओर से उनको भयंकर ढंग से सताया गया है और उनके आन्दोलन को ही समाप्त करने का पूरा प्रयास किया गया है। उन्होंने (दलित और गैर-ब्राह्मण) नेताओं के बारे में अखबारों में गलत-सलत समाचार प्रकाशित करने का, अछूत वर्ग में भेद गिराने का, ब्राह्मण अधिकारियों द्वारा उनको सताने का, उन पर बहिष्कार डालने का, घिनौना तरीका अपनाया था, और इस आन्दोलन को पूरी तरह से खत्म कर देने की कसम भी खाई है।

उनके इस प्रकार की भयंकर हरकतों से, उत्पीड़न से परेशान होकर इस जिले के कुछ इलाके के हजारों अछूतों ने धर्मान्तर करने का फैसला कर लिया है। उन्होंने इस प्रकार का नोटिस भी सवर्ण (स्पृश्य हिन्दू) वर्ग को सम्बोधित करते हुए दिया है। लेकिन स्वार्थान्ध, पत्थर दिल ब्राह्मणशाही (भिक्षुकशाही) पर इसका कुछ भी असर नहीं पड़ा है। शुद्धिवालों को और हिन्दू सभावालों को लगता है इस बात का कुछ पता ही नहीं है, यह दिखाने के लिए उन्होंने उनके दर्द की बिलकुल भी परवाह नहीं की।

इस धर्मान्तरण के बारे में अपने अछूत भाइयों की राय क्या है, इस बात को जानने के लिए जलगाँव तहसील के अछूत वर्ग के नेताओं ने इस परिषद का आयोजन किया था। इस परिषद में पहले दिन धर्मान्तर करने के सम्बन्ध में प्रस्ताव पर विस्तार से चर्चा हुई। उसमें यह बात स्पष्ट रूप से दिखाई दी कि सम्पूर्ण अछूत समाज धर्मान्तर के लिए अनुकूल है। गैर-ब्राह्मण (ब्राह्मणेतर) पार्टी के नेताओं ने इस विषय पर अपने विचार स्पष्ट रूप से व्यक्त करके प्रस्ताव के अनुकूल विचार प्रदर्शित किए। अध्यक्ष ने प्रस्ताव को लोगों की सम्मति के लिए पेश किया। उस प्रस्ताव का सभी ने समर्थन किया।"

इनसानियत के हकों के लिए अन्याय के खिलाफ विद्रोह कीजिए

नासिक जिले के चित्तेगाँव में दिनांक 26 मई, 1929 को स्वाभिमान संरक्षक परिषद का सम्मेलन हुआ था। डॉ. बाबासाहेब अम्बेडकर इस सम्मेलन के अध्यक्ष थे। उन्होंने अपने अध्यक्षीय भाषण में कहा—

"आज की स्थिति में स्वाभिमान रक्षण आन्दोलन को प्रभावी करना बहुत ही जरूरी है। इस आन्दोलन के कारण सवर्ण और अछूत समाज के बीच गैर-बराबरी की जानकारी होगी और सभी समाज में समानता स्थापित करने का अवसर प्राप्त होगा। अभी अछूतोद्धार आदि उद्धार की गप मारने का समय निकल चुका है। आज प्रत्यक्ष स्वाभिमान जागृत करने का समय आ गया है। अछूत समाज की पारिवारिक स्थिति की ओर देखा जाए तो उनकी स्थिति के बारे में पूरा समाधान दिखाई नहीं देता।

जन्म से अछूत समझे गए समाज में पैदा होने के कारण उच्चवर्णीय समाज के लोगों से भी ज्यादा योग्यता, गुण होने के बावजूद भी कुछ नहीं कर सकते। उच्चवर्णीयों द्वारा पैदा की गई परिस्थिति की वजह से हम लोगों को अपने स्वाभिमानी उद्देश्य और कार्य के लिए रुकावट पैदा हो रही है। अछूतों को मन्दिर, तालाब, कुएँ आदि में प्रवेश से रोका जाता है। उन पर अन्याय किया जाता है। इस प्रकार की अमानवीय स्थिति से मुक्त होने के लिए अछूतों को अपना स्वाभिमान जागृत करके मानवी हकों को प्राप्त करने के लिए जबर्दस्त संघर्ष करना चाहिए। केवल शिक्षा से इनसानियत प्राप्त हुई होती तो उच्च वर्ग के पढ़े-लिखे लोगों की ओर से हम अछूत भाइयों पर इस सुधार के युग में अन्याय न हुआ होता। हिन्दू समाज ने बेवजह हम लोगों को हीन समझा है। इस हीनत्व के कलंक को धोने के लिए मुझे स्वाभिमान जागृति का मार्ग उचित ही लग रहा है। इसलिए मेरे भाइयो, अपने स्वाभिमान को जागृत रखिए। हम लोगों पर जो अन्याय हो रहा है, जो जुल्म हो रहे हैं उनके खिलाफ विद्रोह किए बगैर हम लोगों को असली इनसानियत के हक हासिल होना असम्भव है।

बहिष्कृत भारत, 21 जून, 1929

स्वावलम्बन और स्वाभिमान के बगैर कोई रास्ता नहीं

दिनांक 14 अप्रैल, 1929 को रत्नागिरि जिला किसान परिषद का आयोजन चिपलूण में किया गया था। डॉ. बाबासाहेब अम्बेडकर इस परिषद के अध्यक्ष थे। उन्होंने अपने अध्यक्षीय भाषण में कहा—

"मुझे ऐसा लगता है कि मेरा जन्म जनसाधारण की सेवा करने के लिए ही हुआ है। मैं भी मजदूर वर्ग में से ही एक हूँ और इम्प्रूवमेंट ट्रस्ट की चाल में रहता हूँ। अन्य बैरिस्टरों की तरह मैं भी बँगले में रह सकता था। लेकिन मेरे किसान भाइयों के लिए और दलित भाइयों के लिए जहाँ वे रहते हैं वहाँ रहकर ही काम करना चाहिए, इसके लिए मुझे बिलकुल बुरा नहीं लगता। मुम्बई में आए मुझे चार साल हो गए। मैंने बहुत ही दीन-पिछड़े समाज में जन्म लिया है इसलिए उसी समाज के लिए जी-जान से मेहनत करने के लिए मैं मजबूर हूँ। उसी प्रकार अछूत मजदूरों को तथा अन्य मजदूरों के हक दिलवाना मेरा कार्य है।

पिछले दो साल पहले मेरा मि. बेंडके से परिचय हुआ। उन्होंने खोती (जमींदारी) के मामले की जिम्मेदारी मुझ पर सौंप दी है और मैंने उसको स्वीकार कर लिया है। खोती प्रथा के लाभ और हानि के बारे में सोच करके उसके बारे में निश्चित योजना बिल के रूप में विधि काउंसिल में लाने की जिम्मेदारी मेरी है। मुझे इस बात का आश्चर्य लग रहा है कि खोती जैसी अमानवीय प्रथा कैसे अमल में आई? इस प्रथा के कारण किसान वर्ग के लोग बेहद परेशान हैं। जी-जान से मेहनत करके जिस खेती को जोता-बोया उस पर धनवानों द्वारा अपना अधिकार कर लेना, उस पर अपना वर्चस्व स्थापित कर लेना। इस तरह की स्थिति में किसानों का जीवन चारों ओर से खतरे में पड़े होने पर भी धनवानों को और खोत वर्ग को उसकी परवाह नहीं होती है। ऐसे समय सरकार को मेहनतकश किसानों की मेहनत का, पसीने का फल उनको दिलवाना चाहिए।

मनुष्य के जीवन की और उसकी सम्पत्ति की रक्षा करना सरकार की पहली जिम्मेदारी है। और ऐसे समय सरकार ने गरीबों की ओर ध्यान नहीं दिया तो वह सरकार प्रगत है, ऐसा कहना गलत होगा। रत्नागिरि जिले का एक अन्यायी खोत (जमींदार) अपने अधिकार का गलत इस्तेमाल महिलाओं की इज्जत पर

हमला करके कर सकता है। आज किसान वर्ग खोती प्रथा के कारण गुलामी का जीवन जी रहा है। सत्ता के गलत इस्तेमाल को न्याय-नीति कैसे कहा जा सकता है? ब्रिटिश राज्य में चल रही गुलामी सरकार को नालायक साबित कर रही है। अन्याय की चारदीवारों के बीच किसी भी समाज को सुख और समाधान प्राप्त होनेवाला नहीं है। शान्ति कायम रखनी हो तो सरकार को न्याय देना चाहिए। न्यायप्रिय सरकार ने इतने दिन तक खोती प्रथा को जारी रखा यही अन्याय है। खोतों का (जमींदारों का) सरकारी जमीन पर अपना हक कायम करना, जमीन को हड़पना और किसानों को बेवजह प्रताड़ित करना यह कौन-सा गौड़ बंगाल है, कुछ समझ में नहीं आ रहा है। सभी दृष्टि से विचार करने पर लगता है कि खोती प्रथा मूल रूप में ही दोषयुक्त है।

सरकार कभी भी छोटी-मोटी चिल्लाहट की ओर ध्यान नहीं देती है। आप लोगों को अपना आन्दोलन बहुत ही जिद से जारी रखना चाहिए। अपने ऊपर होनेवाले अन्याय के खिलाफ चिल्लाते हुए, लड़ते रहना चाहिए। तब कहीं चार-पाँच साल में स्वराज्य को लाभकारी हक प्राप्त होंगे। अब तक आन्दोलन करते समय सरकार की खुशामद करनी पड़ती थी। लेकिन चार-पाँच साल बाद सरकार की सम्पूर्ण सत्ता स्थापित होने जा रही है। अपने प्रान्त की ओर से काउंसिल में प्रतिनिधि भेजते समय पूरा ध्यान रखिए। कुछ भी क्यों न हो, किसी के डराने की बगैर परवाह किए अपनी विचारधारा का समर्थन करनेवाले व्यक्ति को काउंसिल में भेजना चाहिए। जाँच-परख करके प्रतिनिधि को भेजिए। खोत (जमींदार) और खोत के जातभाइयों को अपना मत देकर काउंसिल में भेजना उचित नहीं है। समाज का जीवन दूसरों के स्वाधीन होने के कारण एक-दूसरे पर निर्भर रहना जरूरी है। कुणबी लोगों को अपने स्वाभिमान की रक्षा करते हुए ऊँची जाति के लोगों के तुच्छ काम करके अपनी सामाजिक प्रतिष्ठा कम करने का बिलकुल प्रयास नहीं करना चाहिए। स्वावलम्बन और स्वाभिमान को अपनाते हुए हम लोगों को अपना कार्य जिद से करना चाहिए और अपना संगठन स्थापित करना चाहिए। और इस प्रकार की एकता के संगठन के आन्दोलन से हम अपने सवालों का हल काउंसिल तक जाकर कर सकते हैं। इस प्रकार के ठोस और जबर्दस्त प्रयासों का परिणाम निश्चित रूप से होगा इस बात का मुझे पूरा यकीन है।"

अध्यक्ष के व्याख्यान के बाद निम्न प्रस्ताव एकमत से स्वीकार किया गया—

"खोती (जमींदारी) प्रथा पूरी तरह से गुलामी की व्यवस्था है। इस प्रथा की वजह से रत्नागिरि जिले का किसान वर्ग पूरी तरह से खोतों का गुलाम बन गया है। इसमें किसान बेहाल तो हैं ही, लेकिन प्राप्ति-सूचना, रसीद देने की पद्धति नहीं

होने के कारण स्थायी धारकों के हक भी सुरक्षित नहीं रहते। आर्थिक दृष्टि से खोती प्रथा किसान-मजदूरों के लिए विनाशकारी है। इतना ही नहीं यह प्रथा नैतिक दृष्टि से भी खतरनाक है। इस प्रथा के कारण किसान-मजदूरों को किसी भी तरह अपनी स्थिति को सुधारने की स्वतंत्रता नहीं है। इस तरह की खोती प्रथा का यह परिषद जबर्दस्त निषेध करती है और सरकार से आग्रह करती है कि इस प्रथा को तुरन्त समाप्त किया जाए।"

बहिष्कृत भारत, 3 मई, 1929

इसी जन्म में सम्पूर्ण उत्थान होना चाहिए

दिनांक 2 फरवरी, 1929 को वालयाखाड़ी में डॉ. बाबासाहेब अम्बेडकर की अध्यक्षता में मराठी, गुजराती अछूत समाज के लोगों की जंगी जाहिर जनसभा हुई थी। इस जनसभा में डॉ. अम्बेडकर ने अपने अध्यक्षीय व्याख्यान में कहा—

"अछूत समाज के लोगों की जो स्थिति है उसमें रहने की मानसिकता को छोड़ देना चाहिए। जैसे अन्य समाज के लोग शिक्षा, ज्ञान, अधिकार, धन कमाने के लिए प्रयास करते हैं उसी प्रकार के प्रयास अछूत समाज को भी करने चाहिए। अगले जन्म में हमारा कल्याण होगा, इस प्रकार की झूठी खबरों पर भरोसा रखने के बजाय इसी जन्म में और इसी समय अपना सम्पूर्ण उत्थान करके मानवी समाज में समानता के सिद्धान्तों को स्थापित करना चाहिए और हिन्दू समाज को अछूतपन के पाप से मुक्त करना चाहिए।"

समता, 8 फरवरी, 1929

अपने हक प्रस्थापित करने के लिए आक्रमण नीति अपनाने के अलावा कोई विकल्प नहीं

दिनांक 23 मार्च, 1929 को बेलगाँव में 'बेलगाँव जिला बहिष्कृत वर्ग की सामाजिक परिषद' आयोजित की गई थी। इस परिषद के अध्यक्ष थे सीताराम नामदेव शिवतरकर। इस परिषद में कुछ महत्त्वपूर्ण प्रस्ताव भी मंजूर किए गए थे। इस परिषद को सम्बोधित करते हुए डॉ. अम्बेडकर ने कहा—

अध्यक्ष महोदय और सज्जनो,

अब काफी समय हो चुका है। बारिश होने की भी सम्भावना है। फिर आपकी भाषा में और मेरी भाषा में भी फर्क है। इसलिए मुझे सन्देह है कि भाषा भिन्नता के कारण आपको मेरे विचार समझ में आएँगे या नहीं, फिर भी मैं अपने विचार चंद समय में रखने का प्रयास करूँगा।

हम लोग जगह-जगह सभा का आयोजन करते हैं, भाषण देते हैं, प्रस्ताव भी मंजूर करते हैं। बड़े-बड़े वक्ताओं को बुलाकर उनका व्याख्यान भी करवाते हैं। फिर भी मेरी राय में अछूतपन समाप्त करने का यह रास्ता नहीं है। हम लोगों पर जो अन्याय, जुल्म-ज्यादतियाँ होती हैं उनके खिलाफ प्रस्ताव मंजूर करवाकर सरकार के पास भेज दिया, और यह भी मान लीजिए कि सरकार ने अपने अछूतपन को समाप्त करने के लिए हम लोगों के लिए कुएँ, तालाब, होटल और मन्दिर आदि को कानून के द्वारा खुले भी कर दिए, तब भी उस पर अमल करने का काम हम लोगों को ही करना पड़ेगा इसके अलावा कोई विकल्प नहीं है। और उस तरह अमल में लाने के लिए हम लोग सबल नहीं होंगे तो कितने भी अच्छे कानून बनाने पर भी उसका कुछ उपयोग होनेवाला नहीं है।

हम पर लादे गए अछूतपन को हम लोगों को ही समाप्त करना होगा और उस दृष्टि से हमें सबल और निडर होने से ही हमारा अछूतपन समाप्त होनेवाला है। इसके लिए आपको काफी मेहनत करनी पड़ेगी। समय आने पर आपको सवर्णों के साथ दो-दो हाथ भी करने पड़ेंगे। इसके लिए आपको हिम्मत रखनी पड़ेगी। अपना समाज दूसरों पर निर्भर है और यह गलत है, ऐसा मैं नहीं कहता। अछूत समाज को सवर्ण

समाज के साथ सहयोग की भावना से ही रहना पड़ेगा। इसके अलावा कोई रास्ता नहीं है। ऐसे सबल समाज के साथ असहयोग करके हमारी भलाई होनेवाली नहीं है, ऐसा कई लोगों को लगता है। लेकिन बहिष्कृत समाज के लोगों को इस बात को अच्छी तरह ध्यान में रखना चाहिए कि हमारे स्वावलम्बन के बेरोक रास्ते के बगैर अन्य रास्ते बेकार और विनाशकारी होने के कारण वे प्रयास पूरी तरह त्यागने योग्य है।

अछूत समाज में कितना भी अच्छा व्यक्ति हो, वह आदमी कितना भी ज्ञानी हो, कितना भी विद्वान हो, फिर भी वह एक विशेष समाज में पैदा हुआ है इसलिए उसके गुणों का मूल्य नहीं हो रहा है। इसलिए हम लोगों को अपने हक प्रस्थापित करने के लिए आक्रामक नीति अपनानी चाहिए। इस नीति को अपनाए बगैर इस भयंकर स्थिति से पार होने के लिए हमारे पास दूसरा कोई रास्ता नहीं है।

हम लोगों पर जो अन्याय हो रहे हैं उनको समाप्त करने का बहुत ही महत्त्वपूर्ण दूसरा रास्ता है सरकारी सत्ता को प्राप्त करना। हम लोगों को चार वर्णों की चौखट के बाहर रहना पड़ता है। फिर भी इस चौखट को तोड़कर भीतर जाना हो तो हमारे पास राजनीतिक सत्ता होनी चाहिए। राजनीतिक सत्ता हमारे हाथ में नहीं होगी तो समाज में हमें वर्चस्व प्राप्त नहीं होगा। आज महाराष्ट्र के ब्राह्मणों का ही इतना वर्चस्व क्यों है? इसका कारण दूसरा कुछ भी हो फिर भी उनके हाथ में प्रबल राजनीतिक सत्ता है, इस बात को भूला नहीं जा सकता।

आज महाराष्ट्र के ब्राह्मणों का इतना वर्चस्व क्यों है? इसके लिए मैं इतिहास की एक प्रसिद्ध बात बता रहा हूँ। पेशवाशाही से पहले मेरे राज्य में रहनेवाले बालाजी विश्वनाथ और उसके जातभाई चित्पावन ब्राह्मण बहुत ही बुरी अवस्था में थे। लेकिन उनके हाथ में राजनीतिक सत्ता आते ही उस समाज ने महाराष्ट्र में पहला स्थान पा लिया है। लेकिन आज ब्राह्मण समाज को सरकारी नौकरियों से हमेशा के लिए हटा दिया जाए तो उनका बिलकुल ही वर्चस्व नहीं रहेगा। अन्य प्रान्तों में ब्राह्मणों का कुछ भी महत्त्व नहीं है। गुजरात में ब्राह्मणों को पनभरा (पाणक्या) और महाराज (रसोइया) के अलावा महत्त्व नहीं है। संयुक्त प्रान्त और पंजाब प्रान्त के ब्राह्मण महार, मातंगों की तरह पका हुआ भोजन माँगकर खाते हैं। कुल मिलाकर अपने हक प्रस्थापित करने के लिए अपनी आक्रामक नीति और राजनीतिक सत्ता को प्राप्त करके इन दो साधनों से ही हम लोग अपने अछूतपन को समाप्त कर सकते हैं और अन्य समाज के साथ हम समानता का स्थान प्राप्त कर सकते हैं। बस! इतना ही कहकर मैं अपनी वाणी को विराम देता हूँ। आप लोगों ने मेरे भाषण को बड़ी शान्ति के साथ सुना, इसलिए मैं आपका आभारी हूँ। धन्यवाद।

बहिष्कृत भारत, 29 मार्च और 12 अप्रैल, 1929

गुलामी पद्धति को समाप्त करके घटिया रिवाजों को त्याग दीजिए

भारतीय बहिष्कृत समाज सेवक संघ की ओर से रत्नागिरि जिले के खेड़ और चिपलूण तहसील की ओर से रत्नागिरि जिला बहिष्कृत परिषद की दूसरी परिषद दिनांक 13 अप्रैल, 1929 को चिपलूण में आयोजित की गई थी। डॉ. अम्बेडकर इस परिषद के अध्यक्ष थे। अपने अध्यक्षीय व्याख्यान में डॉ. अम्बेडकर ने कहा—

"मैं आज अपने समाज के भाइयों को जो कुछ कहनेवाला हूँ उसकी जिम्मेदारी मेरे अकेले पर ही नहीं है। आज मैं अध्यक्ष हूँ फिर भी मुझे आप लोगों को जो कुछ कहना है वह मेरा अपना नहीं है। मैंने आज से दो साल पहले अपने समाज के भाइयों के सामने जो विचार प्रदर्शित किया था उसका सन्देश आप लोगों को बता रहा हूँ। मेरे सन्देश के उद्देश्य को समाज ने स्वीकार किया था इसलिए उसकी जिम्मेदारी मुझ अकेले पर नहीं बल्कि आप सभी लोग उस जिम्मेदारी से बँधे हुए हैं। आज का सन्देश हमारी जाति का है। एक विचार से और जिम्मेदारी से स्वीकार किए गए सन्देश को आप लोग भी स्वीकार करेंगे इस बात की मुझे पूरी उम्मीद है। यह समाज के द्वारा एकमत से स्वीकार किया गया सन्देश सभी के लिए पूरी तरह से बन्धनकारी है।

यह सन्देश इस प्रकार का है कि आज की स्थिति में हम क्या कर रहे हैं, हम यहाँ किसलिए इकट्ठा हुए हैं? आज के सन्देश की जिम्मेदारी क्या है? इस बात पर सोचने की जरूरत है। आज के सन्देश का मुख्य उद्देश्य यही है कि सम्पूर्ण हिन्दू समाज ने जिस वंश परम्परा से कुछ गन्दी परम्पराएँ हमारे समाज पर लाद दी है उनको नकार देना चाहिए, फेंक देना चाहिए। सम्पूर्ण रूप से सोचा जाए तो मेरा सन्देश बहुत ही महत्त्वपूर्ण है। भारत में बहुत ही घटिया और गन्दे किस्म के जो काम हैं वे उसके द्वारा न किए जाने की बजाय और उनको करनेवाले व्यक्ति की इच्छा पर छोड़ने की बजाय अपने अछूत समाज पर जबर्दस्ती लादे गए हैं उस शक्ति को मेरा विरोध है। इस प्रकार की स्थिति में हीनत्व की मुहर मिटती नहीं चाहे उस समाज का व्यक्ति कितने भी ऊँचे पद पर चला जाए। जब तक हीनत्व की भावना खून के हर बूँद-बूँद में समाई हुई है तब तक स्वाभिमान की भावना जागनेवाली नहीं है।

जब तक महार, मातंग, भंगी, चमार आदि अछूतों को इस तरह से पढ़ाया जाएगा कि 'जाति रिवाजों के अनुसार रहना ही तुम्हारा धर्म है' तब तक स्वाभिमान की भावना जागनेवाली नहीं है। इस प्रकार की स्थिति में इस समाज में महान कर्मवीर पुरुष का पैदा होना मुश्किल है। ब्राह्मण आदि सवर्ण समाज में पैदा हुए बच्चे क्लर्क, तहसीलदार, वकील आदि क्यों होते हैं? मराठा समाज के बच्चे पुलिस और पुलिस अफसर क्यों होते हैं? और अछूत समाज के बच्चे ऐसे क्यों होते हैं? अछूत और छूत बच्चों में इस तरह का फर्क किस कारण हुआ? इन सभी सवालों का जवाब एक ही है, और वह है 'समाज परिस्थिति।' घटिया और गन्दी परिस्थितियों का परिणाम अछूतों के बच्चों पर होने के कारण उनको गुलामी की दीक्षा प्राप्त हो गई है। इस प्रकार की स्थिति कोई खुशी का सौदा नहीं है। गुलामी की व्यवस्था को समाप्त करना हमारी जिम्मेदारी है। और इसीलिए अपने समाज से इस प्रकार के घटिया और गन्दे रिवाजों को पहले ही समाप्त कर देना चाहिए।

कोई कह सकता है कि इस प्रकार के रिवाजों को समाज से समाप्त कर देना आर्थिक दृष्टि से अहितकारी और बड़ा नुकसान करनेवाले हैं और उससे अपने समाज के जीवन निर्वाह के लिए बड़ा खतरा पैदा होनेवाला है। किन्तु मेरी राय में इस बात का सवाल खड़ा करके तथाकथित ऊँचे वर्ण के लोग हमारे सुधार के रास्ते में हमारे ही लोगों को गुमराह करके असंतोष पैदा कर रहे हैं। उन सभी लोगों से मेरा सवाल है कि वेश्या अपनी शान-शौकत के लिए, जीवन-निर्वाह के लिए जो रास्ता अपनाती है और कोई पारिवारिक महिला स्वाभिमान से मेहनत करके प्राप्त किए पैसों से अपना जीवन-निर्वाह करती है, क्या उसमें कोई समानता है? यहाँ शान-शौकत की जीविका के लिए कितना गन्दा व्यवहार करना पड़ता है, इस बात पर क्या कभी किसी ने सोचा है? एकदम साफ तौर पर कहना हो तो स्वाभिमानशून्यता से जीवन जीना नामर्द होने की बात है। जीवन के लिए स्वाभिमान को सचेत रखिए। अपनी आर्थिक हानि होने पर भी हमको पहले अपनी जिम्मेदारी को समझना चाहिए। सुख या साधन आसानी से प्राप्त नहीं होते। बड़ी मेहनत करनी पड़ती है। यह बात मनुष्य के व्यवहार और संसार दोनों में सही है।

हम अपनी उचित जिम्मेदारी को निभा रहे हैं और ऊँची जाति के लोग बेवजह हम पर अन्याय करते हैं। इस बात को नहीं कहने के लिए मैं आज तैयार नहीं हूँ। आपको भयंकर मानसिक परेशानी होगी, समय आने पर जुल्म-ज्यादतियाँ भी होंगी इस बात को मैं अच्छी तरह जानता हूँ। लेकिन हम लोगों को अपने कार्य के लिए, हर बात को बर्दाश्त करने के लिए तैयार रहना चाहिए। कई लोग कहते हैं कि खोती (जमींदारी) की वजह से हम लोग अपनी जिम्मेदारी को अच्छी तरह निभा नहीं सकते। उन लोगों को मैं साफतौर पर कहना चाहता हूँ कि मैं बहुत जल्दी ही खोती के बारे में उचित व्यवस्था करने जा रहा हूँ। इस सवाल का हल जब तक होता नहीं

तब तक हमें निश्चिन्त होकर बैठने की जरूरत नहीं। आप लोगों को निश्चिन्त होकर बैठने की बजाय काम करते रहना चाहिए। केवल खेती पद्धति को समाप्त करने से काम नहीं चलेगा। ऊँची जाति के लोग गाँव के गुंडों को इकट्ठा करके आप लोगों पर जुल्म करेंगे इसका आप लोगों के पास क्या इलाज है?

आप लोगों की हिम्मत पर निर्भर करता है कि आप लोग गाँव के कुँओं का पानी भर सकते हैं या नहीं। अपने न्याय-हकों को प्राप्त करते समय यदि आप ऊँची जातियों की धमकी से डर जाएँगे तो आप लोग कुछ नहीं कर पाएँगे। मुझे इस प्रकार के कई धमकी पत्र प्राप्त हुए हैं कि आप लोगों के सुधार के लिए मैं यदि कोंकण प्रान्त में आया तो मुझे गोली मारकर खत्म कर दिया जाएगा। यदि इस प्रकार की धमकियों से मैं घबराता तो मैं आज यहाँ आप लोगों के सामने खड़ा न होता। लेकिन आप लोगों के सामने मेरी एक न चली। सारी दुनिया में कोंकण प्रान्त भिखारी है इस बात को मैं अच्छी तरह जानता हूँ। यह प्रान्त बुद्धिसम्पन्न है लेकिन धन-दौलत की दृष्टि से एकदम पिछड़ा हुआ है। खोत, ब्राह्मण और मराठों को भी इस प्रान्त में सुख मिलना मुश्किल है। हम लोगों ने व्यापार, उद्योग-धन्धों की ओर ध्यान दिया तो इस संकट से बच सकते हैं। जिन लोगों को खोती (जमींदारी) के उत्पीड़न से बचना है उनको सिन्ध और इन्दौर जैसे प्रदेशों में खेती के लिए जमीन दिलवाने का मैं प्रयास करूँगा। इस सम्बन्ध में आप लोगों को मुस्लिमों का उदाहरण ध्यान में रखना चाहिए, जो अफ्रीका आदि में व्यापार-उद्योग करके धनवान हुए हैं। बाप-दादों के गाँव छोड़कर जाने में जान पर आती है, यह बात सही है। लेकिन अपना सामाजिक स्तर ऊँचा उठाने के लिए हम लोगों को इस मार्ग को भी अपनाना चाहिए। आप लोगों को मरे हुए जानवरों का मांस खाना, गन्दे काम करना, आदि बातों को हिम्मत से त्याग देना चाहिए। आप लोगों को आज से ही मेरे सन्देश पर ध्यान देकर आज से ही प्रतिज्ञा करके अपने काम में लग जाना चाहिए। इस बात को ध्यान में रखिए कि आज के नवयुग में कोई भी गुलाम नहीं है।"

बहिष्कृत भारत, 3 मई, 1929

अछूतों में झगड़ा लगानेवाले दुश्मनों के षड्यंत्र को पहचानिए

दिनांक 29 मई, 1931 को डिजाइल रोड, मुम्बई में डॉ. बाबासाहेब अम्बेडकर की अध्यक्षता में अछूत वर्ग की एक विशाल जनसभा हुई थी। उन्होंने अछूतों की इस जनसभा को सम्बोधित करते हुए कहा—

"आज की इस सभा का निश्चित तौर पर कोई कार्यक्रम या सभा के आयोजन में विशेष प्रकार का कोई कारण नहीं होने की वजह से मैं यहाँ आने की बात को टाल रहा था। लेकिन इन सभा के उत्साही कार्यकर्ताओं ने इतना आग्रह किया कि मैं यहाँ आने के लिए मजबूर हो गया। आज विशेष प्रकार का कोई कारण नहीं होने की वजह से इस सभा के लिए इतने लोग इकट्ठा होंगे इस प्रकार की उम्मीद ही नहीं थी। यदि मैं यहाँ न आया होता तो यहाँ इकट्ठा हुए पाँच-छह हजार लोगों को बड़ी निराशा हुई होती। अपने जनमत का पारा कितना सचेत और जिन्दा है इस बात को जानने के लिए इस प्रकार की सभाएँ बड़ी उपयोगी होती हैं। सभा का विषय निश्चित नहीं होने के कारण मैं इस विचार में था कि आज क्या बोला जाए! लेकिन नेताओं की एकता के बारे में जो प्रस्ताव इस सभा के सामने लाया गया है और उस पर आज तक अलग-अलग वक्ताओं के जो भाषण हुए हैं उससे आज इस अवसर पर मुझे किस विषय पर बोलना चाहिए जो समयोचित होगा इसको मैंने जान लिया है। मेरा विषय मुझे मिल गया है। मैंने तय कर लिया है कि अपने अछूत समाज में मेरे जो आलोचक हैं उनकी आलोचना का मैं इस अवसर पर सार्वजनिक रूप से जवाब दूँगा। मैं इस अवसर पर अन्य वर्गीय लोगों की और पत्रकारों की आलोचना का जिक्र नहीं करूँगा। आप सभी मेरी आलोचना का स्वरूप, कारण और हेतु को जानते ही हैं। मैंने उनके आरोपों का समय-समय पर सही जवाब दिया है और आगे जब भी मौका आएगा मैं उनका सही जवाब दूँगा।

आज मुझे यही कहना है कि अछूत समाज के कुछ लोग मुझ पर जो आरोप करते हैं, आपत्ति उठाते हैं वह कितनी बेबुनियाद और व्यर्थ है। अछूतों की अलग-अलग जातियों से मेरी दो तरह की आलोचना की जाती है। चमार आदि अछूत वर्ग के कुछ लोग कहते हैं कि डॉ. अम्बेडकर जाति से महार होने की वजह से अछूत समाज

को जो कुछ सहूलियतें मिलती हैं उन सहूलियतों का और सभी लाभों का मलीदा वे अपनी महार जाति को ही खिलाते हैं। वे उसका कुछ हिस्सा चमारों को मिलने नहीं देते। उनका इस तरह का आरोप इतना व्यर्थ और बेबुनियाद है कि इसकी ओर ध्यान देना भी मैं पहले उचित नहीं समझता था। मुझसे मतभेद रखनेवाले लोग अन्य समाजों में भी हैं, इस प्रकार वे चमार आदि अछूत समाज में भी होंगे, इस बात को मैं जानता हूँ। लेकिन किसी भी सुविचारी, ईमानदार, जिम्मेदार चमार व्यक्ति का इस प्रकार के नीच और झूठे आरोप को समर्थन या मंजूरी होगी ऐसा मुझे बिलकुल नहीं लग रहा था। लेकिन 'राष्ट्रीय' अखबार में चमारों के सम्मेलन के समाचार की जो खबर छपी तब मुझे पता चला कि चमारों में से सज्जन समझे जानेवाले कुछ नेताओं के मुँह से इस प्रकार के नीच आरोप निकले हैं।

'राष्ट्रीय' अखबार में छपा यह समाचार सही हो तो मुझे इन चमार नेताओं के बारे में सचमुच में बड़ा अफसोस होता है। उनको मुझ पर इस प्रकार के झूठे और बेबुनियाद आरोप करके स्वयं को इतना नीचे गिराना नहीं चाहिए था। यदि उनको मुझ पर आरोप ही करना था तो उनको दूसरा कोई मुद्दा या कारण खोजना चाहिए था। लेकिन मुझ पर यह आरोप करना कि सहूलियतों का मलीदा मैं अकेले महार जाति को ही खिलाता हूँ और चमार आदि जाति के लोगों के लिए कुछ नहीं करता, यह आरोप एकदम गलत और बेबुनियाद है। मैं उसकी असत्यता को बड़ी आसानी के साथ और जब चाहे तब प्रमाण के साथ सिद्ध कर सकता हूँ।

जिन ठाणे, पूना, सोलापुर, सतारा आदि जिलों से मेरा करीब का परिचय और सम्बन्ध हैं उन जिलों को भी लिया जाए और वहाँ की म्यूनिसिपैलिटी, लोकल बोर्ड्स आदि स्थानीय संस्थाओं से अछूतों की ओर से जानेवाले प्रतिनिधियों की जाति संख्या को देखा जाए तो इस बात का पता चलेगा कि 'महारों को मलीदा खिलाने' का आरोप कितना झूठा और बेबुनियाद है। ठाणा जिले में अन्य जिलों की तरह महारों की संख्या ज्यादा है। लेकिन उसमें लायक लोग होने के बावजूद भी ठाणा म्यूनिसिपैलिटी में, लोकल बोर्ड में, स्कूल बोर्ड में जो अछूत सदस्य प्रतिनिधि हैं उनमें एक भी महार प्रतिनिधि नहीं है। सभी सदस्य चमार जाति के हैं। सोलापुर जिले में भी यही बात है। वहाँ के म्युनिसिपल स्कूल बोर्ड में और म्यूनिसिपैलिटी में चमार और ढोर समाज के ही प्रतिनिधि हैं। वहाँ एक भी महार नहीं है। और दूसरों की तुलना में महारों की संख्या ज्यादा है और उनमें बड़ी जागृति भी आई है। पूना म्यूनिसिपैलिटी में भी दोनों प्रतिनिधि चमार जाति के ही हैं। सतारा डिस्ट्रिक्ट बोर्ड में एक भी महार जाति का प्रतिनिधि नहीं है। धारवाड़, बीजापुर आदि कानडी इलाकों में भी इसी प्रकार दिखाई देता है। इस प्रकार यह आरोप करना कि स्थानीय संस्थाओं में अछूतों के प्रतिनिधि के तौर पर केवल महार जाति के लोग ही भरे पड़े हैं, पूरी तरह गलत है।

पुलिस विभाग प्रत्यक्ष व्यवहार में अछूत जाति के लिए बन्द ही था। काउंसिल में जाने के बाद मैंने और मेरे मित्र डॉ. सोलंकी ने इस सवाल को उठाया और पुलिस विभाग अछूतों के लिए खुले इस बात का प्रयास किया। उसमें हमें सफलता मिली। पुलिस विभाग अछूतों के लिए खुला किए जाने का सरकारी आम प्रस्ताव अभी-अभी प्रसिद्ध हुआ है। उन प्रयासों की वजह से ऊँचे स्तर के पुलिस अधिकारी के रूप में जो पहली नियुक्ति हुई है वह चमार जाति के एक व्यक्ति की हुई है। महार जाति के व्यक्ति को हम वहाँ नियुक्त नहीं करवा सके। लेकिन मैंने वैसा किया नहीं।

अछूत वर्ग में महार जाति बहुसंख्य है। मैं समझता हूँ कि चमार आदि अल्पसंख्य जाति का विश्वास प्राप्त करना उसकी जिम्मेदारी है। इसलिए मैं महार जाति के गुस्से को बर्दाश्त करते हुए इस बात का पूरा ध्यान रखता हूँ कि जो कुछ सहूलियतें मिलेंगी उसका बड़ा हिस्सा चमार आदि अछूतों की अल्पसंख्यक जाति को मिले। मुझे इस बात का पता है कि महार जाति के कई लोग मेरी इस नीति के विरोधी हैं। वे कहते हैं कि 'गोली खाने के लिए महार और रोटी खाने के लिए चमार' इस प्रकार की नीति सही नहीं है। मेरे खिलाफ उनका यही बड़ा आरोप है। इस प्रकार की स्थिति होने पर भी मैं केवल महारों को ही मलीदा खिलाता हूँ और चमार आदि अल्पसंख्यकों को कुछ नहीं मिलने देता, इस प्रकार का आरोप व्यर्थ और बेबुनियाद है।

चमार जाति के जिम्मेदार समझे जानेवाले नेताओं के इस प्रकार का झूठा और बेबुनियाद आरोप मेरे खिलाफ करने के कारण महार जाति के कई लोग स्वाभाविक तौर पर गुस्से में आ गए हैं। उनको मैं विनम्रता से और स्पष्ट रूप से बताना चाहता हूँ कि उनको अपने गुस्से को नियंत्रण में रखना चाहिए। महार लोग बहुसंख्य हैं। किसी ने कुछ भी कहा तो भी उनकी जिम्मेदारी बड़ी है। अन्य अल्पसंख्यक जाति के लोग सचेत होंगे वही नीति हम लोगों को अन्तिम समय तक बरकरार रखनी चाहिए।

इसी नति को अपनाकर हम लोग हम पर बेवजह आरोप करनेवाले लोगों को उचित जवाब दे सकते हैं। हमारे दुश्मनों का यह एक छिपा षड्यंत्र है कि अछूतों में आपस में झगड़े हों, महारों के खिलाफ चमार खड़े हों, अपने कार्य का विनाश हो और अपनी ओर उँगलियाँ दिखाकर अपने को दोष दें। इसलिए उस षड्यंत्र को तहस-नहस कर देना चाहिए। मैं यह कहना चाहता हूँ कि महार समाज बहुसंख्य समाज होने के नाते इस प्रकार की जिम्मेदारी महार समाज पर ही ज्यादा है और उसको उनको निभानी चाहिए। आप लोग 'जैसे को तैसा' इस न्याय से चमार समाज को जवाब दे सकते हैं, और उनके साथ वैसा व्यवहार कर सकते हैं। लेकिन इससे अपने आन्दोलन की भलाई होनेवाली नहीं है। हम लोगों को उदारता और माफ करने की राह पर ही चलना चाहिए। यह नीति अपने कार्य और उद्‌देश्य को अन्त में हितकारी बनानेवाली और भूषण सिद्ध होनेवाली है।

उसी प्रकार महार जाति के कुछ लोग भी मेरी आलोचना करने में संकोच नहीं करते। मैं शिक्षा प्रचार का कार्य नहीं कर रहा हूँ, सत्याग्रह के आन्दोलन कर रहा हूँ, इस प्रकार का कुछ लोगों का मुझ पर गुस्सा है। मेरे आलोचक शिक्षा का अर्थ किस प्रकार का और कितना व्यापक करते हैं, यह यदि समझ में आया होता तो उनका समाधान करना आसान हो गया होता।

सत्याग्रह और इनसानियत के हक हासिल करने के आन्दोलन में उत्तम शिक्षा हो सकती है और मिल सकती है इस बात को मैं उनको अच्छी तरह समझा सकता था। लेकिन वे लोग जिसको 'शिक्षा' कहते हैं उस प्रकार की शिक्षा देने के लिए भी मेरा प्रयास मेरे किसी आलोचक के प्रयासों से बड़ा है, इस बात को मैं चुनौती के साथ कह सकता हूँ। मैंने ठाणा, अहमदाबाद, धारवाड़ आदि जगह छात्रावास चलाए हैं। आज मेरे प्रयासों से मुफ्त शिक्षा का लाभ सत्तर छात्र ले रहे हैं। मेरे आलोचकों को भी इस बारे में अपने प्रयासों की जानकारी देनी चाहिए और उनको लोगों को यह भी बताना चाहिए कि उन्होंने शिक्षा के लिए कितना पैसा खर्च किया है और कितनी परेशानियाँ बर्दाश्त की हैं। स्वयं कुछ किए बगैर दूसरे ने इस काम को नहीं किया, उस काम को करना चाहिए था इस प्रकार का खोखला दिखावा नहीं करना चाहिए।

उक्त प्रकार के आलोचक खासतौर पर मुझे नासिक जिले में दिखाई दिए। कम से कम उनकी आलोचना में कुछ अर्थ भी है। लेकिन सतारा जिले के मि. निकाड़जे जैसे लोग मेरी जिस प्रकार की आलोचना करते हैं उसमें सिर-पैर कुछ भी नहीं हैं। उनके जीवन का यही एकमात्र उद्देश्य दिखाई देता है कि कुछ न कुछ विरोध करके दिखाना और कुछ न कुछ उलटा-सीधा बोलकर नेता कहलवा लेना। परसों-नरसों की बात है—मि. निकाड़जे आदि लोगों ने सतारा जिले की ओर से महार समाज की एक परिषद आयोजित की थी और उसका अध्यक्ष पद पूना के मजूमदार, इनामदार साहबों को दिया था। ये इनामदार साहब, केवल जाति से ही नहीं आदत से भी पेशवाई के असली वंशज हैं। पूना के पार्वती सत्याग्रह का विरोध करनेवाले में इनामदार साहब सबसे आगे थे, मुखिया थे। इस प्रकार के व्यक्ति को अध्यक्ष बनाकर और अछूतों के आन्दोलन की कमान ऐसे पराए लोगों के हाथ में देकर मि. निकाड़जे क्या साबित करना चाहते हैं?

अछूतों का आज का आन्दोलन स्वावलम्बन और स्वाभिमान की बुनियाद पर चल रहा है। मि. निकाड़जे जैसे लोगों ने मजूमदार साहब जैसे लोगों को अध्यक्ष बनाकर इस सिद्धान्त की धज्जियाँ उड़ाने का काम किया है। इसकी बजाय उन्होंने स्वयं या उनकी इच्छानुसार किसी अछूत ग्रेजुएट को भी इस सभा का अध्यक्ष बनाया होता तो सभी को अच्छा लगा होता। लेकिन इनामदार साहब को अध्यक्ष बनाकर भी वे सभा के लिए आए नहीं और लोग भी इकट्ठा नहीं हुए।

मुझ पर और भी एक आरोप किया जाता है कि मैं मि. निकाड़जे जैसे लोगों से मेल-मिलाप की बात नहीं करता हूँ। लेकिन सवाल यह है कि उनसे मेल-मिलाप भी कैसे किया जाए? जो लोग तत्त्वों के महत्त्व को नहीं जानते और जिनमें जानने की इच्छा भी नहीं है और जिनके पास स्वाभिमान नाम की कोई चीज नहीं है, सिर्फ अपना महत्त्व बढ़ाने का ही काम करते हैं, ऐसे लोगों से कौन कैसे मेल-मिलाप कर सकता है? या उसको कौन और कैसे समझा सकता है? ऐसे लोगों को आप जैसी सामान्य जनता को ही होश में लाना चाहिए। असली और लायक नेता कौन है और अपना कल्याण कौन कर सकता है, इस बात का फैसला इससे आगे जनता को ही देना चाहिए। जो लोग नेता होना चाहते हैं उनको इस बात को जानना चाहिए कि 'मुझे नेता कहिए' कहने से कोई नेता नहीं होता।"

सा. जनता, 8 जून, 1931

दुनिया की हर तरह की गुलामी में सबसे भयंकर है अछूतपन

डॉ. बाबासाहेब अम्बेडकर दिनांक 28 जून, 1931 को अहमदाबाद गए थे। वहाँ उनके सम्मान का और आमसभा को सम्बोधित करने का कार्यक्रम वहाँ के युवा मंडल ने तय किया था। युवा अछूत छात्रों को सम्बोधित करते हुए डॉ. अम्बेडकर ने कहा—

"हमारा संघर्ष सभी प्रकार की गुलामी के खिलाफ है। अछूतपन की विद्यमान गुलामी दुनिया की अन्य सभी प्रकार की गुलामी से भयंकर और भीषण है। यह गुलामी अकेले हिन्दू समाज के या धर्म के मुँह पर लगा हुआ काला कलंक नहीं है बल्कि सम्पूर्ण मानव धर्म पर और इनसानियत पर लगा हुआ कलंक है। हम लोग हिन्दू समाज के अभिन्न अंग हैं और इसीलिए हिन्दुओं की हर धार्मिक संस्था में, मन्दिर में जाने का हमारा जन्मसिद्ध हक है। आप लोगों की आज की तैयारी देखकर, जिद देखकर मैं संतुष्ट हूँ। लेकिन मैं जब पुनः यहाँ आऊँगा उस समय इससे भी ज्यादा तैयारी होनी चाहिए। आप लोगों ने अछूतपन निर्मूलन के कार्य को अपनाया है, इसको और भी ज्यादा परिणामकारी देखने की मेरी इच्छा है।"

सा. जनता, 6 जुलाई, 1931

मुश्किल परिस्थिति से झगड़कर ही समाज का उत्थान सम्भव

नासिक जिले के वडनेर (तह. चांदवड) गाँव में दिनांक 31 मई, 1931 को डॉ. बाबासाहेब अम्बेडकर की जनसभा का आयोजन किया गया था। उसमें नासिक जिले के युवकों को एक सन्देश देते हुए डॉ. अम्बेडकर ने कहा—

"नासिक जिले के युवक संघ ने आज तक जो काम किया है उसके प्रति मैं संतुष्ट हूँ। उन्होंने जिले में जागृति फैलाने का कार्य बड़ी हिम्मत के साथ किया है। हर गाँव में उन्होंने भयंकर स्थिति से झगड़कर समाज के उत्थान के लिए जलसे के द्वारा जो प्रयास किए हैं, असाधारण है। साहसी युवकों को हर गाँव में संघ बनाना चाहिए। उनको लाठी-काठी, कसरत आदि शारीरिक खेल सीखने चाहिए। अखबारों को पढ़कर सामान्य लोगों को परिस्थिति के बारे में समझाइए और अपने कार्य के स्वरूप को और भी व्यापक कीजिए। जिसकी वजह से अपने आन्दोलन को सफलता हासिल करने में देर नहीं लगेगी।"

सा. जनता, 8 जून, 1931

अछूत महिलाओं को चौतरफा सुधार के लिए प्रयास करना चाहिए

डॉ. बाबासाहेब अम्बेडकर दूसरी गोलमेज परिषद के लिए 15 अगस्त, 1931 को लंदन जानेवाले थे। इस निमित्त दिनांक 14 अगस्त, 1931 को कोटा में सर कावसजी जहाँगीर हॉल में उनको विदाई देने का समारम्भ आयोजित किया गया था। डॉ. पी.जी. सोलंकी इस समारम्भ के अध्यक्ष थे। इस समारम्भ में दलित वर्ग की महिलाएँ भी बहुत बड़ी संख्या में उपस्थित थीं। सबसे पहले महिलाओं की ओर से डॉ. अम्बेडकर का सत्कार किया गया। उन्होंने महिलाओं को सम्बोधित करते हुए कहा—

"आज से आपको अपने उत्थान के लिए, अपनी स्वतंत्रता के लिए विशेष उत्साह के साथ संगठिन होकर काम में लगना चाहिए। सवर्ण हिन्दुओं ने और सरकार ने अपनी गरदन को गुलामी की जंजीरों से जकड़ लिया है। इसलिए उसको एक ही झटके में तोड़कर अपनी स्वतंत्रता को हासिल करना चाहिए। अपनी महिलाओं को इसके लिए अपने रहन-सहन में और अन्य व्यावहारिक बातों में बुनियादी परिवर्तन लाना चाहिए। आप लोगों को कथीर और पीतल के विभिन्न प्रकार के गहने पहनना छोड़ देना चाहिए। कपड़ा-लत्ता पहनने में सवर्ण समाज में जो ढंग अपनाया जा रहा है उसी को अपनाकर इस बात को सिद्ध कर देना चाहिए कि हम भी स्वावलम्बन के रास्ते से चाहे जैसे सम्भव हो, क्रान्ति कर सकते हैं। सवर्ण समाज को इस बात को बताना जरूरी है। उसी प्रकार पुरुषों के सहयोग से अपना कार्य बड़े पैमाने पर चले इस प्रकार का सहयोग करने के लिए आपको हमेशा तैयार रहना चाहिए। उसी प्रकार पुरुषों को उनके सही कर्तव्य समझाने की जिम्मेदारी आप पर है। आपको पुरुषों को मादक पदार्थों के सेवन और अन्य अहितकारी कर्मों से दूर रखने का प्रयत्न करना चाहिए। भावी पीढ़ी को आज की गुलामी का बिलकुल पता ही नहीं लगेगा। इस प्रकार के अलौकिक स्वार्थत्याग के काम एकदम निर्भय होकर करने के लिए आप तैयार हो गए तो मेरे कार्य की जिम्मेदारी अपने आप ही सम्पन्न करने का पुण्य आप लोगों को मिलेगा।"

सा. जनता, 17 अगस्त, 1931

लड़ाई कठिन है फिर भी उसको कामयाब करने की जिम्मेदारी अपनत्व की भावना से स्वीकार कीजिए

दिनांक 14 अगस्त, 1931 को जहाँगीर हॉल में हुए विदाई सत्कार समारम्भ में डॉ. बाबासाहेब अम्बेडकर ने दलित महिलाओं का सत्कार स्वीकार करने के बाद दलित पुरुषों की ओर से सत्कार स्वीकार किया और उनको सम्बोधित करते हुए उन्होंने कहा—

"आज तक हम लोगों को जो सफलता मिली है उसके हकदार डॉ. सोलंकी जी भी हैं, इस बात को मैं कदापि भूल नहीं सकता। अपनी लड़ाई कठिन है और अपने कार्य में सफलता हासिल करना भी आसान काम नहीं है। इस परिषद में (गोलमेज परिषद) सम्पूर्ण देश से हर पार्टी के, पंथ के, जाति के कुल मिलाकर करीब-करीब 125 प्रतिनिधि हैं। इन प्रतिनिधियों में अपने समाज की ओर से केवल दो प्रतिनिधियों को चुनना बड़े अफसोस की बात है। हम दो प्रतिनिधि एक ओर और अन्य प्रतिनिधि दूसरी ओर, इस तरह की स्थिति में इस राउंड टेबिल परिषद में कितनी सफलता मिलेगी इसके बारे में मैं आज कुछ नहीं कह सकता। हर सम्भव प्रयास करना मैं अपना कर्तव्य मानता हूँ। आप लोगों का मुझ पर यह जो अलौकिक प्रेम है उसको देखकर हर काम करने की उम्मीद है, और इसी उम्मीद के बल पर मैंने अपने काम की बुनियाद खड़ी की है। अपनी आजादी की लड़ाई लड़ने में जितनी सफलता हासिल कर सकता हूँ करूँगा। मेरे लौटने तक आप लोगों को अपने संगठन को और भी व्यापक करने का प्रयास करना चाहिए। मेरी अनुपस्थिति में डॉ. सोलंकी के नेतृत्व में अपना कार्य करते रहिए।

मैं आप लोगों को दूसरी महत्त्वपूर्ण बात बताना चाहता हूँ, वह यह है कि मेरी महात्मा गांधी के साथ जो मुलाकात हुई उसमें मुझे पूरी तरह निराशा दिखाई दी। हमारे राजनीतिक हकों के सम्बन्ध में आज की स्थिति में महात्मा गांधी कुछ नहीं कर सकते और उनको हमारे लिए जितने अपनत्व की भावना से काम करना है उतना वे नहीं कर सकते। गांधी के साथ मुलाकात की विस्तृत जानकारी आप लोगों को जनता पत्र से प्राप्त होगी। इस प्रकार की कठिन स्थिति में आप लोगों को अपनी ताकत को बढ़ानी चाहिए और अपना संघर्ष हिम्मत से आगे बढ़ाना

चाहिए। अगले सिंहस्थ में नासिक में जो सत्याग्रह होने जा रहा है वहाँ जाकर पैसों से और मनुष्य बल से सहयोग कीजिए। मन्दिर प्रवेश के सत्याग्रह से नासिक जिले ने बड़ा महत्त्वपूर्ण काम किया है। इसलिए उनको अपना पूरा समर्थन देकर वह लड़ाई कितनी भी कठिन होने पर भी उसको सफल बनाने की जिम्मेदारी अपनेपन की भावना से स्वीकार कीजिए।

अब मुझे ऐसा लगने लगा है कि नासिक जिले की तरह पूना जिला भी पिछड़ा हुआ नहीं है। दो माह पूर्व वहाँ 'पूना जिला बहिष्कृत परिषद' आयोजित की गई थी। उसके कार्यों से पता चलता है कि जल्दी ही इस जिले में एक बड़ा जबर्दस्त आन्दोलन शुरू होगा। इस परिषद को सफल बनाकर मेरे मित्र माननीय रेवजीबुवा डोलस ने इस बात को साबित कर दिया कि पूना जिला किसी भी जिम्मेदारी के काम को करने के लिए तैयार है। उनको अपने मित्रों के सहयोग से इस आन्दोलन को अपने जिले में इसी तरह प्रभावी ढंग से जारी रखनी चाहिए। समता सैनिक दल की आज की स्थिति पर मुझे गर्व है। फिर भी उनको अनुशासन और अपनी जिम्मेदारी के प्रति प्रतिबद्धता बरकरार रखकर अपना काम सफल करने का संकल्प व्यापक रूप से करना चाहिए। मेरी अनुपस्थिति में आप लोग अपना अनुशासन और संगठन बरकरार रखकर अपनी जिम्मेदारी का काम अच्छी तरह करते रहेंगे, यही उम्मीद करता हूँ।"

सा. जनता, 17 अगस्त, 1931

देश की एकता के लिए संगठन आवश्यक

राउंड टेबिल कॉन्फ्रेंस में अपनी जिम्मेदारी पूरी करने के बाद डॉ. बाबासाहेब अम्बेडकर की इंग्लैंड से भारत लौटकर आने की खबर एक पत्र प्रकाशित करके लोगों को दी गई थी। वे 29 जनवरी, 1932 को बॅलार्ड पियर के मोल स्टेशन पर एस.एस. मुलतान नाव से पहुँचे। मोल स्टेशन के विशाल हॉल में स्वागत समारम्भ आयोजित किया गया था। डॉ. अम्बेडकर के साथ मो. शौकत अली भी थे। स्वागत समारम्भ में उपस्थित सभी दलित, मुस्लिम आदि भाई-बहनों को सम्बोधित करते हुए डॉ. अम्बेडकर ने कहा—

"आज यहाँ का जनसमुदाय एक दृष्टि से बड़ा अद्‌भुत है। आज तक हिन्दुओं की और मुस्लिमों की इस प्रकार की स्वागत सभाएँ हर बार अलग-अलग आयोजित होती थीं। उसकी वजह से अलग-अलग समाज की अलग प्रकार की भिन्नता दिखाई देती थी। आज यहाँ हम लोग एक तरह से 'हिन्दू' इस भावना से इकट्‌ठा हुए हैं। यहाँ राउंड टेबिल परिषद के बारे में कुछ भी बोलने की जरूरत नहीं है। फिर भी मुस्लिम प्रतिनिधियों ने राउंड टेबिल परिषद में मुझे एकदम अपनेपन की भावना से मदद की है। यदि मुझे उनका सहयोग न मिलता तो मुझे कई बार सभी प्रतिनिधियों से झगड़ना असम्भव हो गया होता। राउंड टेबिल परिषद के अन्य हिन्दू प्रतिनिधियों में अछूतों के बारे में सही और स्पष्ट बोलने का साहस नहीं था। लेकिन यह साहस मुझे मुस्लिम प्रतिनिधियों में दिखाई दिया। उनके सहयोग के बारे में मुझे हमेशा सम्मान ही रखना चाहिए। भारत की एकता के लिए हम सभी को संगठन के बल पर अपने काम की रूपरेखा तैयार करनी चाहिए।

सा. जनता, 23 और 30 जनवरी, 1932

स्वाभिमान और स्वतंत्रता की ज्योति कभी न बुझने पाए

राउंड टेबिल कॉन्फ्रेंस में अपना ऐतिहासिक और असाधारण कार्य पूरा करने के बाद डॉ. बाबासाहेब अम्बेडकर भारत लौट आए। उस समय दलित समाज में बेहद उत्साह और खुशी का माहौल था। दिनांक 29 जनवरी, 1932 को मुम्बई के दामोदर हॉल में मुम्बई और मुम्बई प्रदेश की 114 संस्थाओं की ओर से उनको सम्मानपत्र दिया गया था। इस समारम्भ के अध्यक्ष थे डॉ. पी.जी. सोलंकी। इस सम्मानपत्र के लिए इकट्ठा हुए लोगों को सम्बोधित करते हुए डॉ. बाबासाहेब अम्बेडकर ने कहा—

"आज मुझे जो सम्मानपत्र दिया गया है, उसके गौरव के लिए मैं कहाँ तक लायक हूँ, इसके बारे में खुद मुझे सन्देह है। किसी पड़ोसी या करीब के व्यक्ति को उसके जितने दोष दिखाई देते हैं उतने वे दूर के लोगों को दिखाई नहीं देते। मैंने राउंड टेबिल कॉन्फ्रेंस में जो काम किया है या उस काम की सफलता मेरे कारण प्राप्त हुई, इस प्रकार उस सम्मानपत्र में गौरवपूर्ण शब्दों में मेरे बारे में कहा गया है। लेकिन मेरा मन मुझसे कहता है कि राउंड टेबिल कॉन्फ्रेंस में सफलता का हकदार मैं नहीं हूँ। उस सफलता के पूरी तरह से हकदार यहाँ इकट्ठा हुए मेरे अनगिनत भाई-बहन ही हैं। आप सभी लोगों को एक बात को ध्यान में रखना चाहिए कि किसी भी पार्टी का या समाज का नेता किसी भी सफलता का पूरी तरह हकदार नहीं हो सकता। केवल नेतागिरी होने से काम नहीं चलता, बल्कि जिस कार्य के लिए हम आगे आते हैं उसे अपनी इनसानियत के हक के पवित्र कार्य, कठिन त्याग से और अनुशासन के रास्ते से करना चाहिए।

राउंड टेबिल परिषद के कार्य के लिए मैं आप लोगों की ओर से प्रतिनिधि नियुक्त किया गया यह बात सच है। लेकिन आप लोगों ने अपने कार्य के महत्त्व को जानकर मेरे प्रयासों को एकमत से और एकता की भावना से समर्थन न दिया होता तो मैं कुछ भी नहीं कर सकता था। राउंड टेबिल परिषद के बहाने ही क्यों न हो लेकिन सम्पूर्ण भारत के अछूत वर्ग में जागृति की आग फैल गई है। और यह जागृति की ज्योति ऐसे चमकीले स्वरूप में अंग्रेज लोगों को, वहाँ के राजनीति के प्रभावी लोगों को दिखाई न दी होती तो मैं राउंड टेबिल परिषद में कुछ भी नहीं कर सकता

था। तुम्हारे दिलों में स्वाभिमान की और स्वतंत्रता की जो ज्योति जल रही है उसको और भी तेज करने का प्रयास करना चाहिए। वह पुन: कभी भी न बुझने पाए, इस बात की जिम्मेदारी आप सभी लोगों की है।

छह करोड़ अछूत लोगों ने यह जो माँग की है कि हम लोगों को राजनीतिक हक चाहिए यह वास्तव में असाधारण बात है। नेता के पीछे खड़ी जनता ने बड़े साहस के साथ कमर कसी तो दुनिया में किसी भी कार्य को सफलता मिलनी ही चाहिए। मेरे छह करोड़ अछूत भाइयों ने हिम्मत थामी तो भारत के लोगों को स्वराज्य हासिल करने के लिए कितना समय लग सकता है। आपके दिलो-दिमाग में इनसानियत के प्रति जो अपनत्व का भाव है उसे मरने न दें। कुछ साल पहले जो बात हमारे पूर्वजों को असम्भव लग रही थी वह आज दस साल में सम्भव होती दिखाई दे रही है। कम से कम पिछले दो साल में जो जागृति हुई वह वास्तव में असाधारण ही है। मेरे इस कार्य में कुछ दिन पहले मेरे चमार भाइयों का मुझ पर विश्वास नहीं था और इस बात से मैं बड़ा परेशान रहता था। लेकिन आज जिस जहाज से मैं भारत में आया उस जहाज पर आप अन्य समाज के नेताओं के साथ मेरा स्वागत करने के लिए बेरोक-टोक आए। मि. पी. बालू, मि. राजभोज, मि. काजरोलकर, मि. पवार आदि चमार समाज के नेताओं को देखकर मेरा मन बड़ा आनन्दित हो गया।

अपने महार समाज के लोगों को देखकर मुझे जितना आनन्द हुआ उससे भी ज्यादा आनन्द हम लोगों की सदिच्छा भेंट से हुआ। मैं मनुष्य हूँ। मनुष्य के हाथों से गलतियाँ होना सम्भव है। इसी सिद्धान्त के अनुसार आप लोगों के लिए काम करते समय मेरे हाथ से कुछ उन्नीस-बीस हो सकता है। और उसकी वजह यही कि अपना अछूत समाज इतना पददलित है कि उसके सवालों की गहराई काफी है। इस प्रकार की स्थिति में मैं अकेला उन सभी का समाधान कैसे कर सकता हूँ? सचमुच में देखा जाए तो हमारा समाज कार्य आसमान को छूने जैसा है। खैर, फिर भी, उन्होंने मेरा जो स्वागत किया है उससे मेरा कल्पना से बाहर समाधान हो गया है। अपने सार्वजनिक कार्य में उनके राजनीतिक हकों के बारे में मैं उन्हें पूरा यकीन दिला सकता हूँ।

मैं महार जाति में पैदा हुआ हूँ फिर भी मैं पूरी तरह से महार जाति के लिए ही काम करूँगा ऐसा कभी नहीं होगा बल्कि मेरे समाज को कुछ नहीं मिलेगा तब भी चलेगा। लेकिन दूसरों के लिए मैं जो सम्भव होगा, वह करूँगा। इसके लिए उनका मुझे मेरे कार्य में जी-जान से सहयोग चाहिए। अपने कार्य में अपने समाज की अलग-अलग जातियों की एकता होने पर आगे के कार्य एक-दूसरे के समर्थन से और खुशी से हल करने में मुझे असम्भव जैसा कुछ भी नहीं लग रहा है। महात्मा गांधी के कहने से जिनका समाधान नहीं हो रहा उनका क्या मेरे कहने से समाधान होगा? फिर भी प्रयास तो करना ही चाहिए। अपनी एकता महार जाति से लेकर

भंगी समाज तक होनी ही चाहिए और इन सभी समाजों का उत्थान करना मैं अपना महान उद्देश्य मानता हूँ। इसके लिए सभी को एक-दूसरे के प्रति अपने मन में पूरा विश्वास रखना चाहिए।

मेरी अनुपस्थिति में यहाँ समाचार-पत्रों में मेरे बारे में बड़ा हो-हल्ला मचाया था। यहाँ के राष्ट्रीय दृष्टि रखनेवाले पत्रकारों ने मुझे राष्ट्रद्रोही करार देने का पूरा प्रयास किया। फिर भी मेरे भाई-बहनों ने मुझ पर पूरा यकीन रखकर अपना कार्य और भी तेज रफ्तार से आगे बढ़ाने का प्रयास किया उसके लिए मुझे वास्तव में अभिमान हो रहा है। मैंने राउंड टेबिल परिषद में महात्मा गांधी का विरोध किया इसलिए मैं राष्ट्रद्रोही हो सकता हूँ, लेकिन मैं इस तरह के आरोपों की बिलकुल परवाह नहीं करता। बल्कि मेरे भाइयों को गुलामी से मुक्त करने के महान कार्य में महात्मा कहलानेवाले व्यक्ति की ओर से जी-जान से विरोध होना दुनिया की निगाह में कितनी अन्यायपूर्ण बात है इस पर समझदार लोग निश्चित रूप से सोचेंगे। मेरा मन मुझे कहता है कि मैं सही रास्ते पर चल रहा हूँ और तब तक मुझे लोगों के स्वार्थी आरोगों की बिलकुल गरवाह नहीं है। जो लोग आज गुझे कहते हैं कि मैं राष्ट्रद्रोही हूँ, देशद्रोही हूँ वे ही लोग भविष्य में मेरे कार्य की प्रशंसा करेंगे, इसमें कोई सन्देह नहीं। आज का तूफानी माहौल आगे कुछ दिनों में शान्त हो जाने के बाद और राउंड टेबिल परिषद के सभी कार्यों का सही शान्ति से विचार करने के बाद उनकी मेरे बारे में जो सोच है वह निश्चित रूप से बदलेगी। उनको इस बात का भी पता चलेगा कि यहाँ राष्ट्रीय अखबारों में छपनेवाली खबरें और वहाँ राउंड टेबिल परिषद के कार्य में कितना फर्क था। मुझे इस बात का पूरा यकीन है कि हिन्दुओं की अगली पीढ़ी यही कहेगी कि मैंने राष्ट्र के लिए अच्छा काम किया है।

इंग्लैंड जाने से पहले मेरी और महात्मा गांधी की पहली ही मुलाकात हुई थी और उसके बारे में आप सभी को मालूम है। राउंड टेबिल परिषद के कार्यक्रमों में मेरी और महात्मा गांधी की तीन बार अच्छी चार-चार पाँच-पाँच घंटे मुलाकात हुई है, किन्तु उन्होंने एकदम अन्त में स्पष्ट रूप से जवाब दिया कि मैं मुस्लिम और सिख समाज के अलावा अन्य किसी भी समाज को स्वतंत्र मतदार संघ दे नहीं सकता। मेरे पास इस बात के एकदम असली लिखित प्रमाण हैं कि अल्पसंख्यक कमेटी के मुस्लिम प्रतिनिधि और मेरे सम्बन्ध विच्छेद हों। मुस्लिमों को मुझे सहयोग नहीं करना चाहिए इसके लिए महात्मा गांधी ने किस प्रकार की भेद नीति अपनाई थी। इसलिए मेरी दृष्टि से महात्मा गांधी 'महात्मा' पद के लिए कितने लायक हैं इस बात का मुझे सन्देह है। महात्मा गांधी के प्रयासों को मुस्लिमों ने कोई महत्त्व नहीं दिया इसलिए वे तिलमिला गए। वे बाजार में जाकर एक कुरान खरीद लाए और जिस होटल में एच.एच. आगाखान रह रहे थे वहाँ गए। उन्होंने आगाखान के सामने कुरान रखा और कहा कि 'क्या कुरान में यह लिखा है कि हिन्दू और हिन्दू में भेदभाव पैदा किया

जाए, मुझे बताइए, उस समय मि. आगाखान ने इतना ही कहा कि अछूत समाज हमारे समाज से भी एकदम पददलित है। जब हम अपनी सुरक्षा के हकों के लिए लड़ रहे हैं तब उनकी सुरक्षा के न्याय हकों की माँग का हम कैसे विरोध कर सकते हैं? इस जवाब को सुनकर महात्मा गांधी जैसे आए वैसे ही लौट गए।

आप लोग महात्मा गांधी की तरह मेरी प्रशंसा करके मुझे अलौकिक पद पर स्थापित न करें। किसी व्यक्ति को अलौकिक पद पर स्थापित करके दूसरों के जैसे अलौकिक पद पर स्थापित हुए अलौकिक व्यक्ति के पीछे अपनी अन्धभक्ति व्यक्त करना अच्छा नहीं है। बल्कि इसमें मुझे अपनी अयोग्यता दिखाई देती है। आप अपना संगठन मजबूत कीजिए। अनुशासन, हिम्मत के रास्ते अपना सम्पूर्ण उत्थान कीजिए।"

सा. जनता, 30 जनवरी, 1932

स्वावलम्बन के लिए समाचार-पत्रों की जरूरत

राउंड टेबिल परिषद की वर्किंग कमेटी के कार्य के लिए डॉ. बाबासाहेब अम्बेडकर दिनांक 31 जनवरी, 1932 को दिल्ली पहुँचे। इस कमेटी का कार्य दिल्ली में लॉर्ड लोथियन की अध्यक्षता में शुरू हो गया था। इस मतदान कमेटी में अछूत वर्ग और अन्य पिछड़ी जातियों की ओर से डॉ. बाबासाहेब अम्बेडकर की नियुक्ति की गई थी। बहुसंख्य पददलित और पिछड़ी जातियों के समानता के हकों के लिए इस कमेटी की ओर से डॉ. अम्बेडकर ने काम करने की अपनी नीति अपनाई थी। इस कमेटी का दौर दिल्ली से लखनऊ गया। मतदान कमेटी के दौरे पर डॉ. अम्बेडकर जब लखनऊ पहुँचे तो वहाँ के पददलितों और पिछड़ी जातियों की ओर से उनका सम्मान किया गया। इस अवसर पर उन्होंने कहा—

"सम्पूर्ण बहिष्कृत समाज के उत्थान के लिए 'बहिष्कृत समाज सेवा संघ' का केन्द्रीय मंडल निर्माण करने की आवश्यकता है। इसके अलावा अपने स्वावलम्बन के आन्दोलन का व्यापक और सभी जगह प्रचार होने के लिए कम से कम हर राज्य में अपना एक समाचार-पत्र चाहिए और मेरा मेरे सभी भाइयों और बहनों से इतना ही आग्रह के साथ अनुरोध है कि अपने समाज के हर व्यक्ति को अपने राजनीतिक हक हासिल करने के लिए पूरी ताकत के साथ प्रयास करना चाहिए। अन्यथा भावी राज्य में अपनी बहुत ही बुरी स्थिति होगी, इस बात को अच्छी तरह ध्यान में रखिए।"

सा. जनता, 13 फरवरी, 1932

भेदनीति का प्रयोग मैंने अपने पर होने नहीं दिया

गोलमेज परिषद में डॉ. बाबासाहेब अम्बेडकर ने जो असाधारण कार्य किया उसके कारण महाराष्ट्र ही नहीं सम्पूर्ण देश के दलित वर्ग में एक नई उम्मीदों का उत्साह जाग गया था। मद्रास के अछूतों (दलितों) ने दिनांक 28 फरवरी, 1932 को मद्रास की एक सार्वजनिक सभा में जबर्दस्त स्वागत और सम्मान किया था। इस समारम्भ के अध्यक्ष थे 'डिप्रेस्ड क्लासेस सर्विसेस आर्मी' के अध्यक्ष सुन्दरराव नायडू। इस समारम्भ में 'डिप्रेस्ड क्लासेस सर्विसेस आर्मी' के अलावा मद्रास प्रदेश डिप्रेस्ड क्लासेस फेडरेशन, दी प्रेसिडेन्सी आदि द्रविड़ महाजन सभा, आदि आन्ध्र महासभा, अरुंधत्येय महासभा, केरल डिप्रेस्ड क्लासेस एसोसिएशन, लेबर यूनियन और अन्य संस्थाओं ने डॉ. अम्बेडकर का जोरदार स्वागत किया और सम्मानपत्र भी समर्पित किया। इस सत्कार सभा को सम्बोधित करते हुए डॉ. अम्बेडकर ने कहा—

"मद्रास की अछूत जनता ने और अन्य लोगों ने मेरे प्रति जो अपनत्व का भाव व्यक्त किया है उसके लिए मैं आप सभी के प्रति अपना आभार व्यक्त करता हूँ। आज तक अछूत समाज में अपने राजनीतिक हकों के प्रति एक राय थी और उसका असाधारण प्रभाव अन्य समाजों पर हो सका। लेकिन रावबहादुर एम.सी. राजा ने अचानक और उस प्रकार का कोई कारण नहीं होते हुए भी इस एकता को भंग किया। जिसका परिणाम यह हुआ कि पहले ही मुश्किल मार्ग और भी मुश्किल हो गया है।

रावबहादुर राजा जैसे लोग डॉ. मुंजे की भेदनीति के बहुत ही जल्द और बगैर सोचे ही शिकार हो गए। यदि रावबहादुर राजा ने थोड़ा धीरज रखा होता और उन्होंने जैसे पहले घोषणा की थी उसके मुताबिक नागपुर में सभा का आयोजन करके वहाँ अछूत जनता का जनमत जानने का प्रयास किया होता और बाद में डॉ. मुंजे से समझौता किया होता तो रावबहादुर राजा को अपने समाज के लिए ज्यादा सहूलियतें और ज्यादा लाभ पाना आसान हो गया होता। आज उनको सफेदपोश (ब्राह्मण जातीय) वर्ग के कुछ नेताओं की निजी और मुँहदेखी प्रशंसा के अलावा ज्यादा कुछ भी नहीं मिला है। डॉ. मुंजे के साथ मेरा भी कई बार विचार-विमर्श हो गया है। मैंने उनके साथ कभी पैक्ट नहीं किया लेकिन मेरी उनके साथ कुछ व्यक्तिगत दुश्मनी नहीं है। लेकिन मैं भी जानता हूँ और डॉ. मुंजे भी जानते हैं कि वे अछूतों के सामने

लाचार हैं। वे 'भेद डालने' जैसा आसान काम कर सके, क्योंकि वह तो उनके हाथ की बात है। लेकिन सवर्ण (हिन्दू) लोगों की मानसिकता में परिवर्तन करना उनके कूवत के बाहर की चीज है। इस बात को मैंने अच्छी तरह जाना, इसलिए मैंने उनकी व्यक्तिगत भेद नीति का प्रयोग अपने ऊपर नहीं होने दिया। लेकिन वे रावबहादुर राजा पर आसानी से अपना प्रभाव डालने में सफल हो सके। रावबहादुर राजा को इतनी आसानी से उनके जाल में नहीं फँसना चाहिए था।

मैंने पहले ही निजी तौर पर संयुक्त मतदार संघ, सार्वत्रिक मतदान का हक और अछूतों के लिए सुरक्षित (आरक्षित) मतदार संघ होने चाहिए, इस मत का समर्थन किया था। लेकिन अपनी ही कई संस्थाओं ने मुझे साफ शब्दों में कहा कि मेरा यह मत बड़ा व्यापक और राष्ट्रीय भावना से प्रेरित लगता है लेकिन इससे अछूत जनता को कुछ भी लाभ होनेवाला नहीं है। आप में से कई लोगों को इस बात की अच्छी जानकारी होगी कि मेरे नागपुर में संयुक्त मतदार संघ का समर्थन करते ही रावबहादुर राजा ने कितना हो-हल्ला मचाया था। एकदम कल-परसों तक मैंने स्वतंत्र मतदार संघ का समर्थन करना चाहिए इसके लिए रावबहादुर राजा और अन्य प्रमुख नेताओं की झंझट मेरे पीछे लगी थी। इस प्रकार की स्थिति में मैंने अपनी निजी पसन्द, राय को दूर रखकर अछूतों को जो चाहिए उसका समर्थन किया, इसमें मैंने क्या गलत किया है? उसी प्रकार हम गोलमेज परिषद में किस स्थिति में फँसे हुए थे और वहाँ अल्पसंख्यकों का जो एक पैक्ट हुआ था उसको अछूतों की ओर से समर्थन देना कितना जरूरी था। इस बात की भी रावबहादुर राजा को पूरी जानकारी है और उन्होंने इस पैक्ट के बारे में अपनी स्वीकृति और समाधान व्यक्त करके उन्होंने मुझे कल-परसों तक इसके बारे में भी पूरा समर्थन दिया था। लेकिन वे ही लोग अब इस समझौते की आलोचना कर रहे हैं। अब इसमें दोषी कौन है, इस बात का फैसला आप लोगों को ही देना चाहिए और नेताओं को उसको स्वीकार करना चाहिए।

अछूत समाज संगठित होगा और राजसत्ता को अपने हाथ में लेगा उसी समय उसका अछूतपन समाप्त होगा। यथासम्भव आप लोग अपनी ही विचारधारा के और अपने ही सुख-दुखों की अपने ही अनुभव से समझ होनेवाले व्यक्ति पर विश्वास कीजिए। दूसरों के लुभावने आश्वासनों के और सुन्दर सिद्धान्तों के जाल में मत फँसिए। राजसत्ता अपने हाथों में आने के लिए एकमत से, एकता से, स्वावलम्बन की भावना से रहित आप लोगों ने स्वयं पर और अपनी संघ शक्ति पर विश्वास रखकर काम करना शुरू किया तो आज जो लोग आपसे नफरत करते हैं और अपने पीछे-पीछे घुमाते हैं वे ही लोग कल आपके चरणों पर गिरकर गिड़गिड़ाएँगे। वे तुम्हारी सदिच्छा और मैत्री पाने के लिए आप जो चाहेंगे वही बगैर माँगे आपको देंगे।

सा. जनता, 5 मार्च, 1932

किसी के भी कहने पर आपस में बेबनाव पैदा न होने दें

भारतीय गोलमेज परिषद की मतदान कमेटी की विशेष रेलगाड़ी दिनांक 6 मार्च, 1932 को सोलापुर रेलवे स्टेशन पर दोपहर के बाद पाँच बजे पहुँची। सोलापुर के अछूतों को इस बात का पता चल गया था कि डॉ. बाबासाहेब अम्बेडकर इसी रेलगाड़ी से आ रहे हैं, इसलिए अछूत लोग दोपहर के दो बजे से ही सोलापुर रेलवे स्टेशन पर इकट्ठा होने लगे थे। सोलापुर रेलवे स्टेशन से बाहर इकट्ठा हुए लोगों को सम्बोधित करते हुए डॉ. बाबासाहेब अम्बेडकर ने कहा—

"सोलापुर के महार, मातंग, ढोर, चमार, भंगी समाज के लोगों को आपस में एकता कायम करनी चाहिए और किसी के भी बहकावे में आकर आपस में बेबनाव पैदा नहीं होने देना चाहिए। हमारे बीच के बेबनाव का लाभ तथाकथित ऊँची जाति के लोग लेते हैं, इस बात को मत भूलिए।"

सा. जनता, 12 मार्च, 1932

अछूत समाज के हाथ में राजनीतिक सत्ता होनी ही चाहिए

कामठी (नागपुर-महाराष्ट्र) में दिनांक 7 और 8 मई, 1932 को अखिल भारतीय दलित कांग्रेस का सम्मेलन आयोजित किया गया था। इस सम्मेलन के स्वागताध्यक्ष थे हरदास एल.एन.। इस सम्मेलन में महाराष्ट्र के अलावा उत्तर प्रदेश, मद्रास, पंजाब, संयुक्त प्रान्त, बंगाल, बिहार, उड़ीसा के दलित समाज के प्रतिनिधि बहुत बड़ी संख्या में सम्मिलित हुए थे। इस सम्मेलन का आयोजन रावबहादुर एम.सी. राजा और डॉ. मुंजे के बीच हुए पैक्ट का विरोध करने के लिए किया गया था। इस सम्मेलन के समर्थन और सफलता के लिए आसाम प्रान्त के अछूतों के नेता बाबू सोनाधरदास सेनापति ने पत्र भेजा था। कलकत्ता से अखिल भारतीय बौद्ध महासभा (महाबोधी सोसाइटी) के जनरल सेक्रेटरी का भी पत्र आया था। उसमें परिषद की सफलता की कामना करते हुए सभी अछूतों को बुद्ध धर्म की दीक्षा लेनी चाहिए। इस प्रकार का सुझाव दिया गया था। इस सम्मेलन में दो दिन विस्तार से चर्चा होकर बारह प्रस्ताव पारित किए गए थे। इस परिषद को सम्बोधित करते हुए डॉ. अम्बेडकर ने कहा—

"अछूत समाज के हाथ में राजनीति की बागडोर आनी जरूरी है। इसके लिए सभी अछूतों को संगठित होकर अपने राजनीतिक अधिकार प्राप्त करने चाहिए। जब तक इस देश के राजनीतिक नियंत्रण पर अछूत लोगों का अधिकार नहीं चल सकता तब तक उनका अछूतपन समाप्त होनेवाला नहीं है।"

सा. जनता, 9 अप्रैल और 14 मई, 1932

अपने पाँव पर खड़े हुए बग़ैर अछूतों को मुक्ति का मार्ग नहीं

सोलापुर की दलित जनता ने मई 1932 में डॉ. बाबासाहेब अम्बेडकर के सम्मान में बहुत बड़ी जनसभा का आयोजन कर उन्होंने उसमें उनका सम्मान कर सम्मानपत्र दिया। इस सभा को सम्बोधित करते हुए डॉ. अम्बेडकर ने कहा—

"अब इसके आगे अछूतों को अपने खुद के पाँव पर खड़े होकर अपना सम्पूर्ण उत्थान कर लेना चाहिए। हिन्दू समाज के बनावटी सहयोग से अछूतपन कभी भी समाप्त होनेवाला नहीं है। बल्कि अपने भीतर स्वावलम्बन की जो हवा बह रही है वह हमारी दुर्बलता से नष्ट हो जाएगी।"

सा. जनता, 25 जून, 1932

आज की हमारी लड़ाई राजनीतिक सत्ता के लिए

वडाला, मुम्बई में दिनांक 5 सितम्बर, 1932 को वहाँ के निवासी दलितों के विशेष आग्रह पर डॉ. बाबासाहेब अम्बेडकर की जंगी जाहिस सभा का आयोजन किया गया था। इस सभा को सम्बोधित करते हुए उन्होंने कहा—

"मुझे पता चला कि मुझे गणेशोत्सव के कार्यक्रम में सम्मिलित होना है तो मुझे बुरा लगा और मैं गणपति की मूर्ति के बारे में कुछ बोलनेवाला था। लेकिन मुझे यहाँ कहीं भी गणपति की मूर्ति दिखाई नहीं दी। इसलिए अब मैं उसके बारे में कुछ भी बोलना नहीं चाहता। इस हिन्दू धर्म ने अपना जितना अकल्याण (विनाश) किया है उतना किसी भयंकर रोग ने भी नहीं किया है। मैं आप लोगों को यह नहीं कहता कि आप इस हिन्दू धर्म से चिपके रहो। आज जिस हिन्दू धर्म में हम लोग दो हजार साल तक रहे, जिसको बचाया और जिसकी रक्षा के लिए हमारी सारी जिन्दगी गुजरी उसी हिन्दू धर्म में हमारी कौड़ी की भी कीमत नहीं रही। कुछ दिन पहले मुझे काशी के ब्राह्मणों के पत्र आए थे उसमें उन्होंने कहा था कि हम आप लोगों के लिए काशी विश्वेश्वर का मन्दिर खुला करते हैं। लेकिन हम लोगों को पत्थरों के ईश्वरों की बिलकुल आवश्यकता नहीं है। हम लोगों ने यह जो संग्राम शुरू किया है वह इसलिए नहीं कि तालाब खुले हों या गन्दगी फैले हुए तालाब का पानी पीने के लिए नहीं। हमको ब्राह्मणों के घरों में जाना नहीं है। हमको सामूहिक भोज भी नहीं चाहिए। हम अछूतों को ब्राह्मणों की लड़कियाँ भी नहीं चाहिए। क्या हमारे समाज में लड़कियाँ नहीं हैं जिसकी वजह से हम ब्राह्मणों की लड़कियों की अपेक्षा करें या हमारी औरतों को संतान नहीं होती या उनसे पैदा होनेवाले बच्चों की इन्द्रियाँ नहीं होतीं। ऐसा कुछ भी नहीं है। मतलब यह है कि हमारी आज की लड़ाई राजनीतिक सत्ता पाने के लिए है।

यदि हम हिन्दू धर्म में चिपके रहे तो हमको नरक में सड़ते हुए रहना पड़ता है। इसलिए अब मेरे जैसे को भी हिन्दू धर्म के प्रति एकदम नफरत पैदा हो गई है। इतना ही नहीं मुझे तो धर्मान्तरण करने की भी इच्छा हो रही है लेकिन मैं उस तरह से कुछ करनेवाला नहीं हूँ। यदि आप लोग मुझसे पूछेंगे कि आप इस नरक में क्यों रहते हैं? तो मेरा जवाब है कि मुझे आप सभी लोगों को छोड़कर कहीं जाने की इच्छा नहीं

हो रही है। मैं जहाँ भी जाऊँगा अपने खुद के बल पर रह सकता हूँ, किन्तु मैं आप लोगों में ही क्यों रहता हूँ? क्योंकि मुझे आप लोगों को छोड़ने की इच्छा नहीं है, बस! यही कारण है और मैंने जो शुरू किया है उसको मुझे पूरा करना है। मैं आप लोगों को इतना ही कहना चाहता हूँ कि आप लोग इस धर्म के जाल में मत फँसे रहिए। पिछले दो हजार साल तक हिन्दुओं ने राज किया, उसके बाद अब डेढ़ सौ साल अंग्रेजों ने राज किया, लेकिन अब इसके आगे जो राजसत्ता मिलनेवाली है उसमें अकेले हिन्दू ही राजसत्ता चलानेवाले नहीं हैं, वही राजसत्ता आप अछूतों की और हिन्दुओं की मर्जी से चलनेवाली है।

हर समाज में किसी न किसी प्रकार का बल होता है। कुछ लोगों के हाथ में अर्थबल होता है। पारसी समाज को देखिए, वह यहाँ बैठे हुए लोगों से ज्यादा नहीं है, लेकिन उसके पास अर्थ का बल है। हमारे समाज के लोग उनके पास मजदूरी के काम करते हैं। ब्राह्मण समाज के पास अर्थ बल नहीं है। सभी ब्राह्मण धनवान नहीं हैं लेकिन उनके हाथ में धर्म की सत्ता है। अपने समाज के हाथ में राजसत्ता होना जरूरी है और इस प्रकार की राजनीतिक सत्ता अपने समाज को मिले इसलिए मैं राउंड टेबिल परिषद में गया था और वहाँ जाने का लाभ भी हम लोगों को हुआ है। उसके बारे में मैं यहाँ चन्द शब्दों में कहना चाहता हूँ।

मैं राउंड टेबिल परिषद में गया था। उस परिषद में मैंने अछूतों के लिए दस पद प्राप्त किए जो मेरी आलोचना करते हैं वे कहते हैं कि डॉ. अम्बेडकर ने राउंड टेबिल परिषद में जाकर क्या पाया है? लेकिन वे ही लोग आज यहाँ उपस्थित होते तो मैंने उनको यह बताया होता कि मैंने जो कुछ पाया है उतना अन्य किसी समाज ने नहीं पाया है। किसी मुर्गे के सामने मोती डाल दिए तो उसके लिए उन मोतियों का कुछ भी मूल्य नहीं है क्योंकि वे मोती उसको ज्वार के एक दाने से भी हल्के लगेंगे।

यह दस पद मिल जाने से अपने समाज के हाथ में काफी बड़ी सत्ता आई है। चन्द शब्दों में कहना हो तो अब जो स्वराज्य मिलनेवाला है उसको आपके द्वारा चुने हुए प्रतिनिधि चलानेवाले हैं। वह स्वराज्य आपके समर्थन से, आपकी सलाह से, आपके कहने से ही चलेगा। इसकी पूरी जिम्मेदारी आप लोगों पर है। मेरी राय में अब हम लोगों को जो कुछ मिला है पर्याप्त है। अपने लोगों के लिए दस स्थान सुरक्षित हैं। इसके अलावा अहमदाबाद जैसी जगह, जहाँ 80 से 90 प्रतिशत मजदूरों की बस्तियाँ हैं वहाँ से दो-तीन स्थान अछूतों को मिलेंगे। इसके अलावा मुम्बई जैसे शहर में जहाँ अछूतों की बस्तियाँ हैं वहाँ से एक-दो स्थान प्राप्त कर सकते हैं। इसके अलावा नासिक जिला, पूना यहाँ से स्वतंत्र मतदार संघ के माध्यम से हमारे चुने हुए नब्बे प्रतिशत प्रतिनिधि हमारे हाथ में रहेंगे।

मुम्बई काउंसिल में कुल दो सौ सीटें हैं, उनमें से हिन्दुओं के लिए 97 सीटें हैं, मुस्लिमों के लिए 63 सीटें हैं और अछूतों के लिए 10 सीटें हैं। इसकी वजह से

किसी एक वर्ग को ही ज्यादा सत्ता मिलना असम्भव है क्योंकि काउंसिल में जो काम होगा वह बहुमत से ही होगा। इसलिए किसी एक दल का बहुमत होने के लिए कम से कम 115 मत एक ओर होने चाहिए। केवल हिन्दुओं के 97 लोग अपना बहुमत नहीं बना सकते। उसी प्रकार मुस्लिमों को भी 63 मतों पर राजसत्ता चलाना सम्भव नहीं है। बहुमत होने के लिए दोनों को भी अछूतों के मत मिलाना होगा। इस तरह से हमारे हाथ में बहुत बड़ी सत्ता आई है, क्योंकि जिस ओर हम अपने मत देंगे उस ओर का पलड़ा नीचे जाएगा और विरोधी पलड़ा ऊपर ही लटकता रहेगा। इतनी सत्ता हमारे हाथों में आई है फिर भी मेरे मन में एक भयंकर सन्देह पैदा हो गया है। आप लोगों में मतदान करने की अक्ल कहाँ तक है? हम लोगों को जो दस सीटें मिली हैं उन सीटों पर हममें से जो लोग जाएँगे वे चाहे जो कार्य करवा सकते हैं। वे इधर की मुम्बई को उधर कर सकते हैं। लेकिन उन सीटों का उचित उपयोग होना चाहिए।

वे दस लोग सभी अछूतों का उत्थान कर सकते हैं। किसी प्रकार का मामूली काम करना हो तो कई दिनों तक कलेक्टर के पास और तहसीलदार के पास चक्कर लगाना पड़ता था और इसी तरह से अतिसामान्य अफसरों की हाँ जी-हाँ जी करनी पड़ती थी। इतना ही नहीं अगर कोई एक काम करवाना हो तो किसी सात रुपये कमानेवाले सामान्य सिपाही को मेरे जैसे व्यक्ति को भी हवलदार साहब कहकर बुलाना पड़ता था। लेकिन अब इसके आगे हम पर इस प्रकार की मुसीबत नहीं आएगी। अब आगे सभी बातें कानून से होगी। हम लोगों में से ही कुछ अछूत कलेक्टर होंगे। अपने अछूतों से ही 20 प्रतिशत तहसीलदार, 20 प्रतिशत पटवारी और 20 प्रतिशत सिपाही होंगे और अब इस तरह से करने के लिए हमको किसी की भी खुशामद नहीं करनी पड़ेगी। लेकिन हम सब लोगों का व्यवहार किस प्रकार का रहेगा यह इस बात पर निर्भर होगा। क्योंकि हमारा यह अनुभव है कि हमारे कुछ लोग दो पैसों के चने या एक पैसे के चिड़वे के लिए अपने मत बदल देते हैं। जिन नेताओं ने पिछले मार्च महीने में अछूतों की सभाएँ आयोजित करके और अध्यक्ष बनकर अछूतों के लिए स्वतंत्र मतदार संघ की माँग की उसी अध्यक्ष ने विरोधी दल के लालच में फँसकर अपने मतों को बदल दिया और उन्होंने मतदार कमेटी के सामने अछूतों के लिए संयुक्त मतदार संघ की माँग की। इस तरह से नेता ही अपने आपको बेचने लगा तो जो सत्ता हमारे हाथ में आई उसका क्या उपयोग?

कुछ दिन पहले मेरे साथ काम करनेवाला सतारा जिले का घोलप नाम का कल का लड़का कहता है कि शिवतरकर मास्टर चमार है, उसको साहेब ने अपने नजदीक किया इसलिए मेरे से असहयोग किया। किन्तु यह जो सतारे का महार है उसको शिवतरकर चमार होने की वजह से घृणा होती है वही देवरुखकर जैसे चमार की छत्रच्छाया में अखबार छपवाकर मुझे गाली देता है। देवरुखकर ने महार समाज को हर तरह से बदनाम करके हमारे समाज की इज्जत को रास्ते में लाकर खड़ा कर

दिया है। उसी देवरुखकर की छत्रच्छाया में काम करने में इस लम्बी नाक वाले महार को शर्म क्यों नहीं आई? अन्य समाज के लोग हमेशा गालियाँ देते हैं, तो हममें से ही किसी महार ने गालियाँ दी तो उसके लिए मुझे बुरा नहीं लगता। लेकिन मुझे इतना ही सन्देह है कि आप लोगों को जो हक मिले हैं उसका आप उपयोग करेंगे या नहीं? मैंने यह जो इतना बड़ा आन्दोलन चलाया है वह कुछ सिद्धान्तों को लेकर चलाया है लेकिन अपने नेताओं की इस प्रकार की नैतिकता देखकर मुझे बड़ा दुख होता है।

मैं आप लोगों से इतना ही निवेदन करना चाहता हूँ कि आप स्वाभिमानी बनें। आप तय कीजिए कि आपका नेता कौन है और वह जो कहेगा उसके अनुसार चलिए, बेवजह अपने मतों को मत बेचिए अन्यथा कोई आकर एक-दो रुपया देकर वह आपके मतों को खरीद लेगा। हम लोगों को मतदान के लिए कई सहूलियतें मिली हैं। इतनी सहूलियतें अन्य किसी समाज को नहीं मिली हैं। अन्य समाज के लोगों को मत देने का अधिकार प्राप्त होने के लिए उसकी पढ़ाई मराठी चौथे दर्जे तक होनी चाहिए। लेकिन इस तरह की शर्त आप लोगों के लिए नहीं है। आप लोगों को केवल अपने सही दस्तखत करने आने चाहिए। आप लोगों को केवल अपना नाम भी लिखना आया तो भी आपको मतदान का हक प्राप्त हो जाता है। इस प्रकार की सहूलियत अन्य किसी समाज को नहीं है। केवल अछूतों को है। इसलिए मैं कहता हूँ कि आप लोगों को रात के स्कूलों में जाकर सही लिखने तक की पढ़ाई करनी जरूरी है और इस तरह करने से आप लोगों के नाम रजिस्टर होंगे।"

सा. जनता, 10 सितम्बर, 1932

अछूत समाज में शिक्षा प्रसार की ज़रूरत

दामोदर हॉल, परल, मुम्बई में दिनांक 10 सितम्बर, 1932 को महार बालवीर संस्था की ओर से एक जनसभा का आयोजन किया गया था। इस जनसभा को सम्बोधित करते हुए डॉ. बाबासाहेब अम्बेडकर ने कहा—

"इस देश की ऊँच-नीचता को मजबूत होने के लिए समाज की जाति व्यवस्था तो एक कारण है ही लेकिन उसको जो स्थायी रूप प्राप्त हुआ है वह जाति की विशेषताओं के कारण ही हुआ है। कुछ विशेष जातियों का बड़प्पन अन्य जाति में अज्ञान के कारण ही बरकरार रहा है। सरकार दरबार की बड़ी-बड़ी नौकरियाँ, तहसीलदार और पुलिस अधिकारी जैसे लोगों पर हुक्म चलानेवाले पद आदि पर आज तक अछूत समाज को पूरी तरह रोक है जिसकी वजह से प्रत्यक्ष व्यवहार में इस समाज की उपेक्षा तो होती ही है लेकिन इस समाज की ओर देखने का अन्य जातियों का दृष्टिकोण भी निराला होता है। इस संकुचित सोच को बदलकर अपने समाज के बारे में दूसरों के मन में जो असमानता की भावना बनी हुई है उसको नष्ट करने के लिए उसका सही इलाज है अधिकारों के पदों को प्राप्त करना। प्रत्यक्ष उदाहरण ही देना हो तो आज डिप्टी कलेक्टर का काम करनेवाले एक अछूत तरुण का दिया जा सकता है। वे जिस-जिस जिले में जाते हैं वहाँ के अछूत समाज को लगता है कि सचमुच में हम पर कृपाछत्र है। इसके अलावा अछूत समाज की ओर घृणा से देखने की जो अन्य समाजों की भावना है वह भी कम होने लगती है। इस तरह के कई अधिकारी होने से आज की स्थिति बदलेगी इसमें कोई सन्देह नहीं।

किन्तु हम लोगों को इस बात को नहीं भूलना चाहिए कि यदि अभी जिस व्यक्ति ने आप लोगों को बताया उसने ऊँची शिक्षा प्राप्त करके अपनी योग्यता न दिखाई होती तो यह मामूली फर्क भी आपको प्राप्त न हुआ होता। उसने अपनी जान को दाँव पर लगाकर शिक्षा प्राप्त न की होती तो क्या इस प्रकार की स्थिति प्राप्त हुई होती? इसलिए अपने व्यक्तित्व से सम्बन्धित लौकिक को बढ़ाना और उसी के साथ अपने समाज की योग्यता बढ़ाना आदि दोनों बातें केवल शिक्षा पर निर्भर हैं। हम लोगों ने अपने समाज के लिए आज के कानून के द्वारा सरकारी नौकरी में अपना प्रतिशत निश्चित कर लिया है फिर भी जरूरी शिक्षा प्राप्त करके, योग्यता हासिल किए बगैर

अपनी माँगें बेकार हो जाएँगी। इसमें अपना ही प्रतिशत अपनी ही दुर्बलता के कारण पूरी तरह से प्राप्त नहीं हो पाएगा। गोलमेज परिषद के सामने, अन्य किसी भी जगह हर समय मुझे अछूत समाज के लिए विधि काउंसिल में आरक्षित सीटें माँगते समय हमेशा यही सवाल परेशान करता था। लेकिन अछूतों की बढ़ती इच्छाएँ, उम्मीदें और उनकी दिन-ब-दिन बढ़नेवाली ज्ञान लालसा पर मेरा पूरा भरोसा था इसलिए मुझे हिम्मत आती थी। बीते दिनों की तुलना करने पर एक उम्मीद दिखाई देती है। आज अछूत समाज के पास ज्ञान प्राप्ति के जो साधन उपलब्ध हैं और परिस्थिति में जो बदलाव आया है वह महत्त्वपूर्ण है।

मैं जब अंग्रेजी की पढ़ाई करने के लिए मुम्बई में आया उस समय हमारी स्थिति, गन्दी बस्ती में, आठ फिट चौड़ी और दस फिट लम्बी हमारी जगह, उसमें रहनेवाले जिन्दे आठ-दस लोग, कमरे के एक ओर संडास, पास में ही चूल्हा, कोने में और ऊपर मजले पर रखी हुई लकड़ियाँ, धूर के पूर में इतने लोगों के कई तरह के काम, छात्रों के अध्ययनप्रिय साथीदारों का अभाव, इस प्रकार की कठिन स्थिति में पढ़ाई पूरी करके अलग-अलग परीक्षाएँ देना बड़ा ही कठिन काम था।

आज के छात्रों को कई प्रकार की स्कॉलरशिप, छात्रावास और सम्पूर्ण सुविधा प्राप्त होने की वजह से उनकी पढ़ाई और भी आसान हो गई है। इसलिए इस अवसर का और साधनों का लाभ उठाकर समाज की योग्यता को बढ़ाना हर युवक की जिम्मेदारी है। छात्र जीवन में ज्ञान अर्जित करना जारी रहने पर उनको अपने सामने हमेशा 'ज्ञान प्राप्ति' का ही उद्देश्य रखना चाहिए। छात्र जीवन पुन: प्राप्त होनेवाला नहीं हैं। इस मौके का लाभ उठाकर ज्ञान प्राप्त कीजिए। आगे के जीवन में समाज सेवा के लिए पर्याप्त समय है। छात्र जीवन में भाषण देकर समाज की सामयिक भलाई करने की बजाय पढ़ाई पूरी करने के बाद कई प्रकार से अधिकार प्राप्त कर समाज की सेवा करना ज्यादा अच्छा है। इस सिद्धान्त को अच्छी तरह से समझकर अपनी पढ़ाई को पूरी करना ही आज का अपना उद्देश्य रखना चाहिए..."

सा. जनता, 17 सितम्बर, 1932

पूना पैक्ट को बन्धनकारक मानकर सवर्णों को उस पर अमल करना चाहिए

पूना में डॉ. बाबसाहेब अम्बेडकर और महात्मा गांधी में समझौता होकर एक नया अनुबन्ध पत्र तैयार किया गया था। इस पर सवर्ण हिन्दू और अछूतों के नेताओं के दस्तखत हुए थे। इस अनुबन्ध पत्र को स्वीकार करने के बाद पुनः मुम्बई में सभी सवर्ण हिन्दू नेता इकट्ठा हुए और दिनांक 25 सितम्बर, 1932 को कोर्ट के इंडियन मर्चेन्ट्स एसोसिएशन के हॉल में मुम्बई नागरिक इमरजेंसी काउंसिल की ओर से पंडित मदनमोहन मालवीय की अध्यक्षता में सभा का आयोजन कर इस पूना पैक्ट (अनुबन्ध पत्र) का समर्थन किया गया। इस सभा में सर तेज बहादुर सप्रू भी थे। इस सभा में अपने विचार व्यक्त करते हुए डॉ. अम्बेडकर ने कहा—

"कुछ दिन पहले मेरी बड़ी मुश्किल की स्थिति थी और आज का यह खुशी का अवसर है इस पर यदि सोचा जाए तो सब कुछ सपने जैसा ही लगता है। एक ओर मुझे महात्मा गांधी की जान बचानी थी तो दूसरी ओर मेरे समाज के लोगों के न्याय अधिकारों की जी-जान से रखवाली करनी थी। यह दोहरा संकट, सफलता से टल जाएगा इस बात की मुझे बिलकुल उम्मीद नहीं थी लेकिन सम्पूर्ण भयंकर और जिम्मेदारी की स्थिति जानकर सभी (सवर्ण) हिन्दू नेताओं ने जो विवेक की और सहयोग की नीति अपनाई उसी की वजह से इस भयंकर समस्या से आसानी से बाहर निकलने का रास्ता दिखाई दे सका और उसी की वजह से मुझे बड़ी खुशी हो रही है।

इस संघर्ष से बाहर निकलने के लिए विशेष तौर पर महात्मा गांधी ही बड़ा कारण रहे हैं। मुझे इस बात का बड़ा आश्चर्य लगता है कि महात्मा गांधी ने मेरी सभी माँगें मंजूर करके उन्होंने मेरा ही अभिनन्दन किया है। आज महात्मा गांधी ने यह जो सुलह स्वीकार की उसको दूसरे राउंड टेबिल परिषद के समय ही स्वीकार कर ली होती तो आज का भयंकर और कठिन माहौल कभी नहीं पैदा हुआ होता। खैर, इस सम्पूर्ण पैक्ट को स्वीकार करने में मुझे बड़ी खुशी हो रही है। मेरे सवर्ण हिन्दू भाइयों ने इस पैक्ट को बन्धनकारक मानकर उसके मुताबिक प्रत्यक्ष अमल करके दिखाया तो मुझे और मेरे समाज को बड़ी खुशी ही होगी। इस पैक्ट की सफलता के हकदार महात्मा गांधी के अलावा तेज बहादुर सप्रू, पंडित मालवीय और सी. राजगोपालाचारी भी हैं इसमें कोई सन्देह नहीं है।"

सा. जनता, 1 अक्तूबर, 1932

मन्दिर में जाने से तुम्हारा कल्याण नहीं होगा

पूना पैक्ट के बाद मुम्बई का दलित समाज डॉ. बाबासाहेब अम्बेडकर के विचार जानने के लिए बड़ा उतावला हो गया था। इसलिए दिनांक 28 सितम्बर, 1932 को वरली, मुम्बई में देवराव नाईक की अध्यक्षता में डॉ. अम्बेडकर का व्याख्यान आयोजित किया गया था। इस जनसभा को सम्बोधित करते हुए डॉ. अम्बेडकर ने कहा—

"आठ दिन पहले अछूत समाज पर किस प्रकार का खतरा मँडरा रहा था इसके बारे में अध्यक्ष ने अपने भाषण में जिक्र किया है। अछूत समाज इस खतरे से बाहर निकला है और वह दुर्बल होने की बजाय और ज्यादा ताकतवर हुआ है।

राउंड टेबिल परिषद के पहले सम्मेलन में हमने अछूतों के लिए कुछ विशेष माँग की थी। उसके बारे में आप सभी लोग जानते हैं। दूसरे सम्मेलन में जिस समय अछूतों की माँगों का सवाल आया उस समय सभी (सवर्ण) हिन्दू प्रतिनिधियों ने और स्वयं महात्मा गांधी ने हमारी माँगों का जबर्दस्त विरोध किया था जिससे अछूतों को अपनी सुरक्षा के लिए कुछ सहूलियतें मिलने की कोई उम्मीद दिखाई नहीं दे रही थी। यदि हिन्दू (सवर्ण) समाज पददलितों जैसे चारों ओर से सताए हुए, आर्थिक दृष्टि से कमजोर हुए, धार्मिक दृष्टि से निर्बल हुए, सामाजिक दृष्टि से कूड़े-करकट की तरह समझे गए और राजनीतिक दृष्टि से मूल्यहीन बनाए गए समाज को कुछ सहूलियतें देने के लिए तैयार नहीं हो रहा है तो भावी स्वराज्य में, मतलब जिस राज्य में राजनीतिक सत्ता का अधिकांश लाभ (सवर्ण) हिन्दुओं के हाथों में जाएगा, ऐसे राज्य में उस दुर्बल अछूत समाज की क्या स्थिति होगी, इस बात की मुझे बड़ी चिन्ता सता रही थी। उस समय मैंने सभी को स्पष्ट रूप से कहा कि यदि भावी स्वराज्य में अछूत वर्ग को जरूरी सभी सहूलियतें नहीं मिल रही हैं तो उस स्वराज्य को अछूत समाज कभी भी अपना समर्थन नहीं देगा।

मैंने दूसरे सम्मेलन में (गोलमेज परिषद में) अछूतों के लिए माँगें पेश की और मुख्य प्रधान के पास दे दिया। फिर भी मुख्य प्रधान का जो अवार्ड घोषित हुआ उसमें मेरा माँग किया हुआ स्वतंत्र मतदार संघ कुछ सीटों के लिए हमें दिया गया था, जबकि अपनी माँगों के अनुसार सभी सीटें हमें नहीं मिली थीं फिर भी उसमें समाधानी होने लायक जगह थी। और अब आगे के काम में लग जाना चाहिए, ऐसा

मैं सोच रहा था। मुझे इस बात से समाधान हो रहा था और मैं निश्चित था कि खतरों का मुकाबला करके अछूत समाज के लिए मेरे हाथ से कुछ काम हुआ है। जिस प्रकार क्रूर जानवरों के पंजों से छूटकर कोई हिरण सुरक्षित स्थल की खोज कर वहाँ शान्तचित्त होकर रहता है उसी प्रकार की मेरे मन की स्थिति हो गई थी। उस समय महात्मा गांधी की घोर प्रतिज्ञा मेरे कानों में आई। अछूतों के सौभाग्य से उस समय महात्मा गांधी से अछूतों की माँगों का विरोध नहीं हुआ बल्कि उनका मुझे कई बार सहयोग ही मिला। महात्मा गांधी ने कई बार समझौते की भूमिका ली और (सवर्ण) हिन्दू नेताओं से हमारा जो पैक्ट हुआ है उसमें अछूतों का लाभ ही हुआ है।

पंजाब प्रान्त में अछूतों को एक भी सीट नहीं मिली थी। अब उनको आठ सीटें मिली हैं। इसके अलावा अन्य राज्यों में ज्यादा सीटें मिली हैं वह तो अलग ही है। दूसरा लाभ यह है कि केन्द्रीय विधि मंडल में अछूतों की सीटों का प्रतिशत 18 तय किया गया है। इन सवालों के सम्बन्ध में मुख्य प्रधान के अवार्ड में कुछ नाम निर्दश नहीं था। मुख्य प्रधान के अवार्ड में अछूतों के लिए बहुत ही खतरनाक और धोखादायी बात रह गई थी। और वह सारी सहूलियतें 20 साल बाद अपने आप खत्म होनेवाली थीं। 20 साल में कुछ इधर की दुनिया उधर होनेवाली नहीं थी और इस अल्पकाल में हजारों साल से चला आ रहा अन्याय समाप्त होनेवाला नहीं था। इसलिए आम हिन्दू समाज की सोच में परिवर्तन हुए बगैर अछूतों को प्राप्त विशेष सहूलियतें निकाल लेने का मतलब है बढ़ते पेड़ को बेवजह छाँट लेना। नए पैक्ट के मुताबिक यह स्थिति बदल गई है। अब यह तय हुआ है कि हिन्दू समाज और अछूत समाज के आपसी सलाह से ही इस तरह की सुविधाएँ खत्म होंगी। यदि हिन्दू समाज ने अपने प्रत्यक्ष व्यवहार से अछूतों के विश्वास को पा लिया तो अछूत समाज अपने आप इन सुविधाओं को छोड़ देगा अन्यथा उस प्रकार की व्यवस्था बरकरार रहेगी। यह सब कुछ सही हुआ है। लेकिन आप लोगों ने प्राप्त लाभ का सही उपयोग नहीं किया तो अन्धों के सामने मोती रखने जैसी आप लोगों की स्थिति होगी। जो मिला है आप लोगों को उसका सही उपयोग लेना चाहिए।

इस बात की सही कल्पना आने के लिए कि आप लोगों को कितनी सत्ता प्राप्त हुई है इसके लिए आप लोग स्वराज्य में भावी मुम्बई विधि काउंसिल की तसवीर अपनी आँखों के सामने रखिए। किसी भी दल के पास 200 सीटों में से कम से कम 115 सीटें नहीं रहेंगी तो वह दल सत्ता नहीं चला सकेगा। इस राज्य में सबसे ज्यादा सीटें हिन्दुओं के हिस्से में आई हैं। और वह सीटें करीब-करीब 100 हैं। क्या ये सौ लोग तुम्हारी 15 सीटों के बगैर राजसत्ता चला पाएँगे? मुस्लिम आदि छोटे गुटों के बारे में तो बोलने की जरूरत ही नहीं है। इसलिए आप लोगों के हाथों में जो असाधारण शक्ति आई है उसका उपयोग आप लोगों को अपने आर्थिक उत्थान के लिए करना चाहिए। दूसरी भी एक महत्त्वपूर्ण और मनन करने योग्य सूचना आप लोगों को देनी

है। आज आप लोगों के लिए जहाँ-तहाँ मन्दिरों के दरवाजे खोलने का प्रयास चल रहा है। इस प्रकार का प्रयास करने हेतु मेरे मन में सन्देह नहीं है। लेकिन मन्दिर में प्रवेश की अनुमति का मिल जाने से आप लोगों का कल्याण हो गया ऐसी बात नहीं है, मन्दिर जाने से कुछ होनेवाला नहीं है। आप लोगों को इस बात की ज्यादा चिन्ता करनी चाहिए कि मन्दिर की मूर्ति के इर्द-गिर्द घूमनेवाली धार्मिक भावना की बजाय पेट की भूख को कैसे शान्त किया जा सकता है। खाने के लिए पर्याप्त भोजन नहीं, बदन पर पर्याप्त कपड़ा नहीं, पढ़ने के लिए साधन नहीं, पैसों के अभाव में दवाई खरीद नहीं सकते। इस प्रकार की दीन अवस्था में हमारा समाज है।

इसलिए आप लोगों को इस प्रकार की अपनी योजना बनानी चाहिए कि इस स्थिति को बदल करके जीवन में आवश्यक सुख-सुविधाओं को हासिल करने का मौका मिले। आप लोगों को प्राप्त राजनीतिक सत्ता का उपयोग इस दिशा में करना चाहिए। मन्दिर में जाने के रास्ते खुले हो गए, केवल अछूतपन दूर हो गया। इसलिए प्राप्त हुए हकों को खोना उचित नहीं होगा। अपनी आज की दरिद्रावस्था अपने भाग्य का फल है इस प्रकार की मिथ्या धारणा को अपने मन से हटा देना चाहिए। मुझे इस बात का पूरा यकीन है कि हमारे समाज के हर आदमी ने इस प्रकार की मूर्खतापूर्ण कल्पनाओं को त्याग करके राजनीति की ओर नजर रखकर राजनीतिक सत्ता का उचित उपयोग किया तो अपने समाज के दुख दूर होंगे इसमें कोई सन्देह नहीं है।

इसमें एक बहुत ही महत्त्वपूर्ण बात यह है कि आप लोग जो नेता चुनेंगे और आप जिस पर भरोसा करेंगे वे ही आपके सही मार्गदर्शक होंगे। आप लोग ऐसा ही नेता चुनिए जिसके और आपके हित एक ही होंगे और जो स्वार्थी नहीं होंगे। दूसरे दलों की अक्ल पर चलनेवाले या उनके किराये के टट्टू बननेवाले लोग केवल आपको गुमराह करेंगे, वे आप लोगों से वादाखिलाफी करेंगे। इसलिए आप लोगों को ऐसे नामधारी नेताओं से दूर रहना चाहिए। अब इसके आगे हम लोगों को बहुत काम करने हैं। आज अपने पास स्थायी संस्थाएँ नहीं हैं। सभी आन्दोलनों का केन्द्र हो इस प्रकार की कोई जगह नहीं है या हर प्रकार का काम करने के लिए लोग नहीं हैं। इन समस्याओं को दूर करने के लिए मैंने दो लाख रुपयों का फंड इकट्ठा करने का संकल्प किया है। हर तरुण व्यक्ति-महिला इस फंड में सहयोग करेगी। मुझे यकीन है कि यदि आप लोगों ने चाहा तो अकेले मुम्बई में आप इतना फंड इकट्ठा कर सकते हैं। इस काम को बहुत जल्दी ही शुरू किया जाएगा और आप सभी को एक मन से हिम्मत बाँधकर इस काम में सहयोग करना चाहिए। उसी प्रकार आपको जनता पत्र के ग्राहकों की संख्या बढ़ानी चाहिए। वह अपने संगठन का पत्र है। इस पत्र के माध्यम से जनता में नई चेतना पैदा होगी। इसलिए इस पत्र को स्वावलम्बी बनाना आप लोगों की जिम्मेदारी है।

सा. जनता, 8 अक्तूबर, 1932

मूर्खतापूर्ण कल्पनाओं की वजह से इस लोक का कठिन जीवन कष्टमय हो गया

पूना पैक्ट का समर्थन करने के लिए और अछूत समाज में जागृति पैदा करने के लिए मुम्बई में बेलासीस रोड इम्प्रूवमेंट ट्रस्ट की चाल के पास के मैदान पर 8 अक्तूबर, 1932 को जन जंगी सभा का आयोजन किया गया था। सोशल सर्विस लीग के कार्यकर्ता बापू साहाब सहस्त्रबुद्धे इस जनसभा के अध्यक्ष थे और डॉ. बाबासाहेब आम्बेडकर का इस जनसभा में प्रमुख व्यख्यान था। इस सभा को सम्बोधित करते हुए डॉ. अम्बेडकर ने कहा—

"मरने के बाद मोक्ष की प्राप्ति के लिए दौड़धूप करनेवाली मन की अवस्था या काल्पनिक स्वर्गीय नन्दनवन में भटकनेवाली सोच आज की परिस्थिति में अपना ही विनाश करनेवाली है। इस संसार का दुखमय जीवन उन धर्मान्ध कल्पनाओं के कारण भयंकर कठिन हो गया है। रोज के जीवन के अनुभव से यह बात सिद्ध हुई है कि अपनी मेहनत करके अच्छा भोजना पाना, लिखाई-पढ़ाई के साधनों को पाना और अन्य तरह से अपने जीवन को सुखमय बनाना आदि महत्त्वपूर्ण सवालों से बहुजन समाज को दूर रखा गया इसलिए सम्पूर्ण देश का उत्थान ही रुक-सा गया है। तुम्हारे गले की तुलसी मालाएँ तुम लोगों को मारवाड़ी की कैंची से मुक्त होने के लिए किसी भी काम की नहीं हैं। आप लोग 'रामनाम' की माला जपते हैं इसलिए घर मालिक घर किराया में छूट नहीं देता या बनिया अपने पैसे कम नहीं करता। तुम लोग पंढरपुर की नियमित यात्रा करनेवाले वारकरी हो इसलिए तुम्हारा मालिक तुम्हारी तनख्वाह को बढ़ाता नहीं। समाज का बहुत बड़ा वर्ग इस प्रकार की मूर्खतापूर्ण कल्पनाओं में फँस जाने की वजह से कुछ स्वार्थी लोगों का धन्धा चलता है और वे आप लोगों को हमेशा लूटकर अपनी भलाई कर लेते हैं। इसलिए इसके आगे आप लोगों को सावधान होने की जरूरत है।

आज आप लोगों को कुछ-न-कुछ राजनीतिक सत्ता मिल गई है। यदि आप लोग इस सत्ता के बारे में बेपरवाह रहे, आज की स्थिति को बदलने के लिए आप लोगों ने कुछ भी प्रयास नहीं किया, तो आप लोग बेहाल होंगे इसमें कोई सन्देह नहीं। एक कहावत (मराठी में) है, 'मेरे पीछे आव रूखी सूखी रोटी खाव (मेरे माझ्या मागल्या

आणि ताक कण्या चांगल्या)। यदि आप लोग इस तरह से रहेंगे तो आप लोगों को कभी भी अच्छी स्थिति प्राप्त होनेवाली नहीं है। आप लोगों के उत्थान के लिए इस प्रकार की बेपरवाह और निराश मानसिकता बड़ी खतरनाक है। मुझे इस बात का बड़ा सन्देह है कि आज हमारे लोगों में जो जागृति हो रही है वह तात्कालिक बनकर यदि खत्म हो गई तो क्या होगा? जिस गुलामी को समाप्त करने के लिए आज हम लोग तैयार बैठे हैं वह पुन: लौटकर तो नहीं आएगी।

आज तक वैष्णवपंथी संतजनों ने आप लोगों को समानता के सोपान के पास लाने का प्रयास किया लेकिन उनकी शिक्षा पूरी तरह से पारमार्थिक थी और वे स्वयं भौतिक सुख से अलिप्त रहने की वजह से अपना सामूहिक स्तर बढ़ा नहीं सके। उनकी शिक्षा से आपकी गुलामी नष्ट होने में कोई फर्क नहीं पड़ा। भारत का बहुजन समाज राजनीति से दूर रहने के कारण आज देश का पतन हुआ है। इसलिए उन गलतियों को पुन: दोहराने की बजाय हम लोगों को सचेत रहकर अगली नीति तय करनी चाहिए। शिक्षा और अछूतों के उत्थान का करीब का सम्बन्ध है। मुम्बई शहर में उनकी संख्या दो लाख से ऊपर है। मुम्बई में प्राथमिक शिक्षा की व्यवस्था म्यूनिसिपल कॉरपोरेशन की स्कूल कमेटी देखती है। इस कमेटी का हर साल 30-32 लाख का खर्च होता है। जब इस प्रकार का खर्च हो रहा है उसमें अछूत वर्ग के दो लाख लोगों के लिए क्या व्यवस्था है? अलग-अलग स्कूलों के लिए अध्यापकों की जो नियुक्तियाँ होती हैं उसमें अछूत जाति के अध्यापकों की व्यवस्था होती है या नहीं आदि अछूतों के कल्याण के कई महत्त्वपूर्ण सवाल हैं। उसके लिए क्या किया जाता है इस बात पर कड़ी नजर रखने के लिए उस कमेटी में अछूतों का कम से कम एक प्रतिनिधि होना चाहिए। इस तरह की बहुत ही छोटी माँग का भी विरोध किया जाता है, जो कि बड़ा मुश्किल काम है।

फिलहाल विधि काउंसिल में चर्चा के लिए प्रस्तुत ग्राम पंचायत बिल के अनुसार पंचायत को छोटे-छोटे फौजदारी और दीवानी मुकदमों में न्यायदान का अधिकार दिया जाएगा। पंचायत के सदस्य जनमत से चुने जाएँगे। लेकिन इस तरह से चुने जानेवाले लोगों के निष्पक्ष होने के बारे में सन्देह है। हर गाँव में अछूत अल्पसंख्य हैं। और वे पूरी तरह से दूसरों पर निर्भर हैं। इसलिए इस पंचायत के कानून में अछूतों के स्व-संरक्षण के लिए व्यवस्था होनी चाहिए। इसके बगैर इस गरीब समाज का कोई महत्त्व ही नहीं है। वरली की सभा में जिस प्रकार की घोषणा की गई थी उसके मुताबिक संगठित रूप से काम करने के लिए एक केन्द्रीय संस्था की स्थापना करनी है। इस प्रकार का संगठन नहीं होने की वजह से आज अछूत वर्ग के लोगों की कई शिकायतों पर कोई फैसला नहीं लिया जाता। कहीं मराठों ने अछूतों से मारपीट की, कहीं उनके बच्चों को सताया, कहीं उनके इनाम बन्द कर दिए गए, इस प्रकार की ढेरों शिकायतें रहती हैं। एक गाँव की बात है—इसी प्रकार के कुछ कारणों से इन्स्पेक्टर

ने महारों के बयान दर्ज किए। निम्न अधिकारी ने झूठी शिकायत की थी कि महार लोग सरकारी काम नहीं करते। उन्होंने इंस्पेक्टर के पास अपना बयान दर्ज किया कि महारों ने कभी भी सरकारी काम करने से इनकार नहीं किया है लेकिन इंस्पेक्टर ने इससे एकदम उलटा बयान दर्ज करवाया और उसने महारों के इनाम जब्त करने की सिफारिश की। बड़े अधिकारियों की भी यही बात, किसी ने भी महारों के कहने पर भरोसा नहीं किया और अन्त में उनके इनाम कुछ सालों के लिए जब्त कर लिए गए और उसमें महारों का हजारों रुपयों का नुकसान हो गया।

इस प्रकार की शिकायतों का पता लगते ही वहाँ किसी वकील को तुरन्त भेजना चाहिए था। गहरी जाँच-पड़ताल करनी चाहिए थी। लेकिन पैसों के अभाव में उस तरह से नहीं कर सकते। इस काम के लिए फंड इकट्ठा करके उचित व्यवस्था करने के अलावा कोई रास्ता नहीं है। लेकिन इस मामले में सरकारी पुलिस इंस्पेक्टर को स्पष्ट रूप से कहने की आवश्यकता है कि यदि इस प्रकार की स्थिति रही तो उसके परिणाम अच्छे नहीं होंगे।"

सा. जनता, 15 अक्तूबर, 1932

उच्चवर्णीय लोगों को छूत-अछूतपन को समाप्त कर देना चाहिए

महार समाज सेवा संघ (राजापुर से गोवा सरहद) की ओर से दिनांक 22 अक्तूबर, 1932 को सावंतवाड़ी के जेलखाने के पास के महार मोहल्ले में डॉ. बाबासाहेब अम्बेडकर के स्वागत के लिए और उनका अभिनन्दन करने के लिए वहाँ के अछूत वर्ग की जंगी जाहीर सभा आयोजित की गई थी। उस दिन बारिश भी रुक-रुक कर हो रही थी। इस सभा के अध्यक्ष थे बाबासाहब घोरपड़े। इस सभा को सम्बोधित करने के लिए डॉ. बाबासाहेब अम्बेडकर खड़े हो गए। उन्होंने आसमान की ओर देखा और बादलों की ओर देखते हुए कहा—

"'मेघराजा! केवल दस मिनट के लिए मेहरबानी करो!' उन्होंने अछूतों को सलाह दी कि 'अपने पाँव पर खड़े होकर अपने उत्थान का रास्ता अपनाइए।' उसी प्रकार जैसे कि उच्चवर्णीय लोगों ने पिछड़े बहुसंख्य लोगों पर और अछूतों पर अन्याय किया है और कर रहे हैं। इस स्थिति को कैसे समाप्त किया जा सकता है इसके बारे में भी उन्होंने मार्गदर्शन किया। उन्होंने कहा, 'केवल स्वार्थ की दृष्टि से या अपनी रक्षा करने की दृष्टि से ही क्यों न हो, उच्चवर्णीय लोगों को छूत-अछूत के भेद को समाप्त कर देना चाहिए और सभी के साथ समानता के अधिकार से व्यवहार करना चाहिए। यदि इस तरह से नहीं हुआ तो हिन्दू समाज स्वयं ही अपनी नाक पर पत्थर मार लेगा।"

सा. जनता, 5 नवम्बर, 1932

वंश परम्परा से चले आ रहे धन्धे छोड़कर शिक्षा का रास्ता अपनाइए

दिनांक 28 अक्तूबर, 1932 को सर कावसजी जहाँगीर हॉल, अपोलोबन्दर, मुम्बई में डॉ. बाबासाहेब अम्बेडकर को मुम्बई के रूसी समाज की ओर से सम्मानित कर सम्मानपत्र देने का समारम्भ आयोजित किया गया था। डॉ. पी.जी. सोलंकी इस सभा के अध्यक्ष थे। इस सभा को सम्बोधित करते हुए डॉ. अम्बेडकर ने कहा—

"मुझे बड़ा खेद है, यह सम्मानपत्र मुझ अकेले को ही दिया जा रहा है। यह कहना एकदम गलत है कि अछूत समाज के लिए जो कुछ काम हो रहा है वह सब कुछ मेरे अकेले की ओर से हो रहा है। आप लोग इस काम के लिए जितना महत्त्व दे रहे हैं उससे ज्यादा महत्त्व डॉ. सोलंकी और मेरे साथ काम करनेवाले लोगों को देना चाहिए। डॉ. सोलंकी मेरे साथ काम करते हैं। मैंने पिछले तीन सालों में काउंसिल में कुछ भी काम नहीं किया है लेकिन डॉ. सोलंकी साहब ने काउंसिल में अछूत वर्ग की बहुत बड़ी सेवा की है। पूना में (सवर्ण) हिन्दू नेताओं के साथ हमारा जो पैक्ट हुआ है उस समय डॉ. सोलंकी ने मुझे बड़ा सहयोग किया है। उन्होंने उनके दिए जानेवाले सम्मानपत्र को स्वीकार करने की बजाय उन सभा के संचालकों से कहा कि सम्मानपत्र मुझे ही देना चाहिए, इसमें उनकी महानता ही है।

अन्त में मैं आप लोगों को यही कहना चाहता हूँ कि पूना पैक्ट में हमारा जो लाभ हुआ है उसका उपयोग हमारे लोग किस प्रकार से करेंगे, यह बात मेरी समझ में नहीं आ रही है। लोग कहते हैं कि संसार में मनुष्य को जो सुख या दुख भोगना पड़ता है वह ईश्वरी इच्छा का ही परिणाम है, अपनी दरिद्रता अपने लिए ही है। इसके लिए मैं सभी को बताना चाहता हूँ कि इस तरह से अपने आपको नीच समझने की भावना छोड़ दीजिए। ध्यान में रखिए, राजनीति में जो सबसे बड़ा परिवर्तन हुआ है उसको उच्चवर्णीय हिन्दू लोग कोई महत्त्व नहीं देते और वे ही लोग इस देश के राज्यकर्ता बने हैं। इसके लिए हम लोगों को पुन: हिन्दू (सवर्ण) लोगों की गुलामी में रहने का मौका नहीं आएगा। क्योंकि अब इसके आगे जो कानून बनेंगे वे अछूत समाज की सम्मति से ही बनेंगे। यह एक सामाजिक क्रान्ति है।

मैं आप लोगों से कहना चाहता हूँ कि अछूत समाज को जो हक मिले हैं उनको छीनने का प्रयास उच्चवर्णीय हिन्दू करेंगे। मैं इस बात को अच्छी तरह जानता हूँ कि समानता की नींव पर गांधी के साथ हुआ पैक्ट (सवर्ण) हिन्दू लोगों को पसन्द नहीं है। लेकिन गांधी ने अनशन प्रारम्भ किया इस वजह से उनको बचाने के लिए हिन्दुओं को (सवर्ण) समझौता करना पड़ा। फिर भी हमारे हाथों में आई हुई सत्ता को वे लोग छीन लेने का प्रयास करेंगे इसमें मुझे सन्देह है। इसलिए हमारे हाथों में आई हुई सत्ता लूटी नहीं जाएगी इस बात की मुझे उम्मीद है।

दूसरी एक महत्त्वपूर्ण सूचना मैं आप लोगों को देना चाहता हूँ कि मैं सहभोजन और मन्दिर प्रवेश के खिलाफ नहीं हूँ, लेकिन इसके कारण हम लोगों को राजनीतिक सत्ता प्राप्त होनेवाली नहीं है। हम लोगों को अपना संसार चलाने की आवश्यकता है। हम लोगों को रोटी, बदन पर कपड़ा, रहने के लिए अच्छा मकान चाहिए। उच्चवर्णीय हिन्दू लोग जिस तरह अपने बच्चों को पढ़ाते हैं उसी प्रकार हम लोगों को भी अपने बच्चों को पढ़ाने की आवश्यकता है। उसी प्रकार हम लोगों को भी सभी प्रकार की सरकारी नौकरियों में जाने का प्रयास करना चाहिए। यदि इस तरह से हम करेंगे तो ही हमारा उत्थान होगा।

अन्त में मैं रूसी मंडल के लोगों को एक प्यार भरी सूचना देना चाहता हूँ कि अपने अछूत समाज में जो जातियाँ हैं उनको समाप्त करने का प्रयास हम लोगों को करना चाहिए। अछूत समाज में सामाजिक सुधार के कई प्रयास करने पड़ेंगे। जिस तरह किसी भी मकान की नींव मजबूत होने पर ही वह मकान ज्यादा दिन टिकता है उसी प्रकार रूसी समाज अछूत समाज की बुनियाद है। इसलिए उनका सामाजिक कार्य अछूत समाज के लिए आदर्श रूप चाहिए। रूसी समाज यदि घोषित करता है कि हम लोग किसी भी जाति से नीच नहीं और किसी भी जाति से ऊँच नहीं तो अछूत वर्ग में परिवर्तन बड़ी तेजी से होगा। दूसरी बात, उच्च वर्ण के लोगों ने इस तरह से अपनी भावना तैयार की है कि भंगी का काम वंश परम्परा से करना ही अपना काम है और हमारी मानसिकता भी उसी प्रकार से बनी है। लेकिन मैं आप लोगों को साफ तौर पर कहना चाहता हूँ कि इस तरह से अपनी मानसिकता बनने का कारण अपनी आर्थिक स्थिति है। फिलहाल भंगी का काम करनेवाले लोगों को इस काम को वंश परम्परा से करने की नीति छोड़ देनी चाहिए और उनको अच्छी तरह पढ़ाना चाहिए।

अपनी स्थिति में कुछ परिवर्तन लाना चाहते हैं तो वह तभी होगा जब अछूतपन समाप्त होगा। इसलिए हम लोगों को (सवर्ण) हिन्दुओं के पिछलग्गू बनने की बजाय अपने उत्थान के काम में लगना चाहिए। खैर, आप लोगों ने आज मुझे जो सम्मानपत्र दिया है उसके लिए मैं आप लोगों का आभारी हूँ। अपना भाषण समाप्त करता हूँ।"

सा. जनता, 5 नवम्बर, 1932

अपने बीच के भेदभावों को समाप्त करना उचित

बालपाखाडी, में गुजराती मेघवाल और अन्य सभी अछूतों की एक जंगी जनसभा दिनांक 4 नवम्बर, 1932 को आयोजित की गई थी। डॉ. सोलंकी इस सभा के अध्यक्ष थे। इस जनसभा में डॉ. अम्बेडकर को सम्मानपत्र समर्पित किया गया था। इस सभा को सम्बोधित करते हुए डॉ. अम्बेडकर ने कहा—

"मैं समझता हूँ कि आप लोगों ने मुझे जो सम्मानपत्र दिया है उसका महत्त्व मुझे सभी जगह मिले सम्मानपत्र से ज्यादा है और उसके लिए मैं आपका आभारी हूँ। इस चाल में रहनेवाले आप सभी लोग म्यूनिसिपैलिटी में काम करनेवाले हैं। यहाँ कई बार खादी भक्त कांग्रेस के अभिमानी कहे जानेवाले लोगों ने आपको उपदेश किया है। वे कहते हैं कि कांग्रेस ही तुम्हारा कल्याण करेगी, उसको मदद कीजिए। लेकिन वे ही खादी भक्त म्यूनिसिपैलिटी में, कॉरपोरेशन में हैं। आप सोचिए कि यहाँ उन्होंने आप लोगों के लिए क्या काम किया है? अपने आपको गरीबों के हमदर्द कहनेवाले लेकिन अमीरों की भलाई के लिए जी-जान से प्रयास करनेवाले खादी भक्त कांग्रेसवादियों ने, जब-जब पाँच रुपया भरनेवाले को मत देने का अधिकार होना चाहिए इस प्रकार का प्रस्ताव आया तब-तब उन्होंने उसे अस्वीकार किया।

इन लोगों ने तुम्हारे रहने के कमरे की स्थिति सुधारने की, तुम लोगों को मिलनेवाली अपर्याप्त तनख्वाह बढ़ाने की कभी कोशिश नहीं की। यदि आप लोगों ने चार दिन तक अपना काम बन्द रखा तो इस शहर में गन्दगी बढ़ जाएगी और उससे बीमारी फैलेगी, लेकिन ऐसे जन कल्याणकारी काम के बदले में क्या मिला? बल्कि ये अपने ही हिन्दू लोग हम लोगों को गुलामी में रख रहे हैं। हम लोगों को स्वतंत्र मतदार संघ मिला इसलिए मेरे मित्र महात्मा गांधी ने अनशन शुरू किया। उसी का यह परिणाम है कि वे लोग गांधी के लिए मन्दिर खुले कर रहे हैं। लेकिन यह आन्दोलन चढ़ाव-उतार के पानी की तरह है। आन्दोलन समाप्त हो जाएगा। इसलिए आप लोग इन पर भरोसा मत रखिए।

हम लोगों को सामाजिक स्थान समानता की बुनियाद पर पाना है। अपनी आर्थिक गुलामी को समाप्त करना चाहिए। इसके लिए हमको अपने पाँव पर

खड़े होकर संगठन बनाना चाहिए। अपना शील बेचकर अपना पेट भरनेवाले लोग आप लोगों को गुमराह करते रहेंगे, उनसे सावधान रहिए और आपको जो अच्छा लगता है वही कीजिए। अन्त में मैं आप लोगों को यही कहना चाहता हूँ कि जैसे हम लोग (सवर्ण) हिन्दुओं को जातिभेद समाप्त करने के लिए कहते हैं उसी प्रकार हम लोगों को भी अपने भीतर के जातिभेद को समाप्त करना चाहिए। खैर, आप लोगों ने मुझे सम्मानपत्र देकर मेरा जो सम्मान किया है उसके लिए मैं आपका आभारी हूँ।"

सा. जनता, 12 नवम्बर, 1932

एकता की भावना से रहें तो भावी राजनीति हमारी गुलामी को खत्म कर देगी

डॉ. बाबासाहेब अम्बेडकर तीसरी राउंड टेबिल परिषद के लिए इंग्लैंड जाने की तैयारी में थे। इसलिए उनको स्नेह भाव से विदाई देने के लिए दिनांक 4 नवम्बर, 1932 को मराठी भाषा बोलनेवाले अछूतों की एक जनसभा बालपाखाडी में आयोजित की गई थी। इसी दिन इस जनसभा को सम्बोधित करने से पहले डॉ. अम्बेडकर गुजराती भाइयों की जनसभा में गए थे। डॉ. सोलंकी इस सभा के अध्यक्ष थे। इस सभा को सम्बोधित करते हुए डॉ. अम्बेडकर ने कहा—

"भाइयो तथा बहनो,

आप लोगों को जो राजनीतिक हक प्राप्त हुए हैं वे यदि किसी के बल पर प्राप्त हुए हैं तो आपकी संघ शक्ति के बल पर प्राप्त हुए हैं। जब राउंड टेबिल परिषद में मेरे और महात्मा गांधी के बीच जबर्दस्त मतभेद हुआ था उस समय महात्मा गांधी के इर्द-गिर्द रहकर जी-हुजूरी करनेवाले लोगों ने उनको इस तरह से समझाया था कि डॉ. अम्बेडकर महार जाति का एक लड़का है। उसके पीछे उसके ऑफिस में काम करनेवाले चार-पाँच लोगों के अलावा और कोई नहीं है। लेकिन महात्मा गांधी राउंड टेबिल परिषद से मुम्बई लौटकर आए उस समय बेलार्ड पियरबन्दर पर अछूत वर्ग के 20 हजार से भी ज्यादा भाई-बहनों ने उनको काले झंडे दिखाकर स्वागत किया, तब उनकी आँखें खुल गईं और कहने लगे, 'इंग्लैंड में और यहाँ मेरे ही लोगों ने मुझे गुमराह करके फँसाया है। उन्होंने मुझे यह यकीन दिलाया होता कि डॉ. अम्बेडकर के पीछे अछूतों का विशाल जनसमूह है तो मैंने उनकी माँगों का विरोध नहीं किया होता। मेरे मित्रों ने और अनुयायियों ने अछूतों में से चकमक और नदी के पत्थरों को सिन्दूर लगाकर उनको सोच-समझकर नेता बनाया और मेरे सामने कठिनाइयाँ पैदा कीं। उन्होंने मुझे अछूतों के सही नेता को पहचानने नहीं दिया।' खैर, इसलिए मैं आप लोगों को बड़े प्यार से जो कुछ बातें कहना चाहता हूँ उसको ध्यान में रखिए। आप लोग अपनी एकता को बरकरार रखिए। किसी भी रूप में बेबनाव पैदा न होने दें। आप लोग जातिभेद, वर्गभेद, जिलाभेद को किसी

भी रूप में बढ़ावा न दें। मेरे बाद डॉ. सोलंकी साहब और मेरे दफ्तर में मेरे साथ काम करनेवाले मेरे सहयोगियों से सहयोग कीजिए। दूसरों के बहकावे में आकर इधर-उधर तो मत भागिए।

मुझे इस बात का पता है कि कुछ दकियानूसी लोगों ने मेरे साथ काम करनेवाले लोगों के खिलाफ जनमत को प्रदूषित करने का काम शुरू किया है। फिर भी आप लोगों को अपने मन में किसी भी प्रकार की गलतफहमी पैदा करने की आवश्यकता नहीं है। मेरे लौटने तक अपनी एकता कायम रखिए। यदि हम लोग अपनी एकता बनाकर रहते हैं तो भावी राजनीति हमारी गुलामी समाप्त करने के लिए सही लाभदायी सिद्ध होगी। उसी प्रकार मैंने जो निवेदन पत्र प्रकाशित किया है उसके मुताबिक आप सभी बोर्डिंग फंड को यथासम्भव सहयोग कीजिए।"

सा. जनता, 19 नवम्बर, 1932

भाग्य पर भरोसा रखकर व्यवहार मत कीजिए जो करना है अपने बल पर कीजिए

दिनांक 18 फरवरी, 1933 को कसारा में ठाणा जिला दलित वर्गीय परिषद आयोजित की गई थी। यह परिषद डॉ. बाबासाहेब अम्बेडकर की अध्यक्षता में हुई थी। इस परिषद में कई दलित नेता भी उपस्थित थे। इस परिषद को सम्बोधित करते हुए डॉ. अम्बेडकर ने कहा—

"इससे पहले मैं ठाणे जिले में नहीं आ सका। जिसकी वजह से मेरा आप लोगों से विशेष परिचय नहीं हो सका। लेकिन महन्त शंकरदास बुवा के कारण आज का यह अवसर आया है। इसलिए मैं उनका और ठाणे जिला के सभी प्रतिनिधियों का बड़ा आभारी हूँ। मैं इस अवसर पर बहुत थोड़े में किन्तु महत्त्वपूर्ण सवाल पर सूचनात्मक बोलनेवाला हूँ। उसको आप लोग ध्यान से सुनेंगे, ऐसी मुझे आपसे आशा है।

आज आप लोगों ने जो कुछ पाया है उसके बारे में सोचेंगे तो बात कुछ और ही दिखाई देगी। मैं महात्मा गांधी और सनातनी लोगों के साथ अछूतपन समाप्त करने के बारे में पिछले आठ-दस दिनों से बातचीत कर रहा हूँ। महात्मा गांधी ने अछूतपन को समाप्त करने के लिए मन्दिर खुले करने का और अछूतपन को दूर करने का आन्दोलन चलाया है। मैंने मन्दिर प्रवेश के सन्दर्भ में एक निवेदन पत्र प्रकाशित किया है। उसमें मैंने साफतौर पर कहा है कि हमारे अछूतपन को समाप्त करने के लिए मन्दिर प्रवेश की जरूरत है ऐसी बात नहीं। हम लोगों को हिन्दू धर्म में समानता चाहिए और चार वर्णोंवाली व्यवस्था नष्ट होनी चाहिए। तब तो हम समझेंगे कि हिन्दू धर्म हमें स्वीकार करता है और तब तो हिन्दू धर्म हमें मंजूर है। इसी मुद्दे पर मुझमें और महात्मा गांधी में मतभिन्नता है।

सनातनी लोग चार वर्णों की व्यवस्था हटाने के लिए तैयार नहीं हैं, मन्दिर प्रवेश के लिए तैयार नहीं हैं। उसी तरह दूसरी महत्त्वपूर्ण बात यह है कि वे अभी भी अछूतों की छवि बर्दाश्त करने के लिए तैयार नहीं हैं लेकिन उनको अछूतों के साथ समानता से व्यवहार करने के लिए और उनकी सत्ता को स्वीकार करने के लिए मजबूर होना पड़ेगा। अपनी ऊर्जावस्था का तो अभी केवल प्रारम्भ हुआ है। पहले अपने लोग पुलिस में नहीं होते थे। लेकिन आज अछूत लोग पुलिस की नौकरी में हैं। अछूतों

के मैट्रिक पास लड़के पुलिस ट्रेनिंग ले रहे हैं। उनकी सत्ता में अन्य सवर्ण लोग नौकरी करेंगे। इसके लिए हमारे समाज से ज्यादा से ज्यादा अधिकारी तैयार होने चाहिए और अपने सम्पूर्ण समाज का स्तर बढ़ना चाहिए। तब कहीं अपने समाज पर भयंकर जुल्म-ज्यादतियाँ नहीं होंगी। आज कोई एक कलेक्टर, कोई इंस्पेक्टर, पुलिस अफसर, कोई तहसीलदार हुए इक्का-दुक्का ही दिखाई देते हैं और आगे इस संख्या में बढ़ोतरी होगी। इस तरह अपने लोगों के अधिकारी होने के बाद उच्च जातियों का अपने लोगों पर अन्याय कम होगा। लेकिन इस बात को पाने के लिए आप लोगों को जागृत रहना पड़ेगा। एक कहावत है कि 'हीरा पड़ा है बाट में कोई अन्धा निकल जाए'। अन्धे को हीरे का पता नहीं चलता, इसलिए यह जो अवसर मिला है उसको बेकार मत जाने दीजिए।

इस देश की राजनीति में जो बात इससे पहले कभी नहीं घटी वह घटने जा रही है। इस देश में नीचेवाले को मेहनत करनी चाहिए और ऊपरवाले को मजा मारना चाहिए। ऊपरवाले को चैन और नीचेवाले को दीनता, इस प्रकार की स्थिति है। यहाँ अंग्रेजों की सत्ता आई लेकिन उन्होंने कोई क्रान्ति नहीं की और हमारी स्थिति में कोई परिवर्तन नहीं आया। वे विदेशी लोग थे। उनको अपनी सत्ता चलाने के लिए उच्च जातियों की मदद लेनी पड़ती थी। इसलिए वे उनकी मर्जी से सत्ता चलाते थे। जिसकी वजह से हमारी स्थिति में कोई परिवर्तन नहीं आया। लेकिन इसके आगे नए संविधान में हमारी भी सत्ता चलेगी उसमें ऊपरवाला और नीचेवाला इस तरह का भेद नहीं रहेगा।

हम कानून बनवाएँगे। हम लोगों को विधि मंडल में स्वतंत्र प्रतिनिधित्व मिला है। उनका अधिष्ठान काउंसिल में होगा और फिर उनकी सलाह से सम्पूर्ण देश की राजसत्ता चलेगी। गाँव में महारों को चौपाल पर आने नहीं दिया जाता। लेकिन वही महार लेजिस्लेटिव काउंसिल में जाएगा, उस समय गाँव के लोगों को अछूत लोगों के साथ समानता से बर्ताव करने के लिए मजबूर होना पड़ेगा। लेकिन मुझे इस बात का बड़ा सन्देह है कि उस प्राप्त शक्ति का आप लोग उचित उपयोग करेंगे या नहीं। आप लोग इस बात को अच्छी तरह ध्यान में रखिए और अपने हाथ में आई शक्ति के बारे में सोचिए। आप लोगों में दूरी पैदा हो ऐसा कुछ मत कीजिए। अपनी एकता को मजबूत कीजिए। आपस में अनबन को मिटा दीजिए। लेकिन बड़े अफसोस की बात है कि हम लोगों में आपस में अनबन की बीमारी बढ़ रही है। सभी जगह झगड़े चल रहे हैं, जिसकी वजह से अच्छे काम का विनाश हो रहा है। इसका प्रत्यक्ष उदाहरण नासिक जिला और कोंकण है। ये दो जिले एक-दूसरे के करीब हैं। कोंकण और नासिक में बड़े-बड़े सत्याग्रह हुए हैं। यदि उस प्रकार के सत्याग्रह नहीं हुए होते तो हम लोगों को जो राजनीतिक सत्ता प्राप्त हुई है वह न होती।

नासिक सत्याग्रह ने तो इतनी बड़ी खलबली पैदा कर दी कि जब मैं इंग्लैंड में था उस समय वहाँ लंदन टाइम्स में उसकी खबरें रोज छपती थीं। उनको पढ़कर अंग्रेज लोग भी आश्चर्य करते थे। इतना बड़ा काम नासिक जिले के लोगों ने एकता के बल पर किया था। लेकिन अब मुझे कहते हुए बुरा लग रहा है कि वही नासिक जिला अब पीछे हट रहा है। ऐसे लग रहा है कि वहाँ के लोगों ने सार्वजनिक काम से संन्यास ही ले लिया है। और यह किस कारण हुआ है इस प्रकार का सवाल यदि आप पूछेंगे तो उत्तर है, एक-दूसरे के प्रति घृणा के कारण। इसका उदाहरण इगतपुरी में घटी घटना का दिया जा सकता है। वहाँ एक बार अछूतों की सभा हुई थी। वहाँ अध्यक्ष किसको बनाया जाए इस पर विवाद हो गया। अन्त में एक खम्भे को अध्यक्ष मानकर सभा करनी पड़ी। अध्यक्ष किसको बनाया जाए, सेक्रेटरी किसको बनाया जाए, कोषाध्यक्ष किसको बनाया जाए इसी के लिए एक-दूसरे से नफरत करने लगे। यदि इसी प्रकार की स्थिति बरकरार रही तो हम लोगों ने जो इतना प्रयास किया है और अधिकार प्राप्त किए हैं, सब बेकार जाएँगे। समझ लीजिए, कल नासिक के लिए एक प्रतिनिधि मिला तो जो स्वार्थ त्याग की भावना से काम करता है उसी को आप चुनकर दीजिए। समझदार कौन और मूर्ख कौन इसके बारे में सोचिए। लेकिन सम्मान के भूखे मूर्ख के पीछे मत लगिए।

कोई भी दिया जलाएँ, लेकिन आपस के विवाद को मिटाइए और अपनी समस्याओं को हल करने का ज्ञान प्राप्त कीजिए। सभा, सम्मेलन, परिषदों से जो प्रस्ताव मंजूर होते हैं उनको नजरअन्दाज मत कीजिए। समस्याएँ हल करने के रास्ते खोजिए। नहरुवा हो गया है इसलिए रोते बैठने की बजाय उसको दुरुस्त करने का प्रयास कीजिए। परिस्थिति को समझ लीजिए। उस परिस्थिति के बारे में कोई आपके घर आकर बतानेवाला नहीं है। उसके लिए आप लोग 'जनता' समाचार-पत्र पढ़िए। दूसरी बात मैं आप लोगों को खबरदार करना चाहता हूँ कि 'पूना पैक्ट हो गया' वह हिन्दुओं को दिल से नापसन्द है। सचमुच में देखा जाए तो हम लोग हिन्दू धर्म की रक्षा कर सकते हैं लेकिन हिन्दू लोग ऐसे हैं कि 'पूना पैक्ट' का लाभ हमें मिलने देने की बजाय कल हिन्दू (सवर्ण) और मुस्लिम काउंसिल में एक होकर हम लोगों को कंकड़ की तरह बाहर फेंक देंगे। हमारा झगड़ा सत्ता के बँटवारे के लिए होगा। लेकिन उस झगड़े में हमारा हिस्सा हमें मिलना चाहिए।

महाभारत में कौरव और पांडवों में युद्ध हुआ उसमें भीष्माचार्य को मालूम था कि पांडव सही हैं लेकिन वह कौरवों की रोटी खा रहा था इसलिए वह उनके समर्थन में ही रहा। मतलब 'अर्थस्य पुरुषो दासः' इस प्रकार की अपनी स्थिति होने मत दीजिए। अपने दुश्मनों को पहचानिए और उस प्रकार का व्यवहार कीजिए। आप लोगों को अपने मन से इस बात को हटा देना चाहिए कि 'जो बात बुरी होती है उसको ईश्वर करता है, ईश्वर ने ही हम लोगों को अछूत बनाया है। यही भगवान की मर्जी है।'

आप लोगों को फिलहाल ईश्वर के बारे में सोचने की जरूरत नहीं है। अन्य लोगों ने (सवर्ण हिन्दू) अपना स्वार्थ देखा और हमारा नुकसान किया, इसलिए हमारा बुरा हुआ है। यह पिछले जन्म का पाप नहीं है। महारों के पास जमीन नहीं इसका कारण यह कि उसको दूसरे लोगों ने छीन लिया। अछूतों को नौकरियाँ नहीं हैं इसका कारण दूसरे लोगों ने हड़प लिया। इसलिए यह जो अच्छा-बुरा हो रहा है उसको सुधारना हमारे कूवत के बाहर नहीं है। इसके लिए हम रेलवे का ही उदाहरण लेंगे।

रेलवे का प्रशासन वायसराय की विधि काउंसिल के द्वारा चलता है। रेलवे से मजदूर कम करने हों तो उसके पहले बलि चढ़ जाते हैं अछूत वर्ग के मजदूर। अन्य जातियों के मजदूरों की बलि नहीं चढ़ती। इसका कारण अन्य वर्ग के मजदूरों की जाति के और धर्म के प्रतिनिधि उनके काउंसिल में होते हैं। वे उनकी ओर से वहाँ झगड़ते हैं, लेकिन वहाँ हमारे वर्ग के प्रतिनिधि नहीं हैं। वहाँ अपना एक प्रतिनिधि है लेकिन वह बेचारा वहाँ अपने वर्ग के बारे में कुछ बोलता ही नहीं। लेकिन इसके बाद अपने वर्ग द्वारा 18 प्रतिशत प्रतिनिधि वायसराय की विधि काउंसिल में चुने जाएँगे। उस समय हम लोगों को होशियार रहकर विधि काउंसिल में उचित काम करनेवाले लोगों को ही चुनकर भेजना चाहिए। मैं अन्त में आप लोगों से यही कहना चाहता हूँ कि आप लोग भाग्य पर भरोसा रखकर बेकार मत रहिए। जो कुछ भी करना है उसको अपने बल पर कीजिए। आप लोगों ने इतनी देर तक बड़े शान्ति से मेरी बात को सुना और इस सभा का आयोजन किया इसके लिए मैं सभी के प्रति अपने आभार व्यक्त करता हूँ और अपनी बात को यहीं समाप्त करता हूँ।"

सा. जनता, 25 फरवरी, 1933

कोंकणस्थ और देशस्थ का भेद मुझे मंजूर नहीं

मुम्बई के दांडारोड बांद्रे में दिनांक 19 फरवरी, 1933 को अछूतों की एक जंगी सभा का आयोजन किया गया था। इस सभा में डॉ. बाबासाहेब अम्बेडकर का भव्य सत्कार किया गया था। यह सत्कार सभा माननीय देवराव नाईक की अध्यक्षता में हुई थी। इस सभा को सम्बोधित करते हुए डॉ. अम्बेडकर ने कहा—

"कुछ लोग ठाणे के छात्रावास और समता सैनिक दल के बारे में गलतफहमी फैलाकर समाज में फूट डालने के बीज बो रहे हैं। ये लोग अन्य कोई नहीं हैं, बल्कि अपने ही समाज के हैं। वे बुजुर्ग हैं और हम सभी लोग अब तक उनका सम्मान करते रहे हैं। लेकिन आज उन्होंने अपना अनुभव और अपनी बुद्धि को गिरवी रखा है। इन लोगों का नेतृत्व सम्भाजी गायकवाड, गोविन्द रामजी आड्रेकर और शिवराम गोपाल जाधव आदि लोगों ने स्वीकार किया है। उनकी बुद्धि बढ़ती उम्र के साथ बढ़ने के बजाय कम हो रही है। अचरज की बात यह है कि कुछ नवयुवक उनके जाल में फँसकर अपनी शक्ति का, समय का और योग्यता का गलत इस्तेमाल कर रहे हैं। ये कम से कम इन नवयुवकों को सोच-विचार करके अपनी सारी शक्ति को समाज में एकता बढ़ाने के लिए खर्च करनी चाहिए ऐसा मुझे लगता है। इन लोगों का आज का कार्य यही है कि मेरी अनुपस्थिति का लाभ उठाकर सार्वजनिक कार्य को नष्ट करना ही है।

उनके आरोप जो मुझे पता चले वे इस प्रकार के हैं—

1. ठाणे के छात्रावास में कोंकण के बच्चों को प्रवेश नहीं दिया जाता।
2. इस छात्रावास पर शिवराम गोपाल जाधव को सुपरिंटेंडेंट के रूप में नियुक्त किया जाए।
3. सूबेदार सवादकर को समता सैनिक दल का सर्वाधिकारी क्यों नियुक्त किया गया?
4. हमारे आन्दोलन में अन्य जाति के लोग क्यों?

कोई भी समझदार आदमी कहेगा कि ये आरोप इतने अर्थहीन हैं कि उनकी किसी सार्वजनिक सभा में चर्चा करना जरूरी नहीं है। लेकिन कभी-कभी छोटे-छोटे सवालों की चर्चा करना भी जरूरी हो जाता है। उनका पहला आरोप एक तरह से

बकवास है। उसमें सत्य नाम की कोई चीज नहीं है। मेरे पास कोंकण के लोगों को विरोध रखने का कोई कारण नहीं। मैं स्वयं कोंकण का रहनेवाला हूँ फिर भी मुझे कोंकणस्थ और देशस्थ में कोई भेदभाव नहीं है। इतनी बात सही है कि शिक्षा प्रसार की दृष्टि से कोंकण के महार पीछे हैं और उनको शिक्षा पाने के लिए विशेष प्रयास करने की जरूरत है।

दूसरे आरोप के बारे में इतना ही कहना चाहता हूँ कि हर किसी को अपनी योग्यता को जानना चाहिए। मि. जाधव ने अपनी जरूरत सिद्ध की होती तो उनको दूर रखने की जरूरत ही नहीं थी। छात्रों का छात्रावास दलाल द्वारा चलाई गई दुकान नहीं है। सुपरिंटेंडेंट को अपने आदर्शपूर्ण आचार से छात्रों में शिस्त पैदा करनी चाहिए। उनको केवल सजा देना ही उसका एकमात्र काम नहीं है। इस प्रकार की जरूरी बातें जाधव के हाथों नहीं हो रही है इस बात का पता लगने पर ही संस्था की भलाई की दृष्टि से उनको दूर करने के अलावा और कोई रास्ता नहीं था। इस छात्रावास के लिए सरकारी अनुदान प्राप्त है। इसलिए संस्था को सही ढंग से नहीं चलाया तो सरकार को जवाब देना पड़ेगा। इसके बाद ठाणे और पहाड़ के छात्रावास एक कमेटी के द्वारा संचालित किए जाएँगे और उस कमेटी के चेयरमैन सूबेदार सवादकर हैं।

तीसरा आरोप समता सैनिक दल के सम्बन्ध में है। यह दल जब तक सही ढंग से संगठित नहीं किया जाता तब तक उसमें अनुशासन नहीं आएगा। चौथा आरोप यह है कि हमारे आन्दोलन में ब्राह्मण, कायस्थ, भंडारी आदि जाति के लोग क्यों हैं? मैं इस सवाल का एकदम सरल और सीधे शब्दों में जवाब दे रहा हूँ जो आपकी समझ में आ जाएगा। जब आप लोग बीमार हो जाते हैं तो डॉक्टर के पास जाते हैं। यदि वह डॉक्टर महार नहीं है तो क्या आप उसके पास नहीं जाते? जाते हैं। फिर आपके मन में इस प्रकार का सन्देह क्यों? आज के इस अवसर पर मुझे सख्त शब्दों का इस्तेमाल करना पड़ा इसका मुझे खेद है। लेकिन उस प्रकार के शब्दों का इस्तेमाल करना जरूरी था इसलिए मैंने किया। इस तरह के अवसर न आए यह आप लोगों के हाथों में है।"

सा. जनता, 25 फरवरी, 1933

लोगों की धार्मिक भावनाओं का लाभ उठानेवालों से सावधान रहिए

मुम्बई संडहर्स्ट रोड (वाडी बन्दरगाह) के पास जी.आई.पी. रेलवे की चाल के मैदान पर दिनांक 4 मार्च, 1933 को डॉ. बाबासाहेब अम्बेडकर को सम्मानपत्र देने का समारम्भ आयोजित किया गया था। इस सत्कार समारम्भ के अध्यक्ष थे माननीय आर.डी. कवकी। इस सभा में दलितों के कई नेता उपस्थित थे। इस सत्कार समारम्भ को सम्बोधित करते हुए डॉ. अम्बेडकर ने कहा—

"इस सम्मानपत्र में मेरा गौरव करते हुए जो भी कहा गया है वह कहाँ तक सही है, यह कहना तो बड़ा कठिन है। लेकिन इतना तो सच है कि उसमें प्रशंसात्मक अलंकारयुक्त भाषा में आप लोगों ने अपने जैसे ही एक व्यक्ति को अलौकिक गुणों से ईश्वर बनाया है। यदि इस बात को सच मान लिया जाए तो आप लोगों की इस प्रकार की भावनाएँ स्वहित विनाशकारी है। ऐसा ही मुझे लगता है। और 'मूल पर ही प्रहार' करने के उद्देश्य से प्रारम्भ में ही दो बातें कहना चाहता हूँ। दूसरे को ईश्वर बनाना और अपने उद्धार का बोझ उसके कन्धों पर डालने की भावना आप लोगों को जिम्मेदारी से मुँह मोड़नेवाली है यदि आप लोग इस प्रकार की भावना से चिपके रहे तो आप लोग प्रवाह के साथ बहनेवाले लकड़ी के टुकड़े बन जाएँगे और अपने में जो शक्ति है वह बेकार साबित होगी। इस नवयुग में आप लोगों को जो राजनीतिक सत्ता प्राप्त हुई है वह अर्थहीन हो जाएगी। आप लोगों ने आज तक इस नादान भावना को अपने मन में सँभालकर रखा और उसने आपके समाज का सम्पूर्ण विनाश किया है। मैं इससे भी आगे जाकर यह कहता हूँ कि इस प्रकार की नादान भावना ने आपका ही नहीं बल्कि सारे हिन्दू समाज का विनाश किया है। अपने देश के हीनत्व का यदि कोई कारण है तो यही ईश्वरवाद है।

अन्य देश के लोग समाज में कोई खतरा पैदा होने पर या सामाजिक उलझनों से ग्रस्त होने पर एकता कायम करके अपना स्वयं का उद्धार कर लेते हैं। लेकिन अपने धर्म ने हमें यही सिखाया है कि मनुष्य कुछ नहीं कर सकता। समाज पर कोई बड़ा खतरा आने पर या समाज का विकास रुक जाने पर ईश्वर अवतार लेता है और

अपने संकटों को दूर करता है। सभी लोग मिलकर खतरे का मुकाबला करने की बजाय ईश्वर के अवतार लेने का इन्तजार करते हैं।

हिन्दू लोग इस प्रकार की शेखी बघारते हैं कि हमारा हिन्दू धर्म पुरातन है, सनातन है। ग्रीक, रोमन आदि प्राचीन और प्रसिद्ध राष्ट्र नष्ट हो गए, लेकिन हमारा हिन्दू समाज आज भी जिन्दा है। लेकिन केवल जीने का कोई मूल्य नहीं है। इस बात का मूल्य है कि मनुष्य सम्मान से जीता है या नहीं। इस दृष्टि से देखा जाए तो हिन्दू समाज ने जिन्दा रहकर क्या दिग्विजय पाई है? उसने दूसरों की शर्मनाक गुलामी को स्वीकार करने के अलावा क्या पाया है? इस तरह के जीने का कोई मतलब नहीं है। मर्दपन दिखाकर दो दिन जीना, दूसरों के गुलाम बनकर सौ साल जीने से भी ज्यादा महत्त्वपूर्ण है। दोनों के टकराव में एक भागकर भी जिन्दा रहता है, जीता है। दूसरा विरोधी दल को पराजित करके जीता है। जो मनुष्य भाग जाता है और दूसरे के स्वामित्व को स्वीकार करता है और जीता है उसको आखिर क्या मिलता है? दूसरे का गुलाम बनता है। अपने अस्तित्व को भूल जाता है और वह गुलामों की संख्या बढ़ाता रहता है। नामर्दानगी का फैलाव करता है। फिर इससे मर जाना क्या बुरा है? अब हिन्दू समाज दूसरों का गुलाम होकर ही क्यों रहा इस पर यदि सोचा जाए तो इसका यही जवाब होगा कि वह अपने उद्धार के लिए ईश्वर के अवतार लेने का इन्तजार करता रहा, ऐसा मेरा मानना है।

इस संसार में ईश्वर हो या न हो इसके बारे में सोचने की आप लोगों को कोई जरूरत नहीं है यह बात तो सही है कि दुनिया में हर पल जो कुछ घटनाएँ घटती हैं वह मनुष्य के द्वारा ही कुछ मुट्ठीभर पढ़े-लिखे और स्वार्थी लोग दूसरे अनगिनत लोगों को अज्ञान रूपी अन्धकार में रखकर, उनको ईश्वर सम्बन्धी मिथ्या कल्पनाओं के जाल में फँसाकर और उनकी धार्मिक आस्थाओं का लाभ उठाकर अपनी भलाई करने का धन्धा करते हैं, क्योंकि इससे आप लोगों की संघशक्ति नष्ट होती है और आप लोग भेड़-बकरियों की तरह मिथ्या भावनाओं के पीछे लग जाते हैं। उनका आप लोगों को लूटने का रास्ता एकदम साफ हो जाता है। आज हम लोग दीन अवस्था में हैं। इस स्थिति से बाहर निकलकर अपना उद्धार चाहते हो तो आप लोगों को इन कल्पनाओं को त्याग देना चाहिए। आप सभी लोगों को, पुरुष और महिला सभी को इस बात पर पूरा यकीन रखना चाहिए कि आप लोगों का उद्धार करने के लिए दूसरा कोई आनेवाला नहीं है, मैं भी नहीं करनेवाला हूँ। यदि आप लोग मन का संकल्प कर लेते हैं तो अपना उद्धार करने के लिए आप पूरी तरह सबल हो जाएँगे।

मुझे कहने में खुशी होती है कि अपने समाज में आन्दोलन की हवा चारों ओर फैली है, इस प्रकार की जागृति हुई है। फिर भी मैं आप लोगों को एक बात बताना चाहता हूँ कि इसके आगे आपका सारा भविष्य राजनीति में है, अन्य किसी में नहीं। आप लोग इस बात को अच्छी तरह समझ लीजिए कि पंढरपुर, त्र्यंबकेश्वर, काशी,

हरिद्वार आदि की यात्रा करके, या शनि माहात्म्य, शिवलीलामृत, गुरुचरित्र आदि पोथियों को पढ़ने से या एकादशी, सोमवार आदि का व्रत रखने से आप लोगों का कोई उद्धार होनेवाला नहीं है। आप लोगों के पूर्वज हजारों साल से यही बातें करते आए हैं। फिर भी आप लोगों की अमानवीय स्थिति में क्या कुछ फर्क पड़ा है? आज भी तुम्हारे बदन पर वही पुराने फटे कपड़े हैं। आज भी तुम लोगों को आधी पक्की-आधी कच्ची रोटी के टुकड़े खाने को मिलते हैं। आज भी आप लोगों को जानवरों से भी खराब जगह में रहना पड़ रहा है। मुर्गियों की तरह हैजे की बीमारी को बलि चढ़ जाने की आपकी पहले जैसी ही कमजोर स्थिति। इस प्रकार की भयंकर स्थिति में आज भी परिवर्तन क्यों नहीं हुआ है? जब एक ही दवाई लेने से बीमारी दुरुस्त न होती हो तो क्या हम लोगों को दवाई में परिवर्तन करने की जरूरत नहीं है? क्या डॉक्टर बदलने की जरूरत नहीं है? तुम्हारी आज तक की यात्राएँ तुम्हारे किसी काम नहीं आई है या आप लोगों के व्रत-उपवास सारे जीवन की भुखमरी को खत्म करने में समर्थ नहीं हो सके।

आपकी स्थिति को बदलने के लिए, आपका उद्धार करने के लिए अब आप लोगों के सामने एक ही रास्ता है और वह है राजनीति-कानून बनाने की शक्ति। आप लोगों को भरपेट खाने के लिए नहीं मिलता। आप लोगों को छोटे से कमरे में ठूँस-ठूँस कर रहना पड़ता है। आप लोगों के पास पैसा कमाने के साधन नहीं हैं, आप लोगों को बेकार रहना पड़ता है, क्या है इसका कारण? ईश्वर या भाग्य? यह दोनों बातें कारण नहीं हैं। आप लोगों को भोजन, कपड़ा, निवास और शिक्षा देने का काम इस देश में कानून बनानेवाली सत्ता का काम है और इसके आगे इस सत्ता का कार्य आपके बल से चलनेवाला है। इस कानून बनानेवाली शक्ति में आप सम्मिलित हो गए हैं। अपना संसार सुखदायी बनाने के लिए आप लोगों को उस प्रकार के कानून बनवा लेने चाहिए। मान लीजिए आज इस रेलवे की चाल में आपके हर परिवार को एक कमरा मिलता है। लेकिन कानून बनने के बाद वह आपको दो-दो कमरे भी दिलवा सकता है।

आपके पास अपने बच्चों को पढ़ाने के लिए पैसा नहीं है लेकिन कानून बन जाने से आपके बच्चों को पढ़ाई की सारी सुविधाएँ मिल जाएँगी। आपमें कई लोग बेकार हैं। सभी लोगों को काम देना और काम नहीं होने पर उनको पालना सरकार की जिम्मेदारी है। यदि इस प्रकार का कानून बनेगा तो बेकारी में भूखे मरने की बारी आप पर नहीं आएगी।

अमीर लोग बीमार होने पर पैसा खर्च करके इलाज करवाते हैं और अच्छे हो जाते हैं लेकिन गरीबों की बीमारी में कानून द्वारा ही व्यवस्था होगी। मतलब यह कि फिलहाल सभी सुखों का आधार कानून है इसलिए आप सभी को कानून बनाने की शक्ति को पूरी तरह से हासिल करना चाहिए। इसलिए आप लोगों के उद्धार का मार्ग

जप, तप, पूजा-पाठ करने में नहीं है। बल्कि इस तरह की बातों से अपना ध्यान हटाकर राजनीति के मार्ग को अपनाने में ही कल्याण है। विशेष तौर पर मैं आज आप लोगों को यही बात बताना चाहता था और मैंने उसके बारे में आप लोगों को बताया है।

कुछ दिन पहले कांग्रेस के और ऊँची जाति के लोग ऐसा कहते थे कि हम जिस प्रकार का स्वराज्य चाहते हैं उस प्रकार का स्वराज्य नहीं दिया जाता तब तक उसे चलाने के लिए हम सहयोग नहीं करेंगे लेकिन आज वे लोग अलग ही भाषा बोल रहे हैं।

कल ही कानून भंग करके जेल की सजा भोग रहे कांग्रेस के एक नेता सरकार से माफी माँगकर बाहर आए हैं और वे कहने लगे हैं कि 'महात्मा गांधी का कानून भंग का आन्दोलन गलत है। मैं इसके आगे कानून भंग करने का काम नहीं करूँगा।' इससे पहले महात्मा गांधी के बड़े शिष्य मि. राजगोपालाचारी ने घोषित किया है कि नए परिवर्तनों की घोषणा होने के बाद कांग्रेस सम्भवत: उनको स्वीकार करेगी। केसरी के मि. केलकर का कहना है कि नए होनेवाले परिवर्तन पर्याप्त नहीं हैं फिर भी उनको स्वीकार करने के लिए हम तैयार हैं।

मतलब यह है कि वे लोग आज अपनी पहले की भाषा बदल रहे हैं। यह जो विचार परिवर्तन हुआ है वह क्यों हुआ है? इस सवाल का जवाब एकदम आसान है। अब बहिष्कार करनेवाले लोगों को ऐसा लगने लगा है कि यदि इससे आगे कांग्रेस के लोगों ने उसी तरह बहिष्कार जारी रखा तो आनेवाली सत्ता पर दूसरे समाज के लोग कब्जा कर लेंगे। इसलिए उनकी दृष्टि से जो परिवर्तन नहीं चाहिए उसको स्वीकार करने के लिए भी वे लोग तैयार हो गए हैं। मतलब यह कि जो लोग बहिष्कार की घोषणा कर रहे थे वे भी स्वहित साधने में लगे हुए हैं।

इसके आगे भारत में जो संघर्ष चलनेवाला है वह अंग्रेज लोग और भारत के लोग, इनमें नहीं चलेगा। बल्कि भारत के प्रगत लोग और पिछड़े हुए लोग, इनमें चलनेवाला है। शायद आप लोग ऐसा कह सकते हैं कि पिछड़े समाज के लोग बहुसंख्य हैं इसलिए उनको प्रगत समाज से डरने की कोई बात नहीं है। लेकिन आप लोगों को इस बात को ध्यान में रखना चाहिए कि कोई समाज बहुजन है इससे ही काम नहीं चलेगा। यदि वह जागृत, पढ़ा-लिखा, स्वाभिमानी होगा तो ही उसका प्रभाव बढ़ेगा। अन्यथा मिल के मालिक ने या किसी धनवान साहूकार ने आप लोगों को लालच दिखाया और उसके लिए आपने उनको अपने मतों को बेच दिया तो आपके समाज की विशेषता खत्म हो गई इसमें कोई सन्देह नहीं है। अपने समाज के लोगों के अलावा भाड़े के लोग आपके समाज का बिलकुल कल्याण नहीं कर सकेंगे।

अपने समाज की कुछ न कुछ विशेषता है, इस बात को हमेशा ध्यान में रखिए। उसी प्रकार आपस के मतभेदों को भूलकर हम लोगों को अपने संगठन को बढ़ाना चाहिए और परिस्थिति को समझ लेना चाहिए। इसके लिए अपने समाज के हर

आदमी को 'जनता' समाचार-पत्र के आग्रह बनकर परिस्थिति को जानना जरूरी है, क्योंकि जब तक स्थिति का सही आकलन नहीं होगा तब तक आप अपनी भलाई नहीं कर सकते। अन्त में मैं समता सैनिक दल के स्वयंसेवकों को कुछ सुझाव देना चाहता हूँ। मैं यह मानता हूँ कि स्वयंसेवक हमारा ज्ञानवान और जानकार आदमी है। बदन पर केवल खाकी रंग के कपड़े पहनने मात्र से कोई स्वयंसेवक होता है, ऐसा मैं नहीं मानता। अपने लोगों को ज्ञानी बनाना ही स्वयंसेवकों का महत्त्वपूर्ण काम है। उसी प्रकार उनकी यह भी जिम्मेदारी है कि अनपढ़ लोगों को 'जनता पत्र' को पढ़कर सुनाना और उसमें क्या लिखा है उसको अच्छी तरह समझाना। और हमारे स्वयंसेवक अपनी इस जिम्मेदारी को निभाएँगे इस बात की मुझे पूरी उम्मीद है। आप सभी का पुनः आभार मानते हुए मैं अपनी बात को यहीं समाप्त करता हूँ।"

सा. जनता, 11 मार्च, 1933

नकली और स्वयंमान्य नेताओं से सावधान

दिनांक 8 अप्रैल, 1933 को क्लार्क रोड, बी.आई.टी. चाल, मुम्बई में इस चाल में रहनेवाले बहिष्कृत समाज की ओर से डॉ. बाबासाहेब अम्बेडकर को सम्मानपत्र देने के लिए समारम्भ आयोजित किया गया था। समारम्भ के अध्यक्ष थे मेजर सूबेदार वि.ग. सवादकर। इस समारम्भ को सम्बोधित करते हुए डॉ. अम्बेडकर ने कहा—

"अध्यक्ष महोदय, प्रिय बहनो तथा भाइयो,

आज यहाँ के निवासियों ने यह जो सम्मानपत्र देने का समारम्भ आयोजित किया है उसके लिए मैं उनका आभारी हूँ। मैं पिछले जनवरी माह (1932) में जब से इंग्लैंड से लौटकर मुम्बई में आया हूँ तब से मुझे सम्मानपत्र देने की, मेरा सम्मान करने की एक बड़ी बीमारी ही फैल गई है। इस बीमारी को बन्द करना चाहिए, कम से कम उस पर रोक लगानी चाहिए, इस प्रकार का विचार मेरे मन में आया था। लेकिन लोगों के उत्साह के सामने मैं बेइलाज हूँ। आज यह सम्मानपत्र भी मैं उसी मानसिक स्थिति में स्वीकार कर रहा हूँ।

इस सम्मानपत्र के बारे में मैं यह कहना चाहता हूँ कि आज तक मुझे जो सम्मानपत्र दिए गए हैं। उसमें आज के सम्मानपत्र की अपनी विशेषता है। इस सम्मानपत्र की विशेष चर्चा हुई। इससे पहले जो सम्मानपत्र दिए गए उनकी अखबारों में बिलकुल चर्चा नहीं हुई। लेकिन इस सम्मानपत्र के बहाने जो विवाद 'लोकमान्य' और 'प्रभात' जैसे समाचार-पत्रों में छपा इसलिए यह सम्मानपत्र इस स्थिति में दिया जा रहा है ऐसा मुझे लगता है। जब हम इधर आ रहे थे उस समय बताया गया कि रास्ते पर 'सवादकर बायकॉट' का बोर्ड लगाया गया है (सभा में शेम शेम की घोषणाएँ) इसलिए उसको टालने के लिए दूसरे रास्ते से जाना चाहिए। लेकिन मैंने कहा कि हम लोग बोर्ड देखकर ही जाएँगे। हमने उसको देखा है। बोर्ड लगानेवालों को संयम न होने की वजह से उन्होंने मेरा बायकॉट नहीं किया। इन चार इमारतों में (चाल) नेताओं की बाढ़-सी आई है, इस बात को मैं जानता हूँ। जिनको मुम्बई में नेताओं को खोजना हो उनको इस चौराहे पर आना चाहिए। इन नेताओं ने आज तक कुछ न कुछ नुक्स निकालकर आन्दोलन में दिक्कतें पैदा की हैं। एक समय ये नेता कहते

थे कि डॉ. अम्बेडकर महारों को छोड़कर चमारों को करीब करते हैं और महार जाति को बरबाद करते हैं। लेकिन ऐसा कहनेवाले ही ये लोग सम्पूर्ण महार जाति को गाली देनेवाले देवरूखकर जैसे चमार जाति के व्यक्ति के साथ दोस्ती करते हैं और छोटी-सी बात में खुश हो जाते हैं।

एक बार शिवतरकर मास्टर ने अपने निवास पर सहभोज करवाया। उस सहभोज में मैं स्वयं और महार जाति के कुछ नेता मौजूद थे। इस सहभोज को लेकर बाद में देवरूखकर ने एक पर्चा छपवाया कि 'शिवतरकर ने महारों के साथ भोजन किया इसलिए उन पर बहिष्कार डाला जाए।' उस समय देवरूखकर ने सम्पूर्ण महार जाति को अपमानित किया था। इस प्रकार जिस व्यक्ति ने कई बार महार जाति को बेइज्जत किया उस व्यक्ति के साथ ये लोग कैसे नजदीकी दिखा सकते हैं? इन नेताओं का दूसरा कहना यह है कि डॉ. अम्बेडकर कोंकण के हैं और देशस्थ लोगों की सलाह लेते हैं, कोंकणस्थों की सलाह नहीं मानते। देशस्थ और कोंकणस्थ विवाद इतना बढ़ाया था कि कुछ ही दिनों में आपस में मारपीट की स्थिति आ गई होती। लेकिन उन्हीं लोगों ने देशस्थों से दिलजमाई करके 119 नेताओं की सभा आयोजित की। फिर उन्होंने सूबेदार सवादकर को ही क्यों बाहर कर दिया? यह मेरी समझ में नहीं आ रहा है। वे तो कोंकणी ही हैं। कहने का मतलब यह है कि इस विवाद का न मूल है और न सिद्धान्त। सैद्धान्तिक विरोध हो तो बात समझ में आती है लेकिन सिद्धान्तों के बगैर विरोध हो तो उसमें कुछ स्वार्थ की बात होनी चाहिए इसमें कोई सन्देह नहीं है।

वे सभी नेताओं की एकता क्यों नहीं करते यह महत्त्वपूर्ण सवाल है। लेकिन जहाँ व्यक्ति को लेकर झगड़ा है वहाँ कौन क्या कर सकता है? सिद्धान्तों की बात हो तो समझा जा सकता है। महात्मा गांधी ने मन्दिर प्रवेश के बारे में मेरी राय पूछी थी। उस समय मैंने कहा कि मन्दिर प्रवेश से जातिभेद समाप्त होता हो तो वह मुझे चाहिए। यदि वैसी बात नहीं है तो हम लोगों को मन्दिर प्रवेश की जरूरत नहीं। इस विवाद में सिद्धान्त है। इन नेताओं के झगड़े में इस तरह की कोई बात नहीं है। फिर भी मुझे खुशी है कि आप लोगों में किसी ने भी फूट डालने की कोशिश की तब भी आप लोग उसके बहकावे में नहीं आते। अपनी स्वतंत्रता होने के लिए व्यक्ति के पास नौकरी चाहिए या तो परम्परा से इस्टेट चाहिए। यदि यह सब नहीं है तो चोरी करके, भीख माँगकर या दूसरों की जी-हुजूरी करके पेट भरना पड़ता है। अपने समाज में कई लोग बेकार हैं और अन्य लोगों के पास बेहिसाब पैसा है। अगले चुनाव के समय इस तरह की स्थिति आएगी कि अन्य लोग पैसे देकर अपने लोगों के वोट खरीदने का प्रयास करेंगे। हममें से बेकार और स्वाभिमानशून्य नेता लोग उनको मदद भी करेंगे। इसलिए आप लोगों को इन बातों से सावधान रहना चाहिए। इसके लिए आप लोग अपने नकली और स्वयंमान्य नेताओं से सावधान रहिए।

ऊँची जातियों के कई लोग डॉ. अम्बेडकर के काम में रुकावट डालने के इन्तजार में बैठे हैं। ऐसे लोग अपने समाज के लालची लोगों को अपने गले लगाएँगे। मेरा यह अनुभव है कि जब मैं भारत से बाहर होता हूँ तो उसका लाभ उठाते हैं।

मैं इस माह की 22 तारीख को इंग्लैंड जा रहा हूँ। मेरे जाने के बाद ये लोग आपके बीच विवाद खड़ा करेंगे। मुझे इस बात की उम्मीद है कि आप लोग किसी के भी जाल में फँसने की बजाय एकता से रहेंगे। आप लोगों ने मुझे यह मौका दिया इसलिए मैं आप सभी के प्रति अपना आभार व्यक्त करता हूँ और अपनी बात को यहीं समाप्त करता हूँ।"

सा. जनता, 15 अप्रैल, 1933

छात्र जीवन में ही अपनी योग्यता को बढ़ाइए

डॉ. बाबासाहेब अम्बेडकर दिनांक 2 अप्रैल, 1933 को अखिल भारतीय बहिष्कृत शिक्षा प्रसार मंडल ठाणे के मुम्बई-ठाणे रोड पर स्थित नामदार 'आगाखान' के विशाल बँगले के परिसर में स्थापित दलित-छात्र छात्रावास को देखने के बहाने विशेष निमंत्रण पर आए थे। इस समय उनके साथ मुम्बई के उनके कई सहकारी कार्यकर्ता भी थे। डॉ. अम्बेडकर छात्रावास की इमारत में पहुँचते ही वहाँ इकट्ठा हुए सामाजिक समता सेवा संघ, आवासीय छात्र वर्ग और अखिल भारतीय दलित सेवक संघ (ठाणे) की ओर से उनका जबर्दस्त स्वागत किया गया। वहाँ एक सभा का भी आयोजन किया गया था। यह सभा डॉ. अम्बेडकर की ही अध्यक्षता में हुई थी। इस सभा को सम्बोधित करते हुए डॉ. अम्बेडकर ने कहा—

हम लोगों ने यह छात्रावास सबसे पहले पनवेल में स्थापित किया था। वहाँ सवर्ण (हिन्दू) छूत समाज के किसी व्यक्ति ने इस छात्रावास के लिए जगह नहीं दी इसलिए एक 'ज्यू' व्यक्ति के घर में इसकी स्थापना करनी पड़ी। उसके भी आगे हमारे सामने कठिनाइयाँ पैदा करके मकान किराया बढ़ाने की नीति अपनाने की वजह से हम लोगों को वहाँ से इस छात्रावास को ठाणे में लाना पड़ा और यहाँ भी नामदार आगाखान का यह बँगला उनको प्रत्यक्ष लिखकर हमारे हाथ में आने तक छात्रावास को जगह मिलने के लिए हमें बड़ी कठिनाइयाँ बर्दाश्त करनी पड़ीं। अब यह जगह मिलने के बाद यह सवाल हल हो गया है।

मेरे छात्र भाइयों को मैं इतना ही कहना चाहता हूँ कि आप लोगों की यह जो व्यवस्था है, मतलब 'आगाखान' का यह जो बँगला है, सरकारी अनुदान है, और सुपरिंटेंडेंट चांदोरकर और उनको सहयोग करनेवाले दूसरे सहयोगियों की दिन-रात मदद, इस प्रकार की सुविधाएँ आप लोगों को मिल रही हैं। हमारे बचपन में इस प्रकार की सुविधाएँ हमें कभी नहीं मिली हैं। इतनी सुविधाएँ होते हुए भी आप लोगों ने उनका सही उपयोग नहीं किया और आप लोग एक अंक से भी नायास हुए तो आप लोग नालायक हैं, इस प्रकार का दाग संस्था पर लगेगा और सरकार ग्रांट बन्द कर देगी।

नए हक, बड़ी नौकरियाँ आदि चाहिए हों तो उसके लिए खुद में योग्यता चाहिए। उस योग्यता को बढ़ाने का काम छात्र जीवन में ही हो सकता है। उस योग्यता को

बढ़ाने का काम छात्र जीवन में ही हो सकता है। उस योग्यता को बढ़ाने का काम करते समय आप लोगों को किसी आन्दोलन में सम्मिलित होने की जरूरत नहीं। यह मेरा दूसरा मुद्दा है जो मैं आप लोगों के सामने रख रहा हूँ। और मेरा तीसरा मुद्दा है स्वावलम्बन। यहाँ आप लोगों को पैसों की मदद हो इसलिए हम अमीर लोगों को मदद करने के लिए बुलाएँगे। लेकिन सही जरूरत यह है कि आप, आपके भाई, आपकी जाति आदि को अपने पाँव पर खड़ा होना चाहिए, फिर जो भी होगा उसकी परवाह नहीं। हम निश्चित तौर पर आगे बढ़ेंगे। इस प्रकार का संकल्प हम लोगों को रोज के व्यवहार में अमल में लाना चाहिए। तब तो कुछ न कुछ सफलता मिलेगी। आप सभी लोगों को मेरी बातों पर अच्छी तरह ध्यान देना होगा। आप लोग निश्चित रूप से सफल होंगे। ऐसी मैं उम्मीद करता हूँ और मैं अपना भाषण यहीं समाप्त करता हूँ।

सा. जनता, 22 अप्रैल, 1933

हिन्दू समाज—समाज सुधार के लिए ईमानदारी के साथ अपनी शक्ति खर्च करे

'डॉ. अम्बेडकर अछूतों के सही प्रतिनिधि नहीं हैं' इस प्रकार की बकवास करनेवाले हिन्दू सभावालों को उनके सहयोग के बगैर किसी भी प्रकार के रचनात्मक काम करना सम्भव नहीं होने के कारण इस माह के (सम्भवत: जुलाई) पहले सप्ताह में उन्होंने इंग्लैंड के 'व्हाइट पेपर' के बारे में विचार-विमर्श किया। उन्होंने उस 'व्हाइट पेपर' की योजना का खोखलापन ब्रिटिश लोगों को दिखाने के लिए प्रचारक मंडल नियुक्त करने का तय किया। इसलिए उन्होंने हिन्दू नेताओं की एक सभा (जुलाई 1933) आयोजित की। इस सभा में डॉ. गौर, डॉ. अम्बेडकर, डॉ. मुंजे, सच्चिदानन्द सिंह और पं. नानकचन्द आदि नेताओं के भाषण हुए। इस सभा को सम्बोधित करते हुए डॉ. अम्बेडकर ने कहा—

"भारत में आज जो अछूत वर्ग अस्तित्व में है उस वर्ग को अपने सम्पूर्ण उत्थान के लिए स्वतंत्र मतदार संघ की माँग करने के लिए हिन्दू समाज ही पूरी तरह से जिम्मेदार है। आज के हिन्दू समाज की स्थिति के बारे में गम्भीर रूप से सोचा जाए तो यह बात साफतौर पर समझ में आती है कि अछूत समाज को अपनी स्वतंत्रता संयुक्त मतदार संघ के द्वारा हासिल करना बिलकुल असम्भव है और इस स्थिति को जिन्होंने अपनी खुली आँखों से देखा उनका स्वाभिमान जाग उठा है। जिसको स्वावलम्बन का महत्त्व समझ में आया है ऐसे किसी भी व्यक्ति को मजबूर होकर स्वतंत्र मतदार संघ की माँग करनी पड़ी।

हिन्दू नेताओं ने अपने स्वार्थ के बगैर अछूत समाज को कभी भी अपने विश्वास में नहीं लिया है। मुस्लिमों के राजनीतिक हकों का सवाल उपस्थित होते ही हिन्दुओं के पाँव के नीचे की जमीन खिसकने लगी और उनको अछूतों के प्रति दिखावे के लिए ही क्यों न हो, हमदर्दी पैदा हो गई। इसलिए मैं अपने हिन्दू (सवर्ण) नेताओं से इतना ही अनुरोध करता हूँ कि हिन्दू (सवर्ण) समाज को अपने कार्यों से अछूत समाज का विश्वास सम्पादन करना चाहिए और मुस्लिमों के साथ बेवजह झगड़ने में अपने समय और शक्ति को खर्च नहीं करना चाहिए। उनको इस सम्पूर्ण शक्ति

को अपने समाज के सामाजिक सुधार में ईमानदारी के साथ खर्च करना चाहिए। यदि हिन्दू (सवर्ण) समाज इस तरह से अपने आगे के कार्यों की योजना अमल में लाता है तो ही अछूत समाज को हिन्दू समाज के साथ सहयोग करके काम करने की उम्मीद की जा सकती है।"

सा. जनता, 15 जुलाई, 1933,
इसमें कार्यक्रम का निश्चित स्थल और
तारीख का उल्लेख नहीं है।

पैसों का उपयोग गरीब छात्रों की पढ़ाई के लिए करना उचित

दिनांक 30 सितम्बर, 1934 को मुम्बई के परल के दामोदर हॉल में 'मुम्बई मोटर ड्राइवर अस्पृश्य सेवक संघ' का पहला वार्षिक समारम्भ डॉ. सोलंकी की अध्यक्षता में सम्पन्न हुआ। इस समारम्भ में डॉ. बाबासाहेब अम्बेडकर और रावबहादुर बोले आदि लोग विशेष अतिथि के रूप में उपस्थित थे। इस सभा को सम्बोधित करते हुए डॉ. अम्बेडकर ने कहा—

"आप लोग जो पैसा कमाते हैं उसका उपयोग बेवजह, गलत जगह करने की बजाय अपने परिवार के निर्वाह के लिए, समाज के लिए और विशेष तौर पर गरीब छात्रों की पढ़ाई पर करना निश्चित रूप से हितकारी होगा। उसी प्रकार अनीति या दुर्व्यसन का फैलाव न हो इस बात की ओर सभी को विशेष ध्यान देना चाहिए। हम लोग संगठन की बजाय समाज हित का कठिन कार्य नहीं कर सकते। बाप-दादों के नाम को बेचकर उनके नाम के बल पर हम लोगों को अपने आपको बेचना उचित नहीं, फिर भी मेरे भाइयों को मेहनत-मजदूरी करके कमाए पैसों का उपयोग अच्छे काम में करना चाहिए, इसी उम्मीद के साथ मैं अपनी बात को समाप्त करता हूँ।"

सा. जनता, 20 अक्तूबर, 1934

मैं अछूत हिन्दू होकर पैदा हुआ हूँ, लेकिन हिन्दू होकर मरूँगा नहीं

दिनांक 13 अक्तूबर, 1935 को येवला (नासिक) में 'मुम्बई इलाका दलित वर्गीय परिषद' का आयोजन किया गया था। डॉ. बाबासाहेब अम्बेडकर दिनांक 12 अक्टूबर, 1935 को ही नासिक पहुँच गए थे। नासिक रोड विदगाँव में उनके नाम पर एक लाइब्रेरी शुरू की गई थी। उसके लिए एक पत्रे का शेड बनाया गया था। उसका उद्‌घाटन डॉ. अम्बेडकर ने किया। उस समय वहाँ उपस्थित दलित जनता को सम्बोधित करते हुए डॉ. अम्बेडकर ने कहा—

"तुम लोग स्वावलम्बी बनो। अपने खुद के पाँवों पर खड़े होकर अपने उत्थान का काम कीजिए। यदि मेरे साथ कुछ अनहोनी होती है तो मेरे बाद इस आन्दोलन को चलानेवाले लोग तैयार होने चाहिए।" उसके बाद रात को नौ बजे रविवार पेठ, हीरालाल गल्ली में सहभोजन हो गया। वहाँ देशपांडे नाम के एक ही कांग्रेसी व्यक्ति थे। फिर 13 अक्तूबर को डॉ. अम्बेडकर नासिक से विंचूर चले गए। रास्ते में जगह-जगह उनका जबर्दस्त स्वागत हुआ। विंचूर में सवर्ण समाज की ओर से भी उनका सम्मान किया गया। सुबह के समय येवला नगरपालिका ने उनको सम्मानपत्र देने का समारम्भ आयोजित किया था। वे वहाँ चले गए। उस सम्मानपत्र को स्वीकार करने के बाद वहाँ उपस्थित लोगों को सम्बोधित करते हुए डॉ. अम्बेडकर ने कहा—"हमारे आन्दोलन के कारण सवर्ण लोगों की सोच में बदलाव आएगा और वे हम लोगों के साथ अपनत्व की भावना से व्यवहार करेंगे, ऐसा दिखाई नहीं दे रहा है। इसलिए हम लोग हिन्दुओं से अलग होकर स्वावलम्बन से अपने उत्थान के लिए संघर्ष करेंगे।"

दिनांक 13 अक्तूबर, 1935 को येवला (नासिक) में 'मुम्बई इलाका दलित वर्गीय परिषद' का आयोजन किया गया था। इस परिषद के स्वागताध्यक्ष अमृतराव रणखांबे थे। यह परिषद रात को दस बजे शुरू हुई। इस परिषद में दस हजार से भी ज्यादा लोग उपस्थित थे। परिषद के स्वागताध्यक्ष ने परिषद में आए सभी लोगों का स्वागत करते हुए अपना भाषण दिया। इस परिषद में दलित समाज के कई नेता उपस्थित थे। इस परिषद को सम्बोधित करते हुए डॉ. अम्बेडकर ने कहा—

"सामाजिक, आर्थिक, शैक्षणिक, राजनीतिक आदि सभी सन्दर्भ में दलित समाज के बेहद बुरे हाल हैं। हिन्दू धर्म के क्रूर पंजे के नीचे उनको मनुष्यत्व के सामान्य हक भी प्राप्त करना असम्भव हो गया है। उसके लिए आज तक हम लोगों ने जो अमर्याद त्याग किया है वह बेकार साबित हो गया है।" इस प्रकार से अपनी भावना को व्यक्त करते हुए डॉ. अम्बेडकर कहते हैं—

"हमारे साधारण हक हमें प्राप्त होने चाहिए" इसके लिए हम लोगों ने 'सवर्ण' समझे जानेवाले हिन्दू लोगों को समझाने के लिए जो प्रयास किया वह भी बेकार गया। उसके लिए हमने जो कुछ साधन इकट्ठा किए थे वे भी बेवजह खर्च हो गए। उनकी ओर से हमारा जो कल्पना से परे अपमान हुआ उसको भी हमने बर्दाश्त किया। लेकिन यह सारा स्वार्थ त्याग किसी काम नहीं आया। हम लोगों ने आज तक चुपचाप और सहनशीलता से जो-जो हाल बर्दाश्त किया है उसका परिणाम बिलकुल हिन्दू समाज के दिलो-दिमाग पर हुआ दिखाई नहीं दिया। यदि हम लोग अन्य धर्म के अनुयायी होते और उस समय भी हमारे पास आज के जैसे ही जीवन-निर्वाह के धन्धे होते तो क्या ये हिन्दू लोग हमारे लोगों को आज की तरह अपमानित जीवन जीने के लिए मजबूर कर सकते थे?

हिन्दू धर्म में जन्म लेने का हम लोगों को यह जो दाग लगा है वही हमारे उत्थान के रास्ते में पत्थर बनकर आड़े आ रहा है। हमारे साथ हो रहे अपमान का कारण है, सवर्ण हिन्दू समाज का हमारे साथ तुच्छता का व्यवहार करना और यदि ऐसा है तो उस धर्म के नाम का केवल सिक्का लेकर बैठने से क्या लाभ? जहाँ हमें मनुष्य के रूप में रहने के लिए प्रतिबन्ध लगाया जाता है उस हिन्दू धर्म का हिस्सा बनकर रहने में हम लोगों को क्या लाभ है? इस प्रकार की स्थिति में रहने की बजाय इस धर्म से बाहर निकल जाना ही अच्छा है और ऐसे धर्म को स्वीकार करना अच्छा है जिसमें हम लोगों को आज की तरह अपमान बर्दाश्त नहीं करना पड़े। जहाँ घटिया और नीच जीवन जीने के लिए मजबूर नहीं होना पड़े, ऐसे धर्म को अपनाना क्यों उचित नहीं है?

अछूतों के हिन्दू धर्म का त्याग करने के बाद किस धर्म को स्वीकार किया जाए, यह हर किसी की इच्छा पर निर्भर है। सिर्फ शर्त यही है कि ऐसे धर्म को अपनाया जाए जिसमें सभी को समानता का हक प्राप्त हो। दुर्भाग्य से अछूत हिन्दू का दाग लेकर मैं पैदा हुआ हूँ। लेकिन यह बात मेरे अधिकार में नहीं थी। फिर भी नीच स्थान को नकारकर इस स्थिति में परिवर्तन लाना मेरे लिए सम्भव है। और मैं उसको करके रहूँगा, इसमें कोई सन्देह नहीं। मैं आप लोगों को साफतौर पर कहना चाहता हूँ कि मैं हिन्दू रहकर मरूँगा नहीं।

हिन्दू धर्म में अपना समाज स्तर स्थापित करने के लिए सत्याग्रह का रास्ता अपनाने से कुछ होनेवाला नहीं है। उस रास्ते की अब कोई जरूरत नहीं। अपने समाज को

अब हिन्दू धर्म से अलग और स्वतंत्र समाज माना जाना चाहिए। मतलब नागरिकता के और राजनीतिक हक के लिए अपनी लड़ाई आगे जारी रखना जरूरी है। उसके लिए अपने आपस के विवादों को, भीतरी टकराव को भूलकर एकता से, संगठित होकर अपना लक्ष्य प्राप्त करने के लिए प्रयास करना ही अपना आज का उद्देश्य है।

दलित वर्ग को नए संविधान में अपने हक प्रभावी ढंग से सामने रखने के लिए वास्तव में सच्चे और आस्था रखनेवाले प्रतिनिधि चुनना जरूरी है। अब दलित वर्ग को सारे संसार को स्पष्ट रूप से बता देना चाहिए कि हिन्दू धर्म की जंजीरों में जकड़े रहने के बजाय स्वतंत्र रूप से अपनी जिम्मेदारी निश्चित करने की हमारी मन से इच्छा है, यही मेरा आप लोगों से अनुरोध है।"

अपने इस भाषण का समर्थन करने के लिए डॉ. बाबासाहेब अम्बेडकर ने प्रस्ताव रखा और उसका उपस्थित सभी लोगों ने समर्थन किया। उस प्रस्ताव को डॉ. अम्बेडकर स्वयं लिखकर लाए थे। अपने व्याख्यान के बाद डॉ. अम्बेडकर ने स्वयं उस प्रस्ताव को पढ़ा—

"अछूत माने गए वर्ग और छूत माने गए वर्ग में समानता और एकता स्थापित करने के उद्देश्य से मुम्बई इलाके के अछूतों ने महाड के चवदार तालाब पर और नासिक में काला राम मन्दिर में प्रवेश का सत्याग्रह किया, जबकि उनका जन-बल न होते हुए भी और पैसों की बड़ी हानि बर्दाश्त करके भी कालाराम मन्दिर प्रवेश का सत्याग्रह पिछले छह साल तक लगातार चलाया गया। लेकिन छूत समझे गए हिन्दुओं में बिलकुल परिवर्तन नहीं दिखाई दे रहा है। इतना ही नहीं उन्होंने अपने व्यवहार से यह साबित कर दिया कि वे सवर्ण और अछूत के बीच होनेवाली एकता को बिलकुल महत्त्व नहीं देते। उसी प्रकार उससे बननेवाले हिन्दू समाज के सामर्थ्य को भी महत्त्व नहीं देते। इसलिए अछूत वर्ग की यह परिषद इस प्रकार का प्रस्ताव मंजूर कर रही है कि हिन्दुओं को समझाने के उनके प्रयासों का कुछ भी परिणाम नहीं हो रहा है। इसलिए अछूत वर्ग को बेवजह अपनी शक्ति खर्च नहीं करनी चाहिए और आगे सत्याग्रह की मुहिम को समाप्त कर देना चाहिए। इस परिषद की यह राय है कि अछूत समाज को सवर्ण समाज से अपने समाज को स्वतंत्र करना चाहिए और भारत के अन्य समाजों में अपने समाज को सम्मान का और समानता का स्थान दिलवाने के लिए अछूत वर्ग को एक आस्था से प्रयास करना चाहिए।"

सा. जनता, 15 फरवरी, 1936

आन्दोलन का लाभ सभी अछूतों को हुआ

दिनांक 29 फरवरी, 1936 को पनवेल तहसील के चमारों की एक सभा पनवेल में आयोजित की गई थी। इस सभा के अध्यक्ष थे राधोबा वनमाली। इस सभा में तीन प्रस्ताव स्वीकार किए गए थे। दिनांक 1 मार्च, 1936 को पनवेल के चमारों के चायपान के बहाने डॉ. अम्बेडकर को निमंत्रित किया। उन्होंने उस निमंत्रण को सहर्ष स्वीकार किया। इस चायपान के बहाने यहाँ इकट्ठा हुए लोगों को सम्बोधित करते हुए डॉ. अम्बेडकर ने कहा—

"आप लोगों ने मुझे यहाँ बुलाकर मेरा जो गौरव किया उसके लिए मैं आपका आभारी हूँ। मैं अभी कुछ बोलने के इरादे से नहीं आया था। लेकिन मि. वनमाली के बोलने में मुझे जो बात समझ में आई उससे मुझे ऐसा लगा कि आप लोगों के मन में मेरे बारे में कुछ सन्देह है। लेकिन मैं आप लोगों से कहना चाहता हूँ कि मेरा आन्दोलन फलाँ एक वर्ग का या फलाँ एक जाति के उत्थान के लिए नहीं है बल्कि वह सम्पूर्ण अछूत जाति के उत्थान के लिए है।

लेकिन सौभाग्य कहिए या दुर्भाग्य कहिए उस आन्दोलन को अकेले महार जाति ने चलाया है। यदि अन्य अछूत जाति के लोगों ने उस आन्दोलन को हाथ में लिया तो मैं महार जाति के लोगों को कहूँगा कि आप लोग शान्त रहिए। आज तक जो आन्दोलन हुआ है उसका फायदा अकेले महार जाति को नहीं हुआ है, बल्कि चमारों को और मातंगों को भी हुआ है। हमने मुम्बई म्यूनिसिपैलिटी को कहा कि स्कूल विभाग में सुपरवाइजर नियुक्त कीजिए। म्यूनिसिपैलिटी ने जो सुपरवाइजर नियुक्त किया वह चमार है और अभी वे मेरे नजदीक बैठे हैं। हमने सरकार से कहा कि पुलिस ट्रेनिंग कॉलेज में अछूतों को लीजिए, तब सरकार ने लिया। और उसमें भी महार नहीं चमार और मातंग ही हैं। इन उदाहरणों से मुझे यह समझ में नहीं आ रहा है कि मेरा आन्दोलन महारों के ही उत्थान के लिए कैसे है?

अब वर्तमान आन्दोलन के बारे में मैं कुछ कहना चाहता हूँ। मेरी यह इच्छा है कि अछूत समाज की सभी जातियों को धर्मान्तरण करना चाहिए। लेकिन अन्य जातियाँ मेरी बात को सुनने के बजाय वह यदि शान्त रहीं तो उनके लिए मैं कुछ नहीं कर सकता। लेकिन मैं आप लोगों को साफतौर पर कहना चाहता हूँ कि जो जातियाँ

पीछे रहेंगी उनकी स्थिति बड़ी बेकार होगी। क्योंकि आगे अछूतपन समाप्ति की लड़ाई आप लोगों को ही लड़नी पड़ेगी और वह बड़ा मुश्किल काम होगा। क्योंकि महारों की संख्या 80 फीसदी है। वे इतने बहुसंख्य लोग यदि आपमें से निकल गए तो बाकी के लोग क्या करेंगे? आज इतने आन्दोलन करने के बाद भी कोई सुनने के लिए तैयार नहीं है तो आगे कौन सुनेगा? इसलिए बहुसंख्य समाज के साथ धर्मान्तर करने में ही आपकी भलाई है। यदि महार जाति की ओर से आप पर अन्याय हुआ तो मुझे बताइए, मैं उचित सहयोग करूँगा।"

सा. जनता, 7 मार्च, 1936

परिशिष्ट

शनिवार, दिनांक 29 फरवरी, 1936 को पनवेल में पनवेल तहसील के चमारों की एक सभा माननीय राघोबा वनमाली की अध्यक्षता में हुई। उसमें निम्न प्रस्ताव मंजूर किए गए—

1. महाराजा पंचम जॉर्ज के देहान्त पर गहरा दुःख और नए महाराजा आठवें एडवर्ड का अभिनन्दन।
2. डॉ. बाबासाहेब अम्बेडकर पर पूर्ण विश्वास।
3. येवले, जि. नासिक में हुए दलित परिषद में मंजूर धर्मान्तर प्रस्ताव को समर्थन।

सभी को मजबूत इरादे से और संगठित होकर आगे बढ़ना है

डॉ. बाबासाहेब अम्बेडकर की धर्मान्तरण की घोषणा का समर्थन करने के लिए दिनांक 11 फरवरी, 1936 को अहमदनगर में एक जंगी जाहिर सभा का आयोजन किया गया था। इस सभा को सम्बोधित करते हुए डॉ. अम्बेडकर ने कहा—

"मैं आज यहाँ धर्मान्तरण के सवाल पर बोलने के लिए नहीं आया था। जैसा कि घोषित किया गया था अछूतों के एक युवक संघ का उद्‌घाटन करना ही मेरा काम था। लेकिन आज यहाँ आप इतने लोग बड़ी बेचैनी से इकट्‌ठा हुए हैं। इसलिए आप लोगों को निराश करना उचित नहीं है। सबसे पहले मैं आप लोगों को साफ-साफ कहना चाहता हूँ कि धर्म बदलना मजाक की बात नहीं है या वह तमाशा भी नहीं है। ढोल बजाकर सिर्फ नाच-गाना करनेवाली बात भी नहीं है। धर्मान्तर बहुत ही गम्भीर सवाल है। शायद आप लोगों को इस बात की जानकारी नहीं होगी, लेकिन चार माह पहले मैंने सार्वजनिक रूप से धर्मान्तर की घोषणा की है। उस समय से मैं उस बात पर गम्भीर रूप से विचार कर रहा हूँ और उस पर मनन कर रहा हूँ। और मुझे कहने में गर्व महसूस हो रहा है कि मैंने जो निर्णय घोषित किया है इसके लिए खेद व्यक्त करने का कोई कारण ही नहीं है।

आप लोगों को इस सवाल पर गम्भीर रूप से सोचने की जरूरत है। आप हर दिन पाँच मिनट इस पर सोचिए। अब स्वाभाविक रूप से सवाल खड़ा होता है कि इस पर अमल करने के लिए देर क्यों? मैं आप लोगों को एक छोटी-सी मिसाल देना चाहता हूँ। उससे आपको समझ में आएगा कि इस सवाल को हल करने में देर लगाना क्यों जरूरी है? जिस समय सेनापति को फौजियों की छावनी को उठाकर आगे बढ़ने का हुक्म देना होता है उस समय जवान और स्वस्थ फौजियों के बारे में ही सोचने से काम नहीं चलता, बल्कि उसको अपाहिज, जख्मी या बीमार फौजियों के बारे में सोचकर, उनकी चिन्ता करते हुए ही सभी को साथ लेकर जाना जरूरी होता है। जब मजबूत निर्णय से आगे बढ़ने का समय आएगा उस समय अपने अडाणी, अनपढ़ या डरपोक लोग पीछे न हटें इस बात का भी ध्यान रखना पड़ेगा। इसलिए सभी लोगों को मजबूत संकल्प से एक ही समय में आगे बढ़ना है।

अब आज के मुख्य कार्य के बारे में बोलना हो तो आप नौजवानों ने सेवाधर्म का उद्‌देश्य आगे रखकर यह जो संस्था स्थापित की है आपके उस अनुकरणीय कार्य के लिए मैं आप लोगों का दिल से अभिनन्दन करता हूँ। आपमें से ऐसे कई लोग हैं, जिनको दूसरों का सहयोग प्राप्त हुए बगैर वे अपना विकास नहीं कर सकते। इस काम में आप लोगों को एक बात बिलकुल नहीं भूलनी चाहिए और वह यह कि जब तक आपके पास शील और शिक्षा नहीं रहेगी तब तक आप इस दुनिया में कुछ भी हासिल नहीं कर सकते। आप लोगों को दूसरी बात को भी ध्यान में रखना चाहिए कि आज आप लोगों ने स्वतंत्रता और स्वावलम्बन हासिल करने के लिए जो लड़ाई शुरू की है उसमें आप लोगों को सफल होना हो तो आप लोगों को बाहर के आदमी की मदद की उम्मीद करने के बजाय दूसरों पर निर्भर रहकर जीना बन्द कर देना चाहिए। यदि इस बात को आप नहीं कर सके तो ध्यान में रखिए, आप लोग दोबारा गुलामी के जाल में फँस जाएँगे।

जिन सवर्ण हिन्दुओं ने आज तक आप लोगों को अपना गुलाम बनाकर रखा वे ही लोग आपको लालच दिखाकर मदद करने के लिए एक पाँव पर तैयार हो जाएँगे। लेकिन आप लोग यदि उनके मोहजाल में फँस जाएँगे तो आप उनके पाँव के घुँघरू बन जाएँगे और फिर आपकी गुलामी कभी खत्म नहीं होगी। आप लोगों ने महाभारत की कथा सुनी होगी। उसमें से एक कथा आज के अवसर पर बहुत ही उपयोगी है। मैंने उसको सैकड़ों बार पढ़ा है। आप लोगों ने भी उसको पढ़ा होगा। शायद इसके आगे आपको पढ़ने के लिए नहीं मिलेगी। आप लोगों को मालूम है कि कौरव-पांडवों के इतिहास में भीष्म और द्रोण दोनों कौरवों की ओर से लड़े थे। वे इस बात को जानते थे कि न्याय और सत्य दोनों पांडवों की ओर हैं, फिर भी उन्होंने कारैवों को ही सहयोग किया और यह क्यों? क्योंकि उन्होंने कौरवों का नमक खाया था। इसलिए आप लोगों को किसी का भी दबैल नहीं होना चाहिए।

अन्त में मैं आप लोगों से एक ही बात कहना चाहता हूँ। आप लोग अलग-अलग संस्थाएँ मत निकालिए। मेरा यह अनुभव है कि अलग-अलग संस्थाएँ केवल आपस में बेबनाव (वैमनस्यता) पैदा करने का काम करती हैं और अन्त में सब कुछ नष्ट हो जाता है। सम्पूर्ण जिला मिलकर एक ही संगठन बनाइए और उसी के द्वारा अपना उचित रास्ता तय करते हुए अपने में परिवर्तन लाने का काम कीजिए।"

सा. जनता, 22 फरवरी, 1936

जो धर्म मनुष्यों के साथ मनुष्यता का व्यवहार नहीं करता क्या वह धर्म है?

दिनांक 8 दिसम्बर, 1935 को मुम्बई के फोरस रोड के पास पुरानी ढोर चाल, जयरामभाई स्ट्रीट पर डॉ. बाबासाहेब अम्बेडकर की एक महत्त्वपूर्ण सभा का आयोजन किया गया था। धर्मान्तर की घोषणा के बाद यह उनका मुम्बई में पहला ही जाहिर भाषण था। इस सभा के अध्यक्ष देवराव जी नाईक थे। इस सभा मंच पर प्रि. दोंदे, सुरबा टिपणीस, बापूसाहेब सहस्त्रबुद्धे और डॉ. सोलंकी आदि सम्माननीय लोग उपस्थित थे। इस सभा को सम्बोधित करते हुए डॉ. अम्बेडकर ने कहा—

"सभापति महोदय और भाइयो तथा बहनो,

मुझे प्रारम्भ में एक-दो बातों को स्पष्ट कर देना जरूरी है। मैं पिछले साल के उत्सव में नहीं आया था। इस साल भी दत्त जयंती जैसे उत्सव में भाषण करना उचित नहीं था। लेकिन रेवजी बुवा (महाराज) ने आश्वासन दिया कि यह अन्तिम उत्सव होगा, इसलिए मैं यहाँ आया हूँ। यहाँ धर्मान्तर जैसे विषय पर बोलना भी उचित नहीं। लेकिन यहाँ मुझे कुछ न कुछ बोलना तो जरूरी है। मैंने धर्मान्तर के बारे में अपना फैसला कर लिया है। मैं निश्चित रूप से धर्मान्तर करूँगा ही। लेकिन मैं कुछ समय के लिए रुका हूँ आप लोगों की राय जानने के लिए। आप सभी सात करोड़ लोग धर्मान्तर करेंगे यही मुझे चाहिए। किसी भी आदमी को पीछे नहीं रहना चाहिए। थोड़े-थोड़े लोग मिलकर दूसरे धर्म में जाएँगे तो आप लोगों का नुकसान होगा। सात करोड़ लोगों को एक साथ मिलकर धर्मान्तर करना चाहिए।

दस हजार लोग मुस्लिम हो गए, चार हजार लोग ईसाई हो गए, तो इस प्रकार के बिखराव से आप लोगों का कल्याण नहीं होगा। तुममें से कुछ लोग मेरे साथ दूसरे धर्म में गए तो मैं आप लोगों का भी कल्याण नहीं कर सकूँगा। यदि आप सभी लोग मेरे साथ आए तो मैं आप लोगों का कुछ कल्याण कर सकूँगा। सभी लोगों का एक ही फैसला हो तो उसके लिए समय तो लगेगा ही। मैं उतने समय तक रुकने के लिए तैयार हूँ। लेकिन यह समय मैंने आप अछूतों

को दिया है, सवर्णों (हिन्दुओं) को नहीं। सभी लोग मुझे पूछने के लिए आते हैं आप लोगों को पूछने के लिए कोई नहीं आता होगा। मुझे बोलना पड़ता है लेकिन उसका मतलब यह नहीं कि मैं अपने धर्मान्तर के फैसले को बदल दूँगा। मेरा फैसला अटल है लेकिन मुझे आप लोगों के फैसले का इन्तजार है। उसका मुझे पता चलना चाहिए।

हिन्दू धर्म धर्म नहीं है, वह एक रोग है, महारोग है। यह रोग हिन्दुओं को हुआ है, हमको नहीं। उसका संक्रामक रोग हमारे लिए खतरा बन गया है। जब किसी को संक्रामक रोग होता है तो उसको क्वारंटाइन में रखा जाता है, उसी प्रकार हम लोगों को हिन्दुओं से दूर रहना चाहिए। रोग हिन्दुओं को हुआ है, हम लोगों को नहीं। हम अछूतों ने क्या पाप किया है? कुछ नहीं, पाप किया है सवर्ण हिन्दुओं ने। लेकिन उनके पाप का फल हम लोगों को भोगना पड़ रहा है। इसलिए हम लोगों को उनसे दूर ही रहना पड़ेगा। सवर्ण हिन्दुओं को भी अपने आपको बचाना हो तो उनको भी हमारे पीछे आना चाहिए। कहते हैं कि अछूतपन को समाप्त करने के लिए प्रयास कीजिए। लेकिन वह सम्भव नहीं है। हिन्दू धर्म में धर्म ही नहीं रहा है। किसी को भी मुझे यह सिद्ध करके बताना चाहिए कि वह धर्म है। हिन्दू धर्म धर्म नहीं बल्कि जहर है। जहर का अमृत होना असम्भव है। जिस धर्म के लोग अछूतों को इनसान नहीं मानते उसको धर्म कैसे कहा जाए? जहर को अमृत करने की कला किसी में हो तो उनको हमको बताना चाहिए। जहर का अमृत होना कदापि सम्भव नहीं है। कोई चीज बहुत नमकीन हो गई तो उसको फीका किया जा सकता है, खट्टी हो गई तो उसको मीठी बनाई जा सकती है लेकिन जहर को अमृत बनाना एकदम असम्भव है।

मैं स्वयं खाना पकाना जानता हूँ। मुझे किसी भी महिला जैसा खाना पकाना आता है। शायद आप लोगों को मालूम नहीं होगा, लेकिन कोई काम-धन्धा नहीं मिला तो बावर्ची तो बन ही सकूँ इसलिए मैंने खाना पकाने का काम सीखा है। यदि किसी चीज में ज्यादा नमक हो गया तो उसका नमक कैसे निकाला जाए, इसकी कला जिस बहन को मालूम न हो तो मैं उनको उसकी तरकीब बता देता हूँ। ज्यादा नमकवाली कोई चीज पक रही हो तो उसमें कागज का एक टुकड़ा डालकर के रखिए तो नमक कम हो जाता है। कहने का मतलब यही है कि सब कुछ बदला जा सकता है। लेकिन जहर को अमृत नहीं बनाया जा सकता।

मुझे परसों ही गुजराती में एक पत्र मिला। यदि आप लोगों को उसकी हकीकत बताई तो आप लोगों को यकीन हो जाएगा कि वास्तव में हिन्दू धर्म में जहर है। गुजरात के किसी गाँव में जैन छात्रों का एक छात्रावास है। वहाँ करीबन बीस छात्र रह रहे हैं और वहाँ एक बूढ़ा जैन सुपरिंटेंडेंट नियुक्त किया गया है। उस छात्रावास के अहाते में अछूत जाति के पति-पत्नी काम कर रहे थे। उनका

तीन-चार साल का एक बच्चा था। वे छात्रावास में काम के समय बच्चे को पीठ पर बाँधकर ले जाते थे। एक दिन वे दोनों उस बच्चे को छात्रावास के अहाते में खेलते हुए छोड़कर कहीं काम के लिए चले गए। इधर वह बच्चा खेलते-खेलते छात्रावास के दरवाजे के सामनेवाली पानी के छोटे से टाके के पास गया। यह टाका चार-पाँच फिट गहरा और दो-ढाई फिट चौड़ा था। वह बच्चा उस टाके पर चढ़ गया और वह उस टाके में गिर गया। इसको छात्रावास के बीस छात्रों ने देखा और उनके बूढ़े सुपरिंटेंडेंट ने भी देखा लेकिन उन्होंने उस बच्चे को उस टाकी के पानी से बाहर नहीं निकाला।

उन छात्रों ने इसकी खबर उस बच्चे के माँ-बाप को बताई। काफी देर बाद उसके माँ-बाप आए। उन्होंने उस बच्चे को टाके से बाहर निकाला। बाद में वे उसको अस्पताल ले गए। डॉक्टर ने बच्चे को जाँचा और बताया कि बच्चा दो घंटे पहले ही मर गया है। अब सवाल यह है कि उन बीस जैन छात्रों ने और उनके उस बूढ़े सुपरिंटेंडेंट ने उस बच्चे को टाके से बाहर क्यों नहीं निकाला? इस बात का यही जवाब है कि वह बच्चा अछूत जाति में पैदा हुआ था इसीलिए। इसी का नाम है हिन्दू धर्म। उनसे इनसानियत की अपेक्षाएँ रखना व्यर्थ है। अछूतों को हिन्दू समाज से कभी भी न्याय मिलनेवाला नहीं है। हिन्दू धर्म महारोगी धर्म है। इसीलिए अछूतों को उनसे अपना बचाव करना हो तो उनके लिए एकमात्र रास्ता है धर्मान्तरण करना।

अभी-अभी नासिक जिले के नादूर गाँव में जो घटना घटी उसके बारे में आप लोगों ने पढ़ा होगा। दो महार महिलाओं के पास घास की दो जूड़ियाँ थीं। धर्मान्तर की घोषणा से परेशान मराठाओं ने उन महिलाओं पर आरोप लगाया कि वे मराठाओं के खेत से घास काटकर लाई हैं। उन महिलाओं ने उनको हर तरह से समझाया, लेकिन मराठाओं ने उनकी बात को नहीं सुना। उन महार महिलाओं को कई तरह से सताया गया। लेकिन इससे भी उन मराठाओं का समाधान नहीं हुआ। उन्होंने महारों के खेतों में अपने जानवरों को चराया और उनके खेत की बरबादी की। अछूतों के साथ सवर्ण हिन्दू लोग इसी प्रकार का व्यवहार करते हैं। इसीलिए मैं कहता हूँ कि हिन्दू धर्म नरक है। आप लोग धर्मान्तर के बारे में किस प्रकार का फैसला करते हैं इस बात को देखने के लिए मैं रुका हूँ।

मुझे आप लोगों का मुखिया बनने की जरूरत नहीं है। मुझे आप लोगों से कोई उम्मीद नहीं है। मैं स्वयं अपना उत्थान करने के लिए सबल हूँ। यदि आप लोग मेरे साथ धर्मान्तर करना चाहते हैं तो सब मिलकर आइए। यहाँ एक-दो माह में सबसे पहले मुम्बई इलाके के महार लोगों की परिषद होगी। उनका निर्णय हो जाने के बाद अन्य जातियों की परिषदें आयोजित की जाएँगी। और अन्त में भारत के सभी अछूतों की परिषद आयोजित करके निर्णय लेना होगा। इसके लिए समय लगेगा। जितना

समय जरूरी है उतना समय मैं आप लोगों को दे रहा हूँ। उतने समय में आप लोग अपना निर्णय कर लीजिए। धर्मान्तर करने का मतलब क्या करना, उसके बारे में आज ही बताने की जरूरत नहीं है। एक बार आप लोगों का निर्णय हो गया, आपके मन की पूरी तैयारी हो गई कि जिस घर में आप लोग रहते हैं उस घर को आपको हमेशा-हमेशा के लिए छोड़ना है, तो फिर यह बताया जाएगा कि किस रास्ते से जाएँगे। आप लोग हिन्दू धर्म में हैं क्योंकि आप मूरख हैं। आप लोगों को लज्जा नहीं है। आप लोग बेशर्म हैं, इसलिए आप लोगों को इनसानियत का महत्त्व समझ में नहीं आया। इसी कारण आप लोग इस धर्म में रह रहे हैं। इन्हीं शब्दों में मैं अपनी बात को समाप्त करता हूँ।"

निर्भीक, 15 दिसम्बर, 1935

मत बेचना गुनाह तो है ही बल्कि वह स्वयं विनाश भी है

ठाणे जिला अछूत परिषद का पहला सम्मेलन दिनांक 29 मार्च, 1936 को पालघर के पास वेढी गाँव में हुआ था। यह सम्मेलन डॉ. बाबासाहेब अम्बेडकर की अध्यक्षता में आयोजित किया गया था। इस सम्मेलन में दलित समाज के कई नेता उपस्थित थे। इस सम्मेलन को सम्बोधित करते हुए डॉ. अम्बेडकर ने कहा—

"स्वागताध्यक्ष, प्यारे भाइयो तथा बहनो,

आज की इस सभा को बड़ा असाधारण महत्त्व प्राप्त हुआ है। इसमें कोई दो राय नहीं है। जिस दिन से मैंने सामाजिक कार्य में जाना शुरू किया उस दिन से इस इलाके में परिषद नहीं हुई। 16 साल पहले इस इलाके के टेंभुर्णी गाँव में परिषद हुई थी, उसके बाद आज यह परिषद हो रही है। इतने दिनों बाद इस जिले के इतने लोग यहाँ इकट्ठा हुए हैं यह बड़ी खुशी की बात है।

इस परिषद का आयोजन करने के लिए इस जिले के नेता शिवराम गोपाल जाधव ने बड़ी मेहनत की है, इसलिए मैं मि. जाधव को सबसे पहले धन्यवाद देता हूँ।

भाइयो! लम्बा-चौड़ा भाषण देकर मैं आपका समय नहीं लेना चाहूँगा। लेकिन मैं दो बातों के बारे में कहना चाहूँगा। पहली बात है धर्मान्तरण की। इसके बारे में कुछ लोग कहते हैं कि आप लोग धर्मान्तरण करके क्या हासिल करनेवाले हैं? इस बात का जवाब कई तरह से दिया जा सकता है। लेकिन मैं आसान शब्दों में उसका जवाब देता हूँ। धर्मान्तरण का सवाल बहुत ही गम्भीर और दर्शन का विषय है। उसकी इस तरह चर्चा करना जरूरी है कि जो आपके मन को और बुद्धि को भा सके।

आज आप लोग दूसरों पर निर्भर हैं। आप लोग अनपढ़ और गरीब हैं। आपमें किसी भी प्रकार का बल नहीं है। इस बात का प्रमाण देने की आवश्यकता नहीं है। आप लोग जिस गाँव में रहते हैं उसमें आप लोगों की बस्ती और अन्य लोगों की बस्ती में तुलना करने से आपकी समझ में आ जाएगा कि आप लोगों की स्थिति कितनी घटिया है। जानवर, चिड़िया-पंछी आदि निसर्ग से प्राप्त वस्तुओं पर संतुष्ट होकर रहते हैं। निसर्ग ने धरती पर जो वस्तुएँ पैदा की हैं उन पर उनका जीवन निर्भर

होता है। लेकिन मुनष्य की इच्छा होती है कि निसर्ग ने जो कुछ दिया है उससे भी ज्यादा मिलना चाहिए। सभी मनुष्यों की यह भावना होती है कि अपना विकास होना चाहिए। उसी तरह अपनी भी इच्छा है कि हमारा भी पूरी तरह से विकास और उत्थान होना चाहिए। आप लोग जिस दरिद्री अवस्था में रहते हैं उसको पार करके आगे जाना है। क्या आप लोग अपने पाँव पर खड़े रह सकते हैं? इसके बारे में सोचिए। आज मैंने आप लोगों की स्थिति के बारे में जो अध्ययन किया है उससे मुझे इस बात का पूरा यकीन हो गया है कि आप लोगों को किसी का सहयोग लेना चाहिए। आज आप लोगों में विशेष पढ़े-लिखे लोग नहीं हैं। इसके लिए आप लोगों को पढ़ना चाहिए और वह भी ऊँची शिक्षा प्राप्त करनी चाहिए। एक समय था कि चार क्लास पढ़ा सवर्ण व्यक्ति तहसीलदार बन जाता था, लेकिन आज उस प्रकार की स्थिति बदल गई है। आज ऊँची शिक्षा प्राप्त किए बगैर किसी को भी सरकारी नौकरी नहीं मिल सकती। आज आप लोगों के पास खाने के लिए अनाज नहीं है, तो आप लोग अपने बच्चों को बी.ए., एम.ए. कैसे पढ़ा सकते हैं? आपमें ऐसा कोई व्यक्ति नहीं है जो अपनी हैसियत पर अपने बच्चे को पढ़ा सके। इसके लिए जो समाज शिक्षा के बारे में आप लोगों से किसी भी प्रकार की अपेक्षाएँ किए बगैर तुम्हारे स्वाभिमान को बरकरार रखते हुए मदद करता हो तो ऐसे समाज से सहयोग करके सवर्ण हिन्दुओं का मुकाबला करने के लिए तैयार रहना चाहिए।

आज अपने समाज के कई लोग मेहनत-मजदूरी करके पेट भरते हैं। वे जब मेहनत-मजदूरी करते हैं, तब कहीं उनको जैसे-तैसे पेटभर भोजन, बदन पर कपड़ा मिल सकता है। आज हम लोगों को जो रोजगार-धन्धा मिल जाता है वह सवर्णों की बड़ी खुशामद करने के बाद मिलता है। आपके पास अपना खुद का धन्धा नहीं है, खुद की खेती नहीं है। खुद का व्यापार नहीं है और उसके साधन भी नहीं हैं, और खुद के साधन पैदा करने की औकात भी नहीं है... और यदि औकात है तो मौका नहीं है। सरकार ने कानून बनाकर हमें हक दिया है कि हम सरकार के अधिकार के सार्वजनिक जलस्थलों पर जाकर पानी भर सकते हैं। लेकिन अनुभव इस प्रकार का है कि सवर्ण लोग उस जलस्थल पर हम लोगों को बिलकुल पानी भरने नहीं देते। यदि आपने उस जलस्थल से पानी निकाला तो सवर्ण लोग आप पर बहिष्कार डालते हैं। उस समय आप लोगों की बड़ी बुरी स्थिति हो जाती है। उस बुरी स्थिति में, उस अन्याय के समय उसी गाँव के मुस्लिम भी उस अन्याय से, उत्पीड़न से और खतरे से बचाने के लिए आप लोगों की मदद करने नहीं आते। उस समय हम लोगों को ही सब कुछ बर्दाश्त करना पड़ता है। इस प्रकार की स्थिति में हम लोग बड़े बेसहारा हो जाते हैं। ऐसे समय हम लोग जिस स्थिति में होते हैं उस समय हम कुछ नहीं कर सकते। इसके लिए आज की स्थिति में हम लोगों को दूसरों की मदद लेना जरूरी है।

आज हर हिन्दू (सवर्ण) जाति स्वार्थी बनकर अपने-अपने जाति के लोगों को ही मदद कर रही हैं। लेकिन वह सवर्ण हिन्दू जातियाँ अपने अछूत समाज को मदद नहीं कर रही हैं, क्योंकि उस सवर्ण हिन्दू जाति के लोगों के और अपने किसी भी प्रकार के सम्बन्ध-रिश्ते नहीं हैं। इसलिए जो लोग हमको सहयोग करेंगे और मुसीबत में संरक्षण देंगे, ऐसे लोगों के साथ अपना रिश्ता स्थापित करना चाहिए। आज हम लोग हिन्दू धर्म के सभी देवी-देवताओं को पूजते हैं। फिर भी सवर्ण हिन्दू समाज की ओर से हम लोग सताए गए हैं। हिन्दू धर्मीय लोग हमारे लिए कुछ नहीं कर सकते। अभी महात्मा गांधी ने हरिजन में एक लेख लिखा है। अछूत समाज के कुछ छात्रों ने उनके पास निवेदन किया था कि पढ़ाई में आनेवाली आर्थिक कठिनाइयों को दूर करने के लिए उनको स्कॉलरशिप मिलनी चाहिए। उनको महात्मा गांधी ने जवाब दिया है कि यदि आप लोग सुविधाएँ हासिल करने के लिए ही हिन्दू धर्म में रहना चाहते हैं तो आप लोगों ने हिन्दू धर्म को छोड़ दिया तब भी चलेगा। महात्मा गांधी जैसे आदमी की भी यही सोच थी। फिर अन्य लोगों के बारे में क्या कहा जा सकता है?

इससे और अन्य कई बातों से पता चलता है कि हिन्दू धर्म के लोगों से किसी भी प्रकार की उम्मीद करना गलत होगा। यदि आप लोग अपना उत्थान और विकास चाहते हैं तो आप लोगों को संवेदनशील, सबल, शीलवान और परहितकारी समाज से अपना सम्बन्ध-रिश्ता जोड़ना होगा। और इस प्रकार का रिश्ता दूसरे समाज से जोड़ने का अर्थ है धर्मान्तरण।

मुस्लिम, ईसाई, सिख आदि धर्म के लोग हमारे लिए करोड़ों रुपया खर्च करने के लिए तैयार हैं। लेकिन हिन्दू धर्मियों की सोच किस प्रकार की है इसको आप देख रहे हैं। जब महात्मा गांधी ने स्वराज्य प्राप्ति के लिए हिन्दू समाज के सामने हाथ फैलाया उस समय उनको करोड़-सवा करोड़ रुपया मिला। लेकिन जब उन्होंने अछूतों के लिए हिन्दू समाज से पैसा माँगा उस समय उनको सारे भारत से बड़ी खुशामद करने के बाद आठ लाख रुपया मिला। उसमें से चार लाख रुपये दो साल में ही खर्च किए गए और बचे हुए चार लाख रुपये लगता है इस साल छह माह में जैसे-तैसे खर्च हो जाएँगे। इससे यह बात स्पष्ट होती है कि हिन्दू समाज स्वराज्य के लिए कितना स्वार्थ त्याग करने के लिए तैयार है और अछूतोद्धार के लिए कितना स्वार्थ त्याग करने के लिए तैयार है।

मुस्लिमों की एक सभा ने इस तरह का विचार किया है कि एक करोड़ रुपया इकट्ठा किया जाए और वह पैसा हम लोगों के लिए खर्च किया जाए। सिख समाज ने भी लाखों रुपया इकट्ठा करके आप लोगों के उद्धार के लिए खर्च करने का संकल्प किया है। लेकिन हिन्दू समाज आँख मूँद के बैठा है। अपनी आँखों पर चमड़े की पट्टी बाँधे हुए इस हिन्दू समाज से आप लोगों को किसी भी प्रकार का सहयोग प्राप्त होना तो दूर की बात लेकिन वह समाज आपके उत्थान में ढेरों कठिनाइयाँ

पैदा कर रहा है। उन लोगों की ओर से आपका उत्थान होना बिलकुल सम्भव नहीं है। आज के विकास के युग में हम लोगों को हिन्दू धर्म के लोगों से एकदम अलग का रास्ता अपनाना चाहिए। अपने स्वाभिमान और सम्मान को धक्का लगाए बगैर जो लोग हमारे उत्थान में समानता की भावना से मदद करेंगे ऐसे समाज से ही हम लोगों को सहयोग करना चाहिए।

पूर्वजों के धर्म के नाम पर उसको सीने से लगाने से क्या फायदा? हम लोगों को मिथ्या अभिमान का त्याग करना चाहिए। हिन्दू धर्म में जो विनाशकारी परम्पराएँ हैं उनके नष्ट होने की कोई स्थिति दिखाई नहीं दे रही है। इस चार वर्णीय व्यवस्था ने और वर्णाश्रम धर्म ने हमारा बहुत बड़ा नुकसान किया है। इस वर्णाश्रम व्यवस्था के कारण ब्राह्मणों के अलावा किसी को ज्ञान प्राप्त नहीं करना चाहिए, क्षत्रियों के अलावा किसी को शस्त्र धारण नहीं करना चाहिए। इस वर्णव्यवस्था के कारण ही हमारे पूर्वजों को अज्ञानी और दुर्बल रखा गया था। इस वर्णाश्रम धर्म ने ही हम लोगों को ज्ञान, सत्ता, शस्त्र और धन का उपयोग नहीं करने दिया। इस वर्णाश्रम धर्म ने अपने पूर्वजों की प्रतिकार शक्ति को नष्ट किया, उनको अपने विकास का रास्ता अपनाने ही नहीं दिया। आज हमारी उस प्रकार की स्थिति नहीं है। आज सभी को शिक्षा प्राप्त करने का रास्ता खुला है। अब हर कोई अपने पास हथियार रख सकता है। विकास का रास्ता खुला है। इस प्रकार की स्थिति में यदि आप लोग पूर्वजों के धर्म से चिपककर रहे तो कभी भी आपका उत्थान होनेवाला नहीं है। मैं आप लोगों को स्पष्ट रूप से कहना चाहता हूँ कि आप लोगों को ज्ञान और शक्ति को प्राप्त करके मिथ्या परम्पराओं के बन्धनों को तोड़ देना चाहिए, बड़े साहस के साथ अपने उत्थान का रास्ता अपनाइए। इसलिए गम्भीर रूप से और शान्तचित्त से सोचिए और उत्थान के रास्ते पर कदम रखकर अपने स्वर्णिम रास्ते को अपनाइए।

अब राजनीति के बारे में दूसरा महत्त्वपूर्ण सवाल है। एक साल बाद मुम्बई इलाके में और भारत में नया संविधान अमल में आनेवाला है। उस संविधान के बारे में आप लोगों की जिम्मेदारी क्या है, इस बात को भी मैं आप लोगों को बताना चाहता हूँ। आज तक आप लोगों की सोच थी कि हम लोगों को जो कठिनाइयाँ आएँगी उनको हल करने के लिए सरकारी अधिकारियों के पास निवेदन करना चाहिए। और आप लोगों की सोच थी कि उस निवेदन से आप लोगों की कठिनाइयाँ दूर हो जाएँगी। आप लोगों की यह भी सोच थी कि कलेक्टर राजा है। क्योंकि आजकल नौकरशाही के हाथों में सत्ता है। लेकिन इस प्रकार की स्थिति अगले साल के बाद बदलनेवाली है। एक साल के बाद राजनीति में नौकरशाही को स्वतंत्र स्थान और सत्ता नहीं रहेगी। नए संविधान के अनुसार सभी अधिकार विधिमंडल के पास रहेंगे। विधिमंडल की सत्ता के तहत कलेक्टर और तहसीलदार को काम करना

पड़ेगा। मतलब आगे विधिमंडल को महत्त्वपूर्ण स्थान प्राप्त होगा। उस विधिमंडल में हम लोगों को महत्त्वपूर्ण स्थान प्राप्त हुआ है। राजनीति का भविष्य विधिमंडल पर निर्भर है। इसलिए विधिमंडल में अच्छे लोग जाने चाहिए। सेठ, साहूकार, धनी लोगों की नजर विधिमंडल पर है। इन लोगों के द्वारा गरीब आदमी का बिलकुल कल्याण नहीं होगा। इसके लिए आप लोगों को गरीबों में रहकर काम करनेवाला, गरीबों की समस्याओं को जाननेवाला, परहितकारी, अपने स्वार्थ की परवाह न करनेवाला, निडर, लायक और मतदाताओं के साथ ईमानदारी से बर्ताव करनेवाले गरीबों के प्रतिनिधि को ही चुनना चाहिए। यदि आप लोगों ने अपने सही प्रतिनिधियों को, चाहनेवालों को चुनकर विधिमंडल में भेजा तो ही आपका विकास होगा और आपके हितों की रखवाली होगी।

अपने प्रतिनिधियों को विधिमंडल में चुनकर भेजने के लिए आप लोगों को मत देने का अधिकार है। यह अधिकार बहुत बड़ा और महत्त्वपूर्ण है। इसलिए मतदान की कीमती ताकत फालतू जगह में बेकार नहीं जानी चाहिए। अपने सही हमदर्द और ईमानदार चाहनेवाले कौन हैं इसके बारे में मैं आप लोगों को समय पर बताऊँगा, आप लोग उन्हीं को मतदान कीजिए।

आज अपने देश में अमीर लोग मतों को खरीदते हैं। लेकिन मत कोई बेचने की चीज नहीं है। मत अपनी रक्षा की बहुत बड़ी साधन शक्ति है। मत बेचना जुर्म तो है ही, उसी प्रकार वह स्वविनाश का कारण भी है। मतों को बेचकर विधिमंडल में नालायक लोगों का जमावड़ा खड़ा करने से देश की बड़ी हानि तो होगी ही साथ में देश का पतन भी होगा। जो लोग स्वयं अयोग्य और नालायक हैं वे धन के बल पर विधिमंडल में जाने के लिए आप लोगों को लालच दिखाएँगे। गरीबी की वजह से आप लोगों को भी अपना मत बेचने का मोह हो जाएगा। आप लोगों को ऐसे किसी भी प्रकार के मोहजाल में नहीं फँसना चाहिए। मैं आज सभी लोगों को खतरे से आगाह कर रहा हूँ कि यदि आप लोग किसी भी प्रकार के मोहजाल में फँस गए तो आप अपना तो विनाश करेंगे ही साथ में समाज का भी भयंकर नुकसान करेंगे। मत खरीदनेवाले व्यक्ति को समाज का समर्थन नहीं होता है, इसलिए वह धन के बल पर मतों को खरीदता है और अपना वर्चस्व स्थापित करने का प्रयास करता है। ऐसे नालायक आदमी से न तो समाज हित के काम हो सकते हैं और न तो देश हित के काम हो सकते हैं। यदि धनवान आदमी विधिमंडल में सदस्य के रूप में गया तो वह धनी लोगों के हितों की ही रखवाली करेगा और आप जैसे गरीबों के हितों को नजरअन्दाज करेगा। इसलिए आप लोगों को मत बेचने का पाप नहीं करना चाहिए और मुझे इस बात का यकीन है कि आप लोग वैसा नहीं करेंगे। आप लोगों को धनी लोगों के लालच में नहीं फँसना चाहिए, उनके बहकावे में नहीं आना चाहिए, उनके शब्दजाल में नहीं फँसना चाहिए।

आप लोगों को मतदान का जो अधिकार मिला है उसका यदि आप लोगों ने अच्छा उपयोग किया तो हम लोग अच्छे लोगों को चुनकर विधिमंडल में भेज सकते हैं। और हम अपना ज्यादा विकास कर सकते हैं। आप लोगों को किस आदमी को चुनना है इसके बारे में मैं समय पर बताऊँगा। अन्त में, इस परिषद को सफल बनाने के लिए आप लोग दूर-दूर से यहाँ आए हैं और आप लोगों ने मुझ पर जो विश्वास व्यक्त किया है इसके लिए मैं आपका और परिषद के स्वागताध्यक्ष माननीय शिवराम गोपाल जाधव का आभार व्यक्त करते हुए अपना भाषण समाप्त करता हूँ।"

सा. जनता, 4 अप्रैल, 1936

हम सात करोड़ अछूत एक ही समय में धर्मान्तरण करेंगे

डॉ. बाबासाहेब अम्बेडकर दिनांक 1 मई, 1936 को सुबह वर्धा पहुँचे। उस समय वहाँ के अछूतों ने उनका जोरदार स्वागत किया। सेठ जमनालाल बजाज और महात्मा गांधी ने सेठ बालचन्द हीराचन्द के साथ डॉ. अम्बेडकर से मुलाकात की। वर्धा के अछूत समाज के कार्यकर्ता पुरुषोत्तम खापर्डे, शंकरराव सोणवने, गोमाजी टेंभरे आदि लोग सुबह 11.30 बजे डॉ. अम्बेडकर से मिले और उन्होंने धर्मान्तरण के बारे में चर्चा की। इस चर्चा में डॉ. अम्बेडकर ने स्पष्ट रूप से कहा—

"मैंने अभी तक किसी को भी मुस्लिम या ईसाई धर्म अपनाने के लिए नहीं कहा है। जो कोई भी अपनी जिम्मेदारी पर मुस्लिम या अन्य किसी धर्म को अपनाएँगे वे स्वयं मुसीबत में पड़ जाएँगे। उसके लिए मैं जिम्मेदार नहीं हूँ। यह बात सच है कि मैंने धर्मान्तरण की घोषणा की है। लेकिन मैंने अभी तक यह स्पष्ट नहीं किया है कि इसी धर्म को अपनाइए। तब तक सभी को धर्मान्तरण का प्रचार करना चाहिए। लेकिन किसी भी धर्मविशेष का समर्थन नहीं करना चाहिए। जब मैं बताऊँगा, उसी समय हम सभी सात करोड़ अछूत एक साथ धर्मान्तरण करेंगे।"

Dr. Babasaheb Ambedkar writings and speeches,
Vol.-18. Part-I-P. 469.

आज साधुता का केवल नाम बचा है

मुम्बई इलाका महार परिषद के विशाल मंडप में ही मुम्बई इलाका अछूत संत समाज की परिषद का सम्मेलन दिनांक 1 जून, 1936 को हुआ था। डॉ. बाबासाहेब अम्बेडकर इस सम्मेलन के अध्यक्ष थे। इस सम्मेलन को सम्बोधित करते हुए डॉ. अम्बेडकर ने कहा—

"संत मंडली और भाइयो तथा बहनो,

मैं स्वयं साधु नहीं हूँ, फिर भी मेरा घराना साधुओं का ही है। मेरे घराने में करीब-करीब तीन पीढ़ियों तक बुजुर्ग लोग साधु हो गए। मेरे जीवन का कुछ समय संत समागम में बीता। मुझे ऐसा लगता है कि हम लोग साधुओं के हाथों बहुत कुछ काम कर सकते हैं। और उन सभी बातों पर विचार-विमर्श करने के लिए आज के इस संत परिषद का आयोजन किया गया है।

अपने संत लोगों ने एक बहुत बड़ा काम किया है। हिन्दू धर्म में शूद्र समाज को ज्ञान प्राप्त करने का अधिकार नहीं था। इतना ही नहीं यदि आप लोगों ने मनुस्मृति को पढ़ा तो आपको इस बात का पता चल जाएगा कि जो शूद्र वेद का अध्ययन करेगा उसकी जबान छाट दी जाए, उसके कान में शीशे को पिघलाकर डाला जाए, इस प्रकार की बातें कही गई हैं। इस संत समाज ने अछूत समाज को ज्ञान देने का बड़ा कार्य किया है। उन्होंने जो काम किया है और जो अपमान बर्दाशत किया है उसका कोई मुकाबला नहीं है। शूद्रों को ज्ञान प्राप्त नहीं करना चाहिए इसलिए हिन्दू धर्म ने जो जबर्दस्त दीवारें खड़ी की थीं और जो पहारेदारी की थी उसमें भी इन लोगों ने ज्ञान हासिल करने का प्रयास किया। उनकी ज्ञान लालसा बड़ी जबर्दस्त थी। इसी समाज ने कुछ धार्मिक ग्रन्थ इस तरह से लिखे हैं कि उस प्रकार के ग्रन्थ लिखना आज मुश्किल हो जाएगा। आज कई अछूत संतों के पास हाथ से लिखे हुए कई पुराने ग्रन्थ हैं। उस प्रकार के ग्रन्थ शायद हिन्दू धर्म के अभिमानियों के पास भी नहीं होंगे। इस संत समाज ने अछूतों को जो ज्ञान दिया है, उसके लिए हमें उनका आभारी होना चाहिए।

आज संत समाज की स्थिति क्या है? जिन लोगों ने यह जो संतपन स्वीकार किया है उसका उनको क्या लाभ हुआ है? उन्होंने आज तक क्या हासिल किया है? क्या उनके ईश्वर भक्ति से और ज्ञान प्राप्ति से उनका अछूतपन समाप्त हो गया है?

बल्कि उन पर लादे गए अछूतपन का कलंक कभी नहीं धोया गया, हटाया गया है। महार संत महार ही रहा है। महार संत कितना भी ज्ञानी हो, वह धर्म का बड़ा जानकार हो, फिर भी वह ब्राह्मणों का गुरु नहीं बन सकता। इस प्रकार के विचार हिन्दू धर्म के पहरेदारों ने लिखकर रखे हैं।

आज हम लोगों को इस बात पर सोचने की जरूरत है कि क्या आज हम लोगों को संत समाज की जरूरत है? संत समाज की स्थापना सबसे पहले भगवान बुद्ध ने की। उनके समय में उस समाज को 'भिक्खू समाज (संघ)' के नाम से पुकारा जाता था। भगवान बुद्ध ने भिक्खू समाज की स्थापना क्यों की थी? उसका कारण यह था कि समाज के सभी लोग सांसारिक जीवन में व्यस्त होने की वजह से उनका बौद्धिक विकास नहीं हो रहा था। वह समाज की सचाई को जानने से भी दूर था और समाज को समझने से भी दूर था। इसलिए भगवान बुद्ध ने जाना कि स्वार्थ से रहित इस प्रकार का आदर्श समाज होना चाहिए। इसलिए उन्होंने भिक्खू संघ की स्थापना की। उन्होंने भिक्खुओं पर कई प्रतिबन्ध लगाए। उसका कारण यह था कि उनका मन सांसारिक जीवन की ओर आकर्षित न हो सके। भिक्खुओं का मुख्य कार्य भगवान बुद्ध के विचारों का प्रचार और प्रसार करना था। आज का यह संत समाज बुद्ध के समय के भिक्खू समाज का ही लेकिन बिछड़ा हुआ रूप है। भिक्खुत्व की मूल संकल्पना समाप्त हो गई है और अब वह एक पेट पालने का धन्धा हो गया है।

संतों पर समाज की जिम्मेदारी होनी चाहिए। लेकिन आज के साधु-संत लोग क्या करते हैं? अपने बदन को धूल लगाकर समाज से दूर रहते हैं। केवल जटा, दाढ़ी, माला, भगवा कपड़ा आदि बाहरी गुणों से कोई साधु नहीं होता। समाज में जहाँ-तहाँ पतन की स्थिति दिखाई देती है। समाज में जहाँ-तहाँ जुल्म-जोर-जबर्दस्ती दिखाई देती है। समाज में जो अन्याय हो रहा है, जुल्म-ज्यादतियाँ हो रही हैं उसका मुकाबला करने का काम साधुओं का है। वही जनकल्याण है, वही असली जनसेवा है।

आप संत लोगों की धर्मान्तरण के कार्य में बड़ी मदद होगी। हम लोग जो नया धर्म स्थापित करनेवाले हैं, उस धर्म का महत्त्व गाँव-गाँव, देहात-देहात पहुँचाने के लिए आप साधुओं का बड़ा उपयोग हो सकता है। आप लोग धर्मोपदेश का कार्य बड़ी अच्छी तरह कर सकते हैं। इन विद्वान लोगों के हाथों नए धर्म की शिक्षा देने का काम अच्छी तरह से किया जा सकता है।

आज केवल साधुपन का दिखावा मात्र रह गया है। इसलिए इन साधु लोगों को इस नए कार्य को अपनाकर नया जीवन प्राप्त करना चाहिए। आज स्वार्थत्याग का महत्त्व है। केवल मालाओं से कुछ होनेवाला नहीं है। इसलिए संत समाज को नया धर्म स्थापन करने की महान जिम्मेदारी अपने ऊपर लेनी चाहिए। इतना कहकर मैं अपनी बात को समाप्त करता हूँ।"

सा. जनता, 4 जुलाई, 1936

सैकड़ों साल रुककर भी जो काम नहीं हुआ होता वह इस दस साल के अल्प समय में हुआ है

दिनांक 3 मई, 1936 को नागपुर की म्यूनिसिपैलिटी में सम्मानपत्र का समारम्भ होने के बाद शाम को डॉ. बाबसाहेब अम्बेडकर की जंगी जनसभा नागपुर के कस्तूरचन्द पार्क में आयोजित की गई थी। डॉ. अम्बेडकर का भाषण सुनने के लिए नागपुर के पास-पड़ोस के गाँव-देहातों से हजारों दलित भाई-बहन कस्तूरचन्द पार्क में इकट्ठा हुए थे। इस विशाल जनसमुदाय को सम्बोधित करते हुए डॉ. अम्बेडकर ने कहा—

"इस दस साल के अल्प समय में जो काम हुआ है वह सैकड़ों साल रुककर भी हम लोगों के हाथ से नहीं हुआ होता। यह सम्पूर्ण कार्य केवल अपने स्वाभिमान के और स्वावलम्बन के आन्दोलन के कारण ही हो सका, इसमें कोई सन्देह नहीं है। हम लोगों के पास कांग्रेस जैसा पैसा नहीं है। हमारे पास सार्वजनिक रूप से काम करने के लिए कांग्रेस जैसी संस्था की तरह दूसरों का समर्थन नहीं है। इतनी कठिनाइयों के बाद भी हम लोगों ने अपने स्वाभिमान के आन्दोलन को आज दस सालों में इतने बड़े पैमाने पर खड़ा किया है। यह सब कुछ आप लोगों के प्यार के कारण और काम के प्रति आप लोगों के मन में जो जिद थी उसी के कारण हुआ है।

पिछले दस सालों में ये जो असाधारण चमत्कार हुआ है और जिसके कारण सम्पूर्ण समाज को, कांग्रेस को भी अछूतों से जो डर पैदा हुआ है,उसकी वजह है आप लोगों द्वारा अपनी एकता का प्रदर्शन। यदि कुछ दो-चार लोगों को छोड़ दिया जाए तो आप लोगों ने जो एकता दिखाई है उसके कारण अन्य समाजों की दृष्टि से अपना राजनीतिक महत्त्व बढ़ गया है। और हम लोगों के धर्मान्तरण की घोषणा करने के कारण तो मुस्लिम, सिख और ईसाई लोगों के मुँह का पानी छूट गया है और वे अपनी दाढ़ी को हाथ लगाने लगे हैं। इसलिए हम लोगों ने अब तक जो एकता दिखाई है उसी को आगे भी बरकरार रखना चाहिए। मतलब हिन्दू धर्म से अलग होने का अपना जो उद्‌देश्य है उसको हम पूरा कर सकेंगे।

एकदम नई खबर है। जोधपुर और गुजरात के सवर्ण हिन्दुओं ने वहाँ के अछूतों पर भयंकर अन्याय किया है। इस अन्याय की, जुल्म की दासता को समाप्त करना हो तो हम लोगों के पास धर्मान्तरण के अलावा कोई विकल्प नहीं है। अंग्रेज लोगों के हिन्दुओं को (सवर्ण) डोमिनियन स्टेट्स देने को तैयार होने के बावजूद भी उनको अंग्रेजों के राज्य में रहना नहीं है, तो हम लोगों को भी हिन्दुओं के राज्य में क्यों रहना चाहिए? एक पेड़ के नीचे दूसरा पेड़ बड़ा नहीं होता। उसको जब तक सूरज का प्रकाश नहीं मिलता तब तक उसका विकास नहीं होगा। हिन्दू धर्म के इस सड़े-गले पेड़ के नीचे हमारा उत्थान होनेवाला नहीं है, इसलिए हम लोग निश्चित रूप से धर्मान्तरण करेंगे ही।"

सा. जनता, 23 मई, 1936

राजनीतिक सत्ता का इस्तेमाल न्याय और उदार बुद्धि से करना होगा

डॉ. बाबासाहेब अम्बेडकर मई माह (1936) के पहले सप्ताह में नागपुर-वरहाड के दौरे पर गए थे। वे दिनांक 3 मई, 1936 को दोपहर में नागपुर के रेलवे स्टेशन पर पहुँचे। वहाँ हजारों लोगों ने उनका जंगी स्वागत किया था। उसी दिन शाम के समय टाउन हॉल में उनको नागपुर म्यूनिसिपैलिटी की ओर से सम्मानपत्र दिया गया था, उस सभा को सम्बोधित करते हुए डॉ. अम्बेडकर ने कहा—

"म्यूनिसिपैलिटी की ओर से सम्मानपत्र लेने का मेरे सार्वजनिक जीवन का यह दूसरा अवसर है। मुझे कई म्यूनिसिपैलिटियों ने सम्मानपत्र देने की इच्छा प्रदर्शित की है। लेकिन मैंने सम्मानपत्र स्वीकार न करने का फैसला किया है। किसी को ऐसा लग सकता है कि मैं इतना उपकार न माननेवाला क्यों हूँ? लेकिन इसमें उपकार न मानने की कोई बात नहीं है। मैं राष्ट्रीय अखबारों की नजरों में और संस्थाओं की नजरों में बड़ा व्यक्ति नहीं हूँ। मुझे हमेशा ही ऐसा लगता आ रहा है कि लोग मेरा गौरव करें या ना करें, लेकिन मेरा काम पवित्र है। इस प्रकार के जो सम्मानपत्र दिए जाते हैं, उसमें सुधार के दिखावे के नाम पर हमेशा जो झूठे विधान किए जाते हैं उनमें 'कन्वेंशनल लाइज ऑफ सिविलाइजेशन' का ही बड़ा अंश होता है। सम्मानपत्र स्वीकार न करने की मेरी जो नीति बनी है उसके लिए मैंने पहला अपवाद वसई म्यूनिसिपैलिटी के लिए किया है क्योंकि कुछ मित्रों की इच्छा के लिए मुझे उसे स्वीकार करना पड़ा। मैंने नागपुर म्यूनिसिपैलिटी के लिए यह दूसरा अपवाद किया। लेकिन इसके लिए मुझे खेद नहीं है। इस सम्मानपत्र का खर्च म्यूनिसिपैलिटी के सदस्यों ने स्वयं देने की बात स्वीकार की है। इसलिए मैं यह मानता हूँ कि इस सम्मानपत्र में उनकी अपनेपन की भावना है।

आज के इस अवसर का मैं राजनीतिक मंच के रूप में इस्तेमाल कर रहा हूँ इसलिए आप मुझे माफ करेंगे। मेरे बारे में लोगों में अलग-अलग प्रकार की गलत धारणाएँ फैलाई जा रही हैं। मेरी जितनी आलोचना की जाती है उतनी शायद ही किसी की की जाती होगी। मेरी आलोचना करने का मुख्य उद्देश्य यह है कि अल्पसंख्यकों के नाम पर जो समझौता घोषित हुआ है उसके लिए मैं ही असली दोषी हूँ, ऐसा

उनका मानना है। मैंने गोलमेज परिषद में जो नीति अपनाई है उसके लिए मुझे बिलकुल अफसोस नहीं है। मैंने गोलमेज परिषद में जो काम किया है उसको पढ़ने की आप लोगों ने थोड़ी भी कोशिश की तो आप लोगों के समझ में आ जाएगा कि विभिन्न प्रकार के सवाल हल करने के लिए मैंने जो सुझाव दिए वे किसी राष्ट्रीय नेता के सुझाव से भी उच्च स्तर के थे। स्वयं महात्मा गांधी भी मेरी बात में सचाई है, इसका प्रमाण देंगे।

गोलमेज परिषद में अल्पसंख्यक लोगों ने जो नीति अपनाई थी, वह न्याय पर आधारित थी। इतना ही नहीं मैं यह भी कह सकता हूँ कि उसमें उदारता भी थी। आयरलैंड में अल्स्टरवालों ने होमरूल के आन्दोलन में क्या जवाब दिया था इस बात की ओर मैं आपका ध्यान आकर्षित करना चाहता हूँ। अल्स्टर में प्रोटेस्टेंट (ईसाई) लोग अल्पसंख्यक थे। दक्षिण आयरलैंड में रोमन कैथोलिक बहुसंख्य थे। दक्षिण आयरलैंड के प्रतिनिधि मि. रेडमंड ने अल्स्टरवालों को कहा कि आप जो सुविधाएँ माँगेंगे उनको देने के लिए तैयार हूँ, लेकिन इंग्लैंड का समर्थन मत कीजिए, होमरूल का समर्थन कीजिए।' उस समय मि. कार्सन ने कहा कि 'आपके होमरूल का सत्यानाश हो, हम कैथोलिकों के राज्य में नहीं रहेंगे।' गोलमेज परिषद में भारत के अल्पसंख्यकों ने क्या कहीं भी ऐसा कहा है कि 'सुरक्षा का अभिवचन मिले या न मिले, हम हिन्दुओं के राज्य में नहीं रहेंगे?' नहीं कहा है। हम लोगों ने डोमिनियन स्टेट्स या होमरूल के रास्ते में कोई रुकावट पैदा नहीं की है। हम लोगों ने सिर्फ इतना ही कहा है कि हम लोगों को आरक्षण (संरक्षण) दीजिए, हम लोगों में और अन्य राष्ट्रों के अल्पसंख्यकों में यही महत्त्वपूर्ण फर्क है।

अब यदि आप लोग आरक्षण के बारे में कहेंगे तो रोम के साम्राज्य में भी पैट्रीशियन्स ओर प्लेबियन्स इस प्रकार के दो भाग थे और उनके चुनाव स्वतंत्र मतदार संघ से ही होते थे। स्वतंत्र मतदार संघ में कोई पाप नहीं है, उसमें किसी भी प्रकार का षड्यंत्र नहीं है। मैं बहुसंख्यक हिन्दुओं को इतना ही कहना चाहता हूँ कि आप लोगों के बहुसंख्यक होने के कारण आप लोगों के हाथ में अब जो सत्ता आनेवाली है उसका उपयोग न्याय और उदार बुद्धि से कीजिए। यदि भारत के राजनीतिक विकास का मार्ग रुक गया तो उसके लिए आप लोग जिम्मेदार होंगे। जो हक आप लोगों को प्राप्त हुए हैं उनका उपयोग यदि अल्पसंख्यकों की भलाई की दृष्टि से जिस मात्रा में अमल में लाएँगे उस मात्रा में आप लोगों ने अपनी जिम्मेदारी सही ढंग से निभाई या नहीं, इस बात का निर्णय होगा। आप लोगों ने मुझे जो सम्मानपत्र दिया है उसके लिए मैं पुन: एक बार आपके प्रति अपना आभार व्यक्त करता हूँ और अपना भाषण समाप्त करता हूँ।"

सा. जनता, 23 मई, 1936

अछूतों को धर्मान्तरण से ही समानता के हक प्राप्त होंगे

दिनांक 2 जून, 1936 को दादर-नायगाँव में मुम्बई इलाका मातंग परिषद का सम्मेलन हुआ था। यह सम्मेलन मुम्बई इलाका महार परिषद के मंडप में हुआ था। मुम्बई इलाके के मातंग समाज के लोगों ने डॉ. अम्बेडकर ने येवला में जो धर्मान्तर की घोषणा की थी उसका समर्थन करने के लिए इस परिषद का आयोजन किया था। यह परिषद माननीय दौलतराव चिलोबा वायदंडे की अध्यक्षता में हुई थी। इस परिषद को सम्बोधित करते हुए डॉ. बाबासाहेब अम्बेडकर ने कहा—

"भाइयो,

अभी आप लोगों ने धर्मान्तरण का जो प्रस्ताव स्वीकार किया है उसके लिए मैं आप लोगों को धन्यवाद देता हूँ। आप लोगों ने जो प्रस्ताव स्वीकार किया है उसके लिए मुझे खुशी होनी स्वाभाविक है। धर्मान्तरण की घोषणा केवल एक ही जाति के लिए नहीं है बल्कि सम्पूर्ण अछूत समाज के लिए है। मैं यह चाहता हूँ कि जितनी अछूत जातियाँ धर्मान्तरण के अनुकूल होंगी उतना अच्छा है। फिर भी मैं धर्मान्तरण के बारे में आप लोगों के सामने कुछ बोलना नहीं चाहता। धर्मान्तरण के बारे में मुझे विस्तार से जो चर्चा करनी थी वह मैंने महार परिषद में की है। यहाँ उसी पर पुनः चर्चा करना उचित है ऐसा मुझे नहीं लगता। दूसरी बात यह है कि आप लोगों ने अभी धर्मान्तरण के प्रस्ताव को स्वीकार किया है। इसलिए स्वीकार किए गए प्रस्ताव पर बोलना उचित नहीं है। सच कहूँ तो धर्मान्तरण के प्रस्ताव पर इस सभा में बोलने की मेरी बिलकुल इच्छा नहीं थी।

आपकी स्वागत कमेटी की ओर से मुझे निमंत्रित करने के लिए कुछ लोग आए और उन्होंने मुझे इस परिषद में आकर भाषण देने के लिए कहा। उस समय मैंने उन लोगों को साफ शब्दों में कहा कि मुझे भाषण देने में कोई आपत्ति नहीं, लेकिन मैं इस परिषद में धर्मान्तरण के बारे में कुछ नहीं बोलूँगा। उसका कारण यह है कि यदि मैंने इस परिषद में धर्मान्तरण के बारे में भाषण दिया होता और उसके बाद धर्मान्तरण का प्रस्ताव स्वीकार किया गया होता तो दुष्ट बुद्धि के लोगों ने इस प्रकार का गलत प्रचार किया होता कि मेरी डर की वजह से, मेरे दबाव की वजह

से मातंग समाज के लोगों ने धर्मान्तरण के प्रस्ताव को स्वीकार किया है। यदि ऐसा हुआ होता तो आप लोगों ने धर्मान्तरण का जो प्रस्ताव पास किया है उसको जितना महत्त्व देना जरूरी है उतना नहीं दिया गया होता और आपकी इस परिषद का महत्त्व बेवजह कम हो गया होता।

जोर-जबर्दस्ती या बल का इस्तेमाल करके धर्मान्तर नहीं करवाया जा सकता। उसमें भीड़ खड़ी करना भी उचित नहीं और उसका उपयोग भी सम्भव नहीं है। जिसको अच्छा लगेगा वही धर्मान्तर करेगा। इसलिए धर्मान्तर के बारे में मैंने न बोलने का जो तय किया है उसके बारे में किसी को भी बुरा नहीं लगेगा और उसके बारे में किसी के भी मन में गलत धारणाएँ नहीं होनी चाहिए, ऐसा मुझे लगता है।

आज मैं इस सभा में जो बात बोलने के लिए खड़ा हूँ वह केवल यही कि महार और मातंग समाज में एकता कैसे स्थापित हो। महार और मातंगों में गाँव-देहातों में आपसी विवाद है। उनमें एकता नहीं है। उनमें आपस में अपनत्व की भावना नहीं। इस बात को छुपाने का कोई कारण नहीं है। उनमें आपस में मतभेद हैं। उनमें आपस में जो टकराव है उसको कैसे समाप्त किया जाए इस बात पर विचार करना आप और हम सभी की जिम्मेदारी है। इस प्रकार का टकराव काफी दिनों से है। मुझे जब से इस प्रकार के टकराव का पता चला उस समय से मैं सोच रहा था कि मातंग समाज का क्या कहना है उसको सुनने का मुझे मौका मिलना चाहिए, और महार समाज की ओर से मुझे जो कुछ कहना है उसको कहने का मौका मिले, इस बात का मैं प्रयास कर रहा था। इसलिए मैं इस प्रकार का प्रयास कर रहा था कि मेरे पास जिन मातंग लोगों का आना-जाना है ऐसे मातंग लोगों को मैं पाँच-छह साल से कह रहा था कि आप लोग कहीं न कहीं मातंग समाज की एक सभा को आयोजित कीजिए और मुझे उसमें बुलाइए। लेकिन वे लोग आज तक उस प्रकार की सभा का आयोजन नहीं कर सके इसका मुझे खेद था। मैं जिस अवसर की प्रतीक्षा में था उस प्रकार का अवसर आज मुझे मिला। इस बात की मुझे खुशी है। और जिन लोगों ने इस परिषद का आयोजन करके मुझे अवसर उपलब्ध करवा दिया है उनका मैं आभारी हूँ।

मातंग समाज में समाज सुधार का जो आन्दोलन चल रहा है उस आन्दोलन के बारे में यदि हम गम्भीर रूप से सोचें तो पता चलेगा कि इस आन्दोलन की तिरछी निगाह महार समाज के खिलाफ है। मैंने ऐसा सुना है कि मातंग समाज के नेता मातंग लोगों से कह रहे हैं कि महारों के साथ किसी भी प्रकार का व्यवहार मत रखिए, महारों से किसी भी प्रकार का सम्पर्क मत रखिए, उनको झाड़ू मत बेचिए, उनका भोजन मत खाइए, उनको छूइए मत। उनकी इस प्रकार की शिक्षा का मुझे बिलकुल खेद नहीं है। आप लोगों के स्वाभिमान को ऐसा लग रहा हो कि महार लोग हमारे हाथ का नहीं खाते हैं, तो आप लोग भी उनके हाथ का मत खाइए। मातंगों को महारों के

हाथ का क्यों खाना चाहिए? लेकिन मैं जो सवाल पूछना चाहता हूँ वह यह है कि महार लोग तुम्हारे हाथ का खाते नहीं ऐसी बात नहीं है। ब्राह्मण लोग तुम्हारे हाथ का खाते नहीं, इतना ही नहीं किसी भी जाति के लोग तुम्हारे हाथ का खाते नहीं हैं। यदि यह बात सच है तो तुम्हारे नेता लोग इस प्रकार का उपदेश क्यों नहीं करते कि ब्राह्मणों के हाथ का मत खाइए? यदि मातंग जाति के नेता इस प्रकार का उपदेश करते हैं कि जो-जो लोग मातंगों के हाथ का नहीं खाते उन-उन लोगों के हाथ का मातंगों को नहीं खाना चाहिए तो उन पर कोई भी आरोप नहीं लगाएगा। बल्कि मैं उनके उपदेश के सामने नतमस्तक हो जाऊँगा, क्योंकि सभी का अपना स्वाभिमान है और होना भी चाहिए।

लेकिन मैंने आज तक नहीं सुना कि किसी मातंग नेता ने मातंग समाज को ऐसा उपदेश दिया हो कि आप ब्राह्मणों के हाथ का मत खाइए, मराठाओं के हाथ का मत खाइए। बल्कि वे लोग यही पढ़ाते हैं कि महारों के हाथ का मत खाइए। इस प्रकार का प्रचार नफरत की भावना पर आधारित है, इस बात को कोई भी मातंग समाज का नेता अस्वीकार नहीं कर सकता। मैं स्वयं भी किसी भी प्रकार का ऊँच-नीच व भेदभाव नहीं मानता और महार समाज ने भी इस प्रकार का भेदभाव मानना छोड़ दिया है। चमार लोग स्वयं को ऊँचा मानते हैं और कहते हैं कि हम महारों के हाथ का नहीं खाएँगे। आप लोग भी उन लोगों की तरह ही कहने लगे हैं कि हम महारों के हाथ का नहीं खाएँगे।

वास्तव में इस बात के लिए कोई आधार नहीं कि फलाँ एक जाति फलाँ एक जाति से ऊँची है। किसी जाति को श्रेष्ठ होने का ताम्रपत्र नहीं मिला है। हिन्दू समाज में हम इस बात को अनुभव करते हैं कि कौन किसके हाथ का खाता है और कौन किसके हाथ का नहीं खाता। इस एक बात पर जाति का ऊँचापन निर्भर है। फलाँ एक जाति फलाँ एक जाति से ऊँची क्यों है? उसका एक ही कारण पर्याप्त था कि इस जाति के लोग उस जाति के आदमी के हाथ का भोजन नहीं खाते। इसलिए कई हिन्दू जातियाँ अन्य हिन्दू जातियों से ऊँची हैं यह दिखाने के लिए दूसरे जाति के लोगों के हाथ का भोजन-पानी लेना बन्द कर देते हैं। ऐसा लगता है कि आप लोगों ने भी इसी मार्ग को अपनाया है। अपने आपको महारों से बड़ा या ऊँचा मानने के लिए उनके हाथ का भोजन नहीं खाना इसके अलावा और कोई कारण मुझे दिखाई नहीं देता। मुझे यह भी समझ में नहीं आ रहा कि महारों से अपने आपको ऊँचा मानने में मातंगों की कौन-सी भलाई है। यदि अपने आपको महारों से ऊँचा मानने से ब्राह्मण लोग, मराठा लोग आदि तथाकथित ऊँची जाति के लोग मातंगों का बड़प्पन स्वीकार करके उनको अपने में मिलाने के लिए तैयार हैं तो कोई बात नहीं। यदि महारों से अपने आपको बड़ा कह लेने से ब्राह्मण लोग मातंगों को अपनी लड़कियाँ देने के लिए तैयार हैं या मातंगों की लड़कियाँ माँगने के लिए तैयार हैं

तो महारों से मातंग ऊँची जाति के हैं। इस बात को सिद्ध करने के लिए महारों के हाथ का न खाने का फैसला मातंगों ने किया है तो उसमें कुछ अर्थ है, ऐसा कहा जा सकता है। इसलिए आप लोगों को इस बात पर गम्भीर रूप से सोचना चाहिए कि ब्राह्मण लोग और अन्य सवर्ण हिन्दू जातियाँ आप लोगों को अपने साथ मिलाने के लिए तैयार हैं या नहीं। यदि वे इस तरह से तैयार नहीं हैं तो बेवजह महारों के साथ दुश्मन की भूमिका अपनाकर झूठा अहंकार पालकर ये मातंग समाज के लोग अपनी ही हानि करवा लेंगे। इस बात का मुझे डर लग रहा है।

दूसरी बात यह है कि यदि मातंग और चमार लोग ऐसा कहने लगे कि हम महारों के हाथ का भोजन नहीं खाएँगे तो महार लोग भी कह सकते हैं कि हम मातंगों और चमारों के हाथ का नहीं खाएँगे। कुछ ऐसे भी महार हैं जो कहते हैं कि चमार और मातंगों में जो अहंकार है उसको तोड़ दीजिए। यदि वे लोग अपने हाथ का खाते-पीते नहीं तो महारों को भी उन लोगों से किसी भी प्रकार का सम्बन्ध नहीं रखना चाहिए। मैं आप लोगों से कहना चाहता हूँ कि यदि महार लोगों ने जाति अभिमान को जगाया और मातंग-चमारों से किसी भी प्रकार का सम्बन्ध नहीं रखेंगे इस तरह की बात उनके मन में आई तो वे मातंगों का और चमारों का बहुत बड़ा नुकसान कर सकते हैं। क्योंकि महार जाति अछूतों में बहुसंख्य जाति है। उसी प्रकार अछूतों का कोई भी आन्दोलन और अछूतों की कोई भी राजनीति उनके सहयोग के बगैर सम्भव नहीं होगी। महारों की मदद के बगैर हम कुछ भी कर सकते हैं ऐसा यदि मातंग और चमार जाति के लोग कहते हों तो वह उनकी गलत धारणा है और इस बात को समझने में उनको देर नहीं लगेगी। लेकिन किसी ने बछड़े को मारा इसलिए हम गाय को मारें इस बात को न्याय नहीं कहा जा सकता। उसी प्रकार मातंग और चमार लोग अहंकार से पीड़ित होकर कहने लगे कि हम महारों से अपने सम्बन्ध नहीं रखेंगे इसलिए महारों को भी उनसे सम्बन्ध नहीं रखना चाहिए इस बात को मैं बिलकुल पसन्द नहीं करता और मैंने इस प्रकार की शिक्षा महार जाति को नहीं दी है।

महार लोगों को जाति अभिमान पकड़कर के रखना नहीं है। या उनको मातंगों या चमारों से ऊँची जाति वाले कहलवाना नहीं है। उनको अपना और सभी अछूतों का संगठन बनाना है। इसलिए महार लोग झूठे अभिमान में पड़ने की बजाय सभी अछूतों को साथ में मिलाकर आन्दोलन करना चाहते हैं। महार लोग केवल मुँह से कहते हैं कि जातिभेद नहीं मानते इस प्रकार का आरोप उन पर कोई नहीं कर सकता। वे इस बात को अपने जीवन में ला रहे हैं इस बात को मैं प्रमाणों के साथ साबित कर सकता हूँ। पूना में एक अछूत छात्रावास है इस बात को कई लोग जानते होंगे। इस छात्रावास को सरकार द्वारा चलाया जाता है। उसमें महार, मातंग, चमार आदि अछूत जाति के बच्चे रहते हैं। वहाँ पहले एक ही आचारी सभी बच्चों का भोजन

पकाने के लिए रखा गया था। और सभी बच्चे एक ही पंक्ति में बैठकर भोजन करते थे। कुछ दिनों बाद चमार समाज के नेताओं ने चमार समाज के छात्रों से कहा कि आप लोग मातंग-महारों के बच्चों के साथ मत बैठिए और उनके हाथ का भोजन मत खाइए। इसका परिणाम यह हुआ कि इस छात्रावास में महार, मातंग और चमार जाति के छात्रों में बड़ी नफरत की भावना पैदा हो गई और महार जाति के छात्र भी आग्रह करने लगे कि हम लोग भी किसी के हाथ का भोजन नहीं खाएँगे। इसलिए हम लोगों के लिए हमारी जाति का अलग आचारी चाहिए।

यह विवाद इतना बढ़ गया कि मुझे स्वयं मुम्बई से पूना जाना पड़ा और वहाँ जाकर मैंने महार समाज के छात्रों को समझाया और कहा कि चमार मूर्ख हो गए तो क्या महारों को भी मूर्ख होना चाहिए? मैंने उनको सलाह दी कि यदि चमार मातंगों के साथ भोजन नहीं करते तब भी तुम लोगों और मातंगों को इकट्ठा मिलकर भोजन करना चाहिए। यदि मुझे जाति का अहंकार होता तो मैंने महारों के बच्चों को सलाह दी होती कि आप भी उनके साथ खाना मत खाइए। लेकिन मैंने इस प्रकार की सलाह नहीं दी। मैं स्वयं सोलापुर में एक छात्रावास चला रहा था। उसको महार जाति के अलावा किसी का सहयोग प्राप्त नहीं था। फिर भी उस छात्रावास में सभी अछूत जाति के छात्र लिए जाते थे। उसमें चमार, मातंग, महार, ढोर और भंगी भी थे। वहाँ कई दिनों तक सभी बच्चे एक ही पंक्ति में बैठकर एक ही आचारी द्वारा पकाया हुआ भोजन खाते थे लेकिन कुछ दिनों बाद चमार और ढोर जाति के बच्चों ने विवाद पैदा किया और वे कहने लगे कि हमको चमार जाति का आचारी चाहिए। तब मैंने कहा कि हम लोगों में सबसे नीचे माने जाते हैं भंगी। किसी भंगी जाति के व्यक्ति को आचारी बनाकर रखें फिर कोई शिकायत नहीं करेगा। उसके लिए महार समाज के छात्र तैयार हो गए। लेकिन अन्य छात्र तैयार नहीं हुए। अन्त में वह छात्रावास टूट गया लेकिन हम सिद्धान्तों से पीछे नहीं हटे।

आप लोग जिन ब्राह्मणों और मराठाओं के पिछलग्गू बनकर रहते हो क्या वे ऐसा कर सकते हैं? वे लोग आप लोगों को यदि इस प्रकार का आश्वासन दे सकते हैं तो आप लोग निश्चिंत होकर उनके साथ जा सकते हैं। हम लोगों को कोई आपत्ति नहीं है। मैं आप लोगों को बस इतना ही कहना चाहता हूँ कि महार जाति परिवर्तन के मामले में ब्राह्मणों और मराठाओं से हजारों गुणा आगे हैं। वे लोग जातिभेद मानने के लिए तैयार नहीं हैं। वे सभी दुखी लोगों के साथ सहयोग करने के लिए तैयार हैं। यदि आप लोग उनसे सहयोग करना चाहते हैं तो उन्होंने जो रास्ता अपनाया है आप लोग उसमें आइए। आप लोगों को महारों के संगठन और शक्ति का लाभ मिलेगा।

आज अछूतों को जो भी राजनीतिक हक मिले हैं उसके लिए किसने प्रयास किया है? उसके लिए आप मातंगों ने और चमारों ने क्या प्रयास किया है? मैं निःसंकोच

होकर कहना चाहता हूँ कि इन राजनीतिक हकों के लिए यदि किसी ने प्रयास किया है तो वह केवल महार जाति के लोगों ने ही किया है। लेकिन उसका लाभ आप सभी को मिला है। नासिक पुलिस ट्रेनिंग स्कूल में आज जो अछूतों का प्रवेश हुआ है वह किसकी वजह से हुआ है? जबसे यह ट्रेनिंग स्कूल शुरू हुआ है तब से वहाँ किसी भी अछूत का प्रवेश नहीं हुआ था। इतना ही नहीं जिस जाति का सामाजिक स्तर नीचा है उस जाति को उस स्कूल में प्रवेश न दिया जाए इस प्रकार की सरकार की रोक लगी थी। उस रोक को हटाने के लिए किसी भी चमार नेता ने या मातंग नेता ने कोई प्रयास नहीं किया। उसके लिए मैंने प्रयास किया है। और मैंने उस स्कूल के दरवाजे अछूतों के लिए खुले कर दिए हैं। लेकिन इस सहूलियत का लाभ किसको मिला? इस सहूलियत का लाभ महारों को तो बिलकुल नहीं मिला। वह केवल मातंगों को और चमारों को मिला है। आज अछूतों में से जो दो पुलिस इंस्पेक्टर पुलिस विभाग में हैं उनमें से एक मातंग है और दूसरा चमार है। महारों के जो लोग थे वे इन दोनों में से कई गुणा होशियार थे और लायक भी थे। लेकिन उनमें से एक को भी नहीं लिया गया बल्कि महारों के जो लोग परीक्षा के लिए कमेटी के सामने गए उन लोगों को उनकी योग्यता के बारे में नहीं पूछा गया। उनसे जो सवाल पूछे गए वे थे, आपने कितने कुएँ भ्रष्ट किए? क्या आप लोग अछूतों के आन्दोलन में गए? आदि-आदि मूखर्तापूर्ण सवाल पूछकर उनको भगा दिया गया। फिर भी महारों ने किसी भी प्रकार की शिकायत नहीं की। महारों ने इस प्रकार की शिकायत कभी नहीं की कि हम झगड़ते रहे और लाभ दूसरों को मिला।

सरकार मुम्बई पुलिस विभाग में जातिभेद की वजह से अछूतों की भर्ती करने के लिए तैयार नहीं थी। आज उसी विभाग में कई अछूत पुलिस की नौकरी कर रहे हैं। इस काम को करने के लिए किसने सरकार को मजबूर किया? क्या इसके लिए चमार लोगों ने या मातंग लोगों ने कभी प्रयास किया था? क्या इन प्रयासों का लाभ मातंगों और चमारों ने नहीं लिया है? महार लोगों का आन्दोलन करना और उसका लाभ दूसरी जाति के लोगों को लेना यह उसका दूसरा उदाहरण है। आज डिस्ट्रिक्ट लोकल बोर्ड में, म्यूनिसिपैलिटी में, तहसील लोकल बोर्ड में अछूतों के कई प्रतिनिधि दिखाई देते हैं, उनमें से कई चमार और मातंग होंगे। क्या इन स्थानों को पाने के लिए मातंग और चमार समाज के लोगों ने कोई प्रयास किया है? इन स्थानों को पाने के लिए सारा प्रयास महारों ने किया है। फिर भी उसका लाभ चमारों ने भी लिया है और मातंगों ने भी लिया है।

जब-जब लोकल बोर्ड के या म्यूनिसिपैलिटी की सीट के लिए लोग मेरी सिफारिश माँगने के लिए आए उस समय मैंने उन लोगों को कहा कि यदि मातंगों का कमजोर (नकली) आदमी भी आगे आया तो महारों के सबल (असली) आदमी को मैं पीछे बैठने के लिए मजबूर करूँगा। इससे ज्यादा व्यापक दृष्टि और कोई

समाज रख सकता है, ऐसा मुझे नहीं लगता। नए संविधान में मताधिकार की योग्यता के लिए जो कई बातें तय की गई हैं उनमें एक बात है वतनदारी (इनाम)। महार लोग वतनदार होने के कारण मतलब उनको इन बातों का लाभ मिला है। लेकिन अन्य (अछूत) जातियों को नहीं मिल सकता। इस बात का गलत अर्थ लगाकर कुछ लोग ऐसा बताने का प्रयास कर रहे हैं कि मैंने जानबूझकर भेदभाव की बुद्धि से प्रेरित होकर केवल महारों को लाभ पहुँचाने के उद्‌देश्य से मताधिकार की योग्यता की सूची में वतनदारी का नाम सम्मिलित करवाया है। लेकिन इन आरोपों में कोई सचाई नहीं है।

केवल महारों और मातंगों में डेढ़ पैदा हो इसलिए इस प्रकार का आरोप किया गया है। मताधिकार के लिए वतनदारी का होना जरूरी माना जाए यह मेरा सुझाव नहीं है। वास्तव में इस प्रकार का सुझाव राज्य सरकार का है। उसके अच्छे-बुरे की जिम्मेदारी मेरी नहीं है। दूसरी बात यह कि केवल मुम्बई इलाके के अछूत वतनदारों को ही मताधिकार नहीं दिया गया, बल्कि सम्पूर्ण भारत के अछूत वतनदारों को भी मताधिकार का अधिकार दिया गया है। मद्रास, यू.पी. आदि सभी राज्यों के जिन अछूतों की वतनदारी है उन सभी को मताधिकार का लाभ मिला है। फिर भी यह कहना कि वह केवल मुम्बई इलाके में ही लगाया गया है पूरी तरह झूठ है। मैं इससे भी आगे जाकर यह पूछना चाहता हूँ कि क्या मुम्बई इलाके में यह हक केवल महारों को ही मिला है? यह हक महारों को नहीं मिला बल्कि वतनदारों को मिला है। कानडी इलाके में महार वतनदार नहीं हैं। वहाँ मातंग वतनदार हैं। मतलब वतनदारी के कारण उस इलाके में जो लाभ होगा वह किसका? मातंगों का या महारों का?

यदि आप लोगों ने इस तरह से सोचा तो आप लोगों को साफतौर पर दिखाई देगा कि जिन लोगों ने इस प्रकार का झूठा प्रचार शुरू किया है वे लोग या तो नासमझ होने चाहिए या मूर्ख होने चाहिए। इसलिए मैं आप लोगों को सचेत करना चाहता हूँ कि आप लोगों को इस प्रकार के लोगों से सावधान रहना चाहिए। यदि मेरी इस प्रकार की सोच होती कि महारों का राजनीतिक वैभव बढ़ना चाहिए और अन्य लोगों का कम होना चाहिए, तो मैंने कल महारों की राजनीतिक परिषद में जो व्याख्यान दिया है, उस प्रकार का व्याख्यान नहीं दिया होता। मैंने कल ही महारों की परिषद में स्पष्ट रूप से कहा था कि आनेवाली नई विधि परिषद में जो पन्द्रह स्थान अछूतों के लिए दिए गए हैं उनमें से कुछ स्थान मातंग लोगों को दिए जाएँ। अछूतों की तरह गैर-ब्राह्मणों में भी छोटे-छोटे गुट हैं। अछूतों की तरह गैर-ब्राह्मणों को भी सात आरक्षित स्थान दिए गए हैं। लेकिन उनमें से एक स्थान गैर-ब्राह्मणों में जो छोटी-छोटी जातियाँ हैं उनको हम देंगे, इस तरह का आश्वासन मराठा जाति का एक भी नेता नहीं दे सकता। लेकिन मैं आप लोगों को उस तरह

का आश्वासन दे सकता हूँ। उसी प्रकार मैं इस तरह का आश्वासन भी आप लोगों को देना चाहता हूँ कि उस आश्वासन को अमल में लाने का प्रयास करूँगा। मतलब जो उदारता मराठा समाज नहीं दिखा सकता उस तरह की उदारता महार समाज दिखा सकता है। कोई भी आदमी यह नहीं कह सकता कि इस तरह की बात बड़ी आसान और सरल है।

यह बड़ा कठिन और मुश्किल काम है। कोई भी जाति हो उसका स्वार्थ तो रहता ही है और उस स्वार्थ को बाजू में रखकर अपनी आमदनी का कुछ हिस्सा दूसरे को देना व्यावहारिक दृष्टि से आसान काम नहीं है। केवल लाभ का कुछ हिस्सा देने के लिए महारों की तैयारी है। इतना ही नहीं महार-मातंग जाति भेद को समाप्त करके उनकी एक जाति करने के लिए भी महार जाति की तैयारी है। यह बात इससे सिद्ध होती है कि महार जाति धर्मान्तर करने के लिए तैयार है और वे आग्रह से कह रहे हैं कि आप लोगों को भी उन्हीं के साथ धर्मान्तर करना चाहिए। धर्मान्तर के जो कुछ उद्‌देश्य हैं उनमें यह भी एक उद्‌देश्य है कि अछूतों के बीच के जातिभेद को समाप्त किया जाए। जब तक सभी अछूत धर्मान्तर नहीं करते तब तक अछूतों के बीच का जातिभेद नष्ट होनेवाला नहीं है। जब जातिभेद नष्ट होगा तो जाति नफरत की भावना भी नष्ट होगी।

धर्मान्तर की संकल्पना महारों के विशेष कल्याण की दृष्टि से की गई है, ऐसी बात नहीं है। धर्मान्तर की संकल्पना का उद्‌देश्य है सभी अछूत जातियों के बीच एकता स्थापित करके जाति भेदभाव को समाप्त करना, उनको सबल बनाना और संगठित करना। धर्मान्तर एक प्रकार का अमृत है। इस अमृत से हम शुद्ध होंगे इस बात का हमें यकीन है। लेकिन केवल हम लोग ही शुद्ध हों इतना ही हमारा उद्‌देश्य नहीं है, बल्कि धर्मान्तर के अमृत को पीकर मातंग, चमार आदि लोगों को भी शुद्ध होना चाहिए यही हमारी इच्छा है। धर्मान्तर का अमृत सभी के लिए है। जैसे तुकाराम महाराज ने अपने एक अभंग में कहा है—

सेवोनिया रस वाटितो अनेका।
घ्यारे होऊ नका रानोरान।।

(मैंने जीवनरस को पिया है और कई लोगों को बाँट रहा हूँ। आप लोग भी लीजिए। ऐसे टूटकर बिखरिए मत।)

वे इस प्रकार की सलाह आप लोगों को दे रहे हैं। धर्मान्तर की वजह से आप लोगों को महारों के साथ रोटी-बेटी व्यवहार का, समानता का हक प्राप्त होनेवाला है और आपको समानता का हक देने के लिए महार लोग तैयार हैं। क्या इतनी बड़ी उदारता दूसरा अन्य कोई समाज दिखा सकता है? क्या काउंसिल की सीटें देने के बजाय यह दान बड़ा नहीं है? महार जाति इतनी बड़ी उदारता दिखाने के लिए तैयार है। यदि इस उदारता का आप लोगों को कोई मूल्य नहीं है तो आप लोगों का रास्ता

आपके लिए खुला है। आप लोग जिस रास्ते से जाना चाहते हैं उस रास्ते से खुशी से जा सकते हैं। हमारा उद्धार हम करेंगे। उसके लिए हम लोगों को अपनी जान भी देनी पड़ी तो भी हम देंगे। हम लोगों को मातंगों और चमारों की शक्ति की कोई जरूरत नहीं है, लेकिन हम उस तरह से कहना नहीं चाहते। महारों को न तो अपनी जाति पर गर्व करना है और न तो अपनी जाति का महत्त्व बढ़ाना है। उनको जातिभेद को समाप्त करना है। सभी अछूतों का एक समाज बनाना है। केवल मातंग बनकर रहने में कोई लाभ है ऐसा मुझे नहीं लगता। यदि आप लोग जाति के मिथ्या अभिमान को लेकर रहेंगे तो आप लोगों का विनाश ही होगा। इस अवसर पर मुझे इस तरह से आप लोगों को सचेत करना जरूरी लगता है।"

सा. जनता, 13 जून, 1936

जिनका संगठन नहीं, उद्देश्य नहीं, सिद्धान्त नहीं ऐसे बीच में ही लटकनेवाले उम्मीदवारों को मत चुनकर दीजिए

इंग्लैंड से लौटकर आने के बाद डॉ. बाबासाहेब अम्बेडकर ने स्वतंत्र मजदूर पार्टी के चुनाव प्रचार दौरे का कार्यक्रम आयोजित किया। वे 24 जनवरी, 1937 को सोलापुर पहुँचे। सोलापुर के रेलवे स्टेशन पर उनका भव्य स्वागत वहाँ की जनता ने किया। उन्होंने अपने इस प्रचार दौरे में सोलापुर के अलावा मंढूप, वड़संग, बार्शी, कुर्डुवाडी, टेंभुर्णी, करमाड़ा आदि जगहों पर जनसभाओं को सम्बोधित किया। सोलापुर की जनसभा को सम्बोधित करते हुए डॉ. अम्बेडकर ने कहा—

"भाइयो तथा बहनो,

मुम्बई लेजिस्लेटिव असेम्बली के आनेवाले चुनाव में किसको अपना वोट देकर चुनकर लाना चाहिए इस बात पर विचार करने के लिए हम यहाँ इकट्ठा हुए हैं। इस देश में कई राजा-महाराजा हो चुके हैं और अंग्रेजों को यहाँ आकर करीब-करीब 150 साल हो गए हैं। अंग्रेजों के 150 साल के कार्यकाल में पिछले 60 साल से इस तरह की काउंसिल (सभाएँ) अमल में आई हैं और उसके द्वारा जनता के प्रतिनिधि अपने लोगों की समस्याएँ सरकार के सामने रख रहे हैं। लेकिन अछूत माने गए आठ करोड़ लोगों की ओर से उनके सवालों को रखनेवाला प्रतिनिधि काउंसिल में होना चाहिए। इस प्रकार की घटना आज तक दुनिया के इतिहास में कहीं नहीं हुई, वह बात आज हमारे प्रयासों से हुई है।

अगले अप्रैल 1937 से शुरू होनेवाले विधिमंडल के लिए सोलापुर जिले से अपने लोगों को एक प्रतिनिधि चुनकर भेजने का अधिकार मिला है। अब जो काउंसिल होगी वह अपने समाज के बचाव का साधन है। वही अपने सुख-दुख के लिए निर्णय होंगे। वही महारों के वतनों (इनाम) के बारे में, कालबंजर भूमि मिलने के बारे में, शिक्षा की व्यवस्था करने के लिए, सरकारी नौकरियों में उचित मात्रा में स्थान मिलने के बारे में इस तरह से एक-दो नहीं सैकड़ों बातों के बारे में

इस विधिमंडल के द्वारा संघर्ष करके प्राप्त करना है। इसलिए इस बात को ध्यान में रखिए कि यहाँ जानेवाला आपका प्रतिनिधि मान-सम्मान के लिए न जाकर अपने समाज की भलाई के लिए लड़ने के लिए जानेवाला है।

उसी प्रकार हम लोग हमेशा के व्यवहार में देखते हैं कि घर बनाते समय ईंट-पत्थरों के काम के लिए बेलदार, लकड़ी के काम के लिए बढ़ई रखते हैं। कहीं रेलवे का पुल बनाना हो तो इंजीनियर की जरूरत होती है। स्कूल का मास्टर उस तरह के काम नहीं कर सकता लेकिन आपके यहाँ के उद्धव शिवशरण नाम के मास्टर ने इस जिम्मेदारी के काम के लिए मुझे नियुक्त किया जाए इसलिए मुझे पत्र लिखा था। अंग्रेजी न जाननेवाले मास्टर के बारे में मैं मौन रहा। मैं पूरे दो माह तक सोचता रहा। बाद में जिवाप्पा ऐदाड़े के नाम की घोषणा की। यह सब होने तक मि. मागाढे के नाम के बारे में मुझे नहीं बताया गया। बाद में बताया गया। लेकिन इसके पीछे कांग्रेस का हाथ है और उसके बारे में मेरे पास सबूत है।

भाइयो, कांग्रेस को स्वराज्य चाहिए। हम लोगों को भी स्वराज्य चाहिए। लेकिन उसको हासिल करने के लिए कांग्रेस का जो सविनय अवज्ञा (कानून तोड़ो) आन्दोलन है वह हमें मंजूर नहीं है। इस सविनय अवज्ञा आन्दोलन ने स्वराज्य की बुनियाद को कमजोर कर दिया है। कांग्रेस वाले आप लोगों से कहेंगे कि आप सभी की एकता से अंग्रेज सरकार को इस देश से भगा देंगे और आजादी हासिल करेंगे। लेकिन ढेला मारने का जिनमें दम नहीं वे लोग पूरी तरह सबल, चालाक अंग्रेज सरकार को कैसे भगा सकते हैं? या मान लीजिए अंग्रेज सरकार कल भारत से चली गई, लेकिन हम लोगों को धार्मिक, आर्थिक, सामाजिक पतन की गर्त में डालनेवाले खोत (सामन्त), जमींदार तो विदेश में जानेवाले नहीं हैं। और कांग्रेस तो सेठ, साहूकार, जमींदार, पूँजीपति लोगों का संगठन है। इसलिए आप लोगों को इस प्रकार के लोगों के किसी भी प्रकार के बहकावे में नहीं फँसना चाहिए।

भाइयो, आप लोग अपने वोटों का मूल्य नमक-मिर्च जैसा मत समझिए। आप लोग इस बात को मत भूलिए कि आपके वोटों का मूल्य आपकी जान के मूल्य के बराबर या उससे भी ज्यादा है। यदि आप लोगों ने गलत उम्मीदवार को अपना वोट दिया तो खटिक के हाथ में बकरे के लिए देनेवाली बात हो जाएगी। मि. जिवाप्पा ऐदाड़े मेरी पार्टी के उम्मीदवार हैं। उनका उद्‌देश्य है, उनका सिद्धान्त है। उनकी और आप लोगों के भविष्य के कल्याण-अकल्याण की सारी जिम्मेदारी मुझ पर है इसलिए मि. जिवाप्पा ऐदाड़े को अपने तीनों वोट देकर चुनकर दीजिए। अन्य उम्मीदवार भी मेरे दुश्मन नहीं हैं लेकिन उनका संगठन नहीं है, उनका उद्‌देश्य नहीं है, सिद्धान्त नहीं है, ऐसे बीच में ही लटकनेवाले उम्मीदवारों की

मैं जिम्मेदारी नहीं ले सकता। आज तक आप लोगों को किसी ने यह कहा होगा या आगे कहेंगे कि आप अपने जिले का, तहसील का, रिश्तेदारी का अभिमान रखिए। लेकिन इस प्रकार का अभिमान रखना हो तो अन्त में आप लोगों को अपने गाँव का और घर का भी अभिमान रखना होगा। और इस तरह से हर घर से उम्मीदवार खड़े रहे तो आप लोगों के भविष्य के कल्याण का सत्यानाश होगा इसमें कोई सन्देह नहीं।"

सा. जनता, 6 और 13 फरवरी, 1937

क्या झूठे दस्तावेज़ बनानेवाले लोग ग़रीब, किसान और मज़दूरों का कल्याण करेंगे?

दिनांक 25 जनवरी, 1937 को अहमदनगर के कैम्प सदर में शनि मन्दिर के विशाल पंडाल में जिला अहमदनगर अछूत परिषद का आयोजन किया गया था। डॉ. बाबासाहेब अम्बेडकर इस परिषद के अध्यक्ष थे। इस परिषद के लिए डॉ. अम्बेडकर के अहमदनगर पहुँचते ही बाजे-गाजे के साथ उनका जबर्दस्त स्वागत किया गया था। उनको दलितों के स्काउट ने बैंड के साथ सलामी दी थी। इस परिषद के लिए दलित समाज के कई नेता उपस्थित थे। इस परिषद का आयोजन स्वतंत्र मजदूर पार्टी के माननीय प्रभाकर जनार्दन रोहम के चुनाव प्रचार के लिए किया गया था। इस परिषद को सम्बोधित करते हुए डॉ. बाबासाहेब अम्बेडकर ने कहा—

"भाइयो तथा बहनो,

आज की इस विशाल परिषद में लोगों का यह सागर और कुल मिलाकर नगर जिले के सभी लोगों का उत्साह देखकर मुझे बड़ी प्रसन्नता हो रही है। आप सभी जानते हैं कि आज की इस परिषद का आयोजन मि. रोहम के चुनाव प्रचार के लिए किया गया है। फिर भी मैंने अपनी पार्टी से जिन उम्मीदवारों को खड़ा किया है, उन-उन उम्मीदवारों का प्रचार करना मेरी जिम्मेदारी है।

इस जिले के लिए यह बहुत ही खुशी की बात है कि यहाँ के महार-मातंग लोगों का उनको विरोध नहीं है। सिर्फ चमारों का विरोध है। लेकिन आप लोग उनकी परवाह मत कीजिए। मैं इस बात को स्पष्ट रूप से कहना चाहता हूँ कि आप उनके उम्मीदवारों को अपना वोट मत दीजिए। यह बात भी सच है कि अछूत समाज के लिए प्राप्त हक अछूत समाज में बाँटे जाने चाहिए। लेकिन इन चमार लोगों ने प्रारम्भ से ही मेरे किसी भी कार्य में हिस्सा नहीं लिया है। इतना ही नहीं जब मैं गोलमेज परिषद में सवर्ण हिन्दुओं से और सरकार से लड़ रहा था उस समय इन्होंने पार्लियामेंट को इस-इस प्रकार के टेलीग्राम किए थे कि डॉ. अम्बेडकर हमारे नेता नहीं हैं, इसलिए आप उनकी बात को मत सुनिए। जब नासिक का सत्याग्रह हो रहा था उस समय

अपने लोगों पर सवर्ण हिन्दू लोगों की ओर से जो पत्थर-ईंटें बरसाई गईं उसमें चमार लोग भी सम्मिलित हुए थे, इस बात को मैं अच्छी तरह जानता हूँ इसलिए आप लोग सोच सकते हैं।

जो लोग मेरे कार्य में रोड़ा डालते हैं, या कांग्रेस के चंगुल में फँसकर मेरे कार्य के रास्ते में काँटें बोते हैं, क्या ऐसे लोगों को हम अपना मान सकते हैं? और फिर उनको भी हम लोगों से क्यों अपेक्षाएँ रखनी चाहिए? आज भी हर जगह ये चमार लोग कांग्रेस के टिकट पर खड़े होकर अपने पार्टी के उम्मीदवारों का खुलेआम विरोध कर रहे हैं। आपके जिले में मि. रोहन का विरोध करने के लिए उन्होंने सोनवणे नाम के एक व्यक्ति को खड़ा किया है। कुछ सवर्ण लोग कहते हैं कि मि. सोनवणे बी.ए. और एल.एल.बी. हैं लेकिन मि. रोहन केवल मैट्रिक हैं। मैं ऐसे लाखों बी.ए. के मुकाबले में कभी पीछे न हटनेवाला मि. रोहन के पीछे खड़ा हूँ। मि. सोनवणे के किसी भी पार्टी के उम्मीदवार नहीं होने की वजह से उन्होंने यदि आप लोगों के लिए कुछ नहीं किया तो आप लोग किसको जिम्मेदार मानेंगे? मि. रोहन मेरी पार्टी के उम्मीदवार होने की वजह से उनके कार्य की जिम्मेदारी मेरे माथे पर है। इसलिए मैं कहता हूँ कि आप लोग अपने तीनों वोट मि. रोहन के घोड़ा चुनाव चिह्न को दीजिए। मि. सोनवणे को अपना एक मत भी मत दीजिए।

इस देश में पढ़े-लिखे और धनवान लोगों के कई प्रबल संगठन हैं। उसी प्रकार मेरा भी यह एक छोटा-सा स्वतंत्र मजदूर संगठन है। इनमें कुछ संगठन ऐसे हैं कि उनमें और मेरे में जमीन आसमान का अन्तर है और कुछ ऐसे हैं कि उनमें और मेरे में बहुत थोड़ा फर्क है। कांग्रेस और मेरे संगठन में जो अन्तर है वह यह है कि कांग्रेस ने धनवान उम्मीदवार खड़े किए हैं और मैंने अपने संगठन की ओर से गरीब प्रतिनिधि खड़े किए हैं। सिद्धान्त की प्रतारणा न हो इसलिए मैंने अपने समाज के कुछ धनी लोगों को बाजू में रखा है। इसलिए वे लोग मुझ पर खफा हैं। लेकिन सिद्धान्त के लिए मुझे उनकी परवाह नहीं है। कांग्रेस अपने आपको गरीबों की हितैषी मानती है लेकिन फिरोदिया जैसा धनवान मारवाड़ी खड़ा करती है। फिर आप लोग ही सोच सकते हैं, जो मारवाड़ी झूठे दस्तावेज़ बनाकर और झूठे अँगूठे लगाकर तुम्हारे मकान, जमीन-जायदाद को हड़पते हैं, क्या वे मारवाड़ी गरीब, किसान, मजदूर लोगों का कल्याण कर सकते हैं? कांग्रेस अपने पूँजीवाद को टिकाना चाहती है और तुम लोगों का नुकसान करना चाहती है इसलिए आप लोग उनके किसी भी बहकावे में न आएँ।

मैं आप लोगों से निवेदन करता हूँ कि आप लोग अपने खुद के बारे में सोचने के बजाय अपने संगठन के बारे में सोचिए और स्वतंत्र मजदूर संगठन के मि. रोहन को ही अपने सभी वोट दीजिए। अब जाते-जाते मुझे अहमदनगर कैम्प के स्काउट मंडल का अभिनन्दन किए बगैर रहा नहीं जाता। आपमें वीरता आने

के लिए स्काउट एक महत्त्वपूर्ण साधन है। इसलिए हर गाँव-देहात में लोगों को भी अपने ग्यारह साल से ज्यादा उम्र के बच्चों को स्काउट का ड्रेस सिलाना चाहिए। अब धोती (धोतरा) बेकार है। इन धोतियों ने अपना बड़ा नुकसान किया है। आज यहाँ सैकड़ों स्काउट वालों को देखकर मैं बहुत खुश हूँ। मैं पुनः आपके स्काउट मंडल का अभिनन्दन करता हूँ।"

सा. जनता, 13 फरवरी, 1937

किसी के बहकावे में न आकर होशियारी से रहना चाहिए

डॉ. बाबासाहेब अम्बेडकर सोलापुर जिला और अहमदनगर जिले का चुनावी दौरा पूरा करके दिनांक 26 जनवरी, 1937 को जलगाँव स्टेशन पर पहुँचे। उनके साथ खानदेश के स्वतंत्र मजदूर पार्टी के उम्मीदवार दौलतराव तुलाजी जाधव थे। जब डॉ. अम्बेडकर जलगाँव से जामनेर पहुँचे, वहाँ जंगी जुलूस निकाला गया और उनका जबर्दस्त स्वागत किया गया। यही चुनावी जुलूस बाद में सभा में परिवर्तित हो गया। इस भव्य जुलूस में इकट्ठा हुए लोगों को सम्बोधित करते हुए डॉ. अम्बेडकर ने कहा—

"आज मैं दौरे पर क्यों आया हूँ इस बात को आप लोगों ने समझ लिया होगा। नए संशोधित कानून के मुताबिक हम लोगों को मुम्बई विधिमंडल में 15 प्रतिनिधि चुनकर भेजने का अधिकार प्राप्त हुआ है। संविधान के अनुसार स्थापित होनेवाले लेजिस्लेटिव असेम्बली में कुल 175 प्रतिनिधि रहेंगे। उनकी तुलना में हमारे कम हैं और वे भी एकता से नहीं रहे तो अपना कुछ भी भला नहीं होनेवाला है। वे सभी एक होकर रहें तो वे किसी भी पार्टी के साथ सहयोग कर सकते हैं। आपके जिले की ओर से मैंने अपने संगठन की ओर से मि. जाधव को खड़ा किया है। उनका विरोध करनेवाले मि. मेंढे और बिरहाडे कितनी योग्यता के हैं इस बात को आप लोग अच्छी तरह जानते हैं। यदि मि. जाधव आगे आपकी भावनाओं के अनुसार काम नहीं करेंगे तो उसके लिए मैं जिम्मेदार हूँ। लेकिन मि. मेंढे के लिए आप लोग किसको जिम्मेदार मानेंगे?

दूसरी बात यह है कि विधिमंडल में सभी काम अंग्रेजी में होता है इसलिए आपके सवालों को रखनेवाला व्यक्ति अच्छी अंग्रेजी जाननेवाला होना चाहिए। इसके लिए सिर्फ जाधव ही लायक उम्मीदवार हैं। मि. जाधव कोई मेरे रिश्तेदार नहीं हैं। और अन्य उम्मीदवार मेरे दुश्मन नहीं हैं, लेकिन जिस काम के लिए जो व्यक्ति लायक है उसको चुनना मेरा काम है। आप लोगों को मतों का अधिकार नहीं मिलना चाहिए इसलिए महात्मा गांधी जैसे लोगों ने आमरण अनशन शुरू कर दिया था। लेकिन उनकी परवाह किए बगैर हमने उस अधिकार को पाया है। अब उसको बरकरार रखना आप लोगों के हाथों में है। आप लोगों को लुभाने के लिए कुछ लोग तुम्हारे लिए छात्रावास शुरू करते हैं। आपकी खातिरदारी करते हैं और वह भी सिर्फ कुछ समय के लिए होती है। केवल उससे अपना उत्थान होनेवाला नहीं है। हम लोगों को

अभी और बहुत कुछ हासिल करना है। और उसको प्राप्त करने के लिए आप लोगों को एकदम होशियार होना पड़ेगा।

मुझे पता चला है कि मि. मेंढे को कुछ मास्टर लोग मदद कर रहे हैं। लेकिन वे उसको क्यों मदद कर रहे हैं कुछ समझ में नहीं आ रहा है। लेकिन उसमें एक कारण दिखाई दे रहा है और वह कारण यह है कि मि. मेंढे स्कूल बोर्ड का मेम्बर है। उसका पार्टी छोड़ देने से वह तबादला करेगा इस प्रकार का डर है। लेकिन उन मास्टर लोगों को मैं यह बताना चाहता हूँ कि मि. मेंढे हमेशा के लिए सिंहासन पर नहीं बैठा है। वह इस साल है अगले साल नहीं रहेगा। मान लीजिए मि. जाधव अगली बार स्कूल बोर्ड पर चुनकर आ गए। उस समय वे मास्टर लोग किसके मुँह की ओर देखेंगे? मैं आप लोगों से यही कहना चाहता हूँ कि मैंने अपनी जिम्मेदारी को निभाया है अब आप लोगों को अपनी जिम्मेदारी निभानी है। किसी के बहकावे में न आकर आप लोगों को बड़ी होशियारी से रहना चाहिए।

मि. जाधव के पास न तो मोटर-गाड़ियाँ हैं और न तो पैसा है। आप लोगों को घर की रोटी को पीठ पर बाँधकर पुलिस स्टेशन में जाना होगा। इस देश में इस प्रकार की समझ बन गई है कि मत देने का मतलब उम्मीदवार पर एहसान करना है। लेकिन वह सच नहीं है। इस बात को समझ लीजिए कि उम्मीदवार चुनकर जाता है वह किसके लिए। उम्मीदवार जो चुनकर जाता है वह आप लोगों के सवाल बताने के लिए और उसको कैसे हल किया जाए इसके कानून बनाने के लिए जाता है। इस बात को ध्यान में रखिए कि हम लोगों को जो भी मिलना है वह कानून से ही मिलेगा। इसलिए आप लोगों को अपने सभी मत मि. जाधव को देने हैं और उनको चुनकर लाना है।

सा. जनता, 6 फरवरी, 1937

अनुशासन और संगठन ही अपनी पार्टी का मक़सद

स्वतंत्र मजदूर पार्टी के मुम्बई राज्य असेम्बली के सदस्यों की पहली सभा दिनांक 20 जुलाई, 1937 को पूना के अहिल्याश्रम में डॉ. बाबासाहेब अम्बेडकर की अध्यक्षता में हुई थी। इस सभा को सम्बोधित करते हुए डॉ. अम्बेडकर ने कहा था—

"किसी भी राजनीतिक संगठन को अपने नैतिक बल से काम करना हो तो उसको सबसे पहले अनुशासन और संगठन आदि दो बातों की ओर ध्यान देना चाहिए। जिस कार्य को हमने स्वीकार किया है उसमें पहले असफलता मिली तब भी चलेगा, फिर भी अपने मक़सद से दूर भागने की आवश्यकता नहीं है। जिस व्यक्ति में जितना ज्यादा नैतिक बल होगा उतना उसका अपने आप पर भरोसा बढ़ता जाएगा और वह असफलता में भी सम्मान से सफलता प्राप्त कर सकता है। यदि हम इंग्लैंड के अलग-अलग संगठनों के बारे में सिंहावलोकन करें तो हमारी समझ में आएगा कि वहाँ भी अनुशासन और संगठन में काफी करीब का सम्बन्ध है। हम देख रहे हैं कि एक समय इंग्लैंड में छोटा-सा दिखाई देनेवाला मजदूर संगठन अपने अनुशासन और संगठन के कारण अन्त में वहाँ का सत्ताधारी संगठन बना है। लेकिन उसका पहले का अनुशासन और संगठन कुछ गिरते ही वह संगठन सत्ता से कैसे खिसका इस बात को भी हमने देखा है।

दुनिया की राजनीतिक उथल-पुथल में सफलता हासिल करना आसान काम नहीं है। उसके लिए एक तरह से कड़ी मेहनत करनी पड़ती है। यदि हमें अपने संगठन को सबल करना है तो हममें किस प्रकार की कमजोरियाँ हैं इसकी ओर ध्यान देना होगा। राजनीतिक संगठन में सिर्फ धनवानों का और अपने पसन्द के लोगों को सम्मिलित करने से काम नहीं चलता। जिन्होंने अलग-अलग विषयों पर गम्भीर अध्ययन किया है और जो अलग-अलग विषयों के माहिर के रूप में जाने जाते हैं ऐसे लोगों को अपने-अपने संगठन में जिम्मेदारी के पदों पर नियुक्त करके कार्य की दिशा तय करनी पड़ती है। भावनाओं से, प्रभावी भाषा से अनाड़ी लोगों को गुमराह करके संख्या बल से बड़े संगठन की बजाय अनुशासन, संगठन और सर्वोत्तम मकसद की समझ रखनेवाले अल्पसंख्यक लोगों का छोटा-सा दल राजनीति में वास्तव में प्रभावी होकर सफल होता है। अपना स्वतंत्र मजदूर संगठन आज छोटा-सा संगठन है। लेकिन हम

लोगों ने अपने मकसद की जो रूपरेखा तैयार की है वह इतनी महान है कि उसमें हम लोगों को कभी न कभी असाधारण सफलता प्राप्त होगी इसमें कोई सन्देह नहीं है।

मुम्बई असेम्बली के स्वतंत्र मजदूर पार्टी के विधायकों को इन बातों को वास्तव में अमल में लाने का प्रयास करना चाहिए। उनको अनुशासन और संगठन आदि बातों को अपने दल में सम्मिलित होनेवाले हर सदस्य के मन पर पूरी तरह से स्थापित करने का प्रयास करना चाहिए। हमारी पार्टी का कार्यक्रम बहुजन समाज के साथ समरस होने का है। हमारी पार्टी का पहला कार्य है गरीब, दीन-दुखी, मजदूर और किसानों के हितों की रखवाली करना। इसलिए उन कार्यों को करने के लिए अपने स्वतंत्र मजदूर पार्टी के संगठन को अनुशासन के साथ आगे बढ़ाकर अपने मकसद के मार्ग पर आगे बढ़ने का आज ही संकल्प कीजिए। हम लोगों को नि:स्वार्थ भावना से किए कार्य में निश्चित रूप से सफलता प्राप्त होगी। इसमें कोई सन्देह नहीं है।"

सा. जनता, 31 जुलाई, 1937

मैंने जो कमाया वह सभी अछूतों के लिए

दिनांक 7 नवम्बर, 1937 को डॉ. बाबासाहेब अम्बेडकर पूना के भवानीपेठ की भंगी बस्ती में गए। उस समय उनके साथ विधायक आर.आर. भोले, खंडेराव सावंत आदि लोग मौजूद थे और महार, मातंग तथा भंगी समाज के लोग बहुत बड़ी संख्या में उपस्थित थे। उस बस्ती में डॉ. अम्बेडकर का बड़े उत्साह के साथ जोरदार स्वागत किया गया था। इस बस्ती में उपस्थित जनसमुदाय को सम्बोधित करते हुए डॉ. आम्बेडकर ने कहा—

"मैंने जो कुछ कमाया है वह केवल महारों के लिए नहीं है बल्कि सभी अछूतों के लिए है। जैसे हम ब्राह्मणों के साथ घुल-मिलकर रहना चाहते हैं उसी प्रकार महारों को भंगी, मातंग समाज के लोगों के साथ रहना चाहिए। अन्यथा मैं महारों के लिए कुछ भी नहीं करूँगा। बल्कि भंगी समाज जो कहेगा वही करूँगा।"

सा. जनता, 20 नवम्बर, 1937

संगठित होकर स्वतंत्र मज़दूर पार्टी को मज़बूत कीजिए

डॉ. बाबासाहेब अम्बेडकर का यह भाषण दिनांक 14 अगस्त, 1937 के सा. जनता के अंक में अग्रलेख के रूप में छपा था। उनका यह भाषण कब और कहाँ हुआ इसके बारे में उल्लेख नहीं है। इस भाषण में डॉ. अम्बेडकर ने कहा—

"प्यारे भाइयो,

आपकी इस सभा में उपस्थित रहने से मुझे बड़ी खुशी हो रही है। आप लोगों ने स्वतंत्र मजदूर पार्टी को सुव्यवस्थित रूप देने का और अपने लोगों में संगठन स्थापित करने का जो प्रयास शुरू किया है वह बहुत ही प्रशंसनीय और बहुत ही महत्त्वपूर्ण है।

छह माह पहले जो असेम्बली चुनाव हो गए उनका सिंहावलोकन करने से उस समय आप लोगों ने जो जिम्मेदारी निभाई है उस पर मुझे बड़ा गर्व है क्योंकि उस समय हम लोगों को बहुत ही अमीर कांग्रेस के साथ मुकाबला करना था। कांग्रेस ने भी इस तरह का पूरा प्रयास किया था कि स्वतंत्र मजदूर पार्टी का कोई भी आदमी चुनकर न आए। कांग्रेस ने हमारे उम्मीदवारों को पराजित करने के लिए पूरी कोशिश की। इस प्रकार की भयंकर स्थिति में मुकाबला करने का काम मुझे करना पड़ा। अन्य राज्यों की ओर देखने से पता चलता है कि सभी ने कांग्रेस के सामने अपने आपको समर्पित कर दिया था। सम्पूर्ण भारत में कांग्रेस का मुकाबला करने के लिए केवल मैं अकेला था और उसमें मैं सफल हुआ। लेकिन यह बात भी सच है कि आप लोगों के सहयोग के बगैर मैं सफल नहीं हो सकता था। आप सभी लोग जानते हैं कि उस समय हममें से ही कुछ लोग कांग्रेस के जाल में फँस गए थे। इस तरह की स्थिति होते हुए भी हमने उस समय बड़ी सफलता हासिल की है, इस बात को कांग्रेस के समर्थक लोग भी स्वीकार करते हैं।

उस समय सम्पूर्ण भारत में कांग्रेस को तीन ही स्थान महत्त्वपूर्ण लग रहे थे। उसमें एक है डॉ. वाडा की मुम्बई विश्वविद्यालय की सीट, दूसरी लोकशाही स्वराज्य पार्टी के मुखिया लछमन बलवंत भोपटकर की पूना की सीट और तीसरी स्वतंत्र मजदूर पार्टी की मेरी मुम्बई की सीट। इनमें पहली दो सीटें कांग्रेस को मिल गई थीं। लेकिन तीसरी सीट वे ले नहीं सके, इसलिए कांग्रेस के लोगों को भी हमारी ताकत

का एहसास हो गया। जो वल्लभभाई पटेल चुनाव से पहले स्वतंत्र मजदूर पार्टी का नाम लेने के लिए तैयार नहीं थे वे वल्लभभाई पटेल कांग्रेस के मंत्री पद स्वीकार करने के बाद (पूना के) शनिवारवाडा के सामने आयोजित आम सभा में कहते हैं कि मुम्बई में जो अलग-अलग पार्टियाँ हैं उसमें डॉ. अम्बेडकर की स्वतंत्र मजदूर पार्टी बहुत ही महत्त्वपूर्ण है और कांग्रेस को उस पार्टी का कहना स्वीकार करना पड़ेगा। यह किस बात का परिणाम है इस बात पर आप लोग सोचिए। यह परिणाम और किसी बात का नहीं बल्कि अपने संगठन का ही है।

कांग्रेस हिन्दू लोगों की संस्था है। आज तक भारत पर अंग्रेजों का राज था। इसलिए आज तक इन लोगों के हाथ में राजनीति के सूत्र नहीं थे। लेकिन आज नाममात्र के लिए भारत पर अंग्रेजों का राज है। आज राजनीति की सारी सत्ता हिन्दू लोगों के हाथ में आई है। इसलिए इससे आगे हम लोगों को अपनी रक्षा का संगठित प्रयास करना चाहिए। आगे इसके बगैर हमारे पास कोई विकल्प नहीं है। जिस काउंसिल के द्वारा राजनीतिक सत्ता का संचालन होता है उस काउंसिल में आप लोगों के प्रतिनिधि होने चाहिए। भारत में सभी ओर जो कांग्रेस को जय मिला है वह कांग्रेस का नहीं बल्कि ब्राह्मणवाद का जय है, इस बात को भूलना नहीं चाहिए। पाँच-छह राज्यों के मुख्यमंत्री ब्राह्मण हो गए हैं। हमारे मुम्बई राज की ग्यारह सीटों में से 5 सीटें ब्राह्मणों के हिस्से में गई हैं। सन् 1919 से 1935 तक काउंसिल में ब्राह्मण सदस्यों की संख्या बहुत कम थी, मतलब 10-12 थी और आगे वह घटती गई। लेकिन आज कांग्रेस के नाम पर मुम्बई राज्य में 27 ब्राह्मण चुनकर आए हैं। इससे इस बात का पता चलता है कि ब्राह्मणों को कितनी सफलता मिली है। आप लोगों को इस ब्राह्मणवाद से अपना बचाव करना हो तो संगठित होने की जरूरत है।

पिछले गोलमेज परिषद के समय मेरे हाथ से एक गलती हो गई। गवर्नर को मंत्रिमंडल में अल्पसंख्यक समाज का कम से कम एक प्रतिनिधि नियुक्त करना चाहिए, इस प्रकार का कानून बनवा लेना चाहिए था। उस बात को इन लोगों की मर्जी पर नहीं छोड़ना चाहिए था। लेकिन उस समय मैंने सोचा कि 'परोसनेवाले को भी कुछ शरमाना चाहिए और कुछ खानेवाले को भी शरमाना चाहिए', इस कथन के मुताबिक मैंने उस बात को ज्यादा खींचकर नहीं रखा। लेकिन इस बात को उनकी इच्छा पर छोड़ने से देखिए क्या परिणाम हुआ है! उन्होंने अछूतों का एक भी प्रतिनिधि मंत्रिमंडल में नहीं लिया है। इसके लिए कानून भी नहीं है। लेकिन कम से कम शिष्टाचार के तौर पर तो उनको एक प्रतिनिधि लेना चाहिए था। हमारी 15 सीटों में से चार सीटों पर कांग्रेस अपनी ओर से हमारे लोगों को चुनकर लाई, फिर उनको मंत्री क्यों नहीं बनाया? वे चारों लोग नालायक हैं, ऐसा यदि कहा जाए तो कांग्रेस इन नालायक लोगों को चुनकर लाई, इसमें कांग्रेस की गलती है, ऐसा कहने में आपत्ति क्या है? उन्होंने मुस्लिमों का प्रतिनिधि लेने के लिए इतना प्रयास

किया तो उन्होंने अछूतों का प्रतिनिधि क्यों नहीं लिया? इसके लिए एक ही कारण है और वह यह कि हम तुम्हारे लिए सब कुछ करेंगे तुमको खुद के लिए कुछ करने की जरूरत नहीं है। यही उनकी सोच है।

कुछ दिन पहले एक चमार नेता ने समाचार-पत्र में प्रसिद्ध किया था कि 'अछूतों के प्रतिनिधि को मंत्रिमंडल में नहीं लिया गया इस बात का हमें खेद नहीं है क्योंकि हमारा खेर साहब पर पूरा भरोसा है।' यदि यही बात है तो इन लोगों ने चुनाव लड़ने के लिए इतनी दौड़धूप क्यों की? इसलिए आप लोग इस बात को ध्यान में रखिए कि आप ऐसे लोगों पर निर्भर रहे तो आपकी नैया डूब जाएगी, कोई किनारे नहीं लगेगा।

महात्मा गांधी कांग्रेस के चार आने के मेम्बर नहीं हैं लेकिन सभी कांग्रेसवाले उनका फतवा मानते हैं, फिर उनको इस मामले में कुछ क्यों नहीं करना चाहिए। लेकिन यह साफ दिखाई दे रहा है कि उनको हमारे बारे में कुछ नहीं करना है इसलिए हम लोगों को संगठित होने की जरूरत है। मुझे आप लोगों को दूसरी यह बात भी बताना जरूरी है कि काउंसिल में जाना कोई आसान काम नहीं है। गृहस्थी छोड़नी पड़ती है। चुनाव का खर्च बहुत ज्यादा होता है। उतना खर्च करना हमारे उम्मीदवारों के लिए सम्भव नहीं है। मैं आप लोगों को बताना चाहता हूँ कि पिछले चुनाव के समय जो उम्मीदवार खड़े थे उनमें से कई उम्मीदवारों को मुझे पैसों की मदद करनी पड़ी तब कहीं वे चुनकर आए। लेकिन हर समय इस प्रकार की मदद करना मेरे लिए भी सम्भव नहीं है, और उम्मीदवारों को भी उनका खर्च पूरा करना सम्भव नहीं है। इसलिए यदि आप लोग चाहते हैं कि आपके अच्छे प्रतिनिधि काउंसिल में जाने चाहिए तो आप लोगों को उनके चुनाव का खर्च बर्दाश्त करना चाहिए। पिछली बार जो लोग कांग्रेस की ओर से खड़े थे उनका चुनाव खर्च कांग्रेस ने ही किया था। अकेले मुम्बई में चुनाव के दिन कांग्रेस ने हजारों रुपया खर्च किया था, इस बात को ध्यान में रखने की जरूरत है।

मैं आप लोगों से इतना ही कहना चाहता हूँ कि आप लोग इस संस्था के पीछे अपनी शक्ति खड़ी कीजिए और उसको कांग्रेस के मुकाबले की पार्टी बनाइए। मुम्बई में हमारी जनसंख्या एक लाख से ज्यादा है। इसलिए कम से कम एक लाख लोगों को इस संस्था का सदस्य बनाइए।

इस संगठन का सालाना चन्दा आठ आना है। यह बहुत ही कम है। इसलिए हर किसी को उतना चन्दा देने में कोई कठिनाई नहीं है। जैसे कांग्रेस के पीछे धनी लोगों की फौज खड़ी है वैसे आपके पीछे कोई नहीं है। तुम्हारा संसार तुम्हीं को चलाना है। इंग्लैंड के पार्लियामेंट में भी मजदूर पार्टी है। वे लोग भी इसी तरह का चन्दा इकट्ठा करके चुनाव लड़ते हैं।

हर किसी पार्टी को अखबार की बहुत जरूरत होती है। अखबारों के बगैर हम काम नहीं कर सकते। अपने संगठन का 'जनतापत्र' अच्छी तरह से चलना चाहिए।

आप सभी लोगों को उसका खरीदार बनना चाहिए। आप लोगों ने जिनको काउंसिल में चुनकर भेजा है वे आपके लिए क्या कर रहे हैं, इस बात को जानना हो तो वह 'जनता' से ही समझ में आएगा। इसलिए आप सभी को निश्चित तौर पर 'जनता' के ग्राहक बनना चाहिए। कुछ लोग अन्य अखबार लेकर पढ़ते हैं क्यों? क्योंकि उसमें सट्टे का नम्बर और भविष्य दिया होता है। सट्टा खेलने से किसी की भी भलाई नहीं हुई है। अखबारों में छपनेवाले भविष्य भी कभी सच नहीं होते हैं। अपने अखबारों के बगैर अपने संगठन का कार्य, आन्दोलन की सही दिशा आदि के बारे में अन्य अखबारों में पढ़ने को नहीं मिलेगा। इसके लिए और अपने संगठन के प्रति अपना ज्ञान बढ़ाने के लिए सभी को जनतापत्र का ग्राहक बनना चाहिए।

अन्त में मैं आप लोगों को एक बहुत ही महत्त्वपूर्ण बात बताना चाहता हूँ कि आप लोगों को अपने भीतर बसी हुई मान-अपमान की गलत भावना को हटा देना चाहिए। इस तरह की बात बड़ी गलत है कि मेरा नाम नहीं आया तो मैं आगे आनेवाले काम का विरोध करूँगा। आप लोग काम कीजिए नाम आपके साथ चलेगा। मुझे और मेरे साथी मित्रों को अच्छी तरह मालूम है कि जब तक हमने कुछ काम करके नहीं दिखाया था तब तक टाइम्स जैसे अखबार में छोटा-सा समाचार छपाने के लिए हमको उनकी न जाने कितनी खुशामद करनी पड़ती थी। लेकिन आज वे ही लोग हमारे पीछे-पीछे घूमते हैं और कहते हैं कि 'क्या आपका कुछ समाचार है? है तो भेज दीजिए।' सभी लोगों से मेरा अनुरोध है कि उनको राजनीति और समाज कारण के झगड़े तुरन्त खत्म कर देने चाहिए। पिछली बार जो महार परिषद हुई थी उस समय मैंने अनुभव किया था कि जिनके हाथों में उस परिषद के अधिकार सूत्र थे उनमें से कुछ लोगों ने उस अधिकार का आपस के झगड़ों के लिए गलत इस्तेमाल किया। लेकिन ऐसा होना नहीं चाहिए।

इस संगठन का काम रहेगा कि चुनाव के समय संगठित होकर रहना। आप लोगों को इस संगठन द्वारा खड़े किए हुए प्रतिनिधियों को मत देना होगा। इसके लिए आपको संगठन बनाना होगा और उसको इतना मजबूत बनाना होगा कि आपमें से एक भी आदमी उसको छोड़कर न जाने पाए। और ऐसा किए बगैर हमारे पास कोई विकल्प नहीं है। पिछले चुनाव के समय मेरे और पी. बालू के मतों में बहुत ज्यादा नहीं हजार-दो हजार का फर्क था। उस समय आपमें से कुछ लोगों ने ढिलाई बरती होती तो चुनाव में मेरी बड़ी बुरी हालत हो गई होती। आप लोगों के उत्थान का पूरा दारोमदार राजनीति में ही है, इसलिए आप लोग संगठित होकर स्वतंत्र मजदूर पार्टी को मजबूत कीजिए। बस, मुझे इतना ही आप लोगों से कहना है।"

सा. जनता, 14 अगस्त, 1937

जन्म पर आधारित श्रेष्ठता के कारण और पवित्रता के कारण दुर्गुणी ब्राह्मणों का भी कल्याण हो गया

दिनांक 21 और 22 मार्च, 1920 को माणगाँव, कागल रियासत में दक्षिण महाराष्ट्र के बहिष्कृत समाज की पहली परिषद हुई थी। यह परिषद डॉ. बाबासाहेब अम्बेडकर की अध्यक्षता में हुई थी। छत्रपति शाहू इस परिषद में विशेष अतिथि थे। इस परिषद को सम्बोधित करते हुए डॉ. अम्बेडकर ने अपने भाषण में कहा—

"इस परिषद का आयोजन कई दृष्टि से महत्त्वपूर्ण है। मुम्बई इलाके में इस तरह का यह पहला ही अवसर है। अपने लोगों में अपने उत्थान के बारे में जो जिद दिखाई दे रही है वह भी असाधारण है। उसी प्रकार बहिष्कृत समाज में जो विचार क्रान्ति दिखाई दे रही है वह भी असाधारण है। आज तक हमारे लोगों को ऐसा लग रहा था कि हमारी बुरी अवस्था का कारण हमारा दुर्भाग्य ही है और इस दुर्भाग्य को रोकना हमारे हाथ में नहीं होने के कारण जो बुरी अवस्था है उसको बर्दाश्त करने के अलावा हमारे पास कोई विकल्प नहीं है। लेकिन आज की पीढ़ी को ऐसा बिलकुल नहीं लगता कि हमारी बुरी अवस्था ईश्वरी लीला का परिणाम है। बल्कि उनको ऐसा लगता है कि दूसरों के कुकर्मों का ही यह परिणाम है।

ऐसा लगता है कि हम लोग जिस हिन्दू धर्म के अंग हैं उस हिन्दू धर्म के व्यवहार में मनुष्य समाज का संगठन दो आदितत्त्वों को लेकर किया गया है। एक जन्म पर आधारित योग्य-अयोग्यता और दूसरी जन्म पर आधारित पवित्रता-अपवित्रता। इन दो तत्त्वों के आधार पर हिन्दू लोगों को विभाजित किया गया तो उनके तीन वर्ग भेद होंगे—

1. जन्म से सबमें श्रेष्ठ और पवित्र, जिसको हम ब्राह्मण कहते हैं वह,
2. जिनकी जन्म के आधार पर श्रेष्ठता और पवित्रता ब्राह्मणों से कम दर्जे की है वह गैर-ब्राह्मण वर्ग,
3. जो जन्म के आधार पर हीन और अपवित्र समझे गए हैं ऐसे लोगों का वर्ग, जो अपना बहिष्कृत वर्ग है।

इस प्रकार से विभाजन करके धर्म द्वारा निश्चित किए गए श्रेष्ठता के और पवित्रता के असमान प्रमाणों का इन तीन वर्गों पर परिणाम हुआ है।

जन्म पर आधारित श्रेष्ठता की वजह से और पवित्रता की वजह से बुद्धिहीन ब्राह्मणों का भी कल्याण हो गया है। गैर-ब्राह्मणों पर जन्म पर आधारित अयोग्यता की जबर्दस्त मार पड़ी है। उनके पास विद्या नहीं है, इसलिए वे लोग आज पीछे रह गए हैं, फिर भी उनके लिए धन और विद्या कमाने के रास्ते खुले हैं। यह दोनों चीजें आज उनके पास नहीं होने पर भी कल उनको मिलनेवाली है। किन्तु जन्म पर आधारित अयोग्यता के कारण और अपवित्रता के कारण उनकी स्थिति बेहद खराब है। कई दिनों तक अयोग्य और अपवित्र मान लेने की वजह से नैतिक दृष्टि से अपना मनोबल और स्वाभिमान, जो उत्थान के आदि कारण हैं वे पूरी तरह से नष्ट हो चुके हैं। उनको हिन्दू धर्मियों की तरह सामाजिक दृष्टि से कोई हक नहीं है। वे पढ़ने के लिए स्कूल में भी नहीं जा सकते। वे सार्वजनिक कुओं से पानी नहीं निकाल सकते और आम रास्ते से चल नहीं सकते। वे आवागमन के साधनों का इस्तेमाल नहीं कर सकते। इस तरह से वे लोग अपने मामूली मानवी अधिकार से भी दूर रखे गए हैं।

जन्म पर आधारित अयोग्यता की वजह से और अपवित्रता की वजह से उनका आर्थिक दृष्टि से भी बेहद नुकसान हुआ है। धन कमाने और संचित करने के यह जो तीन मार्ग हैं, व्यापार, नौकरी और खेती, उसमें भी उनके लिए कोई अधिकार नहीं हैं। उनको अछूतपन की वजह से ग्राहक नहीं मिलते जिसकी वजह से उनको व्यापार-धन्धा करने की सुविधा ही नहीं बची। अछूतपन की वजह से उनको नौकरी भी नहीं मिलती। कभी-कभी योग्यता से बड़े होने के बावजूद भी निचली जाति के होने की वजह से अन्य लोग उनको अपने हाथ के नीचे रखने के लिए घबराते हैं। इसलिए उनको नौकरी मिलना मुश्किल हो जाता है। इसी भावना की वजह से उनको मिलिट्री में भी स्थान नहीं है। खेती के बारे में उनकी वही स्थिति है। इस तरह से जूठन (हाडकी हडवका) की बजाय जमीन का टुकड़ा विशेष किसके पास है? ऐसे सर्वहारा वर्ग का कभी उत्थान ही नहीं होगा।

नैसर्गिक गुण और विशेष अनुकूल परिस्थिति ही किसी के उत्थान के बुनियादी कारण हैं। सभी लोग इस बात को स्वीकार करते हैं कि बहिष्कृत समाज में नैसर्गिक गुणों की कोई कमी नहीं है। लेकिन उनका विकास नहीं हो रहा है। इस बात की बुनियादी वजह यही है कि परिस्थिति उनके अनुकूल नहीं है। परिस्थिति अनुकूल करने के लिए कई रास्ते सुझाए जाते हैं। लेकिन उसके लिए हम लोगों को राजनीतिक बल हासिल करना पड़ेगा। इसके लिए जाति के मुताबिक प्रतिनिधित्व हासिल किए बगैर हम लोगों के हाथों में राजनीतिक बल नहीं आएगा। 'सत्यमेव जयते' यह एक बड़ा खोखला सिद्धान्त है। सत्य की जय प्राप्त करने के लिए हम लोगों को अपना आन्दोलन जारी रखना चाहिए।"

छत्रपति शाहू

आधुनिक भारत के इतिहास का एक महान मानवतावादी,

बहुजनवादी राजा शाहू छत्रपति का देहान्त दिनांक 6 मई, 1922 को सुबह 6 बजे उम्र के 48वें साल में मुम्बई में हुआ था। उनके देहान्त की खबर देश-विदेश के अखबारों में प्रमुखता से छपी। डॉ. बाबासाहेब अम्बेडकर उस समय लंदन में थे। शाहू छत्रपति के अकाली दुखद निधन का समाचार पढ़कर डॉ. अम्बेडकर बड़े दुखी हुए। उन्होंने लंदन से शाहू छत्रपति के पुत्र छत्रपति राजाराम को दिनांक 10 मई, 1922 को एक पत्र लिखा था, उसमें वे कहते हैं—

"यहाँ के अखबारों में महाराजा के निधन का समाचार सुनकर मुझे बड़ा दुख हुआ। यह मुसीबत की घटना मुझे दो कारणों से दुखदायी हुई है। उनके निधन से मैंने एक व्यक्तिगत मित्र को खोया है और अछूत समाज ने अपने एक महान हितचिन्तक को और सबसे महान हमदर्द से विमुख हुआ है। मैं स्वयं बेहद दुखी हूँ और आपके तथा विधवा महारानी साहिबा के दुख में असीम और दुखी भावना से हमदर्दी व्यक्त कर रहा हूँ।"

कीर, धनंजय—राजर्षि शाहू छत्रपति, पृ. 528

सात करोड़ अछूत हिमालय को मटियामेट कर देंगे

दिनांक 9 मार्च, 1924 को मुम्बई के दामोदर हॉल में शाम को चार बजे दलित समाज सेवकों की सभा हुई। उसमें दलितों की एक संस्था स्थापित करने का निर्णय लिया गया। डॉ. अम्बेडकर ने सुझाव दिया कि इस संस्था का नाम 'बहिष्कृत हितकारिणी सभा' रखा जाए। सभी ने उसको स्वीकार किया। इस संस्था का घोष वाक्य था। Educate, Agitate and Organise. इस सभा में डॉ. अम्बेडकर ने कहा—

"शिवतरकर जी हमेशा मेरे सम्पर्क में रहते हैं। संस्था का हर तरह का काम करते हैं। आप लोग क्यों उनका विरोध करते हैं? मैं अपने समाज के उत्थान के लिए पूरी तरह से और ईमानदारी के साथ काम करनेवाला हूँ। इसके लिए मैंने उतनी पढ़ाई भी की है। मैंने जो ज्ञानशक्ति अर्जित की है उसका उपयोग केवल अपने परिवार और अपनी जाति के लिए ही नहीं करना चाहता। मैं उसका उपयोग सम्पूर्ण अछूत समाज के आन्दोलन के लिए करना चाहता हूँ। इसके लिए मैंने कई प्रकार की योजनाएँ तैयार की हैं। यदि वह सफल होती है तो अछूत समाज और सवर्ण (स्पृश्य) समाज दोनों को लाभ होगा।

अछूतों की समस्याएँ बड़ी पेचीदा हैं। उन सभी को मैं हल नहीं कर सकूँगा इस बात को मैं अच्छी तरह जानता हूँ। लेकिन मुझे इस बात का पूरा यकीन है कि मैं उन सभी सवालों को दुनिया के सामने रखकर उनकी ओर दुनिया का ध्यान आकर्षित कर सकूँगा। अछूतों की समस्याएँ एक बड़ा हिमालय है। उस हिमालय से टकराकर मैं अपना सिर फोड़नेवाला हूँ। यदि हिमालय ढहा नहीं फिर भी मेरा सिर लहूलुहान होता हुआ देखकर सात करोड़ अछूत लोग उस हिमालय को मटियामेट करने के लिए एक पाँव पर तैयार होंगे और अपनी जान भी कुर्बान कर देंगे, इस बात को अच्छी तरह ध्यान में रखिए। यदि आप लोग आपस में ही लड़ते-झगड़ते रहे तो मैं ही नहीं मेरे अलावा दूसरी कोई ताकत कुछ भी नहीं कर सकेगी।"

यदि राज्य का अभिमान न हो तो राज्य टिकता नहीं

बदलापुर, जिला ठाणे में त्रिशत सांवत्सरिक छत्रपति शिवाजी उत्सव दिनांक 3 मई, 1927 को बड़े उत्साह के साथ मनाया गया था। डॉ. अम्बेडकर की अध्यक्षता में यह उत्सव सम्पन्न हुआ। इस अवसर पर डॉ. अम्बेडकर ने कहा, "जिस शिवाजी ने अपनी असाधारण योग्यता से राज्य को हासिल किया था उनका वह राज्य चिरकाल तक क्यों नहीं चल सका? इसका कारण यही है कि उस राज्य का स्वाभिमान सभी को समान रूप से नहीं था। एक राजा आया और चला गया, दूसरा राजा आया और चला गया लेकिन लोगों के रोज के व्यवहार में किसी भी प्रकार का परिवर्तन नहीं हो रहा था। नेपोलियन के इंग्लैंड पर हमले के समय इंग्लैंड के मजदूर लोगों ने अपने देश के लोगों को जो जवाब दिया था वही जवाब यहाँ भी सही है।"

बहिष्कृत भारत, 20 मई, 1927

अपना कल्याण करने के लिए हमको ही कमर कसनी पड़ेगी

मुम्बई-चिराबझार में दिनांक 4 जून, 1927 को अछूत समाज की विशाल आम सभा हुई। इस सभा में डॉ. अम्बेडकर अध्यक्ष थे। इस विशाल जनसभा को सम्बोधित करते हुए डॉ. अम्बेडकर ने कहा कि "अपना कल्याण करने के लिए हम लोगों को ही कमर कसनी पड़ेगी। इस तरह का काम एक-दो लोगों का नहीं है। इसमें कई लोगों को बड़े साहस के साथ अपनी इनसानियत को सवर्ण लोगों के सामने सिद्ध कर दिखानी चाहिए। इस कार्य में कई लोगों की कुर्बानी भी हो सकती है। अपने पूर्वजों ने युद्ध भूमि पर अपने बाहुओं की ताकत को तलवार के बल पर साबित कर दिखाया है। अब हम लोगों को अपनी बुद्धि के बल पर आज के सामाजिक समर में अपना ऊँचा स्थान हासिल करना चाहिए।"

बहिष्कृत भारत, 1 जुलाई, 1927

हमें साहसी और स्वाभिमानी लोग चाहिए

रविवार दिनांक 5 जुलाई, 1927 को मुम्बई शहर के सभी बहिष्कृत लोगों की जनसभा सर कासव जी जहाँगीर हॉल में आयोजित की गई थी। डॉ. अम्बेडकर इस सभा के अध्यक्ष थे। इस सभा में निम्न प्रस्ताव पास किए गए—

प्रस्ताव-1 : अछूत वर्ग की शिकायतें और उन पर हो रहे अन्याय पर सरकार की ओर से उचित रोक लगानी चाहिए। उसी प्रकार सरकार ने अछूतों के उत्थान के लिए समय-समय पर जो प्रस्ताव मंजूर किए हैं और आगे जो प्रस्ताव मंजूर किए जाएँगे उनका पूरी तरह से पालन होना चाहिए। इसके लिए सरकार को मद्रास इलाके की तरह मुम्बई इलाके में भी एक स्वतंत्र अधिकारी की नियुक्ति करनी चाहिए। इस प्रकार से यह सभा माँग करती है।

प्रस्ताव-2 : बहिष्कृत हितकारिणी सभा ने महाड में सत्याग्रह करने की योजना बनाई है, उसको यह सभा पूरा समर्थन करती है। यह सभा बहिष्कृत वर्ग के सभी जाति के लोगों से इस प्रकार से विनती करती है कि उनको इस सत्याग्रह में सम्मिलित होना चाहिए।

उसके बाद डॉ. अम्बेडकर का अध्यक्षीय भाषण हुआ, उस भाषण में उन्होंने कहा—

"अब हम लोगों ने दोनों प्रस्तावों का तालियाँ बजाकर अनुमोदन किया है। लेकिन लगता है उनमें से दूसरे प्रस्ताव के बारे में आप लोगों को पर्याप्त जानकारी नहीं है। दूसरा प्रस्ताव सत्याग्रह करने के सम्बन्ध में है। सत्याग्रह का मतलब है लड़ाई। लेकिन वह लड़ाई तलवार, बन्दूक, तोप, बम, गोला आदि साधनों से करना नहीं है। इस लड़ाई को बगैर शस्त्र से लड़ना जरूरी है। जिस तरह पतुल्लाखली, वेकोम आदि जगह पर लोगों ने सत्याग्रह किया है। उसी प्रकार हम लोगों को भी सत्याग्रह करना है।

इस सत्याग्रह को करते समय सरकार हम लोगों को शायद शान्ति भंग करने के नाम पर किसी धारा के तहत पकड़कर जेल में डाल सकती है। इसलिए आप

लोगों को भी जेल में जाने की तैयारी होनी चाहिए। मैं आप लोगों को स्पष्ट रूप से कहना चाहता हूँ कि जिनको अपने बाल-बच्चों की ज्यादा चिन्ता है उनको इस सत्याग्रह में बिलकुल सम्मिलित नहीं होना चाहिए। हम लोगों को सत्याग्रह में ऐसे लोगों की जरूरत है जो साहसी और स्वाभिमानी हो। जिन लोगों का इस प्रकार का संकल्प हो कि अछूतपन हमारे देश पर लगा हुआ एक कलंक है और उसको मिटाने के लिए मैं पूरा प्रयास करूँगा, ऐसे ही लोगों को अपने नाम सत्याग्रह में लिखवाने चाहिए। मुझे इस बात की पूरी उम्मीद है कि ऐसे लोग बहिष्कृत समाज में हैं।"

बहिष्कृत भारत, 15 जुलाई, 1927

इस व्याख्यान की तारीख 5 के बजाय 3 जुलाई, 1927 होनी चाहिए।

महार जाति पर स्वार्थी होने का आरोप बेबुनियाद

बुधवार, दिनांक 20 जुलाई, 1927 को पूना के मातंग मोहल्ले में पूना के 'दीनबंधु' पत्र के सम्पादक डॉ. नवले की अध्यक्षता में अछूत समाज के लोगों की एक विशाल जनसभा हुई थी। इस जनसभा को सम्बोधित करते हुए डॉ. अम्बेडकर ने कहा था—

"मैं आज मन में किसी भी प्रकार का किन्तु-परन्तु न रखते हुए बोलनेवाला हूँ। मेरे भाषण को किसी को गलत नहीं समझना चाहिए। मि. सकट और मि. वायदंडे जैसे लोगों ने मुझ पर बेवजह आरोप लगाना शुरू किया है। मैं इस बात को अच्छी तरह जानता हूँ कि नेताओं की आलोचना तो होती ही है। मैं महार जाति में पैदा हुआ हूँ। इस बात को आप सभी लोग जानते हैं। मेरे आलोचकों का कहना है कि महार जाति स्वार्थी है किन्तु उनसे मेरा यह सवाल है कि अछूत वर्ग के गैर महार जाति के नेताओं ने महार जाति के लोगों के लिए नि:स्वार्थ भाव से क्या काम किया है?

वास्तव में देखा जाए तो गैर महार जाति ही शिक्षा और अर्थ सम्पदा की दृष्टि से आगे है। मुम्बई जैसे शहर में चमार और ढोर जाति के कुछ लोग इनकम टैक्स भी भरते हैं, इतने सम्पन्न हैं। लेकिन मैंने यह कभी भी नहीं सुना है कि उन्होंने महार लोगों के उत्थान के लिए कुछ काम किया है, बल्कि हम लोगों ने कई जरूरी संस्थाएँ स्थापित की हैं और केवल महार जाति के लिए ही नहीं अछूतों की सभी जातियों के उत्थान के लिए तन-मन-धन से काम कर रहे हैं। हम लोग 'बहिष्कृत हितकारिणी सभा' की स्थापना करके अछूतों के उत्थान का काम कर रहे हैं। हम लोगों ने सोलापुर में अछूतों के लिए एक छात्रावास शुरू किया है। उसके लिए चमारों ने किसी प्रकार का सहयोग नहीं किया है। फिर भी हम लोगों ने उस छात्रावास में महार, मातंग, चमार आदि सभी जाति के बच्चों को लिया है। और मैंने मि. सकट से निवेदन किया है कि 'आप मातंग छात्रों को उस छात्रावास में जरूर भेजिए।' इस प्रकार हम लोग नासिक और जलगाँव में छात्रावास शुरू कर महार और गैर महार जाति के उत्थान के लिए लगातार प्रयास कर रहे हैं। यह सब कुछ होते हुए महार जाति के विरोध में क्यों चिल्लाया जाता है यह मेरी समझ में नहीं आ रहा है।

आलोचकों का कहना है कि सरकार की ओर से जो सुविधाएँ प्राप्त होती हैं उनको अछूत जातियों में उचित मात्रा में बाँटा नहीं जाता, बल्कि महार जाति स्वार्थी भावना से सभी सहूलियतों को हड़प लेती है। मुम्बई में मि. निकाड़जे नाम के महार जाति के व्यक्ति को मुम्बई में कॉरपोरेशन में नॉमिनेट किया गया था। लेकिन उसके द्वारा सारे अछूत वर्ग की जो भलाई होनी चाहिए वह हो नहीं रही है। जिस समय यह बात मेरे ध्यान में आई उस समय उस स्थान पर मैंने सरकार से कहकर चमार जाति के ख्यातिनाम क्रिकेटर मि. बालू को नियुक्त करवाया। सतारा शहर में महारों की बड़ी तादाद है। फिर भी वहाँ की नगरपालिका में सरकार नियुक्त सदस्य चमार जाति का है। इन सभी बातों की ओर ध्यान देने से पता चलता है कि महार जाति पर स्वार्थी होने का आरोप करना कितना गलत है।

कुछ नासमझ महार लोग उदार दृष्टिवाले नहीं होंगे लेकिन केवल इतनी-सी बात के लिए सम्पूर्ण महार जाति को दोष देना उचित नहीं है। मैं अन्य जाति के लोगों को बड़े आग्रह के साथ कहता हूँ कि महार जाति के नेता क्या करते हैं इस बात पर पहले ध्यान दीजिए फिर आरोप लगाइए। मैं स्वयं मातंग जाति के साथ रोटी-बेटी व्यवहार करने के लिए तैयार हूँ। इस प्रकार की स्थिति होने पर भी मातंगों और महारों में बेबनाव क्यों होना चाहिए, यह बात मेरी समझ में नहीं आ रही है। मैं स्वयं अपने घर में मातंग जाति के एक बच्चे को अपने बच्चे की तरह पाल रहा हूँ। हम केवल बोलनेवाले नेता नहीं हैं बल्कि करके दिखानेवाले भी हैं। कांग्रेस के सम्मेलनों में भोजन के समय जाति आधारित अलग-अलग गुट होते हैं। लेकिन मेरे नेतृत्व में आयोजित बहिष्कृत परिषद के समय सभी जाति के लोगों का भोजन एक ही जगह हुआ है। इससे आप लोग समझ सकते हैं कि जाति-जाति में एकता भाव पैदा करने के लिए हम कितना प्रयास करते हैं।

यह सब कुछ होते हुए भी गैर महार जाति के लोगों को महारों से अलग रहने की इच्छा हो तो उनको बड़ी खुशी के साथ उस तरह से करना चाहिए। उन्होंने स्वतंत्र रूप से अछूतोत्थान का काम किया तब भी हमें कोई आपत्ति नहीं है। सिर्फ मेरा इतना ही अनुरोध है कि उनको कुछ विशेष लोगों की छत्र में नहीं जाना चाहिए। कुछ ब्राह्मण लोग अछूतोद्धार के लिए प्रयास कर रहे हैं, यह बात सच है लेकिन कई ब्राह्मण लोग ब्राह्मणेतर संगठन को मजबूत करने की बजाय अपना संगठन मजबूत करने के लिए ही अछूतों को करीब करने का काम करते हैं, ऐसा मुझे लगता है। केवल हमारे उद्धार के लिए ही निःस्वार्थ भाव से जो ब्राह्मण या मराठा प्रयास करेगा वही हमें चाहिए। हम लोग दूसरों के हाथ का खिलौना नहीं बनना चाहते।

स्वार्थी बुद्धि के लोगों के हाथों अछूतपन उन्मूलन का कार्य हुआ तब भी हमको उसकी चिन्ता नहीं है। मेरा यह मानना है कि अछूत रहकर जो सहूलियतें मिलेंगी उसके सहयोग से हम लोगों को अपना उत्थान करना आसान होगा। मुझे

ऐसा लगता है कि मि. माटे का सचमुच में अछूतों का उत्थान करने का उद्देश्य नहीं है। उनका यही प्रयास है कि अछूतों को नजदीक करके ब्राह्मणेतरों (गैर-ब्राह्मण, मराठा आदि) को करारा जवाब दिया जाए, ऐसा मुझे लगता है। यदि मि. (श्री.म.) माटे ने मेरी समझ को गलत साबित कर दिया तो मैं उनसे निश्चित तौर पर सहयोग प्राप्त करूँगा।

मुस्लिमों से अपनी रक्षा होनी चाहिए। इसलिए फिलहाल अछूतपन निर्मूलन का दाँव हिन्दू महासभा खेल रही है, ऐसा मुझे लगता है। इस प्रकार की स्थिति में गैर महार भाइयों से मेरा यही कहना है कि उनको किसी के भी जाल में नहीं फँसना चाहिए। मि. सकट ने 'दे दान सुटे गिराण (दान दो ग्रहण छोड़ो)' कहकर भीख माँगा तब भी मुझे बुरा नहीं लगेगा। लेकिन वे यदि मि. माटे के जाल में फँस गए तो उस बात का मुझे बड़ा दुख होगा। मेरी यही सलाह है कि अलग रहिए लेकिन दूसरों के बगल बच्चे बनकर मत रहिए।

हम लोगों पर इस प्रकार का भी दोषारोप लगाया जाता है कि महार जाति के नेता ही काउंसिल के पद हड़प लेते हैं। क्या अछूतों के हकों का रक्षण करने के लिए काउंसिल में लायक लोगों का जाना जरूरी नहीं है? गैर महारों में मेरे जैसा आदमी पैदा नहीं हुआ यह उनका दुर्भाग्य है। लेकिन मुझे काउंसिल के पद की कोई इच्छा नहीं। यदि गैर महारों में ज्यादा लायक आदमी हो तो उसको बड़ी खुशी के साथ मेरा पद ले लेना चाहिए। मैं इसी वक्त इस्तीफा देने के लिए तैयार हूँ। जब आप लोगों को ऐसा लगे कि मैं काउंसिल में केवल महार जाति के कल्याण के लिए ही झगड़ रहा हूँ तो आप अपनी शंकाएँ पत्र द्वारा मुझे लिखकर भेजिए। मैं आप लोगों की शंका को तुरन्त दूर करने का प्रयास करूँगा।

सवर्ण (स्पृश्य) समाज के लोग हम लोगों से कहते हैं कि आप लोग सुशिक्षित बन जाइए तो अछूतपन अपने आप मिट जाएगा। लेकिन केवल सुशिक्षित बन जाने से अछूतपन अपने आप समाप्त हो जाएगा इस तरह से कहना पूरी तरह गलत है। मैं आप लोगों को एक उदाहरण देना चाहता हूँ, आप लोगों की समझ में आ जाएगा। मुम्बई में मेरे चेम्बर के पास रहनेवाले ब्राह्मण को (महाराज को), जब तक यह नहीं मालूम था कि 'मैं अछूत हूँ', तब तक वह मुझे अपनी कप-बशी में चाय और भजिया भेजता था। लेकिन परसों एक गुजराती समाचार-पत्र में छपे मेरे फोटो से उसको पता चला कि 'मैं अछूत हूँ', उस समय से उसने मुझे काँच के गिलास में चाय देना शुरू किया। उसको इस तरह का बर्ताव करने के लिए सवर्ण समाज के एक बाबू ने कहा था। इस प्रकार की स्थिति जहाँ है वहाँ इस तरह से कहना कि सुशिक्षित होने पर अछूतपन अपने आप मिट जाएगा, पूरी तरह गलत है।

यदि इस समय हम लोगों ने आक्रामक नीति नहीं अपनाई तो हमारी बात को कोई सुननेवाला नहीं है। हम लोगों को दबाया जा रहा है क्योंकि हम लोगों को

अपने अपमान के प्रति गुस्सा नहीं है। यही कारण है कि अन्याय का प्रतिकार हमारे पूर्वजों ने नहीं किया, यह उनकी सबसे बड़ी गलती थी। अब अपमान बर्दाश्त करने के दिन बीत चुके हैं। इस बात को हम लोगों को अपना संगठन बनाकर लोगों को बता देना चाहिए।

इसके बाद अछूतों के जो-जो सम्मेलन आयोजित किए जाएँगे उसकी परिणति मन्दिर प्रवेश, सार्वजनिक तालाब का पानी पीना आदि बातों में होना चाहिए, ऐसा मुझे लगता है। इस वर्ष हम लोग आडंदी में अछूतों का सम्मेलन करनेवाले हैं। उस समय कुछ भी हो हम वहाँ के मन्दिर में प्रवेश करेंगे। यदि ऐसा करेंगे तो ही हमारा कार्य सफल होगा।"

बहिष्कृत भारत, 29 जुलाई, 1927

हक हासिल करने के लिए सभी को तैयार रहना चाहिए

बारा पाखाडी, पाली, दांडा रोड, बांद्रे में दिनांक 11 दिसम्बर, 1927 को डॉ. अम्बेडकर की अध्यक्षता में महाड सत्याग्रह की मदद के लिए जनसभा का आयोजन किया गया था। उन्होंने अपने अध्यक्षीय भाषण में कहा—

"सज्जनो, भाइयो और बहनो,

आप लोगों ने जो धन सहयोग किया है उसके लिए मैं आप लोगों का आभारी हूँ। आज यहाँ इकट्ठा हुए लोगों ने अपने पूर्वजों की बहादुरी का सिंहावलोकन किया तो हम लोगों को गरदन नीचे झुकानी पड़ेगी। कोंकण के दापोली गाँव में पहले सूबेदार, जमींदार, हवलदार आदि लोगों की बड़ी-बड़ी हवेलियाँ थीं। लेकिन आज उन हवेलियों को, बाड़ों को मुस्लिम लोगों ने तहस-नहस कर दिया है। आज आप लोगों को उन हवेलियों का, बाड़ों का पता भी नहीं चलेगा। हमारी इस प्रकार की स्थिति क्यों हुई इसके बारे में सोचना पड़ेगा। यहाँ ईस्ट इंडिया कम्पनी आई। उस कम्पनी को राज्य स्थापित करने के लिए हमारे लोगों ने सहयोग किया। और हमारे लोग जब तक फौज में थे तब तक ही हमारे लोगों का विकास हुआ लेकिन फौज का दरवाजा बन्द होते ही हमारी स्थिति कमजोर हो गई।

आज हमारे लोगों को पुलिस में नहीं लिया जाता और अन्य जगह नौकरी मिलनी आसान नहीं है। पूना में अपने वर्ग में से एक लड़का ग्रेजुएट हो गया है। उसको नौकरी मिलनी चाहिए इसलिए मैं सरकार से पिछले दो साल से झगड़ रहा हूँ। मैं इस बात को अच्छी तरह जानता हूँ कि सरकार में ही कुछ बड़े अफसर हैं जो इसका विरोध कर रहे हैं। हम लोग महाड में जो सत्याग्रह करनेवाले हैं और जिसके लिए आप लोगों ने आर्थिक सहयोग किया है उसके लिए आप ऐसा मत समझिए कि हम आप लोगों की गाड़ी के घोड़े हैं और उसके लिए आप चन्दा दे रहे हैं। बल्कि यह काम सभी का है। महाड के तालाब पर जो सत्याग्रह करना है वह इसलिए कि सवर्ण हिन्दू हम लोगों को अछूत, अपवित्र मानते हैं। इसलिए नहीं कि महाड में अछूतों को पानी का अकाल है। सवर्ण हिन्दू और हम लोग

एक समान हैं। वह हमारा हक है। और हक हासिल करने के लिए सभी को तैयार रहना चाहिए। वहाँ किसी भी प्रकार की अनुचित घटना नहीं घटेगी। इस बात का मुझे पूरा यकीन है। इसलिए आप लोगों को एकदम भयमुक्त होकर उस सत्याग्रह में सम्मिलित होना चाहिए, यही मेरा आप लोगों से अनुरोध है।"

बहिष्कृत भारत, दिनांक 23 दिसम्बर, 1927

जातिभेद से ही अछूतपन का जन्म

दिनांक 25 सितम्बर, 1928 को दादर, मुम्बई में गणेशोत्सव के बहाने डॉ. अम्बेडकर और श्री. म. माटे के व्याख्यान आयोजित किए गए थे। लेकिन श्री. म. माटे नहीं आए। डॉ. अम्बेडकर ने अपने व्याख्यान में कहा—

'अछूतपन निर्मूलन के लिए अछूतों द्वारा चलाया गया आन्दोलन और उस पर ब्राह्मणादि सवर्ण जाति की ओर से किए गए दोषारोपणों पर विमर्श' इस विषय पर आज मैं आप लोगों के सामने बोलना चाहता हूँ। विषय का नाम छोटा नहीं बल्कि लम्बा-चौड़ा है। समय कम है इसलिए उसकी चर्चा विस्तार से करके आप लोगों को परेशान करने की बजाय थोड़े शब्दों में ही करना चाहता हूँ।

हमारे आन्दोलन पर विशेष तौर पर तीन तरह के आरोप किए जाते हैं। पहला आरोप यह है कि हम लोग स्पृश्य (सवर्ण) वर्ग के साथ सहयोग करने की बजाय स्वतंत्र आन्दोलन करते हैं। दूसरा आरोप यह है कि हमारी नीति आक्रामक होती है। तीसरा आरोप है कि हम लोग जातिभेद और अछूतपन को दो अलग-अलग और स्वतंत्र सवालों को एक-दूसरे से सम्बन्धित मानकर उनको बेवजह एक-दूसरे के साथ मिला लेते हैं, जिसकी वजह से अछूतपन निर्मूलन का दिन करीब आने के बजाय दूर जाने में मदद ही होती है।

इन तीनों आरोपों में से पहले आरोप के बारे में मुझे यही कहना है कि सहयोग न करने का मतलब स्वतंत्र रूप से और स्वावलम्बन के सिद्धान्त पर आन्दोलन चलाना, ऐसा यदि हो तो यह आरोप सही है। लेकिन इसका अर्थ हम किसी भी सवर्ण व्यक्ति के साथ सहयोग नहीं करते या अगर किसी का भी सहयोग लेना नहीं चाहते, ऐसा हो तो वह आरोप सही नहीं है। जब हमें ऐसा पूरा यकीन होता है कि वह 'हमारा आदमी' है फिर वह जाति से ब्राह्मण हो या गैर-ब्राह्मण उसके साथ हम हमेशा सहयोग करने के लिए तैयार रहते हैं।

इस संघ का अध्यक्ष होने का सम्मान मुझे मिला है, और जातिभेद को समाप्त करके हिन्दू समाज से अछूतपन का समूल विनाश करने के लिए अल्प बल के अनुसार जो संघ प्रयास कर रहा है उसे हमारे समाज समता संघ में ब्राह्मण, गैर-ब्राह्मण, अछूत आदि किसी को आने में रोक नहीं है। उसमें सभी जाति के लोग

हैं। अपने आन्दोलन के सूत्र को अछूतों ने अब अपने हाथों में लिया है इसमें कोई आश्चर्य की बात नहीं है।

कोई समाज या वर्ग जब एकदम गई-गुजरी स्थिति में होता है उस समय उसको मदद का हाथ देकर ऊपर उठाने के लिए प्रगत समाज के कुछ लोग ही पहले अगुआई करते हैं। अपनी इंडियन नेशनल कांग्रेस की स्थापना करने के लिए कुछ अंग्रेज लोगों ने अगुआई की थी। इंग्लैंड की मजदूर पार्टी की स्थापना करने में उदारमतवादी लिबरल पार्टी के लोगों के प्रयास ही पहले सहायक हुए हैं। लेकिन प्रारम्भ में सहयोग करनेवाले प्रगत समाज के लोगों का सहयोग पिछड़े वर्ग के लोगों को कुछ विशेष और निश्चित सीमा तक ही मिल सकता है। इस सीमा के बाद वे पिछड़ी जाति के लोगों के साथ नहीं आ सकते। इतना ही नहीं पहले के हितकारी आगे-आगे उनके प्रतिस्पर्धक, आलोचक और शत्रु बन जाते हैं। एक समय सहयोगी और आधार देनेवाली लिबरल पार्टी मजदूर पार्टी की इसी कारण आज जबर्दस्त विरोधक बन गई है। लेकिन इसकी वजह से मजदूर पार्टी एहसानफरामोश है या उनको स्वतंत्र आन्दोलन नहीं करना चाहिए, इस तरह की बात कोई भी समझदार आदमी नहीं कहेगा।

अछूतपन निर्मूलन आन्दोलन का भी इसी प्रकार का इतिहास है। ब्राह्मणादि के सफेदपोश वर्ग के कुछ सुधारवादी और उदारवादी लोगों ने अछूतों को पहले सहयोग किया। आगरकर, रानडे आदि लोग कहते थे कि अछूतों को छूने में कोई आपत्ति नहीं है। वे लोग अछूतों की सभाओं में उपस्थित रहकर उनको सुधार के बारे में हमदर्दी से दो बातें भी बताते थे। जिसकी वजह से उनको अपने जाति के लोगों की आलोचना भी बर्दाश्त करनी पड़ती थी। लेकिन इन सुधारवादियों का जिस जाति में जन्म हुआ था उसी जाति में उनको कई प्रकार के सुधार करने थे। जिनको पिछड़ी जातियों में जनभाषा में 'पाट' (पुनर्विवाह) कहा जाता था वह 'पाट' या पुनर्विवाह ब्राह्मण स्त्रियों के किए जाए या नहीं, विधवाओं के मुंडन करना धर्मशास्त्रों के अनुकूल है या नहीं, पुरुषों को बाल रखने चाहिए या नहीं, महिलाओं को पढ़ाया जाए या नहीं, आदि सफेदपोश सवालों की चर्चा करने में इस प्रगत समाज वर्ग के सुधारवादियों का समय चला गया। अछूतों के कल्याण-अकल्याण से इस चर्चा का कुछ भी लेना-देना नहीं था। ब्राह्मण महिलाओं के पुनर्विवाह प्रचलित हुए या मुंडन करने की परम्परा रुक गई, तब भी अछूतपन की व्यवस्था पर इससे कुछ विशेष परिणाम होनेवाला नहीं था।

यह रानडे, आगरकर आदि महाराष्ट्रीय ब्राह्मण सुधारकों के समय की अछूतपन निर्मूलन प्रयासों की दिशा और सीमा हुई। फिलहाल हिन्दू सभावालों के प्रयासों की महाराष्ट्र में धूमधाम चल रही है। रानडे, आगरकर में सुधारना के बारे में जो एक तरह की जिद थी वह भी महाराष्ट्र के हिन्दू शुद्धि संगठनवालों में दिखाई नहीं दे रही है। उनका अपनी मनोशुद्धि की बजाय दूसरे धर्मवालों के शुद्धि की ओर और संगठन

की बजाय संख्याबल की ओर ही विशेष झुकाव है। यदि सही बल संख्या में होता तो आज भी हिन्दू ही बहुसंख्य है। लेकिन उनमें संगठन नहीं होने के कारण उनकी संख्या ज्यादा होने पर भी उसका कुछ विशेष उपयोग नहीं हो रहा है। इस बात को वे लोग अच्छी तरह जानते हैं लेकिन वे उसकी ओर जानबूझकर ध्यान नहीं दे रहे हैं। इनमें से अधिकांश नेता जैसी हवा बहेगी वैसे-वैसे बह रहे हैं। जब अछूतों को लगता है कि उन पर भरोसा करके अछूतपन की आग से हमारी मुक्ति सम्भव नहीं है, तो उसमें उनका क्या दोष है?

एक मानव समाज को अपने ही लोगों की दासता से मुक्त करने के लिए दूसरा मानवी समाज दिल से झगड़ने का केवल एक ही सही उदाहरण दुनिया के इतिहास में मिलता है और वह है काले लोगों को दासता से मुक्त करनेवाले अमेरिका के गोरे लोगों का। उस समय भाई अपने भाई से, बेटा अपने बाप से, दोस्त अपने दोस्त से लड़ता रहा। जातिभेद पर जबर्दस्त प्रहार करके अछूतपन के पाप को मूल से ही नष्ट करनेवाला यदि अकेला धर्मवीर अपने देश में कोई हुआ है तो वह अकेला गौतम बुद्ध ही है। लेकिन उक्त प्रकार के उदाहरण और इस प्रकार की घटनाएँ बार-बार नहीं घटतीं। इसलिए यह इस तरह से घटेगा इस प्रकार की नासमझ उम्मीद पर हम लोग भी निर्भर नहीं रह सकते।

हमारी नीति आक्रामक है, हम लोग विनम्र भाव से और सिर झुकाकर जो कुछ माँगना है वह नहीं माँगते जिसकी वजह से अछूतपन निर्मूलन के लिए अनुकूल लोग भी विरोधी बन जाते हैं, इस प्रकार के कुछ एक-दो आरोप हमारे खिलाफ हैं, लेकिन इस प्रकार का आरोप करनेवालों को जनों की नहीं तो कम से कम अपने मन की लज्जा लगनी चाहिए, ऐसा हमें लगता है। अछूतों जैसा विनम्र और लाचार समाज सारे विश्व में और दूसरा कौन है? आज सदियों से क्या हम लोग विनम्र नहीं रहे हैं? क्या हम लोगों ने पत्थर को भी पसीना निकलनेवाली दीनावस्था में और विनम्रता में दिन नहीं बिताए? मेहरबानी करके कम से कम आज हम लोगों को विनम्रता और विनय का पाठ पढ़ाने की जरूरत नहीं। उस पाठ को उच्चवर्णीय लोगों को ही पढ़ाइए। यदि विनती, अर्ज, प्रतिनिधिमंडल की सहायता से खोई हुई आजादी और हड़प लिए गए हक हासिल करना सम्भव होता तो नरम दल के लोग अब तक भारत के राजा बन गए होते और हिन्दुओं की धर्मसत्ता अछूतों के घर में चक्कर काटने लग गई होती। हमारा स्वभाव चढेल है या चढ़ेलपन के नखरे करने का हम लोगों को शौक है, ऐसी बात नहीं है। दिन भर मेहनत-मजदूरी करके पेट को भरने के लिए दो निवाले कैसे मिल सकते हैं यह तो हमारी रोज की परेशानी है लेकिन रोटी से भी इनसानियत बड़ी है, इसलिए हम लोग इस संग्राम में कूद पड़े हैं क्योंकि खटखटाए बगैर दरवाजे खुलते नहीं और छीनकर लिए बगैर हमारे इनसानियत के मामूली हक भी तुम लोगों के हाथों से मिलनेवाले नहीं हैं।

तीसरे आरोप का जवाब देते हुए मैं प्रारम्भ में आप लोगों को इतना ही कहना चाहता हूँ कि हमारा अछूतपन निर्मूलन का आन्दोलन केवल अछूतों तक ही सीमित नहीं है। बल्कि सम्पूर्ण हिन्दू समाज में व्याप्त इस जन्माधारित अछूतपन को समाप्त करना ही हमारे आन्दोलन का मूल उद्देश्य है। लेकिन उसको हासिल करना आसान काम नहीं है। इस बात को हम अच्छी तरह जानते हैं, लेकिन हिन्दू समाज में व्याप्त इस महाभयंकर रोग को समाप्त करने की चिन्ता यदि किसी को हो रही है तो वह हम अछूतों को ही है। ब्राह्मणों के अलावा अन्य सभी जातियों को इस सामाजिक और धार्मिक अछूतपन की परेशानी कुछ मात्रा में हुई है और हो रही है। खुद ब्राह्मणों और गैर-ब्राह्मणों में ही जातिविशेष अछूतपन का और ऊँच-नीचता का भाव है। ब्राह्मणों में ही पूजा के समय चित्पावन ब्राह्मण को पलशीकर ब्राह्मणों की अपवित्रता लग जाती है। कायस्थ स्त्री के छूने से अपने कपड़े अपवित्र नहीं होने चाहिए इसलिए ब्राह्मण स्त्री कुंकुम की चंगेरी नीचे रखती है। इस प्रकार से सवर्ण समाज में ही आपस में अछूतपन का बर्ताव किया जाता है। अछूतपन अछूत जाति में सीमा पार कर चुका है, बस इतना ही फर्क है। इसलिए हमारी भेटबन्दी टूटकर हम लोग 'शूद्र' वर्ण में आए मुस्लिमादि परधर्मियों की तरह छूत बने, फिर भी अछूतपन की भावना समूल नष्ट नहीं होती। उसको समूल नष्ट करना हो तो खुलेआम रोटी-बेटी व्यवहार शुरू होना चाहिए। उसके बगैर अछूतपन का रोग नष्ट होनेवाला नहीं है। लेकिन वह तो समूल नष्ट होना ही चाहिए। इसीलिए हम लोग प्रयास कर रहे हैं। केवल स्पर्शपावन ही होना होता तो अछूतों को परधर्म में जाकर भी उस तरह से आसानी से और सम्मानपूर्वक होना आसान था। फिर इतने संघर्ष की और जोर-जबर्दस्ती की कोई जरूरत ही नहीं थी।"

समता, 5 अक्तूबर, 1928

तकलीफें उठाना हो तो सत्याग्रह कीजिए

दिनांक 25 दिसम्बर, 1927 को रात में 9.00 बजे बापू साहब सहस्त्रबुद्धे और अन्य पाँच-छह अछूत साधुओं ने डॉ. बाबासाहेब अम्बेडकर की प्रेरणा से हजारों लोगों के सामने मनुस्मृति को जलाया। उस दिन रात में भोजन की व्यवस्था नहीं होने की वजह से सभी अतिथियों को चना खाकर रात गुजारनी पड़ी। डॉ. अम्बेडकर को भी उसी तरह रात गुजारनी पड़ी। दिनांक 26 दिसम्बर, 1927 को सुबह 9.00 बजे परिषद शुरू हुई। डॉ. अम्बेडकर ने स्वयं परिषद के सामने 'सत्याग्रह करना चाहिए' इस प्रकार का प्रस्ताव रखा और उस प्रस्ताव के सम्बन्ध में बोलते हुए उन्होंने अपने संक्षिप्त भाषण में कहा—

"कल मुझे कलेक्टर साहब ने मिलने के लिए बुलाया था। उसमें उन्होंने मुझे ऐसा कहा कि मैं सत्याग्रह के खिलाफ नहीं हूँ। लेकिन इसके सम्बन्ध में सवर्ण हिन्दुओं ने दीवानी कोर्ट में फरियाद की है और मुकदमे का फैसला होने तक अछूतों को चवदार तालाब पर नहीं जाना चाहिए इस प्रकार का अस्थायी आदेश उन्होंने हासिल किया है। उस कोर्ट का अपमान न हो इसलिए हमको इसमें मध्यस्थता करनी पड़ रही है। इस बात का मैंने उनको इस प्रकार से जवाब दिया है कि मैं स्वयं सत्याग्रह करने का संकल्प लेकर आया हूँ। मैं अपने संकल्प से दूर नहीं भागूँगा। सत्याग्रह करने के लिए यहाँ इकट्ठा हुए लोगों को मैं यही सलाह दूँगा कि सत्याग्रह कीजिए।

लेकिन सत्याग्रह में सम्मिलित होने के लिए आए हुए लोगों पर मैं अपने मतों का दबाव नहीं डालूँगा। लेकिन सत्याग्रह नहीं करने का आदेश मिल चुका है, इसलिए आप लोगों का सत्याग्रह करना उचित नहीं है, ऐसा कहकर मैं उनको सत्याग्रह करने से रोकूँगा नहीं। उसके बाद कलेक्टर साहब ने इस प्रकार की इच्छा व्यक्त की कि यदि सभी लोगों का यही कहना है कि सत्याग्रह करना ही है तो वहाँ इकट्ठा हुए लोगों के सामने दो शब्द बोलने का मुझे अवसर दीजिए। इस सम्बन्ध में मैं कलेक्टर साहब को इस प्रकार का आश्वासन दे आया हूँ कि मैं आपको उस तरह का अवसर दूँगा। मैंने उनको इससे ज्यादा कुछ नहीं कहा है। फिर भी आप लोग जो भी कुछ संकल्प करना चाहते हैं कर सकते हैं।

इस मामले में एक ही बात को ध्यान में रखना चाहिए कि किसी भी प्रकार से स्थायी भलाई करनी है तो परेशानी और पीड़ा को तो भोगना ही होगा। पुराणों में या इतिहास में इस बात के कोई प्रमाण नहीं मिलते कि सख्त तप किए बगैर किसी को कुछ वरदान प्राप्त हुआ है। सुख हमेशा दुख के बाद ही प्राप्त होता है। इसलिए सत्याग्रह न करने के आदेश को नकारने की वजह से जेल में जाने की बारी आई तो भी उसके लिए डरना नहीं चाहिए। यह रोक आदेश एक परम्परा के तहत दिया गया है। उस प्रकार की परम्परा न्याय पर आधारित है या अन्याय पर आधारित है इस बात को भी देखना चाहिए, अन्यथा कोर्ट के आदेश का पालन करने के डर से जिस अन्याय के खिलाफ हम लोग झगड़ रहे हैं उसी अन्याय को स्वीकार करने के लिए हम लोगों को मजबूर होना पड़ेगा।

सत्याग्रह, यह एक बड़ा कठिन तप है। अपने मन पर नियंत्रण रखकर सत्याग्रही लोगों को परेशानी बर्दाश्त करनी पड़ेगी। स्वयं परेशान होकर अपनी गरदन खुशी से दूसरों के हाथ देनी है। आप लोग हाथ में डंडे लेकर सत्याग्रह में नहीं जा सकेंगे। आप लोगों को अधिकारियों के आदेश का पालन करना पड़ेगा। सत्याग्रह में सम्मिलित होने के बाद किसी भी अधिकारी के आप लोगों को रास्ते में पकड़कर जेल में डाल देने पर किसी को भी माफी नहीं माँगनी चाहिए। वहाँ आप लोगों को अन्त तक यही कहना है कि हम लोगों ने जो किया है वह सही किया है मतलब—(1) डंडे पास में न रखना। (2) सरकार के आदेश का पालन करना। (3) जेल में जाने की तैयारी रखना और (4) सरकार से माफी न माँगना आदि बातों का पूरी तरह से पालन करना चाहिए। तब तो सत्याग्रह में सम्मिलित होने का कोई लाभ है। मैं कहता हूँ इसलिए आप लोगों का सत्याग्रह में सम्मिलित होने का कोई मतलब नहीं है। यदि आप लोगों ने यह अनुभव किया है कि अपना संघर्ष न्याय की प्राप्ति के लिए है और हर तरह की परेशानी भोगने के लिए यदि लोग तैयार हैं तो सत्याग्रह कीजिए।"

इस तरह डॉ. अम्बेडकर के प्रस्ताव को प्रस्तुत करने के बाद परिषद में सम्मिलित मान्यवर वक्ताओं में से कुछ लोगों ने प्रस्ताव के अनुकूल और कुछ प्रस्ताव के प्रतिकूल विचार व्यक्त किए। सभी वक्ताओं के भाषण होने के बाद डॉ. अम्बेडकर ने कहा—

"कुल मिलाकर ऐसे कहा जा सकता है कि इस परिषद की राय सत्याग्रह के अनुकूल है। इसके लिए मैं बड़ा खुश हूँ। लेकिन मेरे पीछे अन्धों की फौज नहीं चाहिए। मैं कहता हूँ इसलिए या अन्य लोग कहते हैं इसलिए जेल में जाकर धोखा खानेवाले लोग मुझे नहीं चाहिए। मुझे इस तरह से कहनेवाले लोग चाहिए कि मैं जेल में जाऊँगा लेकिन अपने अछूतपन को समाप्त करूँगा। सत्याग्रह करने से पहले इस बात को जान लेना जरूरी है कि इस प्रकार से कुर्बानी देने

के लिए कितने लोग तैयार हैं। यह काम तालियाँ बजा देने से या हाथ ऊपर कर देने से तय करने जैसा आसान काम नहीं है। उसको पूरी सोच-समझ के बाद ही तय करना चाहिए।

इसलिए जो लोग जेल में जाने के लिए तैयार हैं, मैं उन्हीं लोगों की गिनती करना चाहता हूँ। इस गिनती से इस बात का पता चलता है कि बहुमत सत्याग्रह के लिए अनुकूल है तो मैं कलेक्टर साहब को खबर भेज दूँगा और शाम के समय परिषद में आकर आप लोगों के सामने भाषण देने के लिए निमंत्रण दूँगा। उनके विचार सुनने के बाद भी यदि आप लोग सत्याग्रह के लिए अनुकूल हैं तो सत्याग्रह करेंगे।"

Dr. Babasaheb Ambedkar writing and speeches,
Vol. 18, Part-I, p. 126, 127, 128, 129

(डॉ. बाबासाहेब अम्बेडकर चरित्र-साधने प्रकाशन समिति,
उच्च आणि तंत्रशिक्षण विभाग, महाराष्ट्र शासन-2002)

अछूत होकर भी अछूतों के आन्दोलन में सम्मिलित न होना शर्मनाक है

दिनांक 25 से 27 दिसम्बर, 1927 को महाड में आयोजित सत्याग्रह परिषद की वजह से वहाँ का चमार (चांभार) समाज भी हड़बड़ाकर जाग गया और उन्होंने दिनांक 27 दिसम्बर को चमार मोहल्ले में एक जनसभा आयोजित की। उस जनसभा को सम्बोधित करते हुए डॉ. अम्बेडकर ने कहा—

"दो चमार लोगों को छोड़कर अन्य कोई भी चमार सत्याग्रह जैसे महत्त्वपूर्ण कार्य में सम्मिलित नहीं हो रहे यह बड़े आश्चर्य की बात है। मुझे इसका कुछ भी कारण समझ में नहीं आ रहा है। आप लोग महार समाज से सहयोग करने में क्यों घबराते हैं, मेरी समझ में नहीं आ रहा है। आप लोगों ने एक होकर सत्याग्रह जैसा बड़ा काम करने का फैसला किया तो वह आपकी ताकत के बाहर होगा, ऐसा मुझे लगता है क्योंकि आप लोगों की जनसंख्या एकदम कम है। इसलिए महार लोगों जैसे बहुसंख्य लोगों से बल की दृष्टि से सहयोग किए बगैर आप लोगों के पास कोई विकल्प नहीं है। उसी प्रकार महार लोगों के साथ सहयोग करने से अपनी जाति अपवित्र होगी इस प्रकार का डर मन में रखने की भी जरूरत नहीं है।

सच कहा जाए तो सत्याग्रहियों का समूह वीरों का समूह है और वीरों के समूह में जाति-पाँति को कोई स्थान नहीं है, इस बात को पेशवाओं के ब्राह्मणी राज्य में भी स्वीकार किया जाता था। यदि वैसा नहीं होता तो सिदनाक महार का लम्बू मराठा सरदारों की छावनी में नहीं रहने दिया होता। फिर भी आप लोग अपनी जाति को तोड़िए, भूल जाइए ऐसा कोई आग्रह नहीं कर रहा है। वास्तव में आप लोग सुखी, व्यापारी, धनी लोग हैं। सचमुच में आप लोगों को हम लोगों की भी मदद करनी चाहिए। आप लोग सवर्णों को जूतियाँ न देने का सत्याग्रह कर सकते हैं। इस प्रकार का बल आपके समाज में है फिर भी आप लोग उसका उपयोग नहीं करते। इसके लिए आपकी बेपरवाही कही जाए या भयंकर आलसी कहना चाहिए, यह मुझे समझ में नहीं आ रहा है। आप लोगों को इनसानियत चाहिए या सुख चाहिए आप तय कीजिए। इनसानियत के बगैर आपका सुख बेकार है।

आपके जैसे स्वतंत्र और सुख-सम्पन्न लोगों ने अछूतों को उनके इनसानियत के हक दिलवाने के काम में बड़ी जिद से सम्मिलित होना चाहिए। इस पुण्य को आप कुछ न कुछ मात्रा में पाइए। इसमें आप लोग यदि सम्मिलित हुए तो इतिहास में महारों के साथ आप लोगों का भी नाम अमर होगा। वरना आपकी आगे की पीढ़ी आप लोगों को नामर्द होने का आरोप करेगी।"

बहिष्कृत भारत, 3 फरवरी, 1928

शील और सज्जनता न हो तो पढ़ा-लिखा आदमी हिंसक जानवर से भी भयंकर और डरावना

दिनांक 12 और 13 फरवरी, 1938 को मनमाड में आयोजित अखिल जी.आई.पी. रेलवे अछूत मजदूर परिषद के विशाल पंडाल में डॉ. बाबासाहेब अम्बेडकर की अध्यक्षता में मुम्बई इलाका अछूत युवक परिषद 12 फरवरी, 1938 को शाम 8 बजे आयोजित की गई थी। इस परिषद को सम्बोधित करते हुए डॉ. अम्बेडकर ने कहा—

"आज की इस युवक परिषद का मैं युवा न होते हुए भी मुझे अध्यक्ष बनाया गया है क्योंकि मेरी उम्र के चालीस साल बीत चुके हैं। आमतौर पर युवकों की आयु मर्यादा चालीस के नीचे होती है। खैर, आज की यह परिषद युवकों की है फिर भी आप देख रहे हैं कि यहाँ सभी बातें इकट्‌ठा हो गई हैं क्योंकि इस युवा परिषद में बुजुर्ग लोग भी हैं। मेरे दाहिने ओर सारा पंडाल महिलाओं से भरा हुआ है इसलिए आज के युवा परिषद में मेरा व्याख्यान कुछ गैर-युवाओं को कुछ अजीब-सा लगेगा। मैं आज यहाँ जो कुछ भी बोलूँगा वह केवल युवाओं को ध्यान में रखकर ही बोलूँगा।

आज की यह युवा परिषद बहुत ही महत्त्वपूर्ण है। सामान्य जनसंख्या में बहुत बड़ा हिस्सा युवाओं का है। जो बूढ़े-बुजुर्ग लोग हैं वे कम हैं और उनमें से कई लोग मरने के इन्तजार में हैं। वे अपने बचपन से जिस स्थिति में पले हैं उस स्थिति से हटने के लिए आज भी कई लोग तैयार नहीं हैं। जो जिस स्थिति में पला है उस स्थिति में बने रहने की उनकी आदत दिखाई देती है। हम उनसे किसी कार्य की इच्छा नहीं कर सकते फिर भी अपने आन्दोलन के बढ़ते कदमों को रोकने का काम न करें तो भी उनकी बड़ी मेहरबानी होगी।

आज की यह युवक सभा युवक संघ की ओर से होनी चाहिए थी। लेकिन उसका आयोजन स्वतंत्र मजदूर पार्टी की ओर से हो रहा है। यदि इस सभा को युवकों ने ही आयोजित किया होता तो बहुत ही अच्छा हो गया होता। लेकिन युवकों में आपस में कुछ मत भिन्नताएँ हैं यह बात सच है। पहले इस तरह की खबर छपी थी कि नासिक जिला युवक संघ की ओर से इस परिषद का आयोजन

किया जा रहा है। फिर भी उन्होंने कार्य के महत्त्व को समझ करके अपना आग्रह छोड़कर युवकों की परिषद होनी चाहिए, फिर किसी की ओर से भी आयोजित क्यों न हो, इस उदार भावना से सहयोग किया। इस तरह से उन्होंने बहुत ही अभिनन्दन करने योग्य काम किया है। सार्वजनिक जीवन में काम करनेवाले लोगों में इस तरह की भावना न हो तो उनके हाथ से कुछ भी नहीं होगा। इसलिए सामाजिक कार्य करनेवालों को या काम करने की इच्छा रखनेवालों को इस तरह की भावना सातत्य को मन में रखने में ही समाज की भलाई है। युवक संघ के लोगों ने यह जो प्रशंसनीय और अनुकरणीय काम किया है उसके लिए मैं उनका अभिनन्दन करता हूँ।

युवकों की परिषद में मुझे जो कहना है उसको मैं किताब रूप में प्रसिद्ध करना चाहता था फिर भी काम के बढ़ते विस्तार की वजह से वह आज सम्भव नहीं हो सका, फिर भी मैं उसको जल्दी ही किताब रूप में प्रकाशित करूँगा। आज के इस अवसर पर मैं सिर्फ एक-दो महत्त्वपूर्ण बातें ही बताना चाहता हूँ। सबसे पहले मैं इस बात को स्वीकार करता हूँ कि मैंने अपनी उम्र के चालीस साल पार कर लिए हैं इसलिए अब मैं युवा नहीं रहा हूँ। हर व्यक्ति को अपने जीवन में खाना, पीना और जीना इसी को जीवन का उद्देश्य नहीं मानना चाहिए। जीने के लिए खाना-पीना जरूरी है और वह होना चाहिए, मान-सम्मान से जीना चाहिए और समाज के लिए अलंकार होने के लिए समाज सेवा का उद्देश्य रखना चाहिए। सिर्फ खाने के लिए जीना और धरती का बोझ बनने से क्या फायदा? इस सन्दर्भ में प्रसिद्ध नाटककार गडकरी ने एक जगह कहा है कि 'जब तक समाज हमको मान-सम्मान देता है तब तक जीने में गर्व है', अन्यथा समाज के लिए अप्रिय बनकर, एकदम बूढ़ा बनकर, बिस्तर में लिप्त होकर या घर के बेटे-बहुओं के लिए नफरत की चीज बनकर घिसते-घिसते जीने की बजाय उससे पहले ही मर जाना ज्यादा अच्छा है।

जब मैं जवान था उस समय के अपने अनुभव की कुछ बातें मैं आप लोगों को बताना चाहता हूँ। नौजवानों को हमेशा अपने सामने एक उदार और व्यापक लक्ष्य रखना चाहिए। नौजवानों को इस बात को ध्यान में रखना चाहिए कि किसी भी अच्छी बात को पाने के लिए कड़ी मेहनत करनी चाहिए। इसलिए अपने में एक कहावत प्रसिद्ध है कि 'मेहनत से फल मिलता है', काम राष्ट्र के उत्थान का हो या अपने उत्थान का हो, कोई भी क्यों न हो उसके लिए लगातार मेहनत करनी पड़ती है। हर व्यक्ति को अपने आपको उस कार्य में झोंक देना चाहिए। मैंने ऐसे कई युवकों को देखा है जो लगातार 15 मिनट तक अपनी कुर्सी पर बैठ नहीं सकते, उनको बार-बार बीड़ी पीनी पड़ती है, चाय पीनी पड़ती है। उसके बगैर वे काम ही नहीं कर सकते। यह उचित नहीं है। कोई भी आदमी अपनी स्वाभाविक बुद्धि

पर विजय प्राप्त नहीं कर सकता। दुनिया में बुद्धिहीन लोग बहुत कम होते हैं। उसी प्रकार अपनी बुद्धि का विकास करना हर किसी के बस की बात है। 24 घंटों में से कम से कम 20 घंटे तक कुर्सी पर बैठकर काम करना सीखना चाहिए। मैंने अपने छात्र जीवन में यहाँ और विदेश में लगातार 20 घंटे कुर्सी पर बैठकर काम किया है। जिस किसी को अपनी बुद्धि का विकास करना हो उसको कड़ी मेहनत करनी चाहिए, साधना करनी चाहिए।

मनुष्य खतरे में पड़ गया या दरिद्र हो गया तो वह निराश हो जाता है। उसके मन में इस प्रकार की भावना होती है कि मुझे सफलता नहीं मिलेगी। यदि मनुष्य इस प्रकार की भावना में फँस गया तो वह आदमी अपने जीवन में किसी काम का नहीं रहता। किसी भी युवक को कभी भी उम्मीद नहीं छोड़नी चाहिए। जिस दिन उसने उम्मीद छोड़ दी उसी दिन वह जीया क्या मरा क्या सब कुछ बराबर हो जाएगा। हर युवक में उम्मीद होनी चाहिए। मनुष्य बगैर उम्मीद के प्रयास नहीं कर सकता। इसके लिए अछूत समाज के युवकों में उम्मीद के बीज पहले उगने चाहिए। आज आप लोग जहाँ भी जाएँगे फिर वह तहसीलदार की कचहरी हो, कलेक्टर का कार्यालय हो या कोर्ट हो, हर जगह इन सफेदपोश ब्राह्मणों-पंडों की ही भरमार है। इस प्रकार की स्थिति को देखने के बाद गैर-ब्राह्मण समाज में निराशा का माहौल पैदा होना स्वाभाविक है। फिर भी आज हम लोगों को निराश होने की आवश्यकता नहीं है, बल्कि मन में ऊँची उम्मीद रखकर उस दृष्टि से प्रयास करने की कोशिश करनी चाहिए। यदि मुझे मुम्बई का गवर्नर बनाया गया तब भी वह मेरी योग्यता से छोटा ही होगा, ऐसा मैं मानता हूँ। यह सब कहने का मतलब यही है कि आपमें से हर किसी को ऊँची उम्मीद रखकर उसको हासिल करने के लिए कड़ी से कड़ी मेहनत करनी चाहिए।

नौजवान भाइयों को अन्दर एक बाहर एक इस प्रकार की आदत नहीं रखनी चाहिए। सच को छोड़िए मत। सत्य की तुरन्त विजय नहीं होती फिर भी सत्य की ही विजय होती है। अपने में दोहरी नीति नहीं होनी चाहिए। जब लोगों को पता चल जाता है कि यह आदमी दोमुँहा है तो लोग उस पर भरोसा नहीं करते।

आज पढ़ाई के दरवाजे हमारे लिए खुले हैं। आज पढ़ाई के लिए जो सुविधाएँ उपलब्ध हैं वह हमारे समय में बिलकुल नहीं थी। हम लोगों को उस समय किसी की मदद नहीं थी। जब मैं यहाँ के विश्वविद्यालय में पढ़ रहा था उस समय 8×8 के लम्बे-चौड़े कमरे में मेरे पिता, परिवार के सभी लोग, एक बकरी, जलाने की चीजें, चूल्हा, सप्ताह भर का सामान आदि सब कुछ रहता था और उसमें पढ़ाई करनी पड़ती थी। आप लोगों के सौभाग्य से आज इस प्रकार की स्थिति बदल गई है। यदि आप इस प्रकार की शिकायत करते हैं कि साधनों के अभाव में शिक्षा प्राप्त नहीं कर सकते, तो उसका कोई आधार नहीं है।

आपमें से हर किसी को ज्ञानी होना चाहिए यही मेरी बड़ी इच्छा है। लेकिन उसी के साथ आज मुझे शिक्षा से डर भी लगता है। जैसे मैं पढ़े-लिखे आदमी से डरता हूँ वैसे ही आपको भी डरना चाहिए। क्योंकि शिक्षा एक तलवार है। शिक्षा एक हथियार है। यदि कोई आदमी यहाँ तलवार लेकर आया तो आप सभी उसको देखकर घबरा जाएँगे। लेकिन ज्ञान का हाथियार हमेशा इस्तेमाल करनेवाले पर निर्भर होता है। मनुष्य हथियार के द्वारा बलहीनों की रखवाली कर सकता है। अच्छे आदमी के हाथ में हथियार होना अच्छा है। लेकिन बुरे आदमी के हाथ में हथियार होना अच्छी बात नहीं है। पढ़े-लिखे आदमी में शील और सज्जनता न हो तो वह हिंसक जानवर से भी भयंकर और डरावना होता है। अनपढ़ लोग दाँव-पेच नहीं जानते। लेकिन पढ़े-लिखे लोग उसमें माहिर होते हैं।

किसी में कोई दोष हो तो उसी पर उँगली रखकर उसको कैसे फँसाया जाए इसी बात के लिए कई लोग अपनी पढ़ाई का इस्तेमाल करते हैं। दलितों के पास, गरीब किसानों के पास पढ़ाई नहीं है। उनके अनपढ़ होने का लाभ पढ़े-लिखे सेठजी, पंडे-पुजारी, वकील आदि लोग लेते हैं। इस तरह से इस शिक्षा का उपयोग गरीब लोगों का उत्पीड़न करने के लिए ही हो तो ऐसी शिक्षा निषेध है। उस दृष्टि से देखा जाए तो शिक्षा से शील ज्यादा महत्त्वपूर्ण है।

आज के युवा वर्ग में धर्म के बारे में निराशा की स्थिति है। वे कहते हैं कि धर्म अफ़ीम है। लेकिन मुझमें जो कुछ अच्छी बातें होंगी और मेरी शिक्षा का जनता के लिए जो कुछ उपयोग हुआ होगा वह सब मुझमें जो धार्मिक भावना थी उसी के कारण। मुझे धर्म चाहिए, लेकिन धर्म के नाम पर पाखंड नहीं चाहिए। मेरी समझ के मुताबिक हिन्दू धर्म नरक है और आज भी मेरी वह समझ बरकरार है। इसलिए मैं आप लोगों को इतना ही कहना चाहता हूँ कि शिक्षा से भी शील को ज्यादा महत्त्व दीजिए। उसी प्रकार आज के पढ़े-लिखे नौजवान अपनी शिक्षा का उपयोग अपने बेसहारा, गरीब लोगों के उत्थान के लिए करने की बजाय यदि पढ़कर अपनी नौकरी तक, अपने बाल-बच्चों तक, अपने परिवार तक ही करने लगें तो उनका समाज के लिए क्या उपयोग है? आज नौजवानों को अपनी जिम्मेदारी को पहचानकर उस काम में लग जाना चाहिए।

लोग बहुत ही डरे हुए दिखाई देते हैं। वे अपने कानूनी हक हासिल करने के लिए भी हिम्मत के साथ आगे आ नहीं सकते। लोग अपनी डरपोक मानसिकता की वजह से सार्वजनिक कुएँ पर पानी भरना, सार्वजनिक रास्तों से जुलूस निकालना आदि काम कर नहीं सकते। इस स्थिति को केवल नौजवान लोग ही बदल सकते हैं। लेकिन इसके लिए उनको सबसे पहले अपनी कमर कसनी चाहिए। इसके लिए उनको जगह-जगह जीवन त्याग संस्था की स्थापना करनी चाहिए। अपने नैसर्गिक, स्वाभाविक हकों को प्राप्त करने के लिए उनको जबर्दस्त संघर्ष करना चाहिए। इसके

लिए एक मनोरंजक और बोध करानेवाली एक पौराणिक कथा मुझे याद आ गई है, उसको बताकर मैं अपनी बात को समाप्त करना चाहता हूँ।

द्रोणाचार्य बड़ा गरीब था। वह धनी लोगों के मोहल्ले में रहता था। उसका अश्वत्थामा नाम का एक लड़का था। उसके मोहल्ले के धनी घर के बच्चे सोने के प्याले में दूध पीते थे, इसको अश्वत्थामा ने देखा और उसने भी..." (शेष अंश उपलब्ध नहीं हो सका)

सा. जनता, 26 फरवरी, 1938

चातुर्वर्ण्य के कारण भारत का पतन और विनाश हुआ

दिनांक 12 और 13 फरवरी, 1938 को मनमाड में आयोजित अखिल जी.आई.पी. रेलवे अछूत मजदूर परिषद के लिए डॉ. बाबासाहेब अम्बेडकर अन्य दलित नेताओं के साथ 12 फरवरी, 1938 को मनमाड पहुँचे। उसी दिन और सुबह 9.00 बजे वे देवराव नाईक, प्रधान, कवड़ी, गणपतराव निले, रोकडे, आर.आर. भोले, भाऊराव गायकवाड़ के साथ सटाना के लिए रवाना हुए। सटाना की परिषद 12 फरवरी को ही आयोजित की गई थी। यह परिषद डॉ. अम्बेडकर के सभापतित्व में आयोजित की गई थी। इस परिषद को सम्बोधित करते हुए डॉ. अम्बेडकर ने कहा—

"भाइयो तथा बहनो,

मैं रेलवे कर्मचारियों के मनमाड में आयोजित परिषद के लिए इस इलाके में आया—इसलिए आपके इलाके में आने का मुझे जो अवसर मिला उसके लिए मुझे बड़ी खुशी हो रही है। मेरे इस दौरे का सही उद्देश्य अपनी राजनीति को मजबूत करने के लिए जिस स्वतंत्र मजदूर पार्टी का निर्माण किया गया है, उसका प्रचार और प्रसार करना है। आज के इस अवसर पर स्वतंत्र मजदूर पार्टी के महत्त्व के अलावा और कुछ कहना मेरे लिए उचित नहीं होगा। आज की इस सभा में कई मान्यवर सवर्ण भाई उपस्थित हैं, उनको देखकर मुझे बड़ा आनन्द हो रहा है। पहले हम लोग जो सभाएँ आयोजित करते थे उन सभाओं में भी मान्यवर कुछ सवर्ण लोग उपस्थित रहते थे किन्तु उनको हमारी सभाओं में क्या तमाशा चल रहा है, यह देखना होता था। आज की स्थिति उस प्रकार की नहीं है। इसलिए मैं भी इस सभा में मामूली भाषण करने की बजाय कुछ विशेष बातें कहना चाहता हूँ। भारत के इतिहास का सिंहावलोकन करने से इस बात का पता चलता है कि भारत में आज तक जनतंत्रात्मक शासन प्रणाली नहीं थी। मैंने कई ग्रन्थों का अध्ययन किया है। उसके बाद मुझे जो जानकारी प्राप्त हुई है उससे इस बात का पता चलता है कि हिन्दू राष्ट्र का पतन और विनाश हिन्दुओं को मान्य चातुर्वर्ण्य से ही हुआ है। आज चातुर्वर्ण्य की प्रथा शुरू हुए कई सदियाँ बीत गई हैं। इस प्रथा के मूल हिन्दू संस्कृति में काफी गहराई में पहुँचे हैं। जिसकी वजह से उसके बुरे परिणाम भारत को भोगने पड़े हैं।

चातुर्वर्ण्य की शिक्षा का मतलब है ब्राह्मणों से पढ़ना और पढ़ाना, क्षत्रियों ने लड़ने का काम करना, वैश्यों ने धन्धा, व्यापार करना और शूद्रों ने सबकी सेवा करना। इस व्यवस्था के कारण अपने राष्ट्र का किस तरह और कितना नुकसान हुआ है इसके बारे में अच्छे पढ़े-लिखे आदमी को भी कुछ समझ में नहीं आ रहा है। इस देश के बहुसंख्य समाज को एकदम दूर फेंक दिया गया है उसकी वजह से परिणाम यह दिखाई देता है कि राष्ट्र की स्वतंत्रता के लिए उपयुक्त बहुसंख्य समाज बेकार साबित हो गया और यह देश हमेशा ही विदेशियों की दासता में जकड़ते गया। ग्रीक के अलेक्जेंडर राजा ने कुछ दिन स्वतंत्रता को भोगने के बाद भारत पर आक्रमण करके यहाँ अपनी सत्ता स्थापित की। उसके बाद के कुछ समय में स्वतंत्रता प्राप्त होकर मराठाशाही की स्थापना हुई। फिर पेशवाओं ने सारी सत्ता को अपने हाथ में लिया। उसके बाद सम्पूर्ण देश पुन: अंग्रेजों की दासता में फँस गया। आज यहाँ इकट्ठा हुए सभी लोगों से मैं पूछना चाहता हूँ कि इस देश को सातत्य से भाग्य के दिन क्यों प्राप्त नहीं हुए? अन्य देशों का इतिहास देखने से हमें वहाँ इस प्रकार की स्थिति बिलकुल दिखाई नहीं देगी। इसकी वजह क्या है? इस बात पर गम्भीर रूप से सोचने की आवश्यकता है। इसका कारण स्पष्ट है कि हिन्दुओं के धर्मगुरुओं ने अर्थात् ब्राह्मणों ने भारत पर चातुर्वर्ण्य की जो चौखट कसके रखी है उसी की वजह से इस प्रकार का विनाश हुआ है।

आप सभी लोगों को एक बात आसानी से समझ में आएगी, आप लोग कल्पना कीजिए। किसी गाँव पर पठानों का हमला हो गया और सभी जाति के लोगों ने अपने-अपने हाथ में हथियार लेकर संगठित रूप से इस हमले को रोकना चाहा तो रोक सकते हैं। जिन लोगों के हाथ में तलवार है वे लोग उन पर होनेवाले हमलों को रोकते हैं। लेकिन केवल चार लोग ही हाथ में तलवार लेंगे और दूसरों को खुरपे को भी हाथ लगाने पर पाबन्दी लगाएँगे, रोकेंगे तो राष्ट्र की रक्षा कैसे होगी?

भारत पर हमला करके अलेक्जेंडर आया या मुहम्मद तुगलक आया फिर भी मुट्ठी भर क्षत्रियों के अलावा दूसरा कोई भी लड़ने के लिए या राष्ट्र की रक्षा के लिए न जाए यही चातुर्वर्ण्य की शिक्षा है। मुट्ठी भर ब्राह्मणों को हाथ में हथियार लेना नहीं है। वैश्यों को भी हथियार लेने की जरूरत नहीं। शूद्रों को भी हाथ में हथियार लेने की जरूरत नहीं। इस प्रकार की शिक्षा की वजह से ही भारत का पतन और विनाश हुआ है। जिनकी बाजुओं में बल है ऐसे लोगों को हाथ में हथियार लेने की इजाजत होती तो भारत कभी गुलाम नहीं बनता और उसका पतन तथा विनाश नहीं होता। यह सारा षड्यंत्र धर्मगुरु कहनेवाले ब्राह्मणों ने अपने खुद के स्वार्थ के लिए किया। लेकिन उसका परिणाम राष्ट्र के विनाश से हुआ इसमें कोई सन्देह नहीं।

अछूत समझे गए समाज को आज तक जो अमानवीय अन्याय बर्दाश्त करना पड़ा। उसका राज इसी में है। यदि अछूत समझे गए लोगों के पूर्वजों के हाथों में

हथियार होते तो उनके बाप-दादों ने दो हजार साल तक अछूतपन की और अन्य प्रकार के जुल्म को क्या आसानी से बर्दाश्त किया होता? इस चातुर्वर्ण्य की दुष्ट शिक्षा की वजह से बहुजन समाज को हथियार और शिक्षा से बिलकुल दूर रखा गया। उसकी वजह से इस देश का कितना बुरा हाल हुआ है? इस राज्य में एक समय क्षत्रियों का राज था। क्षत्रियों के पतन के बाद पेशवाई का जन्म हो गया। पेशवाई के विनाश के बाद अंग्रेजों की सत्ता आई। एक समय राज करनेवाले क्षत्रिय आज कहाँ हैं? यदि आप उनकी स्थिति देखेंगे तो राजसत्ता जो क्षत्रिय चलाते थे वे क्षत्रिय सिर पर लाल पगड़ी, गले में पट्टा इस तरह चपरासी का काम करनेवाले कई दिखाई देते हैं।

ब्राह्मणों ने वेदों का अध्ययन करके पढ़ना और पढ़ाना, क्षत्रियों ने लड़ना, वैश्यों ने धन्धा-व्यापार करना, शूद्रों ने उनकी सेवा करना, इस प्रकार का मनु (महाराज) अब औंधा गिर रहा है। भारत में आज पहली बार जनसत्तावाली राजसत्ता शुरू है। ऐसे समय राष्ट्रहित को देखकर भारत को सम्पूर्ण स्वतंत्रता हासिल करने के लिए लड़ाई शुरू करनेवाली कांग्रेस ने यह कितना भी कहा कि हम बहुसंख्यक गरीब किसानों के, मजदूरों के समर्थक और कल्याणकर्ता हैं, तब भी लोग इतने नासमझ नहीं हैं कि उनके बहकावे में आ जाएँ। जिस प्रजा की भलाई के लिए कांग्रेस ने सात राज्यों में सत्ता प्राप्त की है उनका निरीक्षण करने से आपको क्या दिखाई देता है? मुम्बई विधिमंडल में ग्यारह अधिकारों की सीटों में छह सीटें ब्राह्मणों ने हथियाई है। मद्रास राज्य या बिहार राज्य के मंत्रिमंडल की ओर नजर डालने से पता चलता है कि वहाँ आधे ब्राह्मण हैं। वही स्थिति कांग्रेस के अन्य राज्यों में भी है। इसलिए सार रूप में कहना हो तो बहुसंख्यक गरीब किसान और मजदूर पार्टी के नाम पर कांग्रेस पार्टी ब्राह्मणों के शैतान को हमारे सिर पर लादना चाहती हो तो हम सभी को समय रहते जाग जाना जरूरी है।

गैर-ब्राह्मण समाज के पढ़े-लिखे लोगों ने कुछ दिन पहले सत्य-शोधक नाम का राजनीतिक संगठन (पंथ) खड़ा किया। उस संगठन (पंथ) का नाम बढ़ने से पहले ही उनमें से कुछ कार्यकर्ता अपना बोरिया-बिस्तर लपेट करके कांग्रेस के पीछे लग गए हैं। लगता है वे अपना होश-हवास खो चुके हैं। महात्मा गांधी की राजनीति से उनके समय में यदि सारी राजनीतिक सत्ता ब्राह्मणों के हाथों में जानेवाली हो तो ऐसी राजनीति को आग लगा देनी चाहिए। महात्मा गांधी राजनीति की गाड़ी की लगाम यदि ब्राह्मण-बनिया (सेठ जी-भट्ट जी) के हाथों में देना चाहते हों तो और ब्राह्मणों का शैतान पुनः जिन्दा होनेवाला हो तो उन ब्राह्मणों को जमींदोज करने की जिम्मेदारी हम सभी को उठानी पड़ेगी। यह कार्य केवल मेरा नहीं है बल्कि बहुसंख्यक सभी गरीब किसान, मजदूर और मराठों का है। इन सभी को संगठित करके राजनीति की गई तो विधिमंडल में जिम्मेदारी की ग्यारह सीटें वे पा सकते हैं। लेकिन अच्छा-खासा

भोजन होने के बाद बचे हुए जूठन के पात्र कूड़े पर फेंकने के बाद उनको चाटने का आनन्द मनानेवाले कुत्तों की तरह उनकी स्थिति हो गई है। उनकी स्थिति जो कुछ भी मिल जाए उसी में आनन्द मनानेवाली हो गई है। मुझे वैसा नहीं चाहिए। राजनीति में समानता पैदा होनी चाहिए। इतना ही नहीं यदि कोई लायक भील (आदिवासी) हो तो वह भी मुख्यमंत्री होना चाहिए। समाज में ऊँच-नीचता का जो भेदभाव है वह कम होना चाहिए। लेकिन इस तरह का काम कांग्रेस के हाथ से होना असम्भव है। इसलिए मैं कांग्रेस में सम्मिलित नहीं हो रहा हूँ।

कई बार ऐसे बताया जाता है कि जब महात्मा गांधी के विरोधी भी उनके सामने जाते हैं तो वे अपना विरोध भूल जाते हैं। वे बोल नहीं सकते, ऐसे बताया जाता है। लेकिन मेरा अनुभव उनसे एकदम भिन्न है। मैं महात्मा गांधी से दस बार मिल चुका हूँ। लेकिन जैसे कहा जाता है उस प्रकार का मेरे साथ कुछ भी नहीं हुआ है।

हम लोगों ने गरीब, किसान और मजदूर वर्ग के हितों की हिफाजत के लिए 'स्वतंत्र मजदूर पार्टी' नाम के राजनीतिक संगठन की स्थापना की है। इस पार्टी के बारे में मैं ज्यादा विस्तार से नहीं बोलना चाहता, मैं सिर्फ 'इस पार्टी के ज्ञान की चाबी बताऊँगा एक ही जबान में', इस साधु-कथन के अनुसार सार रूप में बताऊँगा। कई लोग मुझसे सवाल पूछते हैं कि राजनीतिक लड़ाई लड़ने के लिए कांग्रेस आज अस्तित्व में होने पर भी दूसरा संगठन बनाने की जरूरत क्या है? मैं उनको सिर्फ इतना ही कहना चाहता हूँ कि कांग्रेस पूँजीपतियों की दलाल है क्योंकि कांग्रेस की आज की सभी हरकतें कांग्रेस के पूँजीपति लोग ही मनचाहे पैसा खर्च करके करवा रहे हैं। मतलब पूँजीपतियों का उसके पीछे एक ही मकसद है कि इस कांग्रेस के माध्यम से जितना सम्भव हो अपना उल्लू सीधा कर लेना। यह सब सच होते हुए भी, कांग्रेसवाले कहते हैं कि हम गरीबों के लिए, किसानों के लिए और मजदूरों के लिए स्वराज्य की लड़ाई लड़ रहे हैं। उनका इस तरह से कहना मक्कारी के अलावा कुछ नहीं है।

क्योंकि पूँजीपति, धनी लोग और गरीब, किसान, मजदूर वर्ग के हित-सम्बन्ध एक-दूसरे के खिलाफ होते हैं। इसलिए पूँजीपति लोग गरीबों के लिए, मजदूरों के लिए, और किसानों के लिए अपना पैसा खर्च करके अपना नुकसान करेंगे, यह बिलकुल सम्भव नहीं है। जैसे, हम लोग व्यवहार में हमेशा देखते हैं कि बिल्ली और चूहा, साँप और नेवला, भेड़िया और बकरी में स्वाभाविक तौर पर ही बैर होता है। उसी प्रकार पूँजीपति और गरीब, मजदूर, किसानों में होता है। जैसे व्यवहार में नेवला साँप को सहलाते हुए, या चूहा बिल्ली को खाता हुआ या बकरी का भेड़िये की गोद में बेझिझक सोते हुए दिखाई नहीं देंगे। उसी प्रकार पूँजीपतियों की मेहरबानी पर गरीब, किसान, मजदूरों की भलाई होगी, इस बात पर किसी को भी भरोसा नहीं रखना चाहिए। मैं इतना ही कहना चाहता हूँ कि यह गांधी का मायाजाल है, इसलिए

किसान और मजदूर वर्ग को पूँजीपतियों की संस्था कांग्रेस से दूर रहना चाहिए। क्योंकि जो मारवाड़ी गरीब किसान को और मजदूर को लूटकर उसी पर गब्बर होता है वह चार आना देकर कांग्रेस का सदस्य बन जाने पर अपना स्वभाव धर्म बदल सकता है यह कहना बिलकुल गलत है।

आज हरिपुरा में कांग्रेस का 51वाँ सम्मेलन हो रहा है। कहते हैं कि उसमें लाखों रुपया खर्च होगा। यह खर्च होनेवाला सारा पैसा कहाँ से आया? यह सारा पैसा सेठों ने दिया है। इसके लिए एक अनुभव की बात बता रहा हूँ। हमारे कोंकण में धनी मुस्लिम लोग गरीब लोगों के बच्चों की शादी इस प्रकार के करार पर करा देते हैं कि दस साल तक उनके यहाँ काम करेगा। लेकिन एक ही शादी नहीं बल्कि कई जरूरतमन्द लोगों की शादियाँ एक ही तिथि में कराते हैं। करार समाप्त होने के बाद और एक साल तक काम करवाते हैं। इन सभी लोगों को साहूकार के पास काम करना पड़ता है। उसी प्रकार कांग्रेस के अधिवेशन पर पूँजीपति लोग जो लाखों रुपया खर्च करते हैं उस भारत को और कितने दिन तक पूँजीपतियों की गुलामी में रहना पड़ेगा? इसलिए इस आन्दोलन को गरीब, मजदूर और किसानों को मिलकर संगठित होकर ही लड़ना चाहिए। आज मैं स्वतंत्र मजदूर पार्टी का अध्यक्ष हूँ फिर भी मुझे उस पद की कोई चाहत नहीं है। यदि दूसरा कोई अध्यक्ष होकर जिम्मेदारी लेने के लिए तैयार हो तो मुझे उसका बड़ा समाधान होगा। इस राजनीति से मुझे कौन-सा लाभ है? यदि मैं इससे दूर रहता तो मैं आज कई लाखों का धनी बन गया होता। जैसे हींग की गन्ध लगती है उसी प्रकार अछूतपन के कारण हमें गन्ध लगी है। लेकिन अछूतपन की वजह से सवर्ण समाज हमसे चौंककर स्वतंत्र मजदूर पार्टी से दूर रहा तो उसकी मर्जी। लेकिन अपने समाज के हर तरुण महिला-पुरुषों को इस स्वतंत्र मजदूर पार्टी को चार आने देकर सदस्य होना चाहिए और स्वतंत्र मजदूर पार्टी की ताकत को बढ़ाना चाहिए। इस प्रकार का अनुरोध करते हुए मैं अपनी बात को समाप्त करता हूँ।"

सा. जनता, 26 फरवरी, 1936

गरीबों के पेट पर पाँव रखनेवाली सरकार को सत्ता से हट जाना उचित

मुम्बई विधिमंडल का बजट अधिवेशन दिनांक 25 फरवरी, 1938 को मा. ना. मावळणकर की अध्यक्षता में शुरू हुआ था। इस अधिवेशन के लिए काफी सदस्य उपस्थित थे। ना. लट्ठे ने सन् 1937-38 का बजट पेश किया। और उस पर उन्होंने अपना विस्तार से भाषण भी किया। दिनांक 26 फरवरी को मुस्लिम लीग की सदस्यता मिसेज सलीमा फैज तैयब जी ने छोटा-सा भाषण करके मुस्लिम लड़कियों के शिक्षा की उचित व्यवस्था इस नए बजट में करने के लिए ना. फडणवीस का अभिनन्दन किया। दिनांक 29 फरवरी को बजट पर जमनादास मेहता का भाषण हुआ और दिनांक 30 फरवरी को स्वतंत्र मजदूर पार्टी के नेता डॉ. बाबासाहेब अम्बेडकर ने बड़ा प्रभावी और परिणामकारी भाषण दिया, उन्होंने अपने भाषण में कहा—

"मुम्बई सरकार के नए बजट पर कल-परसों जो भाषण हुए उसमें इस बजट का अभिनन्दन किया गया। लेकिन इस अभिनन्दन में सम्मिलित होना मेरे लिए मुश्किल है, इस बात को बड़े दुख के साथ कहना पड़ रहा है। बजट की ओर नजर डालते ही सबसे पहले बजट निराश करनेवाला है, ऐसा लगता है। इस बजट में इस प्रकार की व्यवस्था की गई है कि अमीरों की जेब को बिलकुल चोट न देकर गरीबों को बदहाली में दिन गुजारने के लिए मजबूर किया गया है। उसी प्रकार इस बजट से भविष्य की सुखकारी स्थिति की अस्पष्ट कल्पना भी नहीं आती या अपने राज्य के सुखद भविष्य काल के प्रारम्भ होने की भी कल्पना नहीं आती। इस बजट को खोखले आश्वासनों से सजाया गया है। फिर भी इस बजट में पुलिस फोर्स के लिए जो योजना की गई है वही कुछ मात्रा में अभिनन्दन करने योग्य है। लेकिन इस योजना के लिए मैं ना. फडणवीस की बजाय ना.मा. गृहमंत्री का अभिनन्दन करना चाहता हूँ। इसी पुलिस फोर्स के बारे में मौजूदा सत्ताधारी कांग्रेस और पहले की कांग्रेस का रिश्ता कितना असंगत था इस बात को आप सभी जानते हैं।

पहले कांग्रेस के असहयोग आन्दोलन में कांग्रेस को पुलिस फोर्स के बारे में इतनी हमदर्दी नहीं थी। खादी टोपी पहने अनगिनत कांग्रेसवालों के मुँह से 'पीली पगड़ी हाय हाय' की आवाज निकलती थी। आज उसी सत्ताधारी कांग्रेस को अतिरिक्त

36 हजार रुपये की व्यवस्था उसी पुलिस फोर्स के लिए करने के लिए मजबूर होना पड़ा। यह अभिनन्दन की उतनी ही आश्चर्य की भी बात है। लगता है वर्तमान मुम्बई सरकार असेम्बली के अधिकार पर अतिक्रमण कर रही है। आज तक किसी भी सरकार ने अपने ही अधिकार में बजट के खर्च के बारे में बड़ी रकमें आमदनी के रूप में नहीं दिखाई थी। उसी प्रकार इस बारे में सरकार को सबसे पहले इस खर्च की योजना के बारे में असेम्बली को पहले सूचित करना चाहिए था। दूसरी बात यह है कि यह रकम किस तरह से उपयोग में लानी है इस बात की कल्पना एकाउंटेंट जनरल को देनी चाहिए थी। लेकिन मुम्बई सरकार सत्ता के बल पर इन सभी बातों की ओर नजरअन्दाज कर रही है और आज अपनी कल्पना के बल पर, मतलब हवा में बँगले बनाने की योजना के लिए एकदम 36 लाख रुपया जमा कर रही है। इस बारे में असेम्बली की राय नहीं ली गई और कौन से विधायक काम करनेवाले हैं इस बात की भी कोई कल्पना नहीं दी है। और लगता है माननीय गृहमंत्री का यही मत है कि इस सभागृह में जो कानून मंजूर किए जाते हैं उन कानूनों के तहत नियम करने का इस सभागृह को कोई हक नहीं। वे आज इस समय सभागृह में उपस्थित नहीं होने के कारण उसका खुलासा होना सम्भव नहीं है। फिर भी माननीय गृहमंत्री सत्ता का जो गलत इस्तेमाल कर रहे हैं उसकी ओर मैं साफतौर पर इशारा करना चाहता हूँ।

लोगों की भलाई की दृष्टि से नए कामों की व्यवस्था करने के लिए बताया जाता है कि सरकार ने 1 करोड़ 16 लाख रुपये की व्यवस्था की है। लेकिन इन सभी आँकड़ों की जाँच-पड़ताल करने से आपको क्या दिखाई देगा? इतनी बड़ी रक़म से हर साल होनेवाले खर्च में से 48 लाख 11 हजार रुपये और शराब बन्दी के खर्च के लिए 31 लाख रुपये बचाकर रखे गए हैं। उनको हटाने के बाद इन जन भलाई के कामों के लिए 37 लाख रुपये ही वास्तव में गिनती के माने जा सकते हैं। उसी प्रकार शिक्षा, जल-वितरण, आरोग्य सहायता आदि के लिए खर्च होनेवाला रुपया वापस मिलना मुश्किल होता है या उस विभाग पर खर्च होनेवाली रकम से आमदनी होना असम्भव होता है। उसी प्रकार राज्य की बेरोजगारी उन्मूलन, बीमारी का बीमा, बुढ़ापे के लिए बीमा, दुर्घटना बीमा, महिलाओं की प्रसूति के लिए मदद आदि कई जरूरी काम करने की आवश्यकता है। किन्तु इस बारे में मुम्बई सरकार ने पूरी तरह चुप्पी साध ली है। आज उक्त जनहितकारी कामों के लिए जो रकम स्वीकार की गई है वही अगले साल भी इकट्ठा करना मुश्किल होगा, ऐसा मुझे लगता है।

इसी सत्ताधारी सरकार ने कर्मचारियों के हित सम्बन्धों की रक्षा करने के लिए पिछले अगस्त माह में जो नीति तय करने की घोषणा की थी उस योजना के अनुसार इस राज्य में कितना खर्च होगा इसका अन्दाज माननीय गृहमंत्री ने दिया होता तो बड़ा अच्छा हो गया होता।

अपने राज्य की जनहितकारी योजना के लिए ना. फडणवीस की योजना को कुछ समय के लिए बाजू में रखा जाए तो मेरी अल्प समझ के मुताबिक इस योजना के लिए कम से कम 24 करोड़ रुपया खर्च होगा। इतना खर्च करने के लिए जिस सरकार में धमक है वही सरकार इस राज्य की सत्ता चलाने के लायक है, ऐसा मेरा मानना है। लेकिन इतनी रक़म इकट्ठा करने के लिए क्या हमारी राज्य सरकार प्रयास करेगी? पश्चिमी देशों की सरकारें हर व्यक्ति कितना खर्च कर सकती हैं इसके बारे में निम्न आँकड़ों से पता चलता है। कैनडा 9 पौंड और 8 शिलिंग, साउथ ऑस्ट्रेलिया 19 पौंड, न्यूजीलैंड 22 पौंड, आयरिश फ्रीस्टेट 10 पौंड और मुम्बई में 7 पेन्स होता है। इस प्रमाण को देखने से अपनी भिखार आर्थिक स्थिति का स्वरूप कितना भयंकर है इस बात की कल्पना आती है। अपने राज्य की आमदनी का ब्योरा देखने से पूरी निराशा छा जाती है। पिछले 1922 से 1935 में मुम्बई राज्य की तुलना में अन्य राज्यों की आमदनी में निम्न प्रकार से बढ़ोतरी हुई है। मद्रास में 26.5 प्रतिशत, पंजाब में 28 प्रतिशत, संयुक्त प्रान्त में 16.5 प्रतिशत, आसाम में 14.5 प्रतिशत, बंगाल में 11.5 प्रतिशत और मुम्बई में कुल 3 प्रतिशत। पिछले 13-14 सालों में ज्यादा महसूल वसूलने से प्राप्त लाभ गिनती में नहीं लिए गए तो मुम्बई की आमदनी 5.5 प्रतिशत घटी हुई दिखाई देगी।

इस प्रकार की स्थिति में अपनी सरकार के द्वारा शराबबन्दी मुहिम को हाथ में लेकर आमदनी के स्रोत की दृष्टि से 'डूबनेवाले के पाँव गहराई में', इस तरह की दृष्टि अपनाई गई है और इस योजना को अमल में लाते समय अन्य किसी आमदनी की रकम को गिनती में लेने की बजाय भूमि लगान को कम करने की नीति अपनाई गई है। मेरा यह कहना नहीं है कि भूमि लगान कम न हो। मेरा यही कहना है कि शराबबन्दी और भूमि लगान कम करने से सरकारी तिजोरी खाली होगी, क्योंकि इन दोनों योजनाओं पर पैसा खर्च होगा। उस तिजोरी को भरने के लिए क्या ना. फडणवीस ने कुछ विधायक योजनाएँ हाथ में ली हैं?

पिछले बजट के समय ना. फडणवीस ने जो उम्मीदों से भरा आश्वासन दिया था उसको पढ़ने से आप लोगों को आज के बजट में कुछ दिखाई दे रहा है? उस समय कबूल किए हुए वचनों की इस नए बजट में कोई चर्चा नहीं है, बल्कि उस बजट के समय में बहुजन समाज की भलाई के सवालों के सम्बन्ध में उसने जो साहस दिखाया था उसकी इस नए बजट में बिलकुल कोई चर्चा नहीं है। इस बजट में नया कर नहीं लगाया गया है इसलिए यह बजट अच्छा है। इस तरह से उसकी प्रशंसा की जाती है, इस बात का मुझे बड़ा आश्चर्य होता है। नए कर न लगाने के कारण धनी लोगों पर कर का बोझ कम करने से गरीबों को बड़ी परेशानियाँ भोगनी पड़ेंगी। इस बात का गरीबों की समर्थक कहनेवाले कांग्रेस के इस सत्ताधारी मंत्रिमंडल ने कभी विचार किया है? इसलिए मैं साफतौर पर कहना चाहता हूँ कि यह नया

बजट गरीबों के लिए नहीं है बल्कि धनी लोगों के लिए है, इसमें कोई सन्देह नहीं है। वास्तव में किसी भी सरकार को गरीबों को सहयोग करना चाहिए। हमें गरीबों के लिए काम करनेवाली सरकार चाहिए। जो अमीर लोग अपने बाल-बच्चों के सुख के लिए अपने बल पर जो चाहे वह कर सकते हैं, उन्हीं लोगों को किसी सरकार से ऐसी मुसीबत के समय मदद करने के लिए तैयार होना आश्चर्य की बात नहीं है, ऐसा नहीं कहा जा सकता।

इस तरह गरीबों के पेट पर पाँव रखनेवाली सरकार को सत्ता में रहने की बजाय उसको तुरन्त सत्ता से हट जाना ही उचित है।

सा. जनता, 5 मार्च, 1938

अपराधी को दी गई सजा स्थगित करना एक तरह से क़ानून का मज़ाक़ है

जाधव जी गांधी और धीरजलाल जैसे दो धनवान किन्तु अटल सटोरियों को मुम्बई हाईकोर्ट ने जुआरी के आरोप में सजा सुनाई थी। लेकिन मुम्बई सरकार ने अपने अधिकार का इस्तेमाल करके उनकी सजा स्थगित कर दी थी। जनशक्ति सर्कुलर मामले में मिली कुप्रसिद्धि के ऊँचाई पर पहुँचनेवाली न्यायदान के काम में माफ न करने योग्य गड़बड़ी की इसके लिए मुम्बई सरकार के गृहमंत्री ना.के.एम. मुंशी के खिलाफ निन्दा प्रस्ताव बं. जमनादास मेहता की मुम्बई लेजिस्टेटिव असेम्बली में आया था। इस प्रस्ताव के समर्थन में स्वयं जमनादास मेहता और स्वतंत्र मजदूर पार्टी के नेता डॉ. बाबासाहेब अम्बेडकर के बड़े प्रभावी भाषण हुए। 7 मार्च, 1938 को डॉ. अम्बेडकर ने मुम्बई असेम्बली के अपने भाषण में कहा—

"अध्यक्ष महोदय

मैं इस प्रस्ताव का समर्थन करने के लिए खड़ा हूँ। मैं इस प्रस्ताव पर बहस की अन्तिम चर्चा में बोल रहा हूँ और माननीय गृहमंत्री को जवाब देने के लिए समय मिलना चाहिए, इस बात को ध्यान में रखते हुए मुझे जो कुछ कहना है, उसको चन्द बातों में कहता हूँ।

केवल अपने बारे में ही बोलना हो तो मुझे पहले जो बात कहनी है वह यह है कि यह निन्दा प्रस्ताव जिन बातों की वजह से लाया गया है, उस प्रकार की घटना घटे इसका मुझे बिलकुल आश्चर्य नहीं हो रहा है। मैं ऐसा समझता हूँ कि वर्तमान सरकार ने सत्ता प्राप्त करने के बाद कानूनों को तोड़ने के मामले में जो कई बातें की हैं उसका यह फैसला एक तरह से कानूनों को तोड़ने की ऊँचाई को पार करने जैसा ही है।

फिर भी, यह सभी कारनामों का एक हिस्सा है। चालू नाटक का एक अंक है। उसका अन्त कब होगा कुछ नहीं कहा जा सकता। उनमें से पहली करतूत के बारे में कहना हो तो बारदोली के किसानों की जो जमीनें जब्त की गई हैं वह जमीन उनको वापस दिलाने के लिए सरकार ने जो जोखिम अपने ऊपर लिया है, उसके

बारे में कहा जा सकता है। (एक सदस्य बीच में ही बोलने का प्रयास करता है) मेरा समय कम है। इसलिए मेरा भाषण अच्छी तरह से सुना जाना चाहिए, ऐसा मुझे लगता है।

अध्यक्ष...

डॉ. अम्बेडकर—सभापति महोदय, मैं आपके सामने इस सम्बन्ध में इस प्रकार का मुद्दा रखने की इजाजत चाहता हूँ कि तुलना करने के लिए किसी बात का निर्देश करना और उसकी उचितता-अनुचितता तय करने की दृष्टि से उसका ऊहापोह करने के लिए उसका निर्देश करना, इन दोनों बातों में फर्क है। बारदोली में जो जमीन जब्त की गई है उनको लौटाने की उचित-अनुचित बात के बारे में मैंने चर्चा की होती तो आपका फैसला मुझ पर निश्चित रूप से लागू हो गया होता। इसलिए सरकार की इस करतूत ने भी पिछली करतूतों को पार कर लिया है, ऐसा कहने से या उन करतूतों में से किसी करतूत का, उसकी उचितता-अनुचितता के विवाद में पड़ने की बजाय केवल नाम लेने मात्र से मैंने नियम को तोड़ा है ऐसी बात नहीं है।

अध्यक्ष ...

डॉ. अम्बेडकर—यदि ऐसा है तो मुझे सभा गृह के सामने जो विषय है उसी पर बोलना जरूरी है। इसलिए सभागृह के सामने जो विषय है उसके बारे में मुझे जो कहना है वह यह कि सबसे पहले उस मुकदमे से सम्बन्धित सभी बातें मुझे मालूम नहीं जो कुछ मालूम हुआ है वह केवल अखबार के माध्यम से ही। अपने पास ठोस प्रमाण नहीं है और मुझे ऐसा मालूम हुआ है कि इस मुकदमे की जो सचाई है उसको सभागृह के सामने रखने की मा.ना. गृहमंत्री को अनुरोध किया गया था। लेकिन उन्होंने उस तरह से कुछ नहीं किया। उसकी वजह से मुझे तथा उसी प्रकार इस सभागृह के सभी सदस्यों को बड़ी कठिनाई बर्दाश्त करनी पड़ रही है। इसकी सचाई जब लोगों के सामने आएगी उस समय आज की यह चर्चा भी अनावश्यक और अप्रासंगिक थी, ऐसा भी हो सकता है। लेकिन आज की यह चर्चा अनावश्यक थी यह सिद्ध हुआ तो इसके लिए माननीय गृहमंत्री ही पूरी तरह जिम्मेदार होंगे इसमें कोई सन्देह नहीं। क्योंकि उन्होंने ही सभागृह को अपने विश्वास में लेकर प्रस्तुत मामले की सम्पूर्ण जानकारी सभागृह के सामने रखने की बात को अस्वीकार किया है।

यदि उन्होंने इस मामले को उस तरह से सभागृह के सामने रखा होता तो प्रस्ताव के प्रवर्तकों ने उसे पीछे भी लिया होता। या हो सकता है कि अन्य सदस्यों ने भी चर्चा में सम्मिलित होने की अपनी अनिच्छा को व्यक्त किया होता। लेकिन

गृहमंत्री ने इस तरह से कुछ नहीं किया है। इसलिए आगे यह चर्चा यदि फालतू साबित हुई तो जैसे कि मैंने कहा, उसके लिए गृहमंत्री ही जिम्मेदार होंगे।

हम लोगों को अखबारों के माध्यम से जो जानकारी प्राप्त हुई, उसी पर निर्भर होकर इस मामले में सोचते हुए जो मुख्य सवाल पैदा होता है वह यह कि क्या दोषियों की सजा रोकने में सभागृह को उचित और आवश्यक लग सके, ऐसा कोई समर्थन करने योग्य कारण हुआ है? मा.ना. गृहमंत्री इस पर ऐसा बता सकते हैं कि हाईकोर्ट को सजा रोकने का अधिकार नहीं है। इसलिए हाईकोर्ट ने सजा रोकने से इनकार कर दिया। यह बात बुद्धिमानी की है या मूर्खता की इस बात का यहाँ कोई सवाल ही नहीं है। यहाँ सही महत्त्वपूर्ण सवाल यह है कि कानून के द्वारा जिसको सजा हुई है उस गुनहगार की सजा कम करने के या माफ करने के अधिकार गृहमंत्री को दिए गए हैं। उनका उन्होंने सही ढंग से अमल किया है या नहीं? सचाई जानने की जो सहूलियत विशेष हक के तौर पर उनको है, उसको उन्होंने सही ढंग से इस्तेमाल किया है या नहीं? मा.ना. गृहमंत्री ने अपने इस विशेष हक को सही ढंग से इस्तेमाल किया है या नहीं इस बात को समझने के लिए कुछ बातें स्पष्ट करना जरूरी है।

अखबारों में छपी खबरों के अनुसार इस बारे में पहली बात एकदम ध्यान में आती है और वह यह है कि वे भयंकर रूप से जुआ खेलनेवाले लोग निश्चित रूप से गरीब नहीं थे। यह भी बात नहीं कि पेट को रोटी मिलने के लिए कोई रास्ता ही नहीं था, इसलिए जुआ जैसे घटिया धन्धे की ओर झुकना उनकी मजबूरी थी। अखबारों में छपी खबरों से पता चलता है कि वे लोग धनी बनिये हैं, उनके पास बेहिसाब धन-दौलत है। वे कई कम्पनियों के मालिक हैं। शहर में कई जगह और भारत के कई शहरों में उनके मेन दफ्तर हैं।

कुल मिलाकर बहुत बड़ी मात्रा में उनका व्यापार चल रहा है। इसलिए इन लोगों के बारे में निश्चित रूप से ऐसा नहीं कहा जा सकता कि उन्होंने दरिद्रता के कारण या भयंकर प्रतिकूल स्थिति के कारण जुए का रास्ता अपनाया है। जो स्थिति दिखाई दे रही है वह एकदम विरोधी है, इसलिए उक्त प्रकार के सवाल इन लोगों के बारे में उठाना सम्भव हो गया है।

उसमें या हाईकोर्ट के सामने जो निवेदन किया गया था, उसमें भी इन लोगों की सजा स्थगित करने के कुछ अलग कारण दिए गए हैं, ऐसी भी बात दिखाई नहीं दे रही है। गुनहगार बीमार थे या वे किसी रोग से पछाड़े गए थे ऐसा दिखाने के लिए भी कोई प्रमाण नहीं है, या उन पर किसी प्रकार का पारिवारिक संकट आया था जिसकी वजह से उनको सजा से मुक्त होने की जरूरत महसूस हो रही थी ऐसी भी बात नहीं है। इसलिए इससे सम्बन्धित सभी अनुमानों को अलग रख देना चाहिए।

तीसरा एक सम्भव कारण यह भी बताया जा सकता है कि उक्त न्यायालय के सामने इन लोगों को अपील करनी थी। इसके खिलाफ क्या कहना है इस बात को

सभी जानते हैं। इसके बारे में मुझसे ज्यादा अच्छी तरह गृहमंत्री जानते हैं। वे मुझसे भी बड़े वकील हैं। उनको इसके बारे में मालूम ही है कि प्रिवी काउंसिल ने सैकड़ों मुकदमों में इस प्रकार का नियम बना दिया है कि जब तक इस बात का पता नहीं चलता कि न्याय के तत्त्वों को तोड़ा गया है, तब तक भारत के फौजदारी कोर्टों में की गई अपील स्वीकार नहीं की जाएगी। क्रिमिनल प्रोसीजर कोड जैसे सामान्य कोड को तोड़ने में भी सहूलियत नहीं दी गई। प्रिवी काउंसिल ने अपनी न्याय-बुद्धि के अनुसार फौजदारी अपील स्वीकार करने से सम्बन्धित अपने अधिकार को काफी मर्यादित कर लिया है, इस मुकदमे में जिनके सामने यह मुकदमा चला वे चीफ प्रेसीडेंसी मेजिस्ट्रेट या जिनके सामने इसके सम्बन्ध में अपील की जाती है वह हाईकोर्ट, इन दोनों ने भी क्रिमिनल प्रोसीजर कोड की धारा का या सामान्य न्याय तत्त्वों को किसी भी दृष्टि से तोड़ा है, इस बात को सिद्ध करने के लिए कोई प्रमाण नहीं हैं। इस प्रकार की स्थिति में इन लोगों की सजा स्थगित करने योग्य कोई विशेष सबल कारण गृहमंत्री को मिल सकता है, इस बात को स्वीकार करने के लिए सामने जो सचाई है उसको देखते हुए, मुझे एक भी प्रमाण दिखाई नहीं दे रहा है।

उसी प्रकार मेरी जानकारी के अनुसार सामान्य गुनहगारों की सजा इससे पहले भी किसी भी गृहमंत्री ने किसी भी कारण स्थगित कर दी हो, इस बात का एक भी प्रमाण नहीं मिल सकता। इस राज्य के सर्वोच्च न्यायमंडल ने न्यायबुद्धि से दी गई सजा को स्थगित रखने के लिए बीमारी या पारिवारिक समस्याएँ आदि बातों को किसी भी कोर्ट ने आज तक पर्याप्त नहीं माना है। इसलिए गृहमंत्री के हाईकोर्ट के फैसले की इज्जत करने की बजाय उसके द्वारा दी गई सजा को स्थगित करने के सम्बन्ध में कोई ठोस कारण सामने नहीं आए हैं, इसलिए जो कुछ हुआ है वह बहुत ही गलत, निन्दा करने योग्य हुआ है, ऐसा ही मुझे कहना पड़ेगा।

इस बात की जानकारी गृहमंत्री को भी है कि हाईकोर्ट के सामने गुनहगार की ओर जिन्होंने पैरवी की उन वकीलों ने इस प्रकार का निवेदन किया था कि इन गुनहगारों को जेल में विशेष सुविधाएँ मिलनी चाहिए। उनको 'ब' वर्ग के कैदी के रूप में रखा जाए और इस बात का पता हमको अखबारों के माध्यम से लगा है।

मुझे इस सम्बन्ध में दूसरी बात का भी पता चला है कि गुनहगारों की ओर से हाईकोर्ट के वकीलों ने गुनहगार की सजा कुछ समय के लिए स्थगित की जाए, इस प्रकार का और भी एक निवेदन किया था। वे दोनों निवेदन पत्र अस्वीकार किए गए। लेकिन वे ही दोनों निवेदन, कम से कम उनमें से एक निवेदन पत्र को गृहमंत्री ने स्वीकार किया है। इससे गृहमंत्री ने जो गुनाह किया है उसके जैसा कानून और सुव्यवस्था को नजरअन्दाज करने का काम अन्य किसी बात से परिणामकारी ढंग से सफल हो सकता है, ऐसा मुझे नहीं लगता। अपना मत स्पष्ट रूप से रखने में मुझे किसी भी प्रकार की दिक्कत नहीं हो रही है।

मैं ना. गृहमंत्री से पूछना चाहता हूँ कि जिनकी समर्थनीयता जनता को समझाई जाए इस प्रकार का कोई अंश आज की स्थिति में दिखाई नहीं देता। फिर इस तरह का कोई मुद्दा शासन प्रबन्ध की ईमानदारी के प्रति और प्रामाणिकता के प्रति जनता के मन में क्या सन्देह पैदा नहीं कर सकता? मैं दूसरा और एक सवाल पूछना चाहता हूँ, लेकिन वह माननीय मुख्यमंत्री से है। सवाल यह है कि मा. मुंशी ने जो आदेश दिया है उसकी जानकारी क्या मुख्यमंत्री को थी? क्या इस प्रकार का आदेश मंत्रिमंडल की इजाजत से निकाला गया था? या उस आदेश को गृहमंत्री ने अपनी ही सोच के आधार पर जारी किया था? इस तरह के सवाल पूछने के लिए और भी सबल कारण हैं।

नए संविधान के अनुसार कांग्रेस मंत्रिमंडल सामूहिक जिम्मेदारी के सिद्धान्त के अनुसार शासन चला रही है, ऐसा हम समझकर चल रहे हैं। लेकिन उस प्रकार का कोई निश्चित प्रमाण नहीं है। इसलिए इस बात को सम्पूर्ण मंत्रिमंडल के सामने या कानूनी दृष्टि से राज्य के प्रशासन के लिए जिम्मेदार व्यक्ति ने इस नाते कम से कम मुख्यमंत्री के सामने रखा था, इस बात को मानने के लिए हमें कोई आपत्ति नहीं है। मुझे इस बात का जिक्र करना और उक्त सवाल पूछना जरूरी था। मेरी राय में यह मामला बहुत ही गम्भीर है, क्योंकि गुनहगार व्यक्ति को दी गई सजा अमल में लाने से रोकना एक तरह से कानून को नजरअन्दाज करना है। इसलिए मेरा निष्कर्ष यह है कि राज्य सरकार का प्रशासन और जनता का कल्याण आदि बातों पर गम्भीर परिणाम करनेवाला प्रस्तुत मामला मुख्यमंत्री को बगैर बताए किया गया। मैं जानना चाहता हूँ, मैंने जो निष्कर्ष निकाला है वह सच है या नहीं। और मैं उम्मीद करता हूँ कि मंत्रिमंडल की ओर से इन सवालों के जवाब दिए जाएँगे।

विविधवृत, 13 मार्च, 1938

दूसरों पर निर्भर रहने का मतलब है पेशवाई की मटकी को गले में बाँध लेना

दिनांक 20 अप्रैल, 1938 को दोपहर तीन बजे औंड में डॉ. बाबासाहेब अम्बेडकर की सभा आयोजित की गई थी। इस सभा में बहुत बड़ी संख्या में दलित समाज के लोग इकट्ठा हुए थे। विधायक के.एस. सावंत भी इस सभा में डॉ. अम्बेडकर के साथ थे। डॉ. अम्बेडकर ने अपने भाषण में अछूतों की पहले की स्थिति और आज की स्थिति के बारे में तुलनात्मक दृष्टि से समझाते हुए कहा—

"हम लोगों के पास आज पहले से ज्यादा ताकतवर संगठन है और यह संगठन और ज्यादा मजबूत होना चाहिए। इस संगठन को और मजबूत करने के लिए स्वतंत्र मजदूर पार्टी का सदस्य होना जरूरी है और उसके माध्यम से हम हर प्रकार की समस्याओं का मुकाबला कर सकते हैं। यही संगठन आप लोगों के हित सम्बन्धों की रखवाली करेगा। आप लोगों का दूसरों पर निर्भर रहना उचित नहीं है। आप लोगों का दूसरों पर निर्भर रहने का मतलब है पेशवाई की मटकी को गले में बाँध लेना।" इस तरह उन्होंने बड़े विस्तार से अपना व्याख्यान दिया।

उसके बाद वहाँ हर गाँव के लोगों की ओर से उनको पुष्पमालाएँ अर्पण की गईं। रास्ते में शिवडे, तहसील करहाड में उनका जबर्दस्त स्वागत हुआ। लोगों ने बड़े आग्रह के साथ डॉ. बाबासाहेब अम्बेडकर को कुछ उपदेश मार्गदर्शन देने के लिए कहा। उन लोगों को सम्बोधित करते हुए डॉ. अम्बेडकर ने कहा—

" अगले माह 24 मई को इस जिले में डिस्ट्रिक्ट लोकल बोर्ड के चुनाव होनेवाले हैं। इस तहसील की ओर से अपने स्वतंत्र मजदूर पार्टी के प्रतिनिधि के रूप में गणपत भीकाजी वाघमारे खड़े हैं। इसलिए आप सभी को उनको ही चुनकर देना है और मैंने जैसे कहा है उस तरह से आप करेंगे यही उम्मीद है।" उसके बाद डॉ. अम्बेडकर मोटर से सतारा आए और वहाँ स्वागत स्वीकार करने के बाद पूना के लिए चले गए।

सा. जनता, 30 अप्रैल, 1938

दंगों को रोकने के लिए ठोस प्रयास करना जरूरी

मुम्बई के गुंडों को दंगा-फसाद के समय पकड़कर हद पार करने का अधिकार पुलिस कमिश्नर को देने का बिल 26 अप्रैल, 1938 को मुम्बई असेम्बली में चर्चा के लिए पेश किया गया। इस बिल को गृहमंत्री डॉ. के.एम. मुंशी ने पेश किया था। ना. के.एम. मुंशी के मूल संशोधित बिल को स्वतंत्र मजदूर पार्टी के नेता डॉ. बाबासाहेब अम्बेडकर ने जो उपसुझाव दिया था वह बहुत ही महत्त्वपूर्ण था। उनके निम्न उपसुझाव से मूल बिल का उद्‌देश्य निश्चित रूप से तय किया गया था। डॉ. अम्बेडकर के सुझाव का मतलब यही था कि—

"मुम्बई शहर में या शहर के किसी भी भाग में विभिन्न जातियों में विवाद उत्पन्न होकर यदि आपातकाल जैसी स्थिति (स्टेट ऑफ इमरजेंसी) पैदा हो गई तो ऐसे समय सरकार को तत्काल घोषणापत्र गजट में प्रसिद्ध करके इस बिल में उल्लेखित अधिकार पुलिस कमिश्नर को देना चाहिए। इस अधिकार का अमल एक माह तक रहेगा। लेकिन बाद में भी इस कानून की जरूरत हो तो पुनः घोषणापत्र प्रकाशित करना होगा। उसी प्रकार पुलिस कमिश्नर के आदेश पर बीस दिन के भीतर राज्य सरकार की ओर अपील करने का अधिकार रखा गया है।"

इस सुझाव को रखने से पहले कुछ उपसुझाव भी आए। 27 अप्रैल, 1938 को डॉ. अम्बेडकर अपने सुझाव का समर्थन करने के लिए खड़े हुए। उन्होंने अपने भाषण में कहा—

"जिन गुंडों की बदमाशी के बारे में इस बिल को सभागृह के सामने रखते हुए ना. मुंशी ने जो बात कही है इसके बारे मैं पुलिस कमिश्नर या ना. मुंशी से भी ज्यादा जानता हूँ। मेरे जीवन का सन् 1911 से 1933 तक का समय मुम्बई इम्प्रूवमेंट की चाल में बीता है। इसलिए मुझे मालूम है कि गरीब लोगों को गुंडों, बदमाशों से बड़ी परेशानी होती है। उसी प्रकार दंगा-फसाद रोकने के लिए जिस कानून की व्यवस्था की जा रही है इसके बारे में कुछ पूर्व इतिहास का वर्णन करने में कोई आपत्ति नहीं है।

मुम्बई में सन् 1851 से 1938 तक बहुत ही भयंकर जालिम दंगे-फसाद हुए हैं। उसमें पहला दंगा सन् 1851 में मुस्लिम और पारसियों के बीच में हुआ। दूसरा दंगा

भी सन् 1874 में पारसी और मुस्लिमों के बीच में ही हुआ। उसके बाद सन् 1893, 1929, 1932, 1933, 1936, 1937 और 1938 में दंगे हुए। लेकिन ये सभी दंगे हिन्दू और मुस्लिमों के बीच में हुए।"

इन सभी दंगों में कितने लोग घायल हुए इस बारे में संख्या गिनाने के बाद डॉ. अम्बेडकर ने कहा, "इन दंगों के स्वरूप को देखने के बाद उन पर पाबन्दी लगाने के लिए, रोकने के लिए कुछ न कुछ सख्त इलाज अमल में लाना जरूरी है। वास्तव में हर साल मुम्बई में सुधार हो रहा है, परिवर्तन हो रहा है, यह शहर सुधार की ओर जा रहा है और ऐसे समय मुम्बई शहर में खून-खराबा होना बड़े अफसोस की बात है। इस पर रोक लगाने के लिए, इसका सही इलाज करने के लिए मैं इस बिल को समर्थन दे रहा हूँ। उसी प्रकार इस बिल के कारण पुलिस कमिश्नर को जो नए अधिकार प्राप्त होनेवाले हैं उनसे नागरिकों की स्वतंत्रता की सही रक्षा हो इसलिए यह उप सुझाव इस बिल में जोड़ा है। इसलिए मैंने अपने उप सुझाव में सुझाया है कि आपात स्थिति के समय पहले घोषणापत्र प्रकाशित करके ही इन अधिकारों पर अमल करना चाहिए। उसी प्रकार इन अधिकारों के अमल की सीमा एक माह की रखनी चाहिए, इस प्रकार का सुझाव रखा है। जिसकी वजह से पुलिस कमिश्नर के अधिकार की सीमा इस जातीय दंगे के समय तक ही सीमित रहेगी। ना. मुंशी ने भी अपने भाषण में आश्वासन देते हुए कहा है कि इन कानून का उपयोग जातीय दंगों के अलावा और कहीं नहीं किया जाएगा।"

सा. जनता, 30 अप्रैल, 1938

...तो अपनी स्वतंत्र यूनियन बनाइए

दिनांक 11 मई, 1938 को डॉ. बाबासाहेब अम्बेडकर का नागपुर में सुबह 8 बजे दलित वर्ग के छात्रों की ओर से स्वागत किया गया था। उस अवसर पर उन छात्रों को सम्बोधित करते हुए डॉ. अम्बेडकर ने कहा कि "छात्रों को अपना अध्ययन पूरा करने के बाद समाज कार्य करना चाहिए और समाज की सेवा करनी चाहिए।" इस तरह से उन्होंने दलित वर्ग के छात्रों को बहुत ही उद्‌बोधक और प्रेरित करनेवाला मार्गदर्शन दिया।

उसी दिन शाम को कामठी (नागपुर) में डॉ. अम्बेडकर के भव्य स्वागत का कार्यक्रम आयोजित किया गया था। डॉ. अम्बेडकर बाबू एल.एन. हरदास के साथ कामठी पहुँचे। इस सभा में विशाल दलित जनसमुदाय उपस्थित था। लेकिन वर्षा इतनी जबर्दस्त और तेज हुई कि स्वागत समारम्भ के चलते ही सभा को समाप्त करना पड़ा। उसके बाद डॉ. अम्बेडकर नागपुर पहुँचे। वहाँ नागपुर के दलित रेलवे कर्मचारी बहुत बड़ी संख्या में उनसे मिलने आए। जी.आई.पी. रेलवे कर्मचारियों ने डॉ. अम्बेडकर से सवाल पूछा कि "क्या हम लोगों को रेलवे यूनियन में सम्मिलित होना चाहिए या नहीं?" उनके इस सवाल का जवाब देते हुए डॉ. अम्बेडकर ने कहा कि "यदि यूनियन तुम्हारी भलाई के लिए काम करती हो तो सभी को उसका सदस्य बनना चाहिए। यदि वह संस्था तुम्हारी भलाई का काम करती हो और तुम लोगों द्वारा दिए हुए चन्दे में से पाँचवाँ हिस्सा अपनी भलाई के लिए सुरक्षित रखते हों तो सभी को निश्चित रूप से उसमें सम्मिलित होना चाहिए। अन्यथा आप लोग अपनी स्वतंत्र यूनियन बनाइए।"

उसके बाद डॉ. अम्बेडकर ने वहाँ इकट्‌ठा हुए अपने संगठन के कार्यकर्ताओं के साथ रात को साढ़े बारह बजे तक चर्चा की। उस चर्चा का सारांश इस प्रकार है—

"1. स्वतंत्र मजदूर पार्टी की सदस्य संख्या हजारों में बढ़ाइए और एकता के साथ अपना बल बढ़ाइए।
2. दलित फेडरेशन का कार्य जातीय एकता तक रखिए।
3. समता सैनिक दल की ओर से सार्वजनिक कुएँ और सार्वजनिक स्थलों पर अपना हक स्थापित कीजिए।"

सा. जनता, 21 मई, 1938

वास्तव में बहुसंख्यक किसान और मजदूर वर्ग इस देश का असली सत्ताधारी बनें

दिनांक 14 मई, 1938 को कणकवली की महार आदि की परिषद के बाद डॉ. बाबासाहेब अम्बेडकर 15 मई, 1938 को देवरूख पहुँचे। वहाँ किसानों की जंगी सभा का आयोजन किया गया था। इस सभा में डॉ. अम्बेडकर के साथ भाई चित्रे, डी.वी. प्रधान, सुरबा टिपणीस, भास्करराव कोवले, वी.गो. घाटगे आदि नेता लोग थे। इस सभा में बहुत बड़ी संख्या में किसान, दलित और मुस्लिम समाज के लोग उपस्थित थे। इस सभा को सम्बोधित करते हुए डॉ. अम्बेडकर ने कहा—

"प्रिय भाइयो तथा बहनो,

अपना उद्देश्य खोती पद्धति (जमींदारी उन्मूलन) समाप्ति बिल पास करना और किसान वर्ग की गरीबी समाप्त करना है। किसानों को अपनी उचित लड़ाई लड़नी चाहिए और उस लड़ाई को लड़ते समय उनको सभी ओर से अपने आपको संगठित करना चाहिए। यदि कांग्रेस ने खोती बिल को नामंजूर किया तो किसानों को आगे सत्याग्रह के आन्दोलन के लिए तैयार रहना चाहिए।

कुणबी (कुर्मी) समाज को इससे भी बड़ी संख्या में स्वतंत्र मजदूर पार्टी में सम्मिलित होना चाहिए। क्योंकि यही पार्टी गरीब, मजदूर, किसान वर्ग का कल्याण कर सकती है। बल्कि कांग्रेस साहूकारों, खोत (जमींदार) और सफेदपोश लोगों की पार्टी है, क्योंकि वह पार्टी उनके पैसों पर जी रही है। इसलिए उसके द्वारा किसानों की भलाई होगी। इस प्रकार की उम्मीद किसानों को बिलकुल नहीं करनी चाहिए। इसलिए सभी जाति, पंथ भेदों को भूलकर सभी किसानों को इस आन्दोलन को प्रभावी ढंग से, अनुशासन में और संगठित होकर लड़ना चाहिए।

अपनी लड़ाई सही सिद्धान्तों की है। हिन्दी राजनीतिक सत्ता सेठ जी, ब्राह्मण, साहूकार, जमींदार और पूँजीपतिवालों की कांग्रेस के हाथों में जाने की बजाय असली

मेहनतकश वर्ग के हाथ में जानी चाहिए। बहुसंख्यक किसान और मजदूर वर्ग इस देश का सही सत्ताधारी वर्ग बनना चाहिए और इसी दृष्टि से हमारी स्वतंत्र मजदूर पार्टी प्रभावी कार्य करने के लिए आगे आई है।"

उसी दिन शाम 7 बजे अरवली (तह. संगमेश्वर) में डॉ. अम्बेडकर की सभा आयोजित की गई थी।

सा. जनता, 28 मई और 4 जून, 1938

अपनी पार्टी के सदस्य बनिए अपनी पार्टी की शक्ति बढ़ाइए

डॉ. बाबासाहेब अम्बेडकर को जावड़ी तहसील के लोगों को मार्गदर्शन करना चाहिए। इस प्रकार की उस तहसील के लोगों की बहुत दिनों की इच्छा थी। वहाँ के लोगों को इस बात का पता चला कि डॉ. अम्बेडकर 21 मई, 1938 को सुभेदार सवादकर को मिलने के लिए पांचगणी आ रहे हैं। उन्होंने 19 मई को एक ही दिन में जावड़ी तहसील स्वतंत्र मजदूर पार्टी का दूसरा सम्मेलन आयोजित करने की घोषणा की। डॉ. अम्बेडकर अपने अन्य सहयोगियों के साथ पांचगणी पहुँचे और दोपहर में डॉ. बिलिमोरिया के हॉस्पिटल में सुभेदार सवादकर से मिलने के लिए शाम के समय परिषद का आयोजन किया गया था। भाई चित्रे परिषद के अध्यक्ष थे। इस परिषद को सम्बोधित करते हुए डॉ. अम्बेडकर ने कहा—

"भाइयो तथा बहनो,

आज नौ दिन हो गए हैं, मैं लगातार दौरे पर हूँ। मैंने रात को महाड में दो बजे तक भाषण किया है। और सुबह जागकर पांचगणी आया हूँ। इसलिए मुझे यहाँ भाषण देने की कोई शक्ति नहीं रही है। आप सभी लोगों ने मेरा शाानदार स्वागत किया है, उसके लिए मैं आपका आभारी हूँ। आप लोगों की इच्छा है कि मुझे कुछ न कुछ बोलना चाहिए। लेकिन मैं क्या करूँ, मुझे इस समय आप लोगों को निराश करना पड़ रहा है और मुझे इस बात की उम्मीद है कि आप लोग मुझ पर नाराज नहीं होंगे। पुनः एक बार मैं इस ओर आऊँगा। उस समय मुझे आप लोगों से जो भी कहना है, कहूँगा। आज मैं सिर्फ इतना ही कहना चाहता हूँ कि बड़े खुशी की बात है कि यहाँ स्वतंत्र मजदूर पार्टी की ब्रांच स्थापित हुई है। आप सभी उसके सदस्य बन जाइए और अपने संगठन की शक्ति को बढ़ाइए। मेरे लिए इससे ज्यादा बोलना मुश्किल है। इसलिए मैं पुनः आपसे माफी माँगते हुए अपनी बात को समाप्त कर रहा हूँ।"

सा. जनता, 11 जून, 1938

जिसने दूसरों पर भरोसा किया उसका सब कुछ डूब गया

दिनांक 17 जून, 1938 को डॉ. बाबासाहेब अम्बेडकर कोर्ट के काम के लिए धुलिया गए थे और कोर्ट के काम समाप्त करके वे 19 जून, 1938 को रात में साढ़े आठ बजे चालीसगाँव पहुँचे। उनके स्वागत के लिए दलित जनता का सागर उमड़ पड़ा था। वहाँ एक छात्रावास में उनके भोजन और निवास की व्यवस्था की गई थी। उसी छात्रावास के सामने सभा का आयोजन भी किया गया था। इस सभा में दलित जनता को सम्बोधित करते हुए डॉ. अम्बेडकर ने कहा—

"भाइयो तथा बहनो,

आज मुझे इस बात की कल्पना नहीं थी कि आप लोगों के सामने कुछ बोलना पड़ेगा। आप इतने लोग इकट्ठे हुए हैं, इसलिए मैं दो शब्द बोलना चाहता हूँ। आज आप लोगों पर जो सरकार राज कर रही है वह अंग्रेज सरकार नहीं बल्कि कांग्रेस सरकार है। मुझे ब्रिटिश सरकार का इक्कीस साल का अनुभव है और कांग्रेस सरकार का ग्यारह माह का अनुभव आया है। कांग्रेस के सत्ता में आने से पहले मुझे उससे ज्यादा उम्मीदें थीं, लेकिन वह गलत साबित हुई।

ब्रिटिश सरकार के समय अछूतों को पुलिस विभाग में नौकरी नहीं मिलती थी लेकिन मैं असेम्बली में दो साल तक झगड़ता रहा और उस पाबन्दी को तुड़वाया। ब्रिटिश सरकार कुछ न कुछ देती थी। पहले ब्रिटिश सरकार बंजर भूमि के लिए अछूतों के निवेदन पर विचार करती थी और उस तरह से उनके रिकॉर्ड में भी है। उस तरह का रिकॉर्ड कचहरी में भी होगा।

पहले पुलिस विभाग में अछूतों के निवेदन पर विचार होना चाहिए। हमें इस बात का पता चलता है कि अंग्रेज सरकार ने हमारे लिए कुछ भी विशेष नहीं किया है। सभी के साथ जो कुछ मिला उसको आप ले सकते हैं। एक माँ के पेट से पैदा हुए चार बच्चों में से बड़े बच्चे को रोटी का बड़ा हिस्सा मिलता है। माँ छोटे बच्चे के लिए रोटी छुपा के रखती है। उस तरह से कांग्रेस ने हमारे लिए क्या बचा करके रखा है? कांग्रेस हमारे लिए कुछ भी बचाकर नहीं रख रही है। फिर वह माँ कैसे हो सकती है? हम लोगों को उससे माँ की ममता की जरूरत नहीं है। हम मरेंगे

और अपनी ताकत के बल पर हासिल करेंगे। हम घबराएँगे भी नहीं और दूसरों के दरवाजे पर टोकनी लेकर भी नहीं जाएँगे। हम लोग कांग्रेस से क्या माँ की ममता की उम्मीद कर सकते हैं?

मैं गांधी का दुश्मन नहीं हूँ, जिसको जो सच लगता है उसको वह करता है। मैं गांधी के काम की परवाह नहीं करता। गांधी के हाथ में कांग्रेस है। 'राजा बोले गरदन हिले' गांधी बोलता है और कांग्रेस करती है। गांधी के मन में आया, अछूतों को सुविधाएँ देने की बात तय हो गई तो उनको खाने के लिए मिलेगा। कोई गांधी के खिलाफ नहीं जाएगा। माँ का प्यार सभी बच्चों पर समान होता है। अभागे बच्चे पर और ज्यादा होता है। कांग्रेस की और तुम्हारी माँ है गांधी। मतलब आप लोगों पर गांधी का प्रेम ज्यादा होना चाहिए। लेकिन वैसा बिलकुल नहीं दिखाई दे रहा है। मतलब जो दूसरों के भरोसे पर रहा उसका सब कुछ डूब गया। इसलिए अपना काम खुद ही करना चाहिए। हम लोगों पर बहुत बड़ी मुसीबत है। आप उसको देख नहीं रहे हैं। आप लोग दो हजार साल की दासता के आदी हो गए हैं।

मैं धुलिया की एक बात बता रहा हूँ। धुलिया के पाठक शास्त्री हिन्दू धर्म के अच्छे पंडित हैं। उन्होंने 'अस्पृश्यांची पूर्वोक्ति' (अछूतों की पूर्वोक्ति) नाम की एक किताब लिखी है। मैंने कुछ काम के बहाने शास्त्री से मिलने का निश्चय किया। मैंने पाठक शास्त्री को खबर भिजवाई कि मैं 9-10 बजे मिलने के लिए आऊँगा, मैं मोटर से पाठक शास्त्री के पास गया। मैंने एक आदमी से खबर भिजवाई कि मैं आया हूँ, क्या आ सकता हूँ, पूछा। वहाँ भोजन हो रहा था। शास्त्री जी दौड़ते हुए बाहर आए। मैंने उनसे कहा, मैं आपसे कुछ बात करना चाहता हूँ। मैंने कहा, आपकी पाठशाला में चलिए। उन्होंने कहा, हम मोटर में बैठ करके ही बात करेंगे। धुलियाँ की सड़कें बहुत छोटी हैं इसलिए बहुत देर तक मोटर में बैठकर बात करना उचित नहीं, ऐसा मैंने उनसे आग्रह किया। लेकिन कोई उपयोग नहीं हुआ। अन्त में डाकबँगले में जाकर चर्चा करनी पड़ी। उनसे बड़ी अच्छी बातें हुईं। मेरे जैसे पढ़े-लिखे लोग बहुत कम होंगे, लेकिन मेरे जैसे व्यक्ति को शास्त्री की पाठशाला में जाने का मौका नहीं मिला। कितना अपमान! मेरे दिल पर चोट पड़ती है। आप लोग उस बात को जानते नहीं। हम लोगों को जो कुछ भी पाना हो, झगड़कर ही पाना पड़ेगा। हम लोगों ने कांग्रेस, गांधी की नीति का ग्यारह माह में अच्छी तरह अनुभव किया है। इसका प्रत्यक्ष प्रमाण नागपुर के ना. शरीफ का मामला है। इसके लिए हम लोगों को संगठित होकर अपनी ताकत को बढ़ाकर मुकाबला करना चाहिए।

कांग्रेस पचास साल की है। स्वतंत्र मजदूर पार्टी डेढ़-दो साल की है। यदि कांग्रेस किसी से घबराती है तो वह है स्वतंत्र मजदूर पार्टी। हम पन्द्रह लोग कांग्रेस की तू-तू, मैं-मैं करा देते हैं। यदि हमारे पास 15 की बजाय 30 या 45 सदस्य होते तो सरकार

हमारे लोगों की ही होती। यदि हम लोगों ने एकता कायम की तो मैं पूरे यकीन के साथ कहता हूँ कि 10-15 साल में हमारी ही सत्ता आएगी। आप सभी लोग मुझे भगवान मानते हैं, लेकिन मैं भगवान नहीं बल्कि महार (अछूत) हूँ। आपका भगवान आपकी स्वतंत्र मजदूर पार्टी है। पत्थर को सिन्दूर लगा देने से जिस तरह वह भगवान बन जाता है, उस तरह मैं हूँ। आप लोगों का असली भगवान स्वतंत्र मजदूर पार्टी है। आप सभी लोगों को स्वतंत्र मजदूर पार्टी का सदस्य होना चाहिए। साल के चार आना देना मुश्किल काम नहीं है। मैं बहुत बोल चुका हूँ।

सा. जनता, 16 जुलाई, 1938

मजदूरों पर गुलामी के बन्धन थोपना लोकतंत्र की विडम्बना

कांग्रेस सरकार ने मुम्बई विधिमंडल में मजदूर वर्ग की नागरिक स्वतंत्रता का विरोधी ट्रेड डिस्प्यूट बिल पेश किया था। इस बिल का डॉ. बाबासाहेब अम्बेडकर ने जबर्दस्त विरोध किया था। उन्होंने मुम्बई विधिमंडल में और विधिमंडल के बाहर भी इसका विरोध किया। दिनांक 15 सितम्बर, 1938 को मुम्बई विधिमंडल में इस बिल का विरोध करते हुए डॉ. अम्बेडकर ने कहा—

"इस बिल की अलग-अलग धाराओं की आलोचना करने से पहले इस तरह का कानून जो पहले पास हो गया था उसके बारे में इस समय विचार करना भी जरूरी है, क्योंकि इस बिल के धाराओं की तुलना पहले के कानून की धाराओं के साथ करना जरूरी है। उसके बगैर इस बिल की धाराएँ जितनी चाहिए उतनी समझ में नहीं आ सकतीं। इस बिल की अन्तिम धारा से यह स्पष्ट होता है कि यह बिल सन् 1934 के हड़तालबन्दी बिल (ट्रेड डिस्प्यूट कन्सिलिएशन बिल) की कमी को पूरा करने के लिए लाया गया है। सन् 1934 का हड़तालबन्दी कानून, सुलह करनेवाली किसी संस्था का निर्माण करने के लिए पास किया गया था। सन् 1934 के कानून ने सुलह को वैकल्पिक किया था। लेकिन आज के बिल में सुलह अनिवार्य हो जाएगी। विशेष तौर पर इतना ही फर्क 1934 के कानून में इस बिल से होनेवाला है। सन् 1934 के कानून के द्वारा स्थापित वैकल्पिक सुलह लागू करने की जरूरत क्यों महसूस होनी चाहिए?

आज सचमुच में वैकल्पिक सुलह लागू करने की जरूरत है या नहीं इसके बारे में विचार करने से पहले हम लोगों ने यदि 1934 की परिस्थिति को ध्यान में लिया तो हम लोगों को कुछ महत्त्वपूर्ण बातें दिखाई देंगी। सर रॉबर्ट बेल के बिल में पहले अनिवार्य सुलह के ही (Compulsory Conciliation) तत्त्व थे। लेकिन सन् 1934 की परिस्थिति को ध्यान में लेने के बाद सर रॉबर्ट बेल को लगा कि अनिवार्य सुलह की कोई जरूरत नहीं है। इसलिए उन्होंने इस बिल पर चर्चा के समय स्पष्ट रूप से कहा कि मैं अनिवार्य सुलह की बजाय वैकल्पिक सुलह की ही व्यवस्था करूँगा। इससे यह स्पष्ट होता है कि सर रॉबर्ट बेल को भी सन् 1934 में सख्ती की सुलह की जरूरत महसूस नहीं हुई। उस समय मि. सकलातवाला उपस्थित थे और उनको

भी उस समय सख्ती से सुलह की जरूरत महसूस नहीं हुई। इतना ही नहीं उन्होंने यह भी कहा कि इस प्रकार के कानून की बिलकुल जरूरत नहीं।

यदि सन् 1934 में सख्ती की सुलह की जरूरत महसूस नहीं हुई तो आज ऐसी कौन-सी स्थिति आई है कि जिसके कारण सरकार को उस कानून को बदलकर सख्ती की सुलह प्रस्थापित करने की जरूरत महसूस हुई? सख्ती के सुलह का समर्थन करते हुए मुख्यमंत्री ने हड़ताल के कुछ आँकड़े देकर यह बताया है कि आज भारत में बार-बार और गम्भीर प्रकार की हड़ताल होने के कारण वैकल्पिक सुलह की बजाय सख्ती की सुलह की योजना करने की जरूरत महसूस हो गई है। लेकिन मैंने हड़ताल के आँकड़े, उनमें सम्मिलित होनेवाले मजदूरों की संख्या और बेकार गए काम के दिनों की संख्या आदि का बड़ा गम्भीर अध्ययन किया है। इसलिए मुझे मुख्यमंत्री के तर्क सही नहीं लग रहे हैं।

लेबर ऑफिस द्वारा प्रकाशित किए गए लेबर गजट में मुम्बई राज्य में हुई हड़तालों के आँकड़े दिए हैं। उसमें सन् 1921 से 1937 तक जितनी हड़ताल हुई, उसमें सम्मिलित मजदूरों की संख्या और बेकार गए दिनों की संख्या आदि बातें विस्तार से दी गई हैं। इन आँकड़ों पर एक नजर डालने से इस बात का पता चलता है कि हड़ताल की संख्या हर साल कम हो रही है। सन् 1921 में मुम्बई में कुल 103 हड़तालें हुईं। सन् 1922 में हड़ताल की संख्या 143 थी और सन् 1923 में हड़तालों की संख्या 109 थी। उसके बाद सन् 1924 और 1927 के दरमियान हड़तालों की संख्या 50 के नीचे आई। मतलब संख्या की दृष्टि से हड़ताल की संख्या 50 प्रतिशत घट गई। सन् 1928 में हड़तालों की संख्या 114 तक गई और 1929 से 1937 के दरमियान हड़तालों की संख्या 88 से 53 के दरमियान थी। उद्योगों में जो असंतोष पैदा हुआ है उसको हड़ताल की संख्या के आधार पर ही सही ढंग से नहीं गिना जा सकता। हड़ताल की संख्या कम दिखाई दे रही है फिर भी हड़ताल करनेवाले मजदूरों की संख्या और बेकार हुए दिनों की संख्या तुलनात्मक दृष्टि से बड़ी है। इस बात का पता चार्ट में दिए आँकड़ों से लगता है। हड़ताल के दिन और मजदूरों की संख्या से ही उद्योगों में व्याप्त बीमारी का पता लगाया जा सकता है।

इस दृष्टि से सन् 1928 का साल सबसे बुरा गुजरा था। क्योंकि उस साल बेकार गए दिनों की संख्या दो करोड़ चालीस लाख थी। उसके बाद दूसरा बुरा साल 1925 है। उस साल एक करोड़ दस लाख दिन बेकार गए। तीसरा बुरा साल है 1929 । इस वर्ष में अस्सी लाख दिन बेकार गए। उसके बाद साल 1934 को छोड़कर अन्य वर्षों में बेकार गए काम के दिनों की संख्या और हड़ताल में सम्मिलित मजदूरों की संख्या एकदम कम है। हड़ताल विरोधी कानून सन् 1934 में पास हुआ। सन् 1934 के बाद के वर्षों में बेकार गए दिनों की संख्या के बारे में विचार किया जाए तो किसी भी राजनीति के जानकार को या किसी सरकारी अधिकारी को समझ में आ जाएगा

कि उद्योगों की स्थिति बुरी नहीं थी। सिर्फ साल 1937 में ही स्थिति खराब थी ऐसा लगता है और उस साल बेकार गए काम के दिनों की संख्या कुल 897 है। पिछले कुछ सालों में बेकार काम के दिनों की संख्या के साथ तुलना की जाए तो यह संख्या एकदम मामूली है, ऐसा ही कहना पड़ेगा। ये दिन बेकार जाने की वजह यह है कि अहमदाबाद में आम हड़ताल 15 दिन तक चली।

इससे मैं इस बात को स्पष्ट करना चाहता हूँ कि सरकार ने या मुख्यमंत्री ने इस तरह के कोई मुद्दे नहीं रखे कि जिससे वैकल्पिक सुलह की बजाय सख्ती की सुलह की व्यवस्था करके सन् 1934 का कानून पूरी तरह से बदलनेवाला परिवर्तन करने की सरकार को जरूरत महसूस हुई, इस तरह से इस सभा को यकीन हो सके।"

उसके बाद डॉ. अम्बेडकर ने कुछ निश्चित हड़ताल को गैर-कानूनी करार देनेवाली धाराओं की चर्चा की। सबसे पहले उन्होंने इस बिल के 62वें प्रकरण को पढ़कर सुनाया जो हड़ताल को गैर-कानूनी मानने की वकालत करता है।

"इस प्रकार की धाराएँ सही हैं इस बात को दिखाने के लिए यह कहा गया है कि 'हड़ताल करना' इस प्रकार का हक किसी का हो ही नहीं सकता। मजदूरों को हड़ताल करने का हक नहीं होने के कारण मजदूरों को उसके लिए सजा देने की बात नैतिकता और कानून के खिलाफ है।" मुझे मेरे व्याख्यान में इस मुद्दे का खंडन करना है—

"हम लोग सबसे पहले 'हड़ताल' शब्द के अर्थ के बारे में विचार करेंगे। आमतौर पर हड़ताल का मतलब 'नौकरी का कॉन्ट्रैक्ट' तोड़ना समझा जाता है। जब मजदूर लोग हड़ताल करते हैं उस समय वे नौकरी का कॉन्ट्रैक्ट तोड़ने के अलावा और कुछ नहीं करते। भारत के कानून ने नौकरी के कॉन्ट्रैक्ट को तोड़ने के गुनाह के लिए किस प्रकार की सजा बताई है इसके बारे में पहले विचार करेंगे। क्या हिन्दी कानून इस बात को स्वीकार करता है कि मजदूरों को हड़ताल करने का हक है? और यदि स्वीकार करता आ रहा है तो उस बात को किस तरह से करता है, और वह यदि हड़ताल करने के बारे में मजदूरों को सजा देता हो तो वह कानून किस तरह से सजा देता है? मैं आपके सामने एकदम प्रारम्भिक (सामान्य) कल्पना रख रहा हूँ। कोई गुनाह दीवानी ढंग का (गैर-फौजदारी) हो सकता है या फौजदारी ढंग का हो सकता है। अब सवाल यह है कि 'नौकरी का कॉन्ट्रैक्ट' तोड़ना क्या फौजदारी गुनाह हो सकता है? बिलकुल नहीं। 'नौकरी का कॉन्ट्रैक्ट' तोड़ना गैर-फौजदारी (दीवानी) गुनाह हो सकता है। इसलिए 'नौकरी का कॉन्ट्रैक्ट' तोड़ना यदि दीवानी गुनाह हो तो उस प्रकार का गुनाह करने से जिस व्यक्ति का नुकसान होता हो उसको कानून से नुकसान का मुआवजा मिलेगा, ज्यादा कुछ नहीं मिलेगा।

"यदि 'नौकरी का कॉन्ट्रैक्ट' तोड़ना फौजदारी गुनाह है ऐसा यदि माना जाए तो इस गुनाह के लिए हिन्दी कानून ने किस प्रकार की सजा की व्यवस्था की है इस बात को जानने की जरूरत है। अपने हिन्दी कानून में इस गुनाह को किस तरह से माना गया है उसको सही ढंग से समझने के लिए हमको इतिहास की ओर जाना पड़ेगा। नौकरी का कॉन्ट्रैक्ट तोड़ने के बारे में सबसे पहले 1859 में कानून बना। उसको Breach of Contract Act नाम दिया गया था। इंडियन पैनल कोड की धाराएँ 490, 491 और 492 में 'नौकरी का कॉन्ट्रैक्ट' तोड़ने पर रोक लगाई गई है। सन् 1859 में पास हुआ कानून सिर्फ कारीगर लोगों पर ही लागू था। उस समय ब्रिटिश सरकार को उस काल की परिस्थिति के कारण उस कानून की जरूरत महसूस हुई। उस समय ब्रिटिश साम्राज्य के सामने विद्रोह का बहुत बड़ा सवाल खड़ा हो गया था। फौज को जरूरी चीजें तैयार करके देने के लिए कारीगरों को पहले ही पैसा दे दिया गया था। फिर भी डर के कारण या अन्य किसी कारण वे कारीगर लोग अपने-अपने गाँव चले गए, जबकि उन्होंने पहले ही पैसा ले लिया था। इस स्थिति में इस कानून को बनाया गया था। इस कानून के मुताबिक नौकरी का कॉन्ट्रैक्ट तोड़ना गुनाह माना गया था, फिर भी इस कानून को बहुत ही कम समय इस्तेमाल किया जाता था। जिस कानून से लोगों को सजा हो उस प्रकार का वह नहीं था। इस कानून के बाद का इतिहास भी बड़ा मनोरंजक है। उस कानून को कभी भी इस्तेमाल नहीं किया जाता था। उसमें सन् 1920 में परिवर्तन किया गया। इस परिवर्तन के कारण इस कानून में दो तत्त्व सम्मिलित किए गए। एक तत्त्व के कारण यह तय किया गया कि किसी मजदूर को नौकरी का कॉन्ट्रैक्ट तोड़ने के लिए सजा देने के समय मजिस्ट्रेट को इस बात पर विचार करना चाहिए कि वह कॉन्ट्रैक्ट सही था या नहीं? यदि मजिस्ट्रेट को लगा कि कॉन्ट्रैक्ट अयोग्य था तो कारीगर को मालिक से पहले पैसे लेने के बाद भी सजा नहीं होनी चाहिए। दूसरे तत्त्व के कारण जो मालिक अपने कारीगरों के बारे में झूठी शिकायतें लाता है उसको सजा देने का अधिकार मजिस्ट्रेट को मिला।

इंडियन पैनल कोड की धारा 400 'टूर पर होते हुए नौकरी का कॉन्ट्रैक्ट तोड़ने' के गुनाह के लिए यह कानून है। हर तरह की नौकरी के कॉन्ट्रैक्ट्स पर यह लागू नहीं होता। इस कानून के तहत सिर्फ उस नौकर को सजा दी जा सकती है जो सिर्फ मालिक के साथ यात्रा करते समय नौकरी का कॉन्ट्रैक्ट तोड़ता है। इंडियन पैनल कोड की धारा 491 के अनुसार बेसहारा आदमी को मदद करने के लिए नियुक्त किए गए नौकर ने यदि नौकरी का कॉन्ट्रैक्ट तोड़ा तो उसको सजा दी जा सकती है। किसी नौकर को उसके मालिक के द्वारा अपने खर्चे से विदेश में भेजने पर उस नौकर ने वहाँ नौकरी के कॉन्ट्रैक्ट को तोड़ा गया हो तो उस नौकर को उसके इस गुनाह के लिए इंडियन पैनल कोड की धारा 492 के अनुसार सजा दी जा सकती

है। किन्तु केन्द्रीय विधिमंडल ने सन् 1925 से 490 और 492 धारा को रद्द किया। आजकल इन धाराओं को इस्तेमाल नहीं किया जाता। और जो बातें इन धाराओं के द्वारा गुनाह समझी जाती थी उनको आजकल गुनाह नहीं माना जाता। इस तरह 'नौकरी का कॉन्ट्रैक्ट तोड़ना' एक तरह से फौजदारी गुनाह है, ऐसा मानकर उस गुनाह को जिस धारा के तहत सजा दी जा सकती है इस प्रकार से हिन्दी कानून में एक ही धारा है और वह है इंडियन पैनल कोड की धारा 491। किसी बेसहारा आदमी को कुछ असुविधा न हो इसलिए केवल इस धारा को सुरक्षित रखा गया है। इसमें दूसरा कोई उद्देश्य नहीं है।

उक्त व्याख्या से यह स्पष्ट होता है कि 'नौकरी के कॉन्ट्रैक्ट को तोड़ना' फौजदारी गुनाह नहीं है और उसके लिए हिन्दी कानून की धारा 491 को छोड़कर अन्य किसी धारा से सजा नहीं दी जा सकती। वह सिर्फ दीवानी गुनाह है फौजदारी नहीं और उसके लिए मालिकों को केवल मुआवजा देना पड़ेगा। इससे ज्यादा कुछ नहीं मिलेगा। हिन्दी कानून के मुताबिक नौकरी का कॉन्ट्रैक्ट तोड़ने को फौजदारी नहीं बल्कि दीवानी गुनाह माना गया है। इसकी वजह यह है कि नौकरी का कॉन्ट्रैक्ट तोड़ने को फौजदारी गुनाह समझने का मतलब किसी को उसके मन के खिलाफ नौकरी करने के लिए मजबूर करना है। और उस आदमी को उसके मन के खिलाफ नौकरी करने के लिए मजबूर करने का मतलब उसको गुलाम बनाना है। और ऐसा ही हिन्दी विधिमंडल को लगता है।

गुलामी क्या है? यूनाइटेड स्टेट्स के संविधान में गुलामी की परिभाषा करते हुए कहा गया है कि 'गुलामी का मतलब सख्ती से मन के विरोध में की जानेवाली नौकरी है।' मैं ऐसा मानता हूँ कि 'हड़ताल करने के लिए मजदूरों को दंडित करने का मतलब उनको गुलाम समझना है।' हड़ताल को गैर-कानूनी मानने का मतलब है उनको मन के खिलाफ काम करने के लिए मजबूर करना। किसी को उसके मन के खिलाफ काम करने के लिए लगाने का मतलब उसको गुलाम बनाना नीति-तत्त्वों के खिलाफ है और कानून के खिलाफ भी है। जब धारा 490, 491 और 492 बनाई गई उस समय ये बन्धन मजदूरों की स्वतंत्रता पर मामूली लगते थे। फिर भी उन बन्धनों को लगानेवालों को वे सही हैं या गलत, इस बात का सन्देह था।

यह कहा जाता है कि मजदूरों को हड़ताल करने का बिलकुल हक नहीं है। लेकिन इसके लिए मेरा जवाब यह है कि जो आदमी ऐसा कहता है उसको यही समझ नहीं कि हड़ताल क्या है? यदि हड़ताल का यही अर्थ है कि नौकरी के कॉन्ट्रैक्ट को तोड़ना तो स्वतंत्रता के हक का दूसरा नाम है हड़ताल। इस बात को हमें स्वीकार करना पड़ेगा। यदि आप लोग मानते हैं कि स्वतंत्रता का अधिकार अलौकिक (दैवी) अधिकार है तो फिर हर मजदूर को हड़ताल करने का अधिकार अलौकिक है, इस बात को आपको कबूल करना पड़ेगा।"

कांग्रेस सरकार का ट्रेड्स डिस्प्यूट बिल लाने में यही प्रयास है कि हड़ताल को गैर-कानूनी करार देकर 'हड़ताल करना' गुनाह सिद्ध करना। लेकिन डॉ. अम्बेडकर इस बात को सिद्ध करने का प्रयास करते हैं कि इससे पहले के किसी भी कानून से हड़ताल गैर-कानूनी सिद्ध नहीं हो सकती और वे आगे कहते हैं—

"मजदूरों की हड़ताल किसी भी कानून से गैर-कानूनी सिद्ध नहीं हो सकती। ऐसे समय में आप लोगों को इंडियन पैनल कोड की धारा 120-अ की याद दिलाना चाहता हूँ। धारा 120-अ षड्यंत्र करनेवाले को सजा बतानेवाली धारा है। हड़ताल का मतलब मजदूरों के संघ द्वारा किया गया एक षड्यंत्र है, ऐसा मानकर इस धारा के आधार पर मजदूरों को हड़ताल करने का हक नहीं, यह दिखाने का प्रयत्न विरोधी गुट के कुछ लोगों की ओर से होने की सम्भावना है लेकिन इसके लिए उनको सबसे पहले इस बात को सिद्ध करना पड़ेगा कि 'हड़ताल करने' का मतलब 'षड्यंत्र करना' है। लेकिन हड़ताल को षड्यंत्र नहीं माना जा सकता।

भारत में 120-अ धारा के तहत 'हड़ताल' को गुनाह सिद्ध करने की घटना नहीं घटी है। लेकिन मेरे इस तरह के कहने को अंग्रेजी कानून का आधार मिलता है।" उसके बाद डॉ. अम्बेडकर ने हड़ताल को एक षड्यंत्र सिद्ध करनेवाले 'द लीगल पोजीशन ऑफ ट्रेड यूनियन्स' किताब से एक इंग्लिश केस के जजमेंट का एक पैरा पढ़कर सुनाया—इस जजमेंट में भी किसी भी सामान्य कानून से हड़ताल गैर-कानूनी सिद्ध नहीं हो सकती और हड़ताल करने का मतलब षड्यंत्र करना भी नहीं है, इसी प्रकार का फैसला दिया गया था।

"धारा 120-अ के अनुसार भी जब तक यह सिद्ध नहीं होता कि किसी का नुकसान करने के उद्देश्य से हड़ताल की गई तब तक 'हड़ताल करना' गुनाह साबित नहीं हो सकता। हड़ताल की वजह से नुकसान हो सकता है किन्तु हड़ताल का उद्देश्य कभी भी नुकसान करने का नहीं होता है। मजदूरों की माँगें पूरी करने के उद्देश्य से हड़ताल की जाती है।" इस प्रकार विद्यमान किसी भी कानून के द्वारा हड़ताल को गैर-कानूनी घोषित नहीं किया जा सकता। इस बात को स्पष्ट करते हुए डॉ. अम्बेडकर ने कहा—

"इस बिल के द्वारा कांग्रेस सरकार ने हड़ताल को गुनाह साबित करके मजदूर वर्ग पर दासता को लादने का काम किया है। मेरी राय में इस बिल का नाम 'मजदूरों की नागरिक स्वतंत्रता को हड़पनेवाला कानून' ही अच्छा दिखाई देगा। इस बिल के बारे में कई लोगों की इस प्रकार की गलत धारणाएँ होने की सम्भावनाएँ कि सुलह के सभी प्रयास समाप्त होने तक दो माह तक ही इस बिल ने मजदूरों को हड़ताल करने पर रोक लगाई है। उसके बाद उनको हड़ताल करने की पूरी स्वतंत्रता है—लेकिन इस बिल में कुछ ऐसी धाराएँ हैं कि उनको अमल में लाने से मजदूर वर्ग पर हमेशा के लिए दासता लादी जाएगी और मजदूरों को हड़ताल करना कभी भी सम्भव नहीं

होगा क्योंकि समय को बरबाद करके इस बिल ने मजदूरों को हड़ताल टालने की पूरी व्यवस्था करके दी है।

सबसे पहली बात यह है कि इस बिल को अमल में आने के बाद एक साल तक किसी भी प्रकार की हड़ताल पर पूरी रोक लगा दी है। इन धाराओं को मजदूरों की ओर से मान्यता मिले या न मिले मजदूरों पर एक साल के लिए पूरी तरह से दासता लादी जाएगी, इसमें कोई सन्देह नहीं है। उससे मजदूरों को किसी भी तरह से छुटकारा मिलने की उम्मीद नहीं है। फिर यह एक साल की गुलामी समाप्त होने के बाद क्या होगा?

उसके बाद मजदूरों को हड़ताल करनी हो तो उनको सबसे पहले उस प्रकार का नोटिस देना चाहिए। मतलब पहले नोटिस देने में कुछ समय निकल जाएगा। उसके बाद हड़ताल की नोटिस को जवाब मिलने में कुछ समय जाएगा। मजदूरों को नोटिस देने के और जवाब आने के बीच समय में हड़ताल करने में पूरी पाबन्दी है। उसके बाद सुलह के भी प्रयास होंगे। सुलह की बातचीत दो माह चलेगी। इस प्रकार की बातचीत दो माह में समाप्त होनी ही चाहिए ऐसा भी नहीं है। मजदूर और मालिक दोनों का कहना दोनों को मान्य हो तो मजदूरों का सौभाग्य, अन्यथा सुलह के प्रयासों की सीमा चार माह तक बढ़ाने की व्यवस्था इस बिल में की गई है। मतलब मजदूर और मालिक के बीच टकराव उत्पन्न हुआ, उस समय से चार माह और, और भी पच्चीस दिन। इतने दिनों में मजदूरों को किसी भी प्रकार की हलचल नहीं करनी चाहिए।

इन दिनों में मजदूरों को प्रचार नहीं करना चाहिए, संगठन नहीं बनाना चाहिए, सभा आयोजित नहीं करनी चाहिए, भाषण नहीं, कुछ नहीं। इस बिल ने इन दिनों में किसी भी तरह की तैयारी करने पर पूरी तरह से कानूनी पाबन्दी लगा दी है, कानूनी सजा का प्रावधान किया गया है। और मान लीजिए इन चार माह पच्चीस दिनों के लम्बे समय में (Period of Gestation) किसी भी तरह की सुलह सफल नहीं हुई तो मजदूरों को क्या करना चाहिए? सुलह का यह समय समाप्त होने के बाद मजदूरों को हड़ताल घोषित करने के लिए केवल दो माह की ही सीमा रखी गई है। सुलह का लम्बा-चौड़ा समय बेकार जाने के बाद असंगठित और बिखरे हुए मजदूरों को प्रत्यक्ष प्रतिकार की पुनः तैयारी करने के लिए यह दो माह का अल्प समय पर्याप्त है इस प्रकार की शायद सरकार की समझ हो सकती है, ऐसा मुझे लगता है।

मैं मजदूर आन्दोलन में विशेष इस प्रकार से कभी सम्मिलित नहीं हुआ इसलिए हड़ताल के लिए मजदूरों का संगठन करने के लिए मजदूर नेताओं को वास्तव में किस-किस प्रकार की कठिनाइयों का मुकाबला करना पड़ता है, इस बात की मुझे विशेष कल्पना नहीं है। लेकिन मुम्बई शहर के मजदूर आन्दोलन के मेरे अध्ययन के आधार पर मैं निश्चित तौर पर बता सकता हूँ कि मजदूरों को चार माह से ज्यादा

दिन रोककर रखने के बाद, हड़ताल की तैयारी के लिए पुन: संगठित होने के लिए दो माह का समय एकदम अपर्याप्त है। इसलिए दो माह के भीतर मजदूरों ने हड़ताल न की तो उनकी स्थिति एकदम चमत्कारिक होनेवाली है। क्योंकि हड़ताल न करने पर उन्होंने अमान्य सुलह की शर्तें परोक्ष रूप में स्वीकार की हैं, ऐसा ही होगा। उसके बाद यदि मजदूरों ने अपना आन्दोलन शुरू किया और पुन: अपनी माँगें रखीं तो उनको चार माह पच्चीस दिन तक बातचीत के लिए आँखें बन्द करके बैठना पड़ेगा। अत: शान्ति के साथ चार माह पच्चीस दिन तक बातचीत की प्रतीक्षा कीजिए। इसके बाद भी कुछ नहीं हुआ तो जरूरी होने पर, सम्भव हो तो दो माह के भीतर हड़ताल कीजिए, अन्यथा नई शिकायतें पैदा हो गईं तो पुन: चार माह पच्चीस दिन के बाद की बातचीत का चक्कर जारी ही है। इस प्रकार बातचीत का यह कालचक्र मजदूरों को हमेशा की दासता में नहीं डाल देगा, ऐसा कोई कह सकता है? यदि यह बिल मजदूरों पर गुलामी लादने के लिए पर्याप्त नहीं है तो दूसरा किस प्रकार का काला कानून मजदूरों पर गुलामी लाद सकता है इस बात को समझना भी बड़ा मनोरंजक होगा। इस बिल की हड़ताल सम्बन्धी धाराओं पर इतनी चर्चा अपर्याप्त है ऐसा मुझे लगता है।

अब इस बिल के और 1929 के ट्रेड डिस्प्यूट एक्ट में हड़ताल के बारे में दी गई धाराओं की तुलना करना आवश्यक और उपयोगी होगा ऐसा मुझे लगता है। सन् 1929 के कानून ने भी मजदूरों के हड़ताल करने के हक पर कुछ नियंत्रण लगाए हैं इसलिए इन दो कानूनों की धाराओं की तुलना करने से हम लोगों को इस बात का पता चलेगा कि हम लोग आजादी के रास्ते पर हैं या गुलामी के। इस बात को जानना बहुत ही लाभदायी होगा और असेम्बली के सदस्यों को भी पता चलेगा कि हम कहाँ हैं।

सन् 1929 के कानून की एक धारा के अनुसार राजनीतिक सवालों के कारण की गई आम हड़ताल को गैर-कानूनी करार दिया गया है और दूसरी अन्य एक धारा के द्वारा नोटिस दिए बगैर की गई हड़ताल गैर-कानूनी करार दी गई है। सन् 1929 के कानून की इस दूसरी धारा से आज के बिल में नोटिस के बगैर की गई हड़ताल गैर-कानूनी करार देने तक की समानता दिखाई देती है। किन्तु इतनी एक बात को छोड़ दिया जाए तो ये दोनों बिल एक-दूसरे से एकदम अलग हैं। आज का बिल एकदम प्रतिक्रियावादी है और इस बिल का निर्माता 1929 का कानून बनानेवाले से भी बहुत ही प्रतिक्रियावादी है यह कहने में कोई आपत्ति नहीं है, ऐसा मैं मानता हूँ।

सन् 1929 के कानून की धारा केवल जन-उपयोगी (Public Utilities) धन्धे के लिए ही लागू की गई है। इस कानून ने केवल पब्लिक यूटिलिटीज में हड़ताल को ही गैर-कानूनी करार दिया था। लेकिन आज का कानून सभी धन्धों में हड़ताल

को गैर-कानूनी करार देना चाहता है। मेरी राय में यही इन दो कानूनों में बहुत ही महत्त्वपूर्ण फर्क है। क्या आज इस प्रकार का फर्क करना उचित होगा? ऐसे समय में 1929 में सेन्ट्रल असेम्बली में कांग्रेस पार्टी ने इस कानून के सम्बन्ध में किस नीति को अपनाया था उसको देखना जरूरी होगा।"

उसके बाद डॉ. अम्बेडकर ने उस समय की सिलेक्ट कमेटी की रिपोर्ट का कांग्रेस पार्टी के सदस्यों द्वारा लिखा गया अंश पढ़कर सुनाया और यह स्पष्ट करके बताया कि कांग्रेस ने 1929 के कानून के हड़ताल को गैर-कानूनी करार देनेवाली धारा का विरोध किया था और पब्लिक यूटिलिटीज सर्विसेस की व्याख्या करने का आग्रह किया था, उस समय सरकार पब्लिक यूटिलिटीज सर्विसेस की व्याख्या करने के लिए तैयार नहीं थी और कांग्रेस पार्टी का कहना था कि नौकरशाही की लहर पर निर्भर नहीं रहना चाहिए इसलिए 'पब्लिक यूटिलिटीज' की स्पष्ट व्याख्या होनी चाहिए। इसके अलावा कांग्रेस पार्टी का यह भी कहना था कि 'पब्लिक यूटिलिटीज' की सीमा में कई धन्धे आ सकते हैं और नौकरशाही अपना स्वार्थ साधने के लिए मनचाहे उस धन्धे की हड़ताल को 'पब्लिक यूटिलिटीज' के नाम पर गैर-कानूनी घोषित कर सकती है इसलिए यह कानून केवल 'सोशल सिक्यूरिटी सर्विसेस' तक ही लागू किया जाए। लेकिन आज वही कांग्रेस पार्टी सत्ता हाथ में आने के बाद उसी कानून के सभी धन्धों को किस तरह से लगाना चाहती है इस बात को डॉ. अम्बेडकर ने स्पष्ट करके बताया। डॉ. अम्बेडकर कहते हैं—

"कांग्रेस पार्टी का कहना था कि जिन उद्योग-धन्धों पर समाज का जीवन निर्भर है उन उद्योग-धन्धों में ही नोटिस के बगैर की गई हड़ताल गैर-कानूनी मानी जाए। लेकिन इस बिल से हर उद्योग-धन्धे की हड़ताल गैर-कानूनी घोषित की जा रही है।

मान लीजिए कल हिन्दू औरतों में होंठों को रँगाने का फैशन शुरू हो गया। और किसी कारखानेदार ने लिपस्टिक्स का कारखाना शुरू किया। इस कारखाने के मजदूर यदि नोटिस के बगैर हड़ताल पर चले गए तो वह हड़ताल कानूनी तौर पर गैर-कानूनी साबित होगी। औरतों के होंठों को रंग लगाने के सुख में इस हड़ताल की वजह से अवरोध पैदा होगा इसलिए लिपस्टिक्स बनाने का कारखाना लोगों के जीवन को उपयोगी करार देकर हड़ताल करनेवाले मजदूरों के हकों पर नियंत्रण लगाया जाए ऐसा कोई भी नहीं कह सकता।

लगता है कांग्रेस ने 'सोशल सर्विस सिक्यूरिटीज' तक ही मजदूरों के हड़ताल करने के हक पर नियंत्रण लगाया जाए इस प्रकार का अपना साल 1929 की नीति को त्याग दिया है। इतना ही नहीं 1929 के कानून की धाराओं के भी आगे जाकर कांग्रेस ने नौकरशाही को भी पीछे धकेल दिया है।

पहले की नौकरशाही ने समझदारी दिखाकर और जिम्मेदारी को समझकर यह माना कि हड़ताल करना मजदूरों का महत्त्वपूर्ण हक है, इसलिए उन्होंने जन-उपयोगी धन्धे में ही हड़ताल को गैर-कानूनी माना था। लेकिन आज की सरकार उस प्रकार की जिम्मेदारी भी नहीं पहचान सकी। कांग्रेस के इस बिल से लिपस्टिक्स के कारखाने में हुई हड़ताल को भी सजा के योग्य माना जाएगा।

और यह सब किसलिए? इस जाँच का और बातचीत का मजदूरों को प्रत्यक्ष उपयोग क्या है? मुझे इसमें इतना ही दिखाई देता है कि मजदूरों को इस बिल के तहत सुलह के लिए नियुक्त किए गए चार सद्गृहस्थों के मुँह की ओर देखते हुए चार माह पच्चीस दिन तक शान्त बैठे रहने के अलावा कुछ नहीं मिलेगा। इसकी बजाय कांग्रेस सरकार को सीधे और साफतौर पर यह कहना चाहिए था कि 'आप लोग मानें या न मानें हम आप लोगों पर सुलह सख्ती से लादेंगे।' मतलब कम से कम सुलह के बाद कुछ न कुछ फैसला होगा, ऐसा समझा जा सकता था।

लेकिन इस बिल के कारण मजदूरों को रजिस्ट्रार, कन्सिलिएटर, कन्सिलिएटर्स बोर्ड आदि स्टेजेस से पहले गुजरना पड़ेगा। इन सभी प्रयासों से अलग-अलग लोगों को और भूख से परेशान हुए मजदूरों को मीठी-मीठी गप मारनेवाले, सुलह करनेवाले व्यक्ति के सामने केवल माँगों का प्रदर्शन करने के अलावा कुछ सफलता हासिल होगी ऐसा मुझे नहीं लगता। इन अलग-अलग स्टेजेस के कारण किसी भी प्रकार का निश्चित निर्णय होना सम्भव नहीं है। हड़ताल करनेवाले मजदूरों को शान्त करने का यह तरीका नहीं है। इससे मजदूरों की दृष्टि से इतना ही परिणाम होगा कि चार माह पच्चीस दिन की देर लगने के कारण मजदूरों में एकता का सवाल पैदा होकर वे हड़ताल करने के लिए असमर्थ हो जाएँगे।

मैं यहाँ सन् 1934 के कानून में और आज के बिल में जो एक महत्त्वपूर्ण फर्क है उसको आपकी नजरों के सामने लाना चाहता हूँ। सन् 1934 के कानून पर जब विवाद चल रहा था तब सुलह के समय हड़ताल पर पाबन्दी होनी चाहिए, इस प्रकार की सूचना लाई गई थी। यदि हड़ताल पर पाबन्दी नहीं लगाई गई तो कम से कम पिकेटिंग को तो पाबन्दी होनी चाहिए। इस प्रकार की सूचना दी गई थी। लेकिन इन दोनों सूचनाओं को ऑनरेबल सर रॉबर्ट बेल ने मंजूरी नहीं दी।"

इस समय एक सदस्य ने डॉ. अम्बेडकर के उक्त भाषण पर आपत्ति जताने के कारण उन्होंने सर रॉबर्ट बेल के उस समय के भाषण का एक पैरा पढ़कर सुनाया।

बाद में डॉ. अम्बेडकर ने कहा—

"मेरा यह निश्चित मत है कि मजदूरों को बातचीत के समय हड़ताल करने पर पाबन्दी न हो तो ही सुलह सफल होना सम्भव है। मालिकों को अपनी ताकत बढ़ाने के लिए चार माह पच्चीस दिन का समय मिलने पर इन चार माह पच्चीस दिन में

मजदूरों की हड़ताल के लिए किसी भी तरह का संगठन और तैयारी करना सम्भव नहीं है। और बातचीत का समय समाप्त होने पर भी दो माह के भीतर हड़ताल करने का मजदूरों पर दबाव है। इस प्रकार की सभी बातें मालूम होने पर मालिकों को भी इस तरह की बातचीत के लिए क्यों तैयार होना चाहिए? मालिकों को मजदूरों की सुलह की शर्तें स्वीकार करने के लिए मजबूर होना पड़ेगा इसके लिए किसी भी प्रकार का दबाव नहीं है। जब तक हड़ताल का दबाव नहीं रहेगा तब तक मालिक सुलह के लिए कभी तैयार नहीं होते।

यदि सचमुच में आपके द्वारा जो व्यवस्था तैयार की गई उससे मालिकों के साथ मजदूरों का भी लाभ हो इस प्रकार की इस बिल को पेश करनेवालों की इच्छा होती तो उनको रॉबर्ट बेल की ही नीति को स्वीकार करके बातचीत के समय मजदूरों को हड़ताल करने की पाबन्दी रखने की आवश्यकता नहीं थी। लेकिन पहले की नौकरशाही द्वारा भी स्वीकार किए हुए तत्त्व को आज की कांग्रेस की 'जनप्रिय' और अपने आपको 'मजदूरों का प्रतिनिधि' समझनेवाली सरकार ठुकरा रही है। क्या कांग्रेस इसी प्रकार के लोकतंत्र की स्थापना करेगी? यह आप लोगों को लोकशाही लगती है लेकिन मुझे उस तरह से नहीं लगता। जहाँ मजदूरों के लोकशाही के बुनियादी हकों को दबोचा जाता है वह लोकशाही नहीं हो सकती। जिस लोकशाही में जीने के साधन नहीं, संगठन की दृष्टि से बिखरे हुए अनपढ़ और नासमझ मजदूर वर्ग पर इस तरह की दासता के बन्धन लगाए जाते हैं वह लोकशाही नहीं है, वह एक प्रकार से लोकशाही का विडम्बन है।"

उसके बाद डॉ. अम्बेडकर ने बिल की यूनियन सम्बन्धी धाराओं की आलोचना की। इन धाराओं ने मजदूरों की यूनियन्स के क्वालिफाइड यूनियन्स रजिस्टर्ड, रिप्रजेन्टेटिव यूनियन्स आदि अलग-अलग प्रकार किए हैं। अलग-अलग प्रकार की यूनियन्स किस शर्त पर और किस तरह से रजिस्टर्ड की जाए और इस प्रकार की रजिस्टर्ड यूनियन्स किस शर्त पर रिप्रजेन्टेटिव यूनियन्स बनाई जाए, रजिस्टर्ड यूनियन्स का प्रतिनिधित्व किस तत्त्व पर रद्द किया जाए आदि बातें इन धाराओं से तय की गई है। फिर डॉ. अम्बेडकर ने कहा—

"सख्ती की सुलह और बातचीत के समय हड़ताल पर पाबन्दी आदि इस बिल की मुख्य धाराओं से या इस बिल का किस प्रकार से सम्बन्ध है यह मेरी समझ में नहीं आ रहा है। मुझे ऐसा लगता है कि इस बिल में इन धाराओं को जानबूझकर जोड़ दिया गया है। इस बिल के नाम से ही इस बिल का उद्देश्य यह बताया गया कि 'उद्योग-धन्धों में उत्पन्न विवाद शान्ति के साथ सुलह के रास्ते हल करने के लिए और अन्य किसी कारण से लाया गया बिल' है। ये दूसरे कारण मतलब कौन से कारण हैं? इन दूसरे कारणों का निर्देश बिल के नाम में नहीं किया गया है, वह क्यों? क्या उसमें कुछ शर्म आनेवाली है? बिल के इन दो भागों का सम्बन्ध स्पष्ट

करके बताना चाहिए और उस तरह का सम्बन्ध न हो तो दूसरे भाग की धाराएँ एकदम हटा देनी चाहिए।

काफी गहराई में सोचने के बाद मुझे ऐसा समझ में आया कि इन दो भागों में बड़ा महत्त्वपूर्ण सम्बन्ध है। यह सम्बन्ध बिल की 75वीं धारा से स्पष्ट हो सकता है। इस धारा के मुताबिक मजदूरों के प्रतिनिधि के अलावा अन्य कोई भी इस कानून के मुताबिक बातचीत में सम्मिलित नहीं हो सकेगा। यह धारा बहुत ही महत्त्वपूर्ण है क्योंकि यह धारा हिन्दू ट्रेड यूनियन आन्दोलन के लिए बड़ी खतरनाक साबित होनेवाली है।

अब इन धाराओं से यह भी तय किया गया है कि मजदूरों के प्रतिनिधि कौन? और बातचीत में मजदूरों के प्रतिनिधि के रूप में प्रतिनिधित्व करने का अधिकार किसका? इस बिल के मुताबिक मजदूर प्रतिनिधि की जो व्याख्या की गई है उसमें जो नहीं आता ऐसे किसी भी व्यक्ति को सुलह के बारे में आयोजित बातचीत में मजदूरों की ओर से सम्मिलित होने का अधिकार नहीं होगा। वह व्यक्ति मजदूरों का सही और लायक, उसी प्रकार मजदूर आन्दोलन का अनुभवी नेता होने पर भी उक्त व्याख्या के अनुसार प्रतिनिधि नहीं हो सकेगा।

जो अपने आपको मजदूरों के प्रतिनिधि कह सकते हैं इस प्रकार की यूनियन के दो प्रकार किए गए हैं। पहले प्रकार में मजदूरों में से 20 प्रतिशत सदस्य होनेवाली और मालिकों द्वारा मान्यता प्राप्त यूनियन्स आती है और दूसरे प्रकार की यूनियन्स में जिनके 50 प्रतिशत सदस्य हैं वह यूनियन्स आती है। इन दोनों प्रकार की यूनियन्स को प्रातिनिधिक (Representative) यूनियन के रूप में पहचाना जाएगा। लेकिन दोनों एक-दूसरे से विरोधी यूनियन्स को एक ही नामावली में कैसे डाला जा सकता है? मेरी राय में इन दो प्रकार की यूनियन्स को गुलाम यूनियन और स्वतंत्र यूनियन्स के नाम से सम्बोधित करना अच्छा होगा। जिस यूनियन्स का कानूनी अस्तित्व, प्रतिनिधित्व का अधिकार आदि सभी मालिकों की मर्जी पर निर्भर है। उस यूनियन को 'गुलाम यूनियन' कहना अवास्तविक होगा ऐसा मुझे नहीं लगता। 'मालिकों की मान्यता' इसके बजाय 'मालिकों की पसन्द' इस प्रकार का शब्द प्रयोग इन यूनियन्स के बारे में किया गया होता तो बहुत अच्छा हो गया होता। मतलब इन यूनियन्स का गुलामी रूप स्पष्ट हो गया होता।

यूनियन को प्रतिनिधित्व देने से पहले उसका रजिस्टर्ड होना जरूरी है। इस प्रकार की शर्त डालने का क्या उद्देश्य है मेरी समझ में नहीं आ रहा है। इस बिल ने 1926 में पास हुए केन्द्रीय सरकार के ट्रेड यूनियन एक्ट को रद्द नहीं किया है। वह एक्ट बरकरार है ऐसा ही इस बिल का मानना है। कोई भी यूनियन इस बिल से रजिस्टर्ड होने से पहले पुराने कानून के तहत रजिस्टर्ड होना चाहिए। ऐसा निर्णय क्यों लिया गया है? इससे हर यूनियन को दो बार रजिस्टर्ड करना पड़ेगा। पहले सन् 1926 के एक्ट के तहत और उसके बाद इस नए बिल के तहत यूनियन रजिस्टर्ड होनी चाहिए।

फिर 1926 के कानून के मुताबिक रजिस्टर्ड हुई यूनियन को क्या लाभ मिलते हैं इसको पहले देखना चाहिए। क्योंकि उससे यह बिल ट्रेड यूनियन्स को कुछ नई सुविधाएँ दे रही है या पहले की सुविधाएँ हटा रही है इस बात का हमें पता चलेगा। सन् 1926 के कानून के द्वारा रजिस्टर्ड यूनियन एक ऐसी यूनियन बन जाती है जिस पर फरियाद की जा सकती है और जो फरियाद कर सकती है वह संस्था होने के कारण उसके सदस्यों के प्रतिनिधित्व का उसको अधिकार है। सन् 1926 के एक्ट के तहत रजिस्टर हुई यूनियन को राजनीतिक प्रतिनिधित्व के अधिकार मिलते हैं। मतलब उस यूनियन को राज्य असेम्बली में भेजे जानेवाले सदस्य चुनने का अधिकार है। सन् 1926 के एक्ट में रजिस्टर यूनियन को मुम्बई कॉरपोरेशन में सदस्य भेजने का अधिकार है। यदि इस तरह मजदूरों के प्रतिनिधि कहलवाने का अधिकार 1926 के एक्ट में रजिस्टर हुई यूनियन को मिलता तो इस बिल में उस यूनियन को पुन: अलग से रजिस्टर करने की जरूरत क्या है? इस बिल की वजह से और एक अजीब बात होनेवाली है और वह यह कि 1926 के कानून में रजिस्टर हुई यूनियन को इस बिल के अनुसार लवाद मंडल (पंचों का न्यायालय) के सामने मजदूरों के प्रतिनिधि के रूप में खड़े रहने का अधिकार नहीं होगा। और भी एक नियम विरोधी बात आपकी नजरों के सामने लाना चाहता हूँ। वह यह है कि 1926 के कानून में रजिस्टर हुई यूनियन्स को विधिमंडल में मजदूरों के प्रतिनिधि के रूप में जाने का अधिकार होगा लेकिन उनको लवाद मंडल के सामने मजदूरों के प्रतिनिधि के रूप में खड़े होने का अधिकार नहीं होगा।

इस प्रकार की नियम भिन्नता क्यों होनी चाहिए? मुझे ऐसा लगता है कि 1926 के कानून में रजिस्टर हुई यूनियन्स से यह एक बड़ा महत्त्वपूर्ण अधिकार छिन गया है। सन् 1934 के कानून में यह व्यवस्था की गई है कि सुलह की बातचीत में मजदूरों के प्रतिनिधि सम्मिलित हो सकते हैं और मजदूरों के प्रतिनिधित्व का अधिकार सन् 1926 के कानून में रजिस्टर यूनियन्स को दिया गया। सन् 1926 के कानून में रजिस्टर हुई यूनियन्स एक संगठित संस्था होने के कारण उसका मजदूरों के प्रतिनिधित्व का अधिकार 1934 के कानून में स्वीकार किया गया था। 1935 के कानून में ट्रेड यूनियन्स को विधिमंडल में अपने प्रतिनिधि भेजने के अधिकार मिले और मुम्बई विधिमंडल ने पास किए 1934 के कानून में लवाद मंडल के सामने अपने प्रतिनिधि भेजने का ट्रेड यूनियन्स के अधिकार को मंजूरी दी। मैं आप लोगों को यह स्पष्ट करके बताना चाहता हूँ कि अभी यूनियन्स को जो बहुत ही महत्त्वपूर्ण अधिकार है उसको यूनियन्स के पास से निकालकर इस बिल के द्वारा केवल गुलाम यूनियन्स को दिया जाएगा। मुझे ऐसा लगता है कि इस बिल के द्वारा जो यूनियन्स रजिस्टर हुई है वह यूनियन्स 1926 के कानून के द्वारा भी रजिस्टर होनी चाहिए। इस बात को स्वीकार करने का उद्देश्य लवाद मंडल के सामने अपने प्रतिनिधि भेजने का यूनियन्स का

जो अधिकार है उसी के साथ उनको विधिमंडल में भी सदस्य बनाने का अधिकार मिले, यही उद्देश्य होना चाहिए। लेकिन इस प्रकार की नीति ट्रेड यूनियन्स को बड़ी विनाशकारी साबित होनेवाली है। इसलिए मेरा यह निश्चित मत है कि यह सभी शर्तें गुलाम यूनियन्स की भलाई के लिए हैं।

यदि कांग्रेस के मंत्रियों की यही इच्छा हो कि ट्रेड यूनियन्स मालिकों की मर्जी पर निर्भर रहना चाहिए तो मेरी उनके साथ बातचीत करने की बिलकुल इच्छा नहीं है। यदि कांग्रेस पार्टी को ऐसा लगता है कि गुलाम आदमी ही स्वतंत्र है तो उनकी अपनी सोच है। जिस प्रकार यह बिल मजदूरों को हड़ताल करने पर पाबन्दी लगाकर जकड़कर रखनेवाला है उसी प्रकार मालिकों को मजदूरों की गुलाम यूनियन्स की ओर से जकड़कर रखा जाए, इस तरह से यदि कांग्रेस के मंत्री का कहना हो तो उनके साथ कौन बात कर सकता है? मैं इस प्रकार की विचारधारा का समर्थक नहीं हूँ। जिस प्रकार की शान्ति को कायम करने के लिए इस बिल को लाया गया है उस प्रकार की शान्ति हमें नहीं चाहिए। जो शान्ति मेहनतकश वर्ग का नुकसान करती है उस प्रकार की शान्ति का मैं निषेध करता हूँ।

जिनका पेट पूरी तरह से भरा हुआ है उनके लिए यह शान्ति ठीक है लेकिन वह भूखे कंगाल मेहनतकश वर्ग के किसी काम की नहीं है। भारत में ट्रेड यूनियन्स आन्दोलन उतना प्रभावी नहीं है, शायद सच हो सकता है। कुछ लोग ट्रेड यूनियन्स को विनाशकारी मानते हों। लेकिन जो कांग्रेस के ही सदस्य थे, जिनको अहिंसा आदि कांग्रेस के सिद्धान्त मंजूर थे ऐसे कम्युनिस्ट आदि नेता मजदूरों की भलाई के खिलाफ जाएँगे, इस प्रकार का डर कांग्रेस के मंत्रियों को होना इस बात का मुझे बड़ा आश्चर्य होता है।

यदि सरकार ने इस बात को सिद्ध किया कि गुलाम यूनियन्स का कुछ समय के बाद स्वतंत्र होना सम्भव है तो मैं अपने विचारों में परिवर्तन कर सकता हूँ। लेकिन मुझे ऐसा लगता है कि गुलाम यूनियन्स कभी भी स्वतंत्र नहीं हो सकती। क्योंकि स्वतंत्र यूनियन्स पर जो शर्तें लगाई गई हैं वह बहुत ही भयंकर है। उन शर्तों को पूरा करना मुश्किल है। किसी भी यूनियन को स्वतंत्र होने के लिए उस यूनियन के कुल मजदूरों में से 50.1 प्रतिशत सदस्य होने चाहिए। क्या यह शर्त उचित है? मजदूरों को मालिक की मंजूरी की गुलामी को टालकर स्वतंत्र होना हो तो उनमें से 50 प्रतिशत मजदूर ट्रेड यूनियन के सदस्य होने चाहिए। क्या इस प्रकार की शर्त सम्भव है?

कांग्रेस के मंत्री ने हम लोगों को उदाहरणस्वरूप अहमदाबाद की परिस्थिति की ओर देखने के लिए कहा है। इसका मतलब सरकार ने हमको इस प्रकार का उपदेश दिया है कि अहमदाबाद की स्थिति हमारे सामने उदाहरणस्वरूप है, उसके अनुसार बर्ताव करना चाहिए। मुझे यह सब मंजूर है। लेकिन मैं यह पूछना चाहता हूँ कि क्या इस बिल के द्वारा 'अहमदाबाद मजदूर महाजन' नाम की संस्था स्वतंत्र

यूनियन हो सकती है? वह यूनियन स्वतंत्र मजदूरों की यूनियन हो सकेगी, इस प्रकार की मुझे कोई सम्भावना नहीं दिखाई दे रही है। अहमदाबाद के कुछ थोड़े मुस्लिम छोड़ दिए जाएँ तो सभी मिल मालिक और मिल मजदूर एक ही धर्म को माननेवाले हैं और एक ही भाषा बोलते हैं। जिसकी वजह से मालिक और मजदूर में टकराव होने के कारण कुछ कम हैं। इसके अलावा गुजरात महात्मा गांधी का निवास स्थान है। उसकी वजह से उनके सामने मालिक और मजदूर अपनी शिकायतें रख सकते हैं और उनके द्वारा दिया गया फैसला दोनों को स्वीकार करने के लिए मजबूर होना पड़ता है। इस प्रकार की स्थिति में 'मजदूर महाजन' यूनियन बढ़ी है और वह बीस साल से टिकी हुई है। इस तरह से मुझे बताया गया है। यहाँ मेरे पास साल 1938 का लेबर गजट है। उससे पता चलता है कि अहमदाबाद में कपास मिलों में कुल 90 हजार मजदूर काम करते हैं। इन 90 हजार मजदूरों में से कितने मजदूर यूनियन के सदस्य हैं? 'मजदूर महाजन' नाम की संस्था अलग-अलग पाँच यूनियन्स मिलकर बनी है और इस संयुक्त यूनियन में कुल 22 हजार मजदूर हैं। मतलब कुल मजदूरों में से केवल 29 प्रतिशत मजदूर ही इस यूनियन के सदस्य हैं। फिर भी क्या अहमदाबाद 'मजदूर महाजन' नाम की संस्था मालिकों की स्वीकृति के बगैर इस बिल के तहत रजिस्टर होने के योग्य हो सकती है?

अहमदाबाद जैसी इतनी सुखदायी स्थिति में रहनेवाली 'मजदूर महाजन' यूनियन भी स्वतंत्र यूनियन नहीं हो सकती। क्योंकि उसको रजिस्टर होने के लिए मालिकों की मंजूरी पर ही निर्भर रहना पड़ेगा। इसीलिए इस बिल ने जो शर्त रखी है वह असम्भव है। उद्योग-धन्धों में काफी तरक्की करनेवाले इंग्लैंड जैसे देश में भी यह शर्त असम्भव होगी ऐसा मुझे लगता है। मि. वाल्टर की किताब से पता चलता है कि इंग्लैंड में कुल एक करोड़ अस्सी लाख मजदूर हैं। और उनमें से 55 लाख 31 हजार मजदूर यूनियन्स के सदस्य हैं। मतलब करीब-करीब 30 प्रतिशत मजदूर इंग्लैंड में यूनियन के सदस्य हैं। जिस देश में मजदूर संगठित हैं और जहाँ उद्योग-धन्धों का बड़ा विकास हुआ है ऐसे इंग्लैंड जैसे देश में इस प्रकार की स्थिति है फिर अपने भारत जैसे पिछड़े देश में ट्रेड यूनियन्स की क्या स्थिति हो सकती है? कोई भी यूनियन कुल मजदूरों में से 50.1 प्रतिशत मजदूरों को अपना सदस्य नहीं बना सकती। इसका परिणाम यह होगा कि जो यूनियन मालिक की दौलत पर निर्भर है इस प्रकार की गुलाम यूनियन सिर्फ मजदूर वर्ग की ओर से सुलह की बातचीत में सम्मिलित हो सकेगी।

इस बिल के द्वारा यही तय होगा कि एक ही उद्योग-धन्धे में या जो उद्योग-धन्धा महत्त्वपूर्ण जगह पर है वहाँ एक ही यूनियन होनी चाहिए। इस धारा की वजह से हिन्दी ट्रेड यूनियन्स का विकास रुकेगा, ऐसा मुझे लगता है। क्या दुनिया के किसी देश में इस तरह का तत्त्व लगाया गया है? मैंने इंग्लैंड की ट्रेड यूनियन का अध्ययन किया है और बड़े यकीन के साथ कह सकता हूँ कि उक्त तत्त्व इंग्लैंड में नहीं

लगाए गए हैं। मजदूर वर्ग किसी भी तत्त्व पर या नीति पर अपना संगठन बना सकता है, इस प्रकार की अनुमति इंग्लिश कानून ने दी है। लेकिन एक उद्योग-धन्धे में या एक ही धन्धे में एक ही यूनियन होनी चाहिए इस प्रकार के तत्त्व इंग्लैंड में व्यवहार में नहीं लाए गए।"

उक्त मत के समर्थन के लिए डॉ. अम्बेडकर ने 'The Employment Exchange of Great Britain' नाम की इस किताब से कुछ अंश पढ़कर बताया और कहा—

"इंग्लैंड में आम यूनियन को पूरी अनुमति है। जो मजदूर अलग-अलग उद्योग-धन्धों में काम करते हैं वे संगठित होकर एक यूनियन बना सकते हैं। आम यूनियन (General Union) के सदस्य एक ही उद्योग-धन्धे के अलग-अलग उद्योग-धन्धों में नौकरी करते हैं। मतलब जो मजदूर अलग-अलग उद्योग-धन्धों में हैं वे एक ही यूनियन के सदस्य हो सकते हैं। इंग्लैंड में मजदूरों पर ही इस बात को छोड़ दिया गया है कि वे अपनी इच्छा के अनुसार संगठन बना सकते हैं। इंग्लैंड जैसे विकसित राष्ट्र में इस प्रकार की स्थिति है। फिर भारत जैसे पिछड़े राष्ट्र को इस प्रकार के कानून की क्या आवश्यकता है, यही मेरी समझ में नहीं आ रहा है।

यह भाषण अधूरा है—सम्पादक

सा. जनता, 1, 8 और 15 अक्तूबर, 1938

पूँजीपतियों की दया पर मेहनतकश वर्ग का कल्याण असम्भव

दिनांक 16 अक्तूबर, 1938 को शाम को साढ़े छह बजे मुम्बई की प्रमुख मजदूर संस्थाओं की ओर से और विशेष तौर पर स्वतंत्र मजदूर पार्टी और ट्रेड यूनियन कांग्रेस की ओर से मजदूरों की एक संयुक्त सभा परल के कामगार मैदान पर आयोजित की गई थी। इस सभा के अध्यक्ष थे डॉ. जमनादास मेहता। मुम्बई राज्य असेम्बली में कांग्रेस मंत्रिमंडल ने मजदूरों के हितों की रक्षा के नाम पर जो ट्रेड यूनियन बिल पेश किया था उसका निषेध करने के लिए इस सभा का आयोजन किया गया था। इस सभा में 50 हजार से भी ज्यादा मजदूर उपस्थित थे। उसी प्रकार इस परिषद में इस प्रकार का निर्णय लिया गया था कि 7 नवम्बर, 1938 को मुम्बई राज्य में एक दिन की आम हड़ताल की जाएगी और इस बिल का मजदूर वर्ग की ओर से कितना जबर्दस्त विरोध है इस बात को भी सरकार को बता दिया जाएगा, इस प्रकार की घोषणा इस परिषद में की गई थी। प्रास्ताविक भाषण डॉ. मेहता ने किया उसके बाद कॉ. मिरजकर ने प्रस्ताव को पढ़ा। उसके बाद विधायक खेडगीकर, ॲड-जोशी, शामराव परुलेकर, कॉ. बी.टी. रणदिवे, जोगड़ेकर, सौ. उषाताई डांगे, ओक, पाटणकर, कॉ. निमकर, जे. बुखारी, स्वतंत्र मजदूर पार्टी के सेक्रेटरी भाई डी.वी. प्रधान, विधायक आर.आर. भोले, मध्य प्रान्त के मजदूर नेता दशरथ पाटील, भाई जयवन्त आदि नेताओं के भाषण होने के बाद डॉ. बाबासाहेब अम्बेडकर का भाषण हुआ। उन्होंने अपने भाषण में कहा—

"आज यहाँ आकर मुझे मजदूर नेताओं के सामने और मेरे मजदूर भाई-बहनों के सामने बोलने का यह जो अवसर मिला है वह मेरी दृष्टि से असाधारण है। जिस बिल का सार्वजनिक निषेध करने के लिए आप सभी लोग इकट्ठा हुए हैं। उस बिल के सम्बन्ध में मैंने एक बार असेम्बली में अपनी भावनाएँ व्यक्त की थी और सरकार के इस अन्यायी बिल की जबर्दस्त आलोचना की थी। उसके बाद मुझे इस बिल पर असेम्बली में और ज्यादा समय खर्च करके कुछ करना सम्भव नहीं हुआ। इस बात का मुझे वास्तव में खेद है। लेकिन यह सारा संघर्षात्मक कार्य मेरे मित्र बॅ. जमनादास मेहता ने बहुत ही अच्छे ढंग से किया है इसलिए मैं इस परिषद में

उनका सार्वजनिक अभिनन्दन कर रहा हूँ। यह बिल किस प्रकार से मजदूरों की स्वतंत्रता के खिलाफ है और उनकी भलाई के खिलाफ है इस बात को असेम्बली के मौजूदा सत्र में बिल पर चर्चा के समय मजदूरों के प्रतिनिधियों ने कांग्रेस को समझाने का पूरा प्रयास किया है।

आज की इस परिषद के कार्यकर्ताओं ने इस बिल के बारे में अपना असंतोष व्यक्त करने के लिए एक दिन की आम हड़ताल करने का संकल्प किया है, उसको मेरा पूरा समर्थन है। इस तरह से मजदूरों का अपनी संगठन शक्ति के बल पर इस विनाशकारी बिल का विरोध करना कभी भी उचित ही है। इस देश में मिल, उद्योग, कारखाने आदि सन् 1850 से प्रारम्भ हुए। उस समय से इस देश में हजारों हड़तालें हुईं। उस समय इनके न्यायोचित हथियार के बारे में किसी ने कोई रुकावट पैदा नहीं की। गुलामी को बेनकाब करनेवाले हड़ताल जैसे हथियार का अधिकार के बल पर निकाल लेने का प्रयास नौकरशाही ने भी नहीं किया और आज मजदूरों की रक्षण कहनेवाली, गुलामी का निषेध करके अपनी वाह! वाह! करनेवाली कांग्रेस उसके मुम्बई असेम्बली के मंत्रिमंडल के द्वारा इस महत्त्वपूर्ण सिद्धान्त को कलंकित करके ट्रेड डिस्प्यूट बिल जैसा काला कानून मजदूरों की गरदन पर रख रहा है।

किसी भी सरकार द्वारा जनता के खिलाफ कानून बनाया जाए तो उनका विरोध करने के लिए असहयोग जैसी लड़ाई लड़नी जरूरी है। इस प्रकार की शिक्षा कांग्रेस के पंचप्राण गांधी ने इस देश के लोगों को दी है। उस शिक्षा का 'गुरु की शिक्षा गुरु को लाभी' इस न्याय से मजदूरों को उपयोग करना जरूरी है। मैंने आज तक इस सवाल पर गम्भीर रूप से सोचा है। उसके आधार पर मुझे ऐसा लगता है कि केवल आम हड़ताल से, निषेध करनेवाली बड़ी-बड़ी सभाओं से या जुलूस निकालने से मेहनतकश वर्ग के सम्पूर्ण उत्थान का सवाल हल नहीं होगा। उससे भी आगे और कुछ करने की जरूरत है। उस कार्य को करने के लिए मजदूरों को अन्य किसी पार्टी की छत्रच्छाया में अपना आन्दोलन चलाने की बजाय अपनी स्वतंत्र राजनीतिक पार्टी स्थापित करना ज्यादा जरूरी है। मेरे कई मित्र मुझे कांग्रेस में सम्मिलित होने के लिए बड़े आग्रह के साथ कह रहे हैं। लेकिन अपना आन्दोलन अपने पाँव पर खड़े होकर ही लड़ना चाहिए। दूसरों से भीख माँगकर किसी को भी कुछ हासिल होनेवाला नहीं है। अपनी खुद की हिम्मत ही असली मार्गदर्शक होती है इसलिए पूँजीपतियों की दया पर जीनेवाली कांग्रेस से कभी भी मजदूर वर्ग का कल्याण होनेवाला नहीं है। इसलिए मजदूरों को सम्पूर्ण राजनीतिक सत्ता को प्राप्त करने के लिए स्वतंत्र पार्टी के झंडे तले संघर्ष की भावना से संघर्ष करना जरूरी है।

सा. जनता, 22 अक्तूबर, 1938

राजनीति में बोली गई बातों को उसी समय भूल जाना चाहिए

दिनांक 26 अक्तूबर, 1938 को मध्य प्रान्त वरहाड़ प्रान्त के कार्यकर्ताओं का एक प्रतिनिधिमंडल राजगृह, मुम्बई में डॉ. बाबासाहेब अम्बेडकर से मिला था। इस प्रतिनिधिमंडल की बातों को सुनने के बाद डॉ. बाबासाहेब अम्बेडकर ने उनका मार्गदर्शन करते हुए कहा—

"आपके मध्य प्रान्त वरहाड़ के काउंसिल चुनाव के लिए करीब-करीब डेढ़ साल बीत चुका है। इतने दिन तक हम लोग कुछ नहीं कर सके। मैंने आप लोगों को बीस सीटें दिलवाई हैं। उनमें से केवल सात सीटें मिली हैं। तेरह सीटों के लिए कुछ नहीं कर सके। अपने सात लोगों में भी कभी अपनापन दिखाई नहीं दिया। उनमें कभी एकता का सम्बन्ध नहीं रहा। हमारी मुम्बई में देखेंगे तो अपनी स्वतंत्र मजदूर पार्टी कांग्रेस से भी ज्यादा संगठित है। जनजागृति और राजनीति में संगठन ये दोनों बातें अलग हैं।

क्या चुनाव होने के बाद हम लोगों ने सदस्य बनाए हैं? पिछली बार मैं कोर्ट के काम के लिए आया था, उस समय मैंने पूछा था। उस समय मुझे किसी से पार्टी का सदस्य होने की खबर नहीं मिली। वहाँ स्वतंत्र मजदूर पार्टी का ऑफिस नहीं है। वहाँ कोई आदमी किसी भी प्रकार का सहयोग माँगने आया, उसकी कोई शिकायत हो तो वहाँ उसकी व्यवस्था करने के लिए कुछ भी नहीं है। आप लोगों के पास पैसा नहीं है। बगैर पैसों के राजनीति कैसे चलेगी? केवल किसी एक आदमी पर निर्भर रहने से राजनीति चलनेवाली नहीं है। हम लोगों ने जो सदस्य बनाए हैं उनमें कई लोग स्थायी सदस्य हैं, इसलिए राजनीति चल रही है। आप लोगों ने इस तरह से कुछ नहीं किया है और मैं जैसे कह रहा हूँ वैसा भी नहीं कर रहे हैं। मैं सिर्फ मुम्बई की जिम्मेदारी ले सकता हूँ। मुझे मध्य प्रान्त, वरहाड़ से कुछ नहीं करना है। यदि आप लोगों को कुछ काम नहीं करना है तो मुझे आपके प्रान्त के बारे में कुछ कहना नहीं है। आपके प्रान्त में कुछ स्वार्थी और कुछ मीठी बातें करनेवाले हैं। कुछ लोग काम करनेवाले भी हैं। लेकिन अभी तक कुछ नहीं हुआ है। उस कार्य को आप लोगों को करना है। आप लोगों को कोई न कोई बात तो करनी ही है। एक तो मैं जैसा कहता हूँ वैसा कीजिए या मैंने जो किया है उसके अनुसार आपको चलना चाहिए। मैंने भाई जयवन्त को

संयोजक नियुक्त किया है इसलिए आप लोगों को उसके साथ सहयोग करके काम करना चाहिए। फिर आप लोग उसका विरोध क्यों करते हैं? हम लोगों में एक दोष है कि एक बार झगड़ा हो गया तो वह पीढ़ियों तक चलता है। राजनीति में जो कहा गया उसको उसी समय भूल जाना चाहिए। मुझे हरदास (एल.एन. हरदास) के प्रति सम्मान है। लेकिन उनमें कुछ दोष भी हैं। हरदास ने पाटील (दशरथ पाटील) को टिकट नहीं दी इसलिए उनको पाटील के विरोध में ऐसा करने की जरूरत नहीं थी।

हम अल्पसंख्यक लोग हैं। मेढक फैला तब भी वह बैल की तरह नहीं हो सकता। इसलिए किसी के सहयोग किए बगैर राजनीति हमारे हाथों में नहीं आ सकती। पहले का आन्दोलन हम लोगों तक ही था। उस समय हम लोगों को ब्रिटिश सरकार से कुछ मिलना था। अब अंग्रेज सरकार रही नहीं। आज की राजनीति बहुमत के आधार पर चलेगी। बहुमत के बगैर हम लोग राजनीति को अपने हाथों में ले नहीं सकते। इसलिए बहुमत को बढ़ाना होगा। आप लोग जयवन्त के बारे में इतने घबराए क्यों हैं? जयवन्त कोई राजा नहीं है। कोई भी अच्छा काम करता हो तो अच्छा ही है। यदि कोई विरोधी काम करने लगा तो मैं उसको एक शब्द से हटा सकूँगा? कोई भी व्यक्ति स्वतंत्र मजदूर पार्टी का सदस्य होने पर अन्य किसी भी राजनीतिक पार्टी का सदस्य नहीं हो सकता। राजनीति के बगैर समाज कार्य, धर्म कार्य आदि कर सकते हैं। सत्ता पर कौन रहेगा इस बात को तय करने का काम लोगों का है। सदस्यों पर देखरेख करनेवाला लायक आदमी नहीं है इसलिए इस तरह की गड़बड़ हो रही होगी। यहाँ भी जब मेरे हाथों से कुछ कम-ज्यादा होता है तो लोग मुझसे पूछने के लिए आते हैं।

जिस आदमी के खिलाफ हम सत्याग्रह करते हैं वह इसलिए क्योंकि उस आदमी पर हमारा प्रेम है। बच्चा माँ के खिलाफ सत्याग्रह करता है। मैंने डॉ. खरे से कबूली जवाब लिखवा लिया है। महात्मा गांधी ने डॉ. खरे से कहा कि 'ये लोग (अछूत) अज्ञानी हैं। उनकी कोई इच्छाएँ नहीं हैं।' (डॉ. खरे कहते हैं) मैंने एक अछूत को मंत्री बनाया तो गांधी ने कहा, 'क्यों लिया? और एक मिनिस्टर बनाकर (आपने) उनके मन में इच्छाएँ पैदा की हैं।"

आप लोगों ने सत्याग्रह किया था उस समय क्या अग्निभोज ने थोड़ा भी हिस्सा लिया था? यदि वह अपने हक के लिए झगड़ने को तैयार नहीं तो तुम लोगों ने गांधी के खिलाफ सत्याग्रह क्यों किया? जो व्यक्ति झगड़ने के लिए तैयार है उसके लिए झगड़ना अपना काम है।

वहाँ जो स्वतंत्र मजदूर पार्टी का काम किया जाएगा। उस ब्रांच पर हेड ऑफिस का कंट्रोल होना चाहिए। मैं अनुशासन प्रिय हूँ। मैं एक प्रकार से डिक्टेटर हूँ। पैसों के बारे में हम लोगों को बहुत ईमानदार होना चाहिए।

हर जिले के पाँच-पाँच सदस्य नियुक्त कर उनकी मीटिंग कीजिए। उनमें सातों विधायक (एम.एल.ए.) बुलाइए। सभी मिलकर स्वतंत्र मजदूर पार्टी का गठन कीजिए।

कांग्रेस की बुनियाद बड़ी मजबूत है। उसके सामने हमारा कुछ नहीं चलता। उनका बहुमत होने की वजह से हम कुछ नहीं कर सकते। इसलिए उनमें फूट डालना हमारा काम है। डॉ. खरे हमारे दुश्मन संगठन का एक पत्थर है, उसको गिराने का मैंने प्रयास किया।

पार्टी के सदस्यों के पैसे एक आदमी के पास नहीं रखने चाहिए। पैसा दो या पाँच लोगों के नाम बैंक में रखने चाहिए। पार्टी के काम के लिए एक सेक्रेटरी नियुक्त कीजिए। ऑफिस के लिए एक मकान लीजिए। जो फॉर्म है उस पर एक माह में जो चन्दा इकट्ठा होगा उसको लिखकर भेजिए। आप लोगों ने अपना काम सुचारु रूप से शुरू किया तो जनता पत्र में सी.पी. और बेरार के लिए दो पेज सुरक्षित रखे जाएँगे। फिलहाल के लिए एक कमेटी नियुक्त कीजिए। बाद में चुनाव होगा। प्रचार के काम के लिए अलग-अलग लोगों को अलग-अलग जिम्मेदारी दीजिए। स्वतंत्र मजदूर पार्टी की राजनीति के लिए सदस्यों की संख्या बढ़ाकर संगठन को मजबूत करना जरूरी है।

जिस आदमी के हाथ में सत्ता जाती है वह आदमी अच्छा होना चाहिए, अच्छे आदमी को चुनकर देना चाहिए। किसमें समाज कार्य है? किसमें समाज की भलाई है? समाज के लिए किस बात की जरूरत है? इस बात की उसको समझ होनी चाहिए। काम करनेवाले सही लोग चुनकर देने की बजाय उस जगह पर कोई अपने रिश्तेदार भर्ती करने लगे तो कुछ भी काम नहीं होगा। अपने व्यक्ति के बारे में मतभेद होने पर भी आमसभा में अपनी पार्टी कमजोर न हो इस प्रकार से हर सदस्य का व्यवहार होना चाहिए।

पार्टी के सदस्य बनाइए और मध्यप्रान्त का नक्शा बनाकर मुझे भेजिए। उस नक्शे में जिले-जिले के विभाग निकालिए, उसमें अपने मतदार कितने, सामान्य मतदार कितने, कहाँ आरक्षित सीट हैं, और कहाँ चुनाव लड़वाना पड़ेगा, इस तरह की सम्पूर्ण जानकारी देकर मुझे भेजिए। मतलब आगे की व्यवस्था किस प्रकार की होगी इस बात को तय करना आसान होगा।

कोसारे, एच.एल.—विदर्भातील दलित चव्हवपीचा इतिहास, पृ. 517, 518

स्वतंत्र मजदूर पार्टी का प्रभाव

दिनांक 3 दिसम्बर, 1938 को रात में 10 बजे मुम्बई फोरास रोड म्युनिसिपल सीमेंट चाल नंबर 18 में वहाँ के स्थानीय लोगों की ओर से इमारत फंड के लिए सहयोग के लिए विशाल आम सभा का आयोजन किया गया था। डॉ. बाबासाहेब अम्बेडकर इस सभा के अध्यक्ष थे। इस सभा में प्रिं. दोंदे, के.वी. चित्रे, भाई प्रधान, विधायक डी.जी. जाधव, सी.एन. मोहिते, दादासाहेब गायकवाड़, टी.एम. गुंडेकर, मडके बुवा, रेवजी डोलस, एस.पी. धोत्रे, मि. वडवलकर और केशवराव आडेकर आदि दलित कार्यकर्ता और नेता लोग उपस्थित थे। इस सभा को सम्बोधित करते हुए डॉ. अम्बेडकर ने बाइबल के ओल्ड टेस्टामेंट में ज्यू लोगों के गुलामी की और उत्पीड़न की जो कहानी है उसका बहुत ही अच्छी तरह वर्णन करके समझाया। उसमें वर्णित ज्यू लोगों की गुलामी और अछूतों की गुलामी में कितना फर्क है इस बात को समझाया।

उसके बाद उन्होंने महाड के सत्याग्रह से लेकर आज तक की जो सामाजिक और राजनीतिक स्थिति है उसका भी बड़ी अच्छी तरह सिंहावलोकन करके बताया। इमारत फंड के बारे में समझाते हुए उन्होंने कहा कि "हर आन्दोलन के लोगों को अपनी ओर से पाँच लोगों की कमेटी नियुक्त करके अपनी चाल में रहनेवाले अठारह साल के लड़के और लड़कयों की गिनती करनी चाहिए। मतलब इस चाल में रहनेवाले लोगों की ओर से कितना पैसा मिलना चाहिए इस बात को मैं जान सकता हूँ। हर व्यक्ति को व्यक्तिगत तौर पर अपनी सामर्थ्य के अनुसार एक रुपया से ज्यादा देना चाहिए।

मैं मुम्बई स्कूल कमेटी विभाग के हर अध्यापक की ओर से एक माह की आधी तनख्वाह लेनेवाला हूँ। आज हमारे कार्य का विस्तार काफी ज्यादा हो गया है। इसलिए समाज, राजनीति के सूत्रों के संचालन के लिए अपनी खुद की इमारत होना ज्यादा जरूरी है और दूसरी महत्त्वपूर्ण बात यह है कि म्युनिसिपल का चुनाव करीब आ रहा है। मैंने फिलहाल स्वतंत्र मजदूर पार्टी की ओर से नौ उम्मीदवार खड़े किए हैं। आप लोगों को उनको अपने मत देकर चुनकर लाना चाहिए।

सभी राजनीतिक दल कांग्रेस के सामने प्रभावहीन बन गए हैं। कुछ का नामोनिशान भी मिट गया है। लेकिन आज अकेली स्वतंत्र मजदूर पार्टी कांग्रेस के विरोध में खड़ी है। यह पार्टी गरीब-दलित मजदूर जनता की पार्टी है। इसलिए यह पार्टी म्युनिसिपल चुनाव में पूरी तरह से सफल होनी चाहिए। जो भी हो, जिन लोगों ने इमारत फंड के लिए 235 रुपये दिए हैं, उसके लिए मैं उनका बड़ा आभारी हूँ। इमारत फंड को आर्थिक सहयोग करनेवालों के नाम सा. जनता पत्र में प्रकाशित किए जाएँगे।" इस प्रकार इस सभा में डॉ. अम्बेडकर ने काफी विस्तार से मतलब दो घंटे तक अपना भाषण दिया।

सा. जनता, 10 दिसम्बर, 1938

* तारीख 3 दिसम्बर की बजाय 4 दिसम्बर, 1938 होनी चाहिए।

साम्राज्यशाही, पूँजीवाद, जमींदारी और मध्यवर्गीय हिन्दू व्यापारियों के शोषण से राष्ट्र को मुक्त करना यही सम्पूर्ण स्वतंत्रता

स्वतंत्र मजदूर पार्टी के अखिल भारतीय कार्यकारी मंडल की सभा दिनांक 21 मार्च, 1939 को मुम्बई में आयोजित की गई थी। डॉ. बाबासाहेब अम्बेडकर इस सभा के अध्यक्ष थे। उस समय स्वतंत्र मजदूर पार्टी का उद्‌देश्य 'सम्पूर्ण स्वतंत्रता प्राप्त करना' की घोषणा की गई थी। इस सभा को सम्बोधित करते हुए डॉ. अम्बेडकर ने कहा—

"हमारी पार्टी मेहनतकश लोगों की पार्टी है। विदेशी साम्राज्यशाही, हिन्दू पूँजीवाद और जमींदारी तथा मध्यवर्गीय हिन्दू व्यापारी आदि के दबाव में मेहनतकश वर्ग दबा हुआ है। उनको इस प्रकार की भयंकर स्थिति से मुक्त करना बहुत ही जरूरी है, उसके बगैर हिन्दू राष्ट्र को सम्पूर्ण स्वतंत्रता प्राप्त होना असम्भव है। हमारा सम्पूर्ण स्वतंत्रता का उद्‌देश्य विशुद्ध है। अपने देश की स्वतंत्रता के लिए शुरू हुए किसी भी संघर्ष में हमारी पार्टी विशेष तौर पर सम्मिलित होगी। तब तक गरीब बहुजन समाज का शोषण करनेवाले हमारे ही देशवासियों से हम अपना संघर्ष करेंगे।"

सा. जनता, 8 अप्रैल, 1939

इमारत निधि के लिए एक माह का वेतन दीजिए

डॉ. बाबासाहेब अम्बेडकर के कहने पर इमारत निधि मुम्बई के सेक्रेटरी शां.अ. उपशाम ने दिनांक 14 जून, 1939 को मुम्बई के महार समाज के कुछ प्रमुख लोगों को संकेत करते हुए एक निवेदन प्रकाशित किया था। उस निवेदन पत्र के अनुसार 18 जून, 1939 को सुबह 10 बजे परल, मुम्बई के आर.एम. भट हाईस्कूल के हॉल में सभा प्रारम्भ हुई। डॉ. अम्बेडकर स्वयं इस सभा में उपस्थित थे। इस सभा को सम्बोधित करते हुए उन्होंने कहा—

"बहनो तथा भाइयो,

मैंने पिछले साल-सवा साल पहले आप लोगों से कहा था कि मुम्बई में अछूतों के सार्वजनिक कार्यों के लिए एक बड़ी इमारत बनाना जरूरी है। और यह भी कहा था कि महार जाति को विशेष प्रयास करके निधि इकट्ठी करनी चाहिए। मेरे कहने पर कुछ जगह के लोगों ने निधि इकट्ठी करके मेरे पास आज तक करीब-करीब दो-ढाई हजार रुपया लाकर दिया है। मुम्बई जैसे शहर में अपने सार्वजनिक कार्य को पर्याप्त हो, इस प्रकार की इमारत बनाने के लिए कम से कम एक लाख रुपया खर्च होगा। कुल स्थिति को देखते हुए एक-दो माह में ही इस कार्य की नींव रखी जानी चाहिए। इसलिए आप लोग शान्त रहने की बजाय आज से इस काम में जुट जाइए।

हर चाल के लोगों को अपने चार-पाँच या चाल बड़ी हो तो पाँच-दस लोगों की कमेटी बनाकर उस कमेटी के द्वारा अपने-अपने चाल के लोगों की संख्या का पता लगाना चाहिए। आप लोग अपनी-अपनी कमेटी के लोगों के नाम एक-दो दिन में मुझे भेज दीजिए। गिनती किस प्रकार से करनी चाहिए इसके बारे में आप लोगों को स्वतंत्र मजदूर पार्टी के दफ्तर में जानकारी मिल जाएगी। आप लोग अपने-अपने चाल की जनसंख्या गिनती करके 8 से 15 दिन में स्वतंत्र मजदूर पार्टी के दफ्तर में उपशा मास्टर के पास लाकर दीजिए। इस प्रकार की जानकारी इकट्ठी करने के बाद चन्दा कैसे इकट्ठा किया जाए इसके बारे में आप लोगों को बाद में जानकारी दी जाएगी।

जिनका वेतन 30 रुपये प्रतिमाह है उनको इस सत्कार्य के लिए कम से कम 2 रुपये और जिनका वेतन प्रतिमाह 50 रुपये है उनको कम से कम 5 रुपये और जिनका वेतन 50 रुपये से ज्यादा है उनको अपना एक माह का वेतन देना चाहिए। उसी प्रकार अध्यापक, अध्यापिकाएँ और क्लर्क की नौकरी करनेवाले लोगों को अपना एक माह का वेतन देना चाहिए।"

रा. जनता, 17 और 24 जून, 1939

धर्मान्तरण का उद्देश्य है अछूतों के बीच का जातिभेद समाप्त हो

दिनांक 2 जुलाई, 1939 को 'रोहिदास शिक्षक प्रसारक समाज' की ओर से चमार समाज की शिक्षक परिषद आर.एम. भट हाईस्कूल के हॉल में प्रिं. दोंदे की अध्यक्षता में आयोजित की गई थी। इस परिषद में डॉ. बाबासाहेब अम्बेडकर को विशेष रूप से निमंत्रित किया गया था। इस परिषद को सम्बोधित करते हुए डॉ. अम्बेडकर ने कहा—

"मुझे ऐसा लग रहा था कि आज की यह परिषद रोहिदास समाज के अलग-अलग परीक्षाओं में सफल छात्रों को इनाम बाँटने के लिए आयोजित की गई है और इसीलिए मैं इस परिषद में सम्मिलित हुआ। लेकिन इस परिषद में उस प्रकार का समारम्भ है ऐसा नहीं लग रहा। फिर भी आप लोगों का आग्रह है कि मैं इस परिषद में हूँ इसलिए कुछ बोलना आवश्यक है, इसलिए मैं आपके सामने दो शब्द बोल रहा हूँ।

सबसे पहले मैं आप लोगों को स्पष्ट रूप से कहना चाहता हूँ कि मैं किसी भी जाति विशेष के आन्दोलन में सम्मिलित नहीं होता। जबसे मैंने अपने सार्वजनिक कार्य को प्रारम्भ किया है तबसे मैंने जातिनिष्ठ भूमिका को कभी भी महत्त्व नहीं दिया। मैं महार जाति में पैदा हुआ हूँ लेकिन महार जाति का अस्तित्व बरकरार रहे ऐसा प्रयास मैंने कभी नहीं किया। मैं जिस जनता पत्र का प्रकाशन करता हूँ उस पत्र से मैंने उस तरह का उपदेश कभी नहीं दिया है। मुझे महार के रूप में उसकी ऐसी कौन-सी स्वर्णिम परम्परा को कायम रखना है? मैं हमेशा यही प्रयास करता हूँ कि महारों को सभी प्रकार के जाति बन्धन तोड़ देने चाहिए। मैं और मेरे अनुयाई मातंग, भंगी, चमार आदि जाति के लोगों के साथ सरेआम रोटी व्यवहार करते हैं, और जो जातिभेद मानता है उसका निषेध करते हैं। और मैं हमेशा यही कहता रहता हूँ कि अन्य जाति के लोगों को भी यही प्रयास करना चाहिए।

हम लोग इस तरह का भी प्रयास करते हैं कि अलग-अलग जातियों में विवाह होने चाहिए। लेकिन विवाह कोई जोर-जबर्दस्ती करनेवाली बात नहीं है।

कोई एक महार की लड़की और मातंग या चमार या भंगी के लड़के को पेड़ से बाँधकर या उन पर गागर-गागर पानी डालकर उनकी शादी होना सम्भव नहीं है। फिर भी अलग-अलग जाति के लड़के-लड़कियाँ अपनी इच्छा से विवाह करने के लिए तैयार हों तो मैं उनको हर तरह से प्रेरित करूँगा और उन पर होनेवाले सामाजिक अन्याय को कम करने का प्रयास करूँगा। यह हुआ सामाजिक सवालों के सम्बन्ध में।

राजनीतिक दृष्टि से मैंने स्वतंत्र मजदूर पार्टी की स्थापना की है। वह पार्टी सभी के लिए खुली है। इस पार्टी में महारों की संख्या ज्यादा है। लेकिन इसमें मेरा दोष नहीं है। महारों की जनसंख्या ही ज्यादा होने के कारण वे ज्यादा संख्या में इस पार्टी में सम्मिलित हुए हैं। मैं चमारों को भी नहीं कहता कि आप मेरी पार्टी में आइए या आग्रह भी नहीं करता। जिनको मेरी पार्टी के सिद्धान्त पसन्द हों, जिनको मेरा कार्यक्रम पसन्द हो वे अपने आप आएँगे, इस बात का मुझे पूरा यकीन है। यदि चमारों को लगता है कि हमें कांग्रेस में जाना चाहिए तो वे वहाँ बड़ी खुशी से जा सकते हैं, लेकिन मैं उनको एक बात बताना चाहता हूँ कि उनकी आज कांग्रेस में जो कीमत है वह क्या हमारे कांग्रेस में जाने से उनकी रहेगी? मैं आज कांग्रेस के बाहर हूँ इसलिए कांग्रेसवाले उनको करीब कर रहे हैं। कांग्रेसवाले मुझसे नफरत करते हैं इसलिए वे आप लोगों के प्रति इतनी हमदर्दी दिखाते हैं। मेरे लिए कांग्रेस में जाना मुश्किल नहीं है। यदि मैंने वैसा किया तो आज जो कांग्रेस में सम्मिलित हैं उनकी क्या स्थिति होगी, इस बात पर उनको सोचना चाहिए। हममें से एक को दीवानी मिल गई होती। आज सोनगाँवकर और तलकर कांग्रेस में सम्मिलित हो गए हैं। लेकिन उनकी स्थिति क्या है? हाथ ऊपर उठाने के अलावा उनकी क्या कीमत है?

कुछ चमार लोग मुझ पर इस प्रकार का आरोप लगाते हैं कि मैंने महारों को ज्यादा मात्रा में मतदान का हक दिलवाया है क्योंकि महार वतनदारों को मतदान का हक मिला है। लेकिन यह काम मैंने किया है यह कहना गलत है। यह बातें राज्य सरकार की इच्छा से हुई हैं। सामान्य रूप में कितने प्रतिशत लोगों को मतदान का हक देना चाहिए। इस बात का निर्णय सरकार ने लिया है। और उसके मुताबिक राज्य सरकारों ने अलग-अलग पद्धति का सुझाव दिया और उनको सरकार अमल में लाई, उसमें मेरा दोष नहीं है। लेकिन इस बारे में मैं एक महत्त्वपूर्ण बात कहना चाहता हूँ। मुम्बई राज्य में उच्च और निम्न इस प्रकार के दो विधिमंडल हैं। उच्च विधिमंडल में मुम्बई शहर से करीब-करीब 350 मतदार हैं। उनमें से कम से कम 300 मतदार चमार समाज के हैं, और महार मतदारों की संख्या 50 है। मतलब महार मतदारों से 6 गुना मतदार चमार हैं। चमारों की जनसंख्या से कई गुना महारों की जनसंख्या है। लेकिन यह जो महारों पर अन्याय हुआ है इसके बारे में चमार

नेताओं ने क्यों कुछ नहीं सोचा, जो मुझ पर स्वार्थ का दोषारोपण करते हैं? हम लोगों को इस बात का दुख नहीं है कि चमारों को ज्यादा मतदार मिले हैं। लेकिन खेद इस बात का है कि यदि चमार समाज ने सोचा होता तो केवल अपने मतदारों के बल पर वे अपना एक प्रतिनिधि विधिमंडल में चुनकर भेज सकते थे। लेकिन वे इतना छोटा-सा काम भी नहीं कर सके। इतना ही नहीं जब एक चमार उम्मीदवार खड़ा था, उसको विरोध करके कुछ चमार नेताओं ने दूसरे उम्मीदवार को अपने मत दिलवाने का काम किया।

दूसरी बात यह है कि अछूतों के आन्दोलन में महार समाज विशेष तौर पर सम्मिलित हुआ है और उन्होंने बेहद परेशानियाँ बर्दाश्त की हैं इसमें कोई सन्देह नहीं। लेकिन उसकी वजह से उन्होंने सरकारी नौकरियाँ या अधिकार के पद प्राप्त किए हैं ऐसी बात नहीं है, बल्कि आन्दोलनकारी के रूप में उन पर मुहर लगाई गई। जब मैं पहले के विधिमंडल में था तबसे मतलब सन् 1927 से मैंने जबर्दस्त प्रयास किया कि नासिक के पुलिस ट्रेनिंग कॉलेज में अछूतों को प्रवेश मिले। और उसमें कुछ सफलता भी मिली, लेकिन उस पुलिस ट्रेनिंग स्कूल में आज तक जितने लोग दाखिल हुए उसमें महारों को कंकड़-पत्थर की तरह दूर रखा गया। वहाँ के अफसरों की ओर से उनसे पूछा जाता है कि आज तक तुमने कितने कुएँ भ्रष्ट किए हैं? मतलब इस आन्दोलन से सबसे ज्यादा नुकसान महारों का हुआ है। लेकिन मुझे उसका गम नहीं है। महार लोग जो आन्दोलन करते हैं वह सभी अछूतों की भलाई के लिए ही करते हैं। उस आन्दोलन में उनका तात्कालिक लाभ नहीं हुआ है। फिर भी वह समाज जागृत होगा इसमें कोई सन्देह नहीं है, और वह समाज आगे बढ़ेगा इसमें भी कोई सन्देह नहीं है। वे ही लोग पिछड़ जाएँगे जो आन्दोलन नहीं करते।

मैं चमारों को या मातंगों को यह बिलकुल नहीं कहता कि आप मेरे पीछे आइए, जो आना चाहते हैं वे आ सकते हैं। कोई मेरे साथ रहा या कोई मुझे छोड़कर चला गया तब भी मुझे उसके बारे में न आनन्द है और न खेद है। मेरे सिद्धान्तों पर, मेरे कार्य पर मुझे पूरा विश्वास है। और मुझे पूरा भरोसा है कि जो लोग मुझे छोड़कर चले गए वे लोग भी मेरे कार्यक्रम के पीछे आएँगे। शिवतरकर गुरुजी भी आएँगे। वे लोग मुझे छोड़कर चले गए इसलिए मुझे उनके बारे में गुस्सा नहीं था, उनके बारे में मैं किसी से भी गलत नहीं बोलता। वे मुझे गालियाँ देते हैं यह भी मुझे मालूम है। मैं यह कहता हूँ कि शिवतरकर गुरुजी मेरे साथ पिछले बारह साल से काम कर रहे थे। इतने लम्बे समय में उनको मेरे दोष नहीं दिखाई दिए और अब तेरहवें साल में ही कैसे दिखाई दिए? उनको बारह साल तक मेरे दोष अनुकूल लगे इसका मतलब उन्हें कोई दोष नहीं दिखा या अगर दोष दिखा भी हो तो वह माफ करने योग्य होना चाहिए। मतलब मेरा रास्ता सीधा है और सभी के

लिए खुला है। मैंने धर्मान्तर का रास्ता अपनाया है। उसमें अपने बीच के महार, मातंग, चमार आदि जातिभेद समाप्त हो यही एक उद्‌देश्य है। यदि हम लोगों ने धर्म बदल दिया हो तो कम से कम महार, चमार, मातंग आदि नाम भी हट जाएँगे। हम सभी लोग एक हो जाएँगे और विकास के रास्ते पर चलेंगे। अन्त में मैं आप लोगों को इशारा देना चाहता हूँ, और वही मेरा महत्त्वपूर्ण काम है ऐसा मैं मानता हूँ। कांग्रेस हिन्दू (सवर्ण) लोगों का संगठन है। उसके मुखिया गांधी आप लोगों को गुमराह कर रहे हैं। 'हरिजन सेवक संघ' आप लोगों को गुलाम करने का एक षड्यंत्र है। उससे आप होशियार रहिए और जागृत रहिए। इतनी बात कहते हुए मैं अपना भाषण समाप्त करता हूँ।"

सा. जनता, 8 जुलाई, 1939

महसूल बढ़ोतरी के घाटे पर हक किसका?

दिनांक 12 जुलाई, 1939 को शाम के समय मुम्बई के सर कावसजी हॉल में कांग्रेस सरकार के महसूल बढ़ोतरी की नीति का विरोध करने के लिए एक सभा का आयोजन किया गया था। इस सभा को सम्बोधित करते हुए डॉ. बाबासाहेब अम्बेडकर ने कहा—

"सरकार ने जो नए टैक्स लगाए हैं वे बहुत ही भयंकर हैं, मुम्बई सरकार के मंत्री अण्णासाहेब लट्ठे ने जो आँकड़े दिए हैं उनसे इस बात का पता चलता है कि भारत के अलग-अलग राज्यों में कर के बोझ का प्रमाण क्या है। बिहार में प्रति व्यक्ति रुपये 1-4-0, बंगाल में रुपये 1-12-0, आसाम में रुपये 2-4-0, मध्य प्रान्त में रुपये 3-4-0, सिन्ध में रुपये 4 और मुम्बई में रुपये 6 इतना कर देना पड़ता है। ऊपरी आँकड़ों से पता चलता है कि मुम्बई राज्य में कर का बोझ कितना ज्यादा है।

यह हो गया राज्यों के अनुसार शिकायत। लेकिन आज की कर बढ़ोतरी केवल मुम्बई शहर और उपनगर पर ही लादी गई है। आज तक मुम्बई शहर में कर का बोझ प्रति व्यक्ति रुपये 25 था। नया कर लगाने से वह बोझ रुपये 45 तक बढ़नेवाला है। कर बढ़ोतरी के प्रयोग में यह बात बेमिसाल है। सन् 1919 से आज तक मुम्बई शहर में शिक्षा मुफ्त और अनिवार्य करने का आन्दोलन चल रहा है। इस राज्य में 24 लाख 79 हजार बच्चे स्कूल जाने की उम्र में हैं। इन बच्चों की संख्या में 6 से 11 साल की उम्र वाले बच्चों को ही सम्मिलित किया गया है। इन 24 लाख से भी ज्यादा बच्चों में से केवल साढ़े सात लाख बच्चे ही स्कूल में दाखिल हो सके। मुम्बई राज्य में 24 हजार से भी ज्यादा गाँव हैं। लेकिन उनमें से केवल 8 हजार गाँव में ही स्कूल चल रहे हैं। उक्त आँकड़ों से पता चलता है कि मुम्बई राज्य में 17 लाख बच्चों को शिक्षा से वंचित रखा जा रहा है और 16 हजार गाँव (देहात) अज्ञान के अँधेरे में खो गए हैं। इन 17 लाख बच्चों को पढ़ाई से दूर रखा जाए या नहीं इस तरह का एक महत्त्वपूर्ण सवाल पैदा होता है, क्या सरकार को इन निर्दोष बच्चों के बारे में नहीं सोचना चाहिए?

अब हम लोगों में से किसानों को जो लगान देना पड़ता है उसके बारे में सोचेंगे। सरकार को लगान से रुपये 3 करोड़ 38 हजार की आय होती है। सरकार के लगान का यह बोझ भयंकर है इसमें कोई सन्देह नहीं। लगान देने के बाद किसानों को जीने का कोई साधन बचता ही नहीं। इस सरकारी लगान के

बेहिसाब बोझ के विरोध में कांग्रेस पार्टी ही आज तक चिल्लाती रही है। फिर किसानों की इस दयनीय स्थिति के बारे में क्या कांग्रेस को सोचने की आवश्यकता नहीं थी?

गाँव-देहातों में लोगों को दवाई तो मिलती ही नहीं लेकिन पीने का पानी भी पर्याप्त मात्रा में नहीं मिलता। सरकार को इस बारे में जरूर सोचना चाहिए। अब हम मुम्बई शहर के बारे में सोचेंगे। इस शहर की 13 लाख जनसंख्या है, उसमें 6 लाख लोग मजदूर हैं, कर्मचारी हैं, इस मजदूर वर्ग में भयंकर बेरोजगारी है। रातपारी बन्द होने की वजह से इन बेरोजगारों की संख्या दिन-ब-दिन बढ़ रही है। हर प्रगत देश में यह माना जाता है कि ऐसे बेरोजगार लोगों को या तो रोजगार देना या उनको जीवन साधन देना सरकार की पहली जिम्मेदारी है। सरकार की मदद पर इन बेरोजगार लोगों का हक है।

अपने सामने जो सवाल है वह एकदम आसान है। सवाल इस प्रकार का है कि सरकार महसूल बढ़ोतरी के घाटे से जो रुपये 1 करोड़ 69 हजार जमा करनेवाली है। उस पर किसका हक है? क्या उस पर अपने डरपोक मन के कारण स्वविनाश करनेवाले शराबखोरों का हक है या पढ़ने का मौका न मिलनेवाले बच्चों का, सरकारी लगान से त्रस्त किसानों का, बीमारी से मौत के कगार पर खड़े अज्ञानी लोगों का और सामाजिक अन्याय से बेकार होकर भूख से मरनेवाले मजदूरों का हक है?

इस सवाल के लिए मेरा जवाब यह है कि शराबी दुःख भोगता है अपनी मूर्खता के कारण। अलग-अलग हकदार आगे आए तो उनके हक की असलियत और वफल का फैसला करने का एक ही रास्ता है और वह रास्ता है उनके दुःख के पैदा होने का कारण क्या है, इस बात को जानना।

इस बात का फैसला करते समय यह जरूर देखना चाहिए कि क्या सामाजिक अन्याय के कारण दुःख पैदा हुआ है? या अपनी मूर्खता के कारण दुख पैदा हुआ है? इसलिए सामाजिक अन्याय से दुखी लोगों को नजरअन्दाज करके, अपनी मूर्खता के कारण अपने पाँव पर पत्थर मारनेवाले लोगों की मदद करना सरकार की भयंकर गलती होगी, ऐसा मुझे लगता है।

अब हम लोग शराबबन्दी के कानून के बारे में विचार करेंगे। शराब को बाहर से मँगवाना, शराब बाहर भेजना, उसको इधर से उधर भेजना, पास में रखना आदि बातें कानूनी जुर्म हैं। लेकिन शराब पीकर बेहोश होने का मतलब क्या है? वास्तव में शराब पीने को ही कानूनी गुनाह माना जाना चाहिए था। लेकिन वैसा नहीं किया गया। इसलिए मुझे ऐसा लगता है कि शराबबन्दी सफल होना मुश्किल है। शराबबन्दी के लिए डेढ़-दो करोड़ रुपये बेकार जाएँगे। गांधी महाराज को नाराज नहीं करनेवाले मंत्री मुम्बई को मिले हैं, यह मुम्बई के लोगों का दुर्भाग्य है। अन्यथा मुम्बई के मंत्रियों को मद्रास के राजगोपालाचारी से सबक सीखकर गांधी महाराज को बाजू में हटा दिया गया होता, इसमें कोई सन्देह नहीं है।"

सा. जनता, 15 जुलाई, 1939

स्वतंत्रता का मतलब उच्चवर्णियों की स्वतंत्रता और हम पर वर्चस्व ऐसा कभी नहीं हो सकता

मुम्बई विधिमंडल में दूसरे विश्वयुद्ध से सम्बन्धित प्रस्ताव पर चर्चा हो रही थी। सदन के सभी सदस्यों ने चर्चा में हिस्सा लिया। स्वतंत्र मजदूर पार्टी की ओर से पार्टी अध्यक्ष तथा नेता डॉ. बाबासाहेब अम्बेडकर ने भी दिनांक 26 अक्तूबर, 1939 को दूसरे विश्वयुद्ध के बारे में अपनी पार्टी की भूमिका को स्पष्ट किया। उन्होंने अपने भाषण में कहा—

"मुझे ऐसा लगता है कि यह प्रस्ताव अनुचित है। इस प्रस्ताव में जिन राष्ट्रीय माँगों का उल्लेख है, उन माँगों को इस असेम्बली में माननीय मुख्यमंत्री ने पेश नहीं किया था। उन माँगों को उनके हाईकमान ने पेश किया था। हाईकमान का कानून में कोई अस्तित्व नहीं है। कांग्रेस मंत्रिमंडल के अच्छे-बुरे कर्मों पर नजर रखनेवाली वह समिति (विजिलेंस कमेटी) है। अब उन माँगों को सरकार द्वारा नकारने के कारण मा. खरे इस भावना से कि सभी 'दाँव-पेच फँस गए हैं, हमें मदद कीजिए' इस तरह इस प्रस्ताव को पेश कर रहे हैं, यह इस असेम्बली का बड़ा अपमान है।

दिनांक 18 अक्तूबर को माननीय वायसराय का एक पत्र प्रकाशित हुआ है। उसको अभी सात दिन हुए हैं। उस पत्र के बारे में अपनी राय व्यक्त करने के लिए यह प्रस्ताव नहीं है। वह साधारण और बेबुनियाद है। मैं उस पर काफी बोल सकता हूँ। अपने विरोधियों की आलोचना करने का हर किसी को मौका मिलता है। लेकिन माननीय खरे ने सभी प्रकार के मतभेद भूल जाने का अनुरोध किया है, इसलिए उस प्रस्ताव के किन बातों तक मैं सहमत हूँ उसके बारे में पहले बताना चाहता हूँ कि हिन्दू लोगों को उनकी इच्छा से इस युद्ध में उतरना पड़ा, इसमें कोई सन्देह नहीं है। हमारी विदेश नीति ब्रिटिश साम्राज्य के जाल में फँसी हुई है। हम लोगों को उपनिवेश जैसा भी स्थान नहीं है।

सुरक्षा के लिए भारत समर्थ नहीं है। हम लोगों ने गोलमेज परिषद के समय यह माँग की थी कि सुरक्षा विभाग भी हिन्दू विधिमंडल के लिए जिम्मेदार होना चाहिए। उस दृष्टि से अंग्रेज सरकार ने कुछ नहीं किया है। इन बातों के लिए हम कांग्रेस का समर्थन करते हैं।

जेरेमी बेंथम ने दक्षिण अमरीका के राष्ट्रों के लिए बहुत ही अच्छा संविधान बना दिया है लेकिन वह संविधान सफल नहीं हुआ है। कपड़ा शरीर को अच्छी तरह फिट होना चाहिए उसी प्रकार संविधान उचित होना यह एक मुख्य सिद्धान्त है। गृहमंत्री मा. मुंशी के दुबले-पतले शरीर के लिए सिलवाए गए कपड़े मेरे जैसे हट्टे-कट्टे शरीर के लिए किसी काम के नहीं। टेढ़े पाँव का जूता सीधे पाँव में आएगा नहीं। इन बातों को ध्यान में रखकर लोकतंत्र के बारे में सोचना चाहिए। लोकतंत्र का मतलब है बहुसंख्य का राज्य। आज मुस्लिम और अछूत अल्पसंख्यक हैं और वे अल्पसंख्यक ही रहेंगे। क्या उन लोगों को बहुसंख्य हिन्दुओं से सहनशीलता, समानता और बन्धुता का व्यवहार मिलेगा?"

माननीय मुख्यमंत्री खरे ने अनकूल गरदन हिलाई इस बात का उल्लेख करते हुए डॉ. अम्बेडकर ने अछूत समाज के किस प्रकार के हाल होते हैं इसके उदाहरण दिए। सन् 1929 में अछूतों की स्थिति के बारे में जाँच करने के लिए जो जाँच कमेटी नियुक्त की गई थी उसकी रिपोर्ट सही ढंग से बताती है कि दस साल पहले अछूतों की स्थिति किस प्रकार की थी इसके बारे में भी उन्होंने कहा और इस पर आपनी राय प्रकट करते हुए कहा कि—

"क्या इस स्थिति में कुछ परिवर्तन हुआ है। सविनय अवज्ञा आन्दोलन के समय कांग्रेस ने काउंसिल पर बहिष्कार डाला था। 'काउंसिल में जाना हराम है' यही उनका घोष वाक्य था। उसी प्रकार 'काउंसिल में कौन जाएगा? धेड़ जाएगा, चमार जाएगा', ऐसा भी वे कहते थे। (इस समय कांग्रेस के सदस्य 'नहीं, नहीं' करके चिल्लाए) मैं इसका प्रमाण दूँगा। उस समय 'टाइम्स' को विशेष लेख (सम्पादकीय) लिखना पड़ा था। जब 'जाति भूल गए, धर्म भूल गए' की शेखी बघारनेवाले इन कांग्रेसियों की इस प्रकार की मानसिकता है, तब मन का कानून पूज्य माननेवाले सनातनी की सोच क्या हो सकती है इसकी कल्पना ही की जा सकती है।"

उसके बाद डॉ. अम्बेडकर ने अछूत वर्ग पर हो रहे जुल्म-ज्यादतियों के पाँच-छह उदाहरण विस्तार से बताए। राज्य की राजसत्ता में बहुसंख्य हिन्दुओं का किस प्रकार का वर्चस्व है इस बात को उन्होंने रेवेन्यू विभाग की विस्तृत जानकारी देकर बताया और उन्होंने कहा—

"मा. मुंशी की उपसूचना में संरक्षण के तत्त्व को स्वीकार किया गया है, लेकिन वह संरक्षण अछूतों के अधिकृत प्रतिनिधियों को समाधानकारक होना चाहिए। गृहमंत्री अपने आपको अल्पसंख्यकों के ट्रस्टी हैं ऐसा मानते हैं, लेकिन हमारे ट्रस्टी और संरक्षक दूसरे कोई नहीं हैं इसलिए उनकी उपसूचना मैं स्वीकार नहीं कर सकता। दूसरी सूचना में मा. मुंशी ने हमारी आधी बात को स्वीकार किया है। आज की राज्य व्यवस्था आर्यों के चातुर्वर्ण्य जैसी है। उनके तत्त्व थे क्षत्रियों को राज्य चलाना चाहिए, ब्राह्मणों को ज्ञान दान करना चाहिए, वैश्यों को व्यापार करना चाहिए, और

शूद्र तथा अतिशूद्रों को सेवा करनी चाहिए। वैश्यों ने अब राजनीति का भी व्यापार शुरू किया है। लेकिन शूद्रों के स्तर में कोई फर्क नहीं आया है।

इस अन्याय के खिलाफ मेरा खून खौलता है। सामाजिक, आर्थिक और धार्मिक वर्चस्व के साथ राजनीतिक वर्चस्व स्थापित करनेवालों के खिलाफ मैं अपने खून की अन्तिम बूँद बचने तक विरोध करूँगा। स्वतंत्रता का अर्थ उच्चवर्णीयों को स्वतंत्रता और हम पर वर्चस्व ऐसा कभी नहीं हो सकता।" आयरलैंड में अल्स्टर राज्य के लोगों को सुरक्षा नहीं स्वतंत्रता चाहिए। इस प्रकार का आग्रह करने का उदाहरण देकर डॉ. अम्बेडकर ने कहा—

"मैं उनकी माँग नहीं कर रहा हूँ। हम लोगों को उचित सुरक्षा दीजिए। यही हमारी माँग है। व्यक्तिगत स्वार्थ से देश बड़ा है। यदि मैं स्वार्थ के पीछे भागता तो आज कहीं का कहीं होता। मुझे दो बातें प्यारी हैं। एक देश और जिस जाति में पैदा हुआ हूँ और पला हूँ वह अछूत जाति। मेरे अछूत भाइयों के लिए मैं सब कुछ त्याग करने के लिए तैयार हूँ।" उसके बाद उन्होंने स्पष्ट किया कि मुस्लिम लीग लोकशाही के तत्त्वों के खिलाफ हो सकती है लेकिन स्वायत्तता के खिलाफ नहीं है। लोकतंत्र, राजसत्ता आदि सभी संविधान के प्रकार हैं। उन्होंने कहा स्वायत्तता मुख्य तत्त्व है।

अन्त में उन्होंने कहा कि माननीय मुख्यमंत्री बड़े अच्छे राजनीतिज्ञ हैं। लेकिन मेरी समझ में नहीं आ रहा कि वे मंत्रिमंडल को अपना इस्तीफा देने में विधिमंडल की मंजूरी क्यों माँगते हैं वह उनकी पार्टी का सवाल है। यदि इस्तीफा देने के लिए उनको मेरी अनुमति चाहिए तो वे क्या इस प्रकार की शर्त मानने के लिए तैयार हैं कि मेरे बुलाए बगैर नहीं आएँगे?

सा. जनता, 28 अक्तूबर, 1939

सरकार आपके न्याय अधिकारों के खिलाफ गई तो विद्रोह कीजिए लेकिन अन्याय को बर्दाश्त मत कीजिए

मुम्बई इलाका वतनदार महार, मातंग, बेठिया (बँधुआ) परिषद के बारे में एक हैंडबिल प्रकाशित किया गया था। उसके अनुसार दिनांक 16 और 17 दिसम्बर, 1939 को हरेगाँव, शुगर फैक्टरी, तहसील कोपरगाँव, जिला अहमदनगर में उक्त परिषद का आयोजन किया गया था और यह परिषद डॉ. बाबासाहेब अम्बेडकर की अध्यक्षता में आयोजित की गई थी। दिनांक 16 दिसम्बर, 1939 को डॉ. अम्बेडकर ने इस परिषद में अपने अध्यक्षीय भाषण में कहा—

"आज की इस परिषद का आयोजन महार, मातंग, बेठिया (बँधुआ) आदि के इनामों पर (वतन) विचार-विमर्श करने के लिए आयोजित की गई थी। इस परिषद का आयोजन क्यों किया गया इसके बारे में इस परिषद के स्वागताध्यक्ष मेरे मित्र भाऊराव गायकवाड़ ने विस्तार से वर्णन किया है। मेरा भाषण भी उनके भाषण के मुद्दों को लेकर ही है इसलिए मैं भाऊराव गायकवाड़ के भाषण के मुद्दे ही पुनः आप लोगों के सामने रख रहा हूँ। उन्होंने विशेष तौर पर महार, मातंग, बेठिया वतनदारों की चार तरह की समस्याएँ आपके समाने रखी हैं। इन वतनदारों की पहली शिकायत यह है कि सरकार ने जुड़ी (लगान) बढ़ोतरी की है। उनका मुआवजा न देते हुए उनकी जमीन जब्त की गई है। सरकार ने अब उनकी जब्त की हुई जमीन की कीमत पर ब्याज देना भी बन्द कर दिया है।

इस वतनदारी के कारण उन पर जो काम लादा गया है उसका मेहनताना अपर्याप्त है। उसी प्रकार उनको जो नगर मेहनताना दिया जाता है वह भी अजकल बन्द कर दिया गया है और उन पर और एक अन्याय का बोझ लाद दिया गया है। इस तरह दरिद्रता की गर्त में पड़े इन लोगों को चारों ओर से सताया जा रहा है और उनकी दरिद्रता को और भी गहरा किया गया है।

इन वतनदारों को जो उन्नीस प्रकार के काम करने होंगे उसका घोषणापत्र कांग्रेस सरकार ने अभी-अभी प्रकाशित किया है। इस घोषणापत्र में जो काम बताए गए हैं उनमें से कुछ काम भयंकर हैं और वे काम इन गाँव के मजदूरों के लिए करना असम्भव है।

यह है वतनदार महारों की पीड़ा। इसके अलावा गाँव-देहातों में इस प्रकार के कई गाँव मजदूर हैं कि उनको सरकारी काम करने पड़ते हैं। लेकिन उनको जमीर नहीं दी गई और सरकारी वेतन भी नहीं। उनको गाँव में भीख माँगकर अपना परिवार चलाना पड़ता है। उनको बेहिसाब सरकारी काम करने पड़ते हैं। सरकार इन वतनदार (इनाम) नौकरों को वेतन के बगैर तड़पते हुए जीवन जीने के लिए मजबूर कर रही है। यह कितना बड़ा अन्याय है?

अब जुड़ी बढ़ोतरी (लगान बढ़ोतरी) के वतनदारों की पहली शिकायत के बारे में सोचेंगे। सबसे पहले इस शिकायत का स्वरूप समझने के लिए 'जुड़ी' क्या मामला है, इसको समझना जरूरी है। सरकारी नौकरों को इनाम (वतन) जमीन देने की परम्परा प्राचीन है और वह पेशवाई में भी थी और मुस्लिम शासन में भी थी। उस समय की स्थिति आज से भिन्न थी। आज मनुष्य को उसकी योग्यता के अनुसार नौकरी देने की परम्परा है। लेकिन प्राचीन समय में नौकरी वतनदार (इनाम) प्रणाली से वंश परम्परा से चलती थी। पहले नौकरी का मुआवजा इनाम जमीन के रूप में दिया जाता था, आज नौकरों को वेतन दिया जाता है। पहले हर गाँव में कारूनारू (लेहनादार) और बारह बलुले (काम के बदले फसल का कुछ भाग पानेवाले) होते थे। उनमें महार भी थे। इन वतनदारों को महसूल माफ होता था। पेशवाई के अन्तिम दिनों में इन लोगों की ओर से पैसों के अभाव के कारण अल्प मात्रा में महसूल लिया जाता था, इसी को जुड़ी कहते थे। इस जुड़ी को पैसों में वसूलने की बजाय अनाज के रूप में लिया जाता था। अंग्रेजी राज शुरू होने के बाद पहले के वतनों में से कुछ वतन (इनाम) नष्ट कर दिए गए और कुछ जारी रखे गए। इस समय मामूली जुड़ी (लगान) न बढ़ाने का भरोसा दिया गया था। सन् 1827 से 1875 तक जुड़ी न बढ़ाकर आश्वासन का पालन किया गया था। सन् 1875 में जुड़ी सम्बन्धी कानून में इस प्रकार की धारा है कि मजदूर महारों का वेतन बढ़ाने के लिए ही उस जुड़ी को बनाया जाएगा, इस प्रकार की धारा होते हुए भी अब जुड़ी क्यों बढ़ाई जा रही है, समझ में नहीं आ रहा है।

इस प्रकार की जुड़ी (लगान) बढ़ोतरी महारों का वेतन बढ़ाने के लिए नहीं की जा रही है। इसलिए यह बढ़ोतरी पूरी तरह से गैर-कानूनी है। इसलिए इस तरह से कहने में कोई आपत्ति नहीं कि सरकार ही जुड़ी बढ़ोतरी करके कानून को भंग कर रही है। सरकार का कहना है कि रामोशी लोगों का वेतन बढ़ाने के लिए महारों की जुड़ी बढ़ाई जा रही है। लेकिन वतन (इनाम) एक इस प्रकार की चमत्कारिक चीज है कि वह एक खानदान से दूसरे खानदान में नहीं जा सकती। एक महार का वतन (इनाम) दूसरे महार के परिवार में नहीं जा सकता। इस प्रकार से होते हुए भी सरकार रामोशियों के लिए महारों की जुड़ी बढ़ा रही है, यह कितना बड़ा अन्याय है? महार लोग गरीब हैं, गरीबों का वाली कोई नहीं है, इसी बात को सरकार ने अपने

व्यवहार से सिद्ध कर दिया है। सवर्ण हिन्दुओं की तरह सरकार की सोच भी इसी प्रकार की होनी चाहिए कि महार लोग आन्दोलन करते हैं, वे मस्ती में आ गए हैं, अन्यथा महारों को कंगाल करके रामोशियों का वेतन बढ़ाने की वजह क्या है? मेरा यह स्पष्ट मत है कि रामोशियों को (एक पिछड़ी जाति) पर्याप्त वेतन देना चाहिए। लेकिन मेरा यह भी स्पष्ट मानना है कि महारों को कंगाल करके रामोशियों का वेतन बढ़ाना एक तरह से अन्याय है।

आज इस देश में ऐसे मुफ्तखोर लोगों की संख्या में कोई कमी नहीं है जो सरकार का एक कौड़ी का काम किए बगैर वतन (इनाम) का मजा भोग रहे हैं। मेरी समझ में नहीं आ रहा कि ऐसे लोगों के पैसों से रामेशी लोगों का वेतन बढ़ाने में क्या आपत्ति है? पेशवाई (ब्राह्मण सत्ता) में देसाई, देशपांडे, कुलकर्णी, पोतदार, पाटील आदि कई वतनदार थे। वशिलेबाजी से उनकी संख्या भी काफी बढ़ गई थी।

अब अंग्रेजी राज्य में उनके लिए कोई काम नहीं बचा है। उनकी नौकरियाँ खत्म हो गई हैं। फिर भी उनको नौकरी के लिए दी गई जमीन को उन्हीं के पास स्थायी रखा गया है। उनकी आमदनी में से रुपये का पाँच आना काटकर ग्यारह आना उनको दिया गया है। इस व्यवहार से सरकार ने एक तरह से पुराने समय के नौकरों को वंश परम्परा से किसानों के पैसों में से पेंशन दी है, ऐसा कहने में कोई आपत्ति नहीं है।

अब सरकार को रामोशियों को वेतन देना हो तो वह महारों की जुड़ी बढ़ाकर देने की बजाय इन मुफ्तखोर पेंशनरों पर जुड़ी बढ़ाकर नहीं दिया। इसकी एक ही वजह है और उसका कारण है 'देवो दुर्बलघातक:', इसमें कोई सन्देह नहीं है। इन वंश परम्परा से पेंशन भोगनेवाले लोगों पर जुड़ी बढ़ाकर महार और रामेशी जैसे दरिद्र लोगों को सरकार सुखी कर सकती थी। लेकिन पूँजीवादी सरकार के लिए इस तरह से करना कैसे सम्भव है?

पहले के जमाने में सरंजामदारों का ही एक वर्ग था। वे लोग अपने पास फौज रखकर समय आने पर सरकार को मदद करते थे। उनको भी उस समय की सरकारों ने जमीन दी थी। आज इस वर्ग पर अपने पास फौज रखने की जरूरत नहीं है। फिर भी उनकी जमीन उस वर्ग के स्वामित्व में ही रहने दी गई और उस जमीन से उनको आज 2 लाख सड़सठ हजार पाँच सौ एक रुपये की आमदनी होती है। इस आमदनी से रामोशियों की आसानी से वेतन बढ़ोतरी की जा सकती थी। लेकिन फिर बेशर्म सरकार को महारों को बेहाल करना कैसे सम्भव था? उक्त विवेचन से क्या यह बात सिद्ध नहीं होती कि अपनी माँ-बाप सरकार पूरी तरह से मुफ्तखोर लोगों की समर्थक है?

अब हम गाँव-मजदूरों के बारे में विचार करेंगे। हर गाँव में पाटील, कुलकर्णी (पटवारी) और महार आदि सरकारी गाँव-मजदूर हैं। उनके साथ सरकार का व्यवहार समतापूर्ण नहीं है इस बात को हम निम्न उदाहरण से स्पष्ट कर सकते हैं।

सरकार हर गाँव के पाटिलों को पासोड़ी जमीन (जमीन का बड़ा टुकड़ा) महसूल की मात्रा में पेशगी और सामान्य खर्चे के लिए कागदबाद पैसा देती है। लेकिन गाँव-मजदूर महारों को कुछ स्थान में ही जमीन दी गई है। कोंकण के महारों के पास जमीन नहीं थी और गैर-कोंकण में भी कई गाँव के महारों के पास जमीन नहीं है। जमीन के अभाव में इन सरकारी नौकरों को पूरी तरह बलुत (लेहना) पर निर्भर रहना पड़ता है, इस बात को बताने की जरूरत नहीं है। क्या सरकारी काम के लिए गाँव-मजदूरों को वेतन देने की जिम्मेदारी सरकार की नहीं है? इस जिम्मेदारी को टालनेवाली सरकार अन्यायी है और ऐसे सरकार की नौकरी करनेवाले महार नादान हैं, इसमें कोई सन्देह नहीं है। सरकार कोई महारों की दामाद या समधी नहीं है। फिर महारों को बगैर वेतन उनकी सेवा क्यों करनी चाहिए? जब मालिक वेतन नहीं देता तो नौकरों को मालिक को ठोकर मारना सीखना चाहिए। आज इस परिषद के द्वारा हम लोग सरकार को छह माह का नोटिस देंगे। इन छह माह में सरकार ने महार मजदूरों को उचित वेतन देने की व्यवस्था की तो ठीक, वरना बगैर वेतन काम करनेवाले लोगों को पूरे इलाके में हड़ताल करनी चाहिए, ऐसा मुझे लगता है।

इन गाँव-मजदूरों को जो काम करना पड़ता है। ऐसे उन्नीस कामों की सूची सरकार ने अभी-अभी प्रकाशित की है। जबसे यह सूची प्रकाशित हुई है तब से स्वतंत्र मजदूर पार्टी ने इन कामों को महारों पर लाद दिया है। इस प्रकार का झूठा प्रचार मि. रणखाम्बे करने लगे हैं। यदि कोई यह कहने लगा कि स्वतंत्र मजदूर पार्टी मूर्खता कर रही है, वह पार्टी गलत काम कर रही है, तो उसके लिए वाद-प्रतिवाद करने का रास्ता खुला है। उसी प्रकार स्वतंत्र मजदूर पार्टी को अपनी बात सही साबित करने का रास्ता खुला है, लेकिन कोई आदमी मलाई पाने की लालच में यह कहता हो कि स्वतंत्र मजदूर पार्टी ईमानदार नहीं है तो ऐसा आदमी हरामखोर है, ऐसा मैं मानता हूँ।

यदि स्वतंत्र मजदूर पार्टी अप्रामाणिक होती तो राजनीति में बहुसंख्या में होनेवाली कांग्रेस पार्टी के साथ उसने सरेआम, बेधड़क विरोध नहीं किया होता। गांधी पार्टी के साथ मिल जाना, उस पार्टी को 'हाँ जी! हाँ जी!' कहने के लिए विशेष प्रामाणिकता चाहिए, ऐसी बात नहीं है। उस पार्टी से मिल जाना, उनसे सहयोग करना आदि बातें बड़ी आसान हैं। दो पैसों की (दिड़की) गांधी टोपी सिर पर टाँग दी तो जिस पार्टी के नालायक आदमी को भी दीवान पद मिल जाता है, उस पार्टी में जाना, उनका 'जय जयकार' करना कोई मुश्किल काम नहीं है। इस बात को हमारे आलोचकों को अवश्य ध्यान में रखना चाहिए।

अब सरकार द्वारा घोषित गाँव-मजदूरों के बारे में विचार करेंगे। इस बारे में गाँव-मजदूरों को एक बात को ध्यान में रखना चाहिए। जिनको वतन (इनाम) चाहिए उनको वतन के लिए काम को स्वीकार करना ही चाहिए। वतन चाहिए लेकिन काम नहीं, ऐसा कहने से काम नहीं चलेगा। लेकिन सरकार ने गाँव-मजदूरों के कामों

की जो सूची प्रकाशित की है उसमें महारों पर जो काम लाद दिए गए हैं उन कामों की मजदूरी उनको देना जरूरी है। वे काम हैं, सरकार का महसूल ट्रेजरी में भरना, सरकारी दफ्तर ले जाना और लाना, सरकारी डाक ले जाना, लाना, कांजीहाउस के जानवर लिलाव के लिए ले जाना, अधिकारियों के लिए तम्बू, चूल्हा लगाना, आदि प्रकार के काम मजदूरी (रोजदारी) दिए बगैर महारों से करवाना, एक प्रकार से बँधुवा व्यवस्था के ही अन्याय का प्रकार है। गाँव के गाँव में जो काम करना है उसको हमेशा की तरह करना चाहिए। लेकिन जो काम दूसरे गाँव जाकर करना है उसको मजदूरी (रोजदारी) के बगैर नहीं करना चाहिए। इस तरह के बाहर गाँव के काम के लिए मजदूर को कम से कम आठ आना रोजी मिलनी ही चाहिए।

काम नं. 15, बेवारिस मुरदे की व्यवस्था करना। इस प्रकार का काम करने के लिए कोई भी स्वाभिमानी महार तैयार नहीं होगा।

काम नं. 02, सरकारी जानकारी देने के लिए गाँववालों को एक जगह बुलाना। इस तरह का काम घर-घर जाकर बुलाने की बजाय मुनादी देकर करवा लेना चाहिए। जन्म-मरण को लिखवाने का काम महारों पर लादना एक तरह से अन्याय है। जिसके घर में जन्म या मरण होगा उसी पर उसको लिखवाने की जिम्मेदारी डालनी चाहिए।

इस प्रकार की वतनदार महार, मातंग और बेठी आदि लोगों की ढेरों समस्याएँ हैं। इन शिकायतों को दूर करने के लिए हम लोगों को गवर्नर साहब की ओर से डेपुटेशन ले जाकर उनको समझाना चाहिए। इस सम्बन्ध में हम लोगों को एक विस्तृत निवेदन सरकार के पास भेज देना चाहिए। इससे अपना काम होता है और अपनी शिकायतें दूर होती हैं तो ठीक ही है, लेकिन इसमें हम लोगों की शिकायतें दूर नहीं होतीं तो हम लोगों को सत्याग्रह करना चाहिए। और इस प्रकार के अन्याय का प्रतिकार करना चाहिए।

आज हमारी स्थिति पुराने कपड़े जैसी हुई है, जो चिथड़े जोड़ने से सुधरनेवाली नहीं है। आसमान से कौन और कैसे चिथड़े जोड़ सकता है? हम लोग जब तक वतन (इनाम) नहीं छोड़ते तब तक कोई रास्ता नहीं है। मैं सन् 1926 से कहता आ रहा हूँ। उस समय हम लोगों को वतन (इनाम), महारकी (महारों के काम), डल्या (टुकड़ा), सागुती (सगौती) आदि का मोह हमसे छूट नहीं रहा था। लेकिन आज हमारी सोच बदल गई है और इसको देखकर मुझे बड़ी खुशी हो रही है।

वतनों को (इनाम) छोड़ दीजिए लेकिन पास की जमीन को मत छोड़िए। आप लोग महसूल दीजिए और वतनों की गुलामी से मुक्त होकर स्वाभिमानी किसान बनिए। जो लोग काम नहीं करते उनको दिए गए वतन बरकरार रखे गए हैं। आज कुलकर्णी अर्थात् पटवारी लोगों के बड़े मजे हैं। सरकार ने उनको पेंशनर बनाया है। इस प्रकार की स्थिति में आप लोगों के न्याय हक के विरोध में यदि सरकार आती है तो बेधड़क विद्रोह कीजिए, लेकिन किसी भी रूप में अन्याय को बर्दाश्त मत कीजिए।

इस अन्याय को दूर करने के लिए हम लोग एक कमेटी बनाकर काम को प्रारम्भ कर देंगे। हम लोग सरकार के पास निवेदन करेंगे, डेपुटेशन ले जाएँगे। सब कुछ कानूनी ढंग से करेंगे और मुझे उम्मीद है इसी पर काम चल जाएगा। इसमें भी काम नहीं हुआ तो हम क्या करेंगे, इसके बारे में भी सोचेंगे। अन्त में मेरे वतन बिल का क्या हुआ है इसके बारे में बताकर मैं अपनी बात को समाप्त करूँगा।

कांग्रेस की सरकार बनने से पहले जो कपूर मंत्रिमंडल अस्तित्व में आया था उस समय मैंने उसको दीवान पद स्वीकार करने के लिए नकार दिया था। इसलिए कुछ समय के लिए कांग्रेस की सभाओं में मेरा भाव बढ़ गया था।

कांग्रेस की सत्ता शुरू होने के बाद मेरे वतन बिल को समर्थन देने की बात उन्होंने स्वीकार की थी। लेकिन कुछ समय बाद कांग्रेस की सोच बदल गई। उनकी सोच बदल गई फिर भी मुझे उसकी परवाह नहीं। मेरे हाथ में और भी कुछ तीर बचे हैं। पूना पैक्ट से पहले गांधी ने अनशन किया था। उसके बाद मुझे लग रहा था कि गांधी और कांग्रेस के दिल में कुछ बदलाव आएगा। हम लोग एक-दूसरे के सहयोगी बनकर काम करेंगे ऐसी मुझे उम्मीद थी। लेकिन अन्त में अनुभव यही रहा कि चोरों से सहयोग असम्भव है। आज कांग्रेस को सम्पूर्ण स्वतंत्रता चाहिए, इस स्वतंत्रता को देने से पहले हमारी भी कुछ शर्तें पूरी होनी चाहिए। दूसरों को एक रोटी देने से पहले हमको उसका पाव टुकड़ा तो मिलना ही चाहिए। हम लोगों को भूखा रखकर कोई मेजबानी का मजा भोगता रहा तो हम लोग उसका खाना खराब करने में कोई कसर नहीं छोड़ेंगे। ऐसी आपात अवस्था में आप सभी लोगों को एकता की भावना से और जिद से रहने को नहीं भूलना चाहिए।"

सा. जनता, 9 दिसम्बर और 23 दिसम्बर, 1939

सभी पिछड़ी जातियों को संगठित होकर रहना चाहिए

बेलगाँव में मुस्लिम लीग की ओर से दिनांक 25 दिसम्बर, 1939 को बैरिस्टर जिन्ना की जयन्ती मनाई गई थी। इस जयन्ती समारोह में डॉ. बाबासाहेब अम्बेडकर को भी निमंत्रित किया गया था। बेलगाँव के मौलाना कुतुबुद्दीन अहमद साहब इस सभा के अध्यक्ष थे। इस जयन्ती समारम्भ में डॉ. बाबासाहेब अम्बेडकर का भाषण सुनने के लिए दलित और मुस्लिम समाज के लोग बहुत बड़ी संख्या में उपस्थित थे। इस सभा को सम्बोधित करते हुए डॉ. अम्बेडकर ने कहा—

"अध्यक्ष महोदय, मुस्लिम भाइयो!

मुझे ऐसा लग रहा था कि यहाँ मुझे भाषण देने का मौका नहीं आएगा लेकिन अध्यक्ष जी ने मुझसे बोलने का आग्रह किया है। उसको नकारकर मैं आप लोगों को निराश नहीं करना चाहता।

आज आप लोग अपने नेता बैरिस्टर जिन्ना साहब का जन्मदिन मनाने के लिए इकट्ठा हुए हैं। उनका और मेरा धन्धा एक ही है। हम दोनों लोग बैरिस्टर हैं। लंदन की गोलमेज परिषद में हम दोनों लोगों ने साथ में ही काम किया है। कांग्रेस का उन पर गुस्सा है, उनसे ज्यादा गुस्सा मुझ पर है।

बैरिस्टर जिन्ना साहब का मुझे जो अनुभव है उससे मुझे ऐसा लगता है कि दूसरों के लुभाने के शिकार न बननेवालों में जो मुस्लिम हैं उनमें जिन्ना साहब का स्थान ऊँचा है। वे कभी किसी के पैसों के लालच में नहीं फँसते। उनको खरीदना किसी के बस में नहीं। उनको इस नि:स्वार्थी भावना के कारण ही मुझे उनके प्रति बड़ा आदर है।

अब इस अवसर पर आप लोगों को मुस्लिम राजनीति के बारे में दो बातें बताना गलत जगह पर बताना होगा ऐसा मुझे नहीं लगता। मुस्लिमों को कभी इस बात को नहीं भूलना चाहिए कि हम हिन्दी (भारतीय) हैं। और यह बात भी सच है कि इस देश में ही हम पैदा हुए हैं और हमें यहीं मरना है। यदि हमारा देश स्वतंत्र रहा तो हम भी स्वतंत्र रहेंगे, यह भी सच है। इसलिए हम लोगों को इस प्रकार की नीति को अपनाना चाहिए कि हम देश की स्वतंत्रता में कभी रुकावट न बनें।

कुछ मुस्लिम ऐसा मानते हैं कि भारत हमारा देश नहीं है, बल्कि अफगानिस्तान, अरबस्थान, टर्की आदि देश हमारे हैं। लेकिन मैं आप लोगों से पूछना चाहता हूँ कि भारत और अफगानिस्तान या अरेबिया या टर्की आदि के बीच में लड़ाई शुरू हुई तो आप लोग किसका समर्थन करेंगे? भारत का या विदेशियों का? हम लोगों को इस बात को बिलकुल नहीं भूलना चाहिए कि भारत की स्वतंत्रता की जिम्मेदारी हम लोगों पर है। यदि इस जिम्मेदारी को हिन्दू-मुस्लिम टालना चाहेंगे तो हिन्दी जनता का उन पर विश्वास नहीं रहेगा, इस बात को कहने की जरूरत नहीं है।

दूसरी बात यह है कि मुस्लिमों का सभी हिन्दुओं के खिलाफ शिकायत करने का कोई मतलब नहीं है। मुस्लिमों का ऐसा करना पूरी तरह गलत है। यहाँ आने पर मुझे बताया गया कि लिंगायत और मराठा लोग ब्राह्मणों के खिलाफ हैं। इन लोगों में आपस में बातचीत भी नहीं होती है। लिंगायत, मुस्लिम, मराठा और अछूत लोग सभी पिछड़े हैं। इन सभी सताए हुए लोगों को आपस में सहयोग करके संगठित होकर रहने में कोई गलत नहीं है।

वास्तव में देखा जाए तो उस तरह से किए बगैर वे लोग अपना उत्थान नहीं कर सकते, इसके अलावा कोई विकल्प नहीं। क्या सन् 1937 से पहले मुम्बई सरकार के दीवान लिंगायत, मराठा और मुस्लिम जाति के ही लोग नहीं थे? वे आपस में झगड़ते नहीं थे। सहयोग से, सुलह से काम करते थे। फिर मुझे आज यह समझ में नहीं आ रहा है कि आप सभी लोगों को सहयोग से क्यों नहीं रहना चाहिए। हर जाति ने अपने जाति के उत्थान की दृष्टि से कई संस्थाएँ स्थापित की हैं, फिर भी उन सभी लोगों का राजनीति में संगठित होकर काम किए बगैर कल्याण नहीं होगा, इसमें कोई सन्देह नहीं है। मेढक कितना भी बड़ा हो जाए तब भी वह बैल जैसा नहीं हो सकता। इस तरह की बात जाति संस्थाओं के लिए उतनी ही सच है। राज्य असेम्बली में मुस्लिमों के तीस प्रतिनिधि हैं। यदि मुस्लिम समाज ने अन्य समाज से दूर रहने की कोशिश की तो वे अपने तीस सदस्यों की संख्या को इकतीस भी नहीं कर सकते। इन तीस मुस्लिम प्रतिनिधियों ने मुस्लिम के नाते कितना भी चिल्लाने का प्रयास किया तब भी अन्य पिछड़ी जातियों से दूर रहने के कारण उनकी भलाई होनेवाली नहीं है। इसलिए मुस्लिम समाज को अन्य छोटी-छोटी जातियों के साथ सहयोग करना ही चाहिए, यही मेरा आग्रह के साथ अनुरोध है। इसी में उनका कल्याण है।"

सा. जनता, 30 दिसम्बर, 1939

फौज में दाखिल होकर मान-सम्मान के पद प्राप्त कीजिए

फौज में अपने-अपने नाम रजिस्टर्ड करनेवाले महारों की एक सभा दिनांक 28 जनवरी, 1940 को रत्नागिरि में आयोजित की गई थी। इस सभा को सम्बोधित करने के लिए डॉ. बाबासाहेब अम्बेडकर को निमंत्रित किया गया था। जब वे इस सभा को सम्बोधित करने के लिए रत्नागिरि पहुँचे तब वहाँ के महार भाइयों ने उनका बहुत ही फौजी शान में स्वागत किया था। इस अवसर पर अपने संक्षिप्त भाषण में डॉ. अम्बेडकर ने सभी मराठा और अछूत समाज के भाइयों को फौज में जाने की सलाह दी और उन्होंने अपने भाषण में कहा—

"यह फौजी काम अपने बीच के जाति द्वेष की वजह से खत्म हो गया था। एक समय था कि मुम्बई में जो फौज थी उसमें तीन-चौथाई महारों को नियुक्त किया जाता था। और उस समय अपने पूर्वजों ने अंग्रेज सरकार के लिए कई-कई लड़ाइयाँ भी जीती थीं। जहाँ पेशवाओं की धज्जियाँ उड़ गई थीं और अंग्रेजों ने अपनी सत्ता स्थापित की थी वह इतिहास प्रसिद्ध कोरेगाँव का युद्ध हम लोगों ने ही लड़वाया था।

सन् 1857 के विद्रोह के बाद अन्य जातियों के लोग भी फौज में गए। उनकी जातीय भावनाओं को चोट न पहुँचे इसलिए अंग्रेज सरकार ने महारों की फौज में भर्ती को रोक दिया और उनकी ईमानदारी का यह इनाम दिया। लेकिन अब हम लोगों को पुन: स्वर्णिम अवसर मिला है। उसका लाभ उठाकर आप लोग तुरन्त अपनी पहले की मान-सम्मान की स्थिति को प्राप्त करेंगे, इस बात की मुझे पूरी उम्मीद है। इस प्रकार का मौका बार-बार नहीं आता। इसलिए मैं आप लोगों को यही कहना चाहता हूँ कि मेरी बात पर ध्यान देकर आप लोगों को अपनी जिम्मेदारी को निभाना चाहिए।"

सा. जनता, 10 फरवरी, 1940

देश के हित के लिए मैं अपने व्यक्तिगत हित को त्याग देने के लिए तैयार हूँ

डॉ. बाबासाहेब अम्बेडकर दिनांक 2 जनवरी, 1940 को करहाड के म्यूनिसिपैलिटी द्वारा आयोजित सम्मानपत्र समारम्भ के लिए सतारा से करहाड जा रहे थे। उस समय सतारा और करहाड के बीच रास्ते में करहाड के पास उनकी कार दुर्घटनाग्रस्त हुई और उसमें उनको मामूली चोट आई। उस कार दुर्घटना में डॉ. अम्बेडकर सही-सलामत बच गए। इसलिए उनका अभिनन्दन करने के लिए माझगाँव मुम्बई में रविवार, दिनांक 4 फरवरी, 1940 को एक सभा का आयोजन किया गया था। इस सभा को सम्बोधित करते हुए डॉ. अम्बेडकर अपने भाषण में कहते हैं—

"अध्यक्ष महोदय, बहनो तथा भाइयो,

दुर्घटना से बचने के लिए आप लोगों ने मेरा अभिनन्दन किया है इसके लिए मैं आपका आभारी हूँ। मनुष्य को बहुत दिन जीना चाहिए इस मत का मैं नहीं हूँ। व्यक्ति बूढ़ा हो गया, दाँत गिर गए, हाथ-पाँव कँपकँपाने लगे, और बुढ़ापे की हरकतें करने लगा तो इस तरह की स्थिति में जीने से क्या लाभ? गडकरी (एक नाटककार) कहते हैं कि जीने में लाभ है तब तक जीना चाहिए, इसमें कुछ भी गलत नहीं है। लेकिन एक बात मुझे खटक रही है। मेरा कार्य अधूरा बचा है। उस काम की नींव शुद्ध है, उसमें ईमानदारी भी पर्याप्त है। मुझे बड़े-बड़े अच्छे सहयोगी प्राप्त हुए हैं। मेरा कार्य अधूरा पड़ा है। इसलिए मुझे कुछ दिन तक जीना जरूरी है। मैं बच गया इसका असली समाधान उसी में है कि आपका भी उसमें समाधान है। मैं जब मुम्बई में आया उस समय अनगिनत लोग मुझसे मिलने आए और वे फूट-फूट कर रोने लगे और मुझ पर आई आपत्ति के बारे में दुःख व्यक्त करने लगे। उस समय मुझे लगा कि अच्छा हुआ मैं बच गया। सच, देखा जाए तो आज की इस अभिनन्दन की सभा में विशेष ज्यादा बोलने की जरूरत नहीं है। लेकिन यहाँ इकट्ठा हुए विशाल जनसागर को देखकर वर्तमान स्थिति के बारे में मैंने कुछ नहीं बताया तो वे निराश होंगे। इसलिए आपके जीवन से सम्बन्धित सवालों के बारे में कुछ कहना जरूरी है।

पिछले कुछ माह से कांग्रेस ने नई दो पत्रिकाएँ 'पूर्णिमा' और 'नवयुग' विशेष तौर पर मेरे लिए प्रकाशित करके मेरा सम्मान किया है। उसके लेख पढ़कर, दिन भर काम करके थक जाने के बाद मेरा बड़ा मनोरंजन होता है। मेरे बारे में लोग लगातार लिखते रहते हैं। यदि मैं नहीं होता तो उनका जीवन नीरस हो गया होता, ऐसा मुझे लगता है। मुझे इस बात की कल्पना है कि कांग्रेस को मेरी नमक की तरह जरूरत है। मुझे इस बात पर गर्व भी है। यदि मैं नहीं रहा तो उनके अखबार कैसे खरीदे जाएँगे? मुझे मेरी चिन्ता है और चिरंजीव होने का भी मोह होने लगा है। गाँव में मामा ने मेरा फोटो छपाया है। उससे क्या सिद्ध होता है? मैं आगे संन्यास लूँगा भी नहीं कौन कहेगा? एक अखबार ने लिखा है कि मैं एक समय में ढेर सारे भजियाँ खाता हूँ, जैसे इस नवयुग में भजियाँ खाना पाप हो गया है। मेरी यह मान्यता है कि भजियाँ खाने से किसी के शील को और इज्जत को खतरा नहीं होता है। मैं इस प्रकार की आलोचना को पढ़कर हँसता हूँ। मेरी सलाह है कि मेरे भाइयों को भी इसके लिए सीखना चाहिए। आलोचना कर सकते हैं लेकिन बैर नहीं करना चाहिए।

मैं अपनी आलोचना पढ़कर कैसे हँसता हूँ, मैं भी चटपटी आलोचना कर सकता हूँ। इस बात का प्रमाण यहाँ मौजूद मेरे मित्र सम्पादक तटणीस दे सकते हैं। कुछ अन्य भी मेरे आलोचक हैं। देश के हित के लिए मैं अपने निजी हित का त्याग करने के लिए तैयार हूँ। लेकिन मैं अछूत समाज के हितों का त्याग करने के लिए तैयार नहीं हूँ। अगर कोई कहता है कि यह जाति के प्रति अन्ध भक्ति है तो मैं उसके लिए तैयार हूँ (बाद की दस लाइन्स अस्पष्ट हैं)। मैं उनके हितों को कभी भूलनेवाला नहीं हूँ। अछूतों का सवाल केवल मजदूरों या किसानों का सवाल नहीं है। मिल के कपड़ा विभाग में अछूतों के काम करने के खिलाफ मजदूर ही है। कांग्रेस के किसान कानून (कुळकायदा) से भी अछूत किसानों को लाभ होना असम्भव है क्योंकि उनके पास जमीन ही नहीं है। फिर बगैर जमीन के अछूत किसानों की भलाई किसान कानून कैसे कर सकता है? अछूत किसान और मजदूर भी हैं। लेकिन हर किसान और मजदूर अछूत नहीं हैं।

अछूत मजदूर लोग कॉ. डांगे और कॉ. निमकर के झंडे तले क्यों इकट्ठा नहीं होते? वे लोग अपनी अलग-अलग यूनियन क्यों निकालते हैं? इसका सही कारण यही है कि सभी मजदूर एक जैसे नहीं हैं। मजदूर और किसानों में भयंकर जातिभेद है। सवर्ण मजदूरों को और किसानों को अछूत मजदूर और किसानों को अपमानित करने में कोई संकोच नहीं होता है। इसलिए स्वतंत्र मजदूर पार्टी अछूतों के सवालों को कभी छोड़नेवाला नहीं है। मैं महार हूँ, मैं अछूत हूँ। सवर्ण लोग ईंट-पत्थरों को, पेड़-पौधों को, जानवरों को, चिड़ियों को और साँप-बिच्छुओं को भी भगवान मानते हैं। लेकिन वे अछूत नेता को पसन्द नहीं करते। वर्तमान स्थिति में हम भूल नहीं सकते कि ज्यादा से ज्यादा मजदूर और किसान अछूत ही हैं।

क्या हमारी पार्टी का संगठन नहीं है? क्या हमारे पास प्रधान और मडकेबुवा जैसे मजदूर नेता नहीं हैं? हमारी पार्टी में किस चीज की कमी है? लेकिन हम सनातनी नहीं हैं। हमारी पार्टी अछूतों की (राजनीतिक) पार्टी है। फिर सवर्णों को हमारे बारे में हमदर्दी कैसे होगी?

हमारे मडकेबुवा तो महार हैं। उनको भाई, संघ, लड़ाई के दाँव-पेच आदि के बारे में ही जानकारी होगी। उनको बुजुर्आ, प्रॉलिटेरियट, टेम्पो आदि बड़े-बड़े शब्द कैसे समझ में आएँगे? जब इन शब्दों का ज्ञान नहीं तो मडकेबुवा मजदूर नेता कैसे हो सकते हैं? लेकिन वे ही असली नेता हैं। म्यूनिसिपैलिटी के मजदूरों को पूछिए, रेलवे के पोर्टरों को पूछिए। वे सब मिलकर एक आवाज में यही कहेंगे कि मडकेबुवा ही हमारे असली मजदूर नेता हैं। चेम्बूर की कचरापट्टी में काम करनेवाले मजदूरों का और अन्य म्युनिसिपल मजदूरों का उन्होंने एक झटके में लाखों रुपयों से वेतन बढ़ा दिया है। इस प्रकार के मजदूर नेता हमारी पार्टी में हैं लेकिन जो पसन्द नहीं उसकी हर बात गलत। इसके लिए कौन क्या कर सकता है?

कुछ लोग मुझे मानते हैं इसी में मैं संतुष्ट हूँ। सिद्धान्तों को छोड़कर मुझे कांग्रेस के नेता, मजदूर नेता, किसानों के नेता होने का शौक नहीं है। (बाद की बाईस लाइनें अस्पष्ट हैं।)

कांग्रेस ने जिन लोगों को अपने से अलग किया था वे रावबहादुर एम.सी. राजा, मि. देवरूखकर, पी.एन. राजभोज आदि नेता अपने साथ आ गए हैं। यह बड़ी खुशी की बात है। अन्य राह भटके लोग भी लौटकर आएँगे, इस बात की मुझे पूरी उम्मीद है। अपने शहद के लालच में इधर-उधर भागे नौजवानों से मैं पूछता हूँ कि किसके आन्दोलन से आप लोगों को नौकरियाँ मिलती हैं, जरा सोचिए और अपनी मूर्खता को छोड़ दीजिए। सेक्रेटरियेट में चपरासी रखने के बारे में मेरा गवर्नर के साथ सन् 1926 में पहली बार झगड़ा हुआ था, वह बात भी मुझे अच्छी तरह याद है। आज स्वतंत्र मजदूर पार्टी ने अपने समाज के लिए आधार का स्थान बना दिया है। इसलिए आप लोगों को अपने आपको संगठित करके और लगातार आन्दोलन जारी रखकर इस आधार को, इस छाँव को बढ़ाने का प्रयास करना चाहिए। आप लोगों से मेरा यही अनुरोध है। छाया देनेवाले पेड़ पर कुल्हाड़ी चलाना अपने आपका विनाश करने जैसा ही होगा, इसमें कोई सन्देह नहीं है।"

सा. जनता, 10 फरवरी, 1940

महाराष्ट्रियन लोगों के दो गुण : व्यवहार ज्ञान और शील

दिनांक 19 मार्च, 1940 को डॉ. बाबासाहेब अम्बेडकर 'अछूत स्वतंत्रता दिन' के निमित्त महाड में आनेवाले थे। इसलिए महाड म्यूनिसिपैलिटी ने उसी दिन उनको सम्मानपत्र देकर उनका गौरव करने की योजना तैयार की थी। 19 मार्च को महाड की म्यूनिसिपैलिटी के सभागार में महाड म्यूनिसिपैलिटी के सभी सदस्य और महाड के सभी प्रमुख नागरिकों की उपस्थिति में डॉ. अम्बेडकर को सम्मानित किया गया। इस समारम्भ में उपस्थित लोगों को सम्बोधित करते हुए डॉ. अम्बेडकर ने कहा—

"अध्यक्ष महोदय, सदस्य और नागरिक भाइयो,

आप लोगों ने मुझे जो सम्मानपत्र दिया है उसके लिए मैं आपका आभारी हूँ। आप लोगों ने मुझे सम्मानपत्र न भी दिया होता तब भी मैं आपका आभारी रहा होता। मेरे सार्वजनिक जीवन का प्रारम्भ महाड से ही हुआ है। इस कार्य के लिए लगनेवाली ऊर्जा भी मुझे यहीं से मिली है। और इसी शहर से मुझे सहकारियों का लाभ भी हुआ है।

चौदह साल पहले हमारे आन्दोलन की वजह से महाड में जो संघर्ष हुआ उसकी वजह से कुछ स्थानीय लोगों का हम लोगों के विरुद्ध होना स्वाभाविक ही है। आज आप लोग बड़ी उदारता से उस संघर्ष के लिए जिम्मेदार हम लोगों के साथ बड़े सम्मान से व्यवहार कर रहे हैं, इस बात को देखकर मुझे बड़ी खुशी हो रही है। महाड के सभी साथियों की मेरे कार्य में बड़ी मदद होती है, इसलिए भी मुझे महाड के लोगों के बारे में गर्व महसूस होता है। उसी प्रकार बाहर से मेरा कार्य जातिवादी लगता है। लेकिन आप लोगों ने इस बात को जान लिया है कि मेरा कार्य वास्तव में राष्ट्रीय है। इससे आपकी सूझ-बूझ का भी पता चलता है।

आप लोग इस बात को अच्छी तरह जानते हैं कि मैं हमेशा राजनीति के सवालों पर ही बात करता रहता हूँ। जब मैं राजनीति के बारे में बात नहीं करता हूँ तब मुझे कुछ भूल गए जैसा लगने लगता है। मैंने अपने जीवन के प्रारम्भ के सात-आठ साल इंग्लैंड में बिताए हैं। इंग्लैंड में ही भारत के अलग-अलग राज्यों के लोग एक जगह देखने को मिलते हैं। और उनसे दोस्ती भी कर सकते हैं। जब मैं इंग्लैंड में था उस

समय महाराष्ट्रियन और अन्य राज्यों के लोगों के स्वभाव में क्या गुण और दोष हैं, इसको जानने का मौका मिला। बंगाल और मद्रास राज्य के लोगों की तुलना में महाराष्ट्रियन लोग बुद्धि से कुछ कम हो सकते हैं लेकिन महाराष्ट्रियन लोगों में जो व्यवहार ज्ञान (Common sense) भरा हुआ है उस प्रकार का अन्य राज्यों के लोगों में नहीं है।

मैं जब इंग्लैंड में था उस समय हम हिन्दी छात्र हर रविवार के दिन एक होस्टल में व्याख्यान सुनने के लिए जाते थे। वहाँ मुझे एक अजीब बात दिखाई दी। हम महाराष्ट्रियन छात्रों की संख्या कम थी। हम केवल सात-आठ छात्र थे और हम लोग एक ओर बैठकर व्याख्यान सुनते थे। व्याख्यान के बाद व्याख्याता से सवाल पूछे जाते थे और व्याख्याता के जवाब से सवाल पूछननेवाले को बड़ा महत्त्व प्राप्त होता था। चार-पाँच साल के दरमियान किसी भी महाराष्ट्रियन छात्र ने एक भी सवाल पूछकर अपना महत्त्व बढ़ाया हो, इस बात की मुझे जानकारी नहीं है। क्या महाराष्ट्रियन लोगों के इस रवैये से उनका व्यवहार ज्ञान अच्छी तरह व्यक्त नहीं होता है?

दूसरी एक बात भी ध्यान देने योग्य है। हिन्दी आन्दोलन के खिलाफ नजर रखने के लिए इंग्लैंड में हिन्दी सी.आई.डी. नियुक्त किए जाते थे। अन्य राज्यों के छात्र इस काम को करते थे। लेकिन मुझे कहने में गर्व है कि इसमें एक भी महाराष्ट्रियन कहीं नहीं दिखाई दिया। इसलिए मैं यह कह सकता हूँ कि व्यवहार ज्ञान और शील आदि महाराष्ट्रियनों के दो गुण हैं। इसी की वजह से महाराष्ट्र को भारत में महत्त्वपूर्ण स्थान प्राप्त हुआ है।

फिलहाल भारत में काल्पनिक (Imaginary) राजनीति का ऊधम मचा हुआ है। इस प्रकार की स्थिति में महाराष्ट्र को व्यवहार और शील का मेल बिठाकर अपनी जिम्मेदारी निभानी चाहिए। आज की राजनीति एकदम गैर-जिम्मेदाराना ढंग की है। इस भयंकर स्थिति से भारत को मुक्त करने की जरूरत है। आज की स्थिति बहुत ही भयंकर है। हम लोग सचेत रहे तो ही मुक्ति सम्भव है। कम से कम हम महाराष्ट्रीय लोगों को अन्ध भक्ति रखकर किसी के पीछे जाना अपने शील, व्यवहार और ज्ञान को शोभा देने योग्य नहीं है। आप लोगों ने मुझे जो मान-सम्मानपत्र दिया उसके लिए आप सभी के प्रति अपना आभार व्यक्त करते हुए मैं अपना भाषण समाप्त करता हूँ।"

सा. जनता, 23 और 30 मार्च, 1940

देखिए, परिशिष्ट : चार

भावी पीढ़ी को दूरदृष्टि और कम खर्चीलेपन की आदत रखनी चाहिए

कोंकणस्थ महार को-ऑपरेटिव हाउसिंग सोसाइटी, खार, मुम्बई की ओर से चांगदेव नारायण मोहिते, गणपत विट्ठल कासारे और मुक्ताबाई दगडू साताम्बेकर आदि तीन लोगों ने खार में शानदार मकान बनाए थे। उसके आनन्दोत्सव के निमित्त उन्होंने रविवार, दिनांक 22 सितम्बर, 1940 को अपने निवास पर डॉ. बाबासाहेब अम्बेडकर के लिए शानदार चाय पार्टी का आयोजन किया था। वहाँ उनका बढ़िया स्वागत भी किया गया था। इस सुखद अवसर पर प्रो. वी.जी. राव, बैरिस्टर. एस.एन. माने, मेसर्स कमलाकान्त चित्रे, भाई चित्रे, सुरेन्द्रनाथ टिपणीस, इझिकेल, आर.जी. भातणकर, के.वी. सवादकर, टी.टी. शिर्के, एन.बी. आसगोलकर, एस.एल., वडवलकर, सम्भाजी गायकवाड, बी.बी. उनबरकर आदि लोग उपस्थित थे। इस मंगल अवसर पर डॉ. अम्बेडकर ने अपने भाषण में कहा—

"आप लोगों के मकानों को देखकर मुझे बड़ी खुशी हो रही है। आप लोगों ने यह साहस किया है इसका मुझे गर्व है। इसलिए मैं आप लोगों का अभिनन्दन करता हूँ। आप लोगों का यह सुख आप लोगों की कई पीढ़ियों तक टिके इस तरह का प्रयास होना चाहिए। मकान की किस्त समय पर देकर अपने संसार को सुखी बनाइए।" उसके बाद उन्होंने दापोली कैम्प में रहनेवाले रिटायर्ड महार सूबेदारों के वैभव और जीवनक्रम के बारे में बताया। उसके बाद उनके बच्चों के क्या बेहाल हुए इसके बारे में भी बताया। उन्होंने कहा—

"बाप सूबेदार और बेटा झाड़ूवाला यह बहुत ही भयंकर बुरी बात है। इसलिए आप सभी को दूरदृष्टि से और कम खर्चीलेपन की आदत लगाकर अपने इस वैभव को भावी पीढ़ी के लिए बरकरार रखना चाहिए। जिनको सम्भव हो उनको जरूर इस तरह के मकान बनाने चाहिए और अपने संसार को सुखी करना चाहिए। आपके पड़ोस में झुग्गी-झोंपड़ियों में अपना जीवन जीनेवाले अपने गरीब भाइयों के साथ अच्छा बर्ताव कीजिए। उनके लिए अच्छे मकान बनाकर देने के सम्बन्ध में मैंने सरकार और बान्द्रा म्यूनिसिपैलिटी से सम्पर्क करना शुरू किया है।"

सा. जनता, 28 सितम्बर, 1940

आपका स्वार्थत्याग और साहस असाधारण है

दिनांक 17 मई, 1941 को शाम को परल, मुम्बई में परल, लाल चाल पंच मंडल की ओर से इमारत फंड के लिए निधि दान देने का समारम्भ हुआ। डॉ. बाबासाहेब अम्बेडकर इस समारम्भ के अध्यक्ष थे। इस समारम्भ में प्रारम्भ में स्वागताध्यक्ष गणपत तुलसीराम सावलेकर और पी.एल. लोखंडे आदि के समारम्भ के उपलक्ष्य में समयोचित भाषण हुए। उसके बाद इस समारम्भ को सम्बोधित करते हुए डॉ. अम्बेडकर ने कहा—

"पुलिस कमिश्नर के हुक्म की वजह से सभा नहीं हो रही है। लेकिन मैं आप लोगों को धन्यवाद देने के लिए, आप लोगों के प्रति अपना आभार व्यक्त करने के लिए आया हूँ। यहाँ अपने लोगों के अठारह कमरे हैं। मतलब अठारह परिवार हैं। अपने लोगों की यहाँ छोटी-सी बस्ती है, फिर भी आप लोगों ने इमारत फंड में सहयोग करके जो स्वार्थत्याग किया है वह असाधारण है। उसके लिए मैं आपका आभारी हूँ। इन लोगों ने अपने समाज के सामने आदर्श खड़ा करनेवाला काम किया है।

आज यहाँ कुछ लोगों की ओर से इमारत फंड के लिए कुछ आश्वासन भी प्राप्त हुए हैं।"

सा. जनता, 31 मई, 1941

आप गुलाम नहीं हैं

नागपुर में दिनांक 20 जुलाई, 1942 को अखिल भारतीय दलित वर्ग महिला परिषद का दूसरा सम्मेलन अ.भा. दलित वर्ग परिषद के मंडप में ही आयोजित किया गया था। इस परिषद में 75 हजार से भी ज्यादा दलित लोग उपस्थित थे उसमें 25 हजार से भी ज्यादा दलित महिलाएँ उपस्थित थीं। मंच पर डॉ. बाबासाहेब अम्बेडकर, अन्य मान्यवर दलित नेता और महिला कार्यकर्ता थे। इस परिषद की अध्यक्ष मिसेज एन. शिवराज थीं। लेकिन उनके न पहुँचने के कारण सौ. सुलोचनाबाई डोंगरे (अमरावती) की अध्यक्षता में महिला परिषद हुई। इस परिषद को सम्बोधित करते हुए डॉ. बाबासाहेब अम्बेडकर ने कहा—

"मैं इस बात को अच्छी तरह जानता हूँ कि नारी वर्ग में जागृति पैदा हो गई तो वे अछूत समाज में बहुत बड़ा विकास ला सकती हैं। महिलाओं की संगठित शक्ति होनी चाहिए। इस बात पर मेरा पूरा विश्वास है। सामाजिक बुराइयों को समाप्त करने में उनकी बड़ी सेवा है, इस बात को मैं अपने अनुभव के आधार पर कह रहा हूँ। जब मैंने दलित समाज के कार्य को अपने हाथ में लिया उसी समय मैंने संकल्प किया था कि पुरुषों के साथ महिलाओं को भी आगे ले जाना चाहिए। उसी की वजह से ही अपने परिषदों के साथ महिलाओं की परिषद आयोजित की जाती है। नारी समाज ने कितना विकास किया है उस आधार पर मैं दलित समाज के विकास को गिनता हूँ। इस परिषद में (दलित) महिलाओं की इतनी विशाल संख्या में उपस्थिति को देखकर मुझे इस बात का पूरा यकीन हो गया है और खुशी भी हो रही है कि आप लोगों ने विकास किया है।

आप लोगों को साफ-सुथरा रहना सीखना चाहिए। सभी बुराइयों से दूर रहिए। अपने बाल-बच्चों को पढ़ना-लिखना सिखाइए। उनमें उम्मीदें पैदा कीजिए। वे बहुत बड़े होंगे इस प्रकार की प्रेरणा उनमें जगाइए। उनके दिलो-दिमाग से हर प्रकार की हीनत्व की भावना समाप्त कीजिए। उनकी शादी-ब्याह करने में जल्दबाजी मत कीजिए, क्योंकि शादी एक प्रकार से जिम्मेदारी होती है। उनमें जब तक शादी की वजह से आनेवाली जिम्मेदारी सँभालने की योग्यता नहीं आती तब तक उनको शादी के लिए मजबूर मत कीजिए। शादी करनेवालों को इस बात को ध्यान में रखना

चाहिए कि ज्यादा बच्चे पैदा करना एक तरह से गुनाह है। आप लोगों को किसी भी प्रकार की सुविधाएँ उपलब्ध नहीं थीं फिर भी अपने बाल-बच्चों को अच्छी स्थिति में रखने की जिम्मेदारी माँ-बाप की है। शादी करनेवाली हर लड़की को अपने पति की सहयोगी बनना चाहिए, उसकी गुलाम नहीं, उसके साथ बराबरी का और मित्र के रूप में बर्ताव करना चाहिए। यदि आप लोग मेरे उपदेश का पालन करते रहे तो आप स्वयं का और उसके साथ दलित समाज का भी उत्थान करेंगे और सम्मान भी बढ़ाएँगे।"

कासारे, एच.एल.—विदर्भातीत दलित चळववीचा इतिहास—पृ. 418-1419

देखिए, परिशिष्ट : छह

मैं हमेशा आप लोगों के साथ रहूँगा

नागपुर में दिनांक 18, 19 और 20 जुलाई, 1942 को आयोजित अ.भा. दलित वर्ग परिषद में परिषद के स्वागत मंडल की ओर से 19 जुलाई, 1942 को डॉ. बाबासाहेब अम्बेडकर को बड़े सम्मान के साथ सम्मानपत्र देकर उनका बड़ा भावपूर्ण सत्कार किया गया था। इस समारम्भ को सम्बोधित करते हुए डॉ. अम्बेडकर ने कहा था—

"मुझे इस प्रकार का सम्मानपत्र देने की कुछ आवश्यकता है ऐसा मुझे नहीं लगता। शुभचिन्तन और सम्मानपत्र के पीछे एक विशेष इतिहास है, विशेष तौर पर शुभचिन्तन-आरोग्य चिन्तन के पीछे तो है ही। अंग्रेजी समाज में हम लोगों को राजा की आयु और स्वास्थ्य के बारे में शुभचिन्तन करने की परम्परा दिखाई देती है। यह परम्परा गृहयुद्ध के बाद और पुनः प्रस्थापित राजसत्ता के बाद शुरू हुई। मूल में यह परम्परा दबाव के कारण शुरू हुई है। और राजा के खिलाफ विद्रोह करनेवाले अंग्रेज सैनिकों पर उसको जबर्दस्ती से लादा गया है। उनको नए राजा के प्रति अपनी वफादारी व्यक्त करने के लिए राजा की आयु और स्वास्थ्य की कामना करनी पड़ती थी। राजा की आयु और स्वास्थ्य की कामना करना अब आज सामान्य बात हो गई है। उस प्रथा का मूल कहाँ है उसको खोजने की किसी को जरूरत महसूस नहीं हो रही है।

जैसा कि मैंने कहा है, इस प्रथा का मूल उस हेतु में है, जिनकी वफादारी में सन्देह होता है। उनको स्पष्ट रूप से उस वफादारी को राजा के प्रति व्यक्त करना चाहिए। आप लोगों का विश्वास सन्देह से परे है। इस बात को मैं अच्छी तरह जानता हूँ। उसको पुनः सम्मानपत्र के द्वारा व्यक्त करने की कुछ भी जरूरत नहीं थी। अब आप लोगों ने आग्रह किया है कि मुझे उस सम्मानपत्र को स्वीकार करना चाहिए। आप लोगों के मन में मेरे प्रति जो प्रेम और आदर है उस सद्भावना के प्रतीक के रूप में मैं इस सम्मानपत्र को स्वीकार कर रहा हूँ। मैंने दलित वर्ग के लिए जो कुछ किया है वह आप लोगों को मंजूर है और यह उसका प्रतीक है ऐसा मैं मानता हूँ। इस सम्मानपत्र से यह प्रमाणित होता है कि भारत के अछूत समाज की ओर से भारतीय राजनीति में उनके हितों की वकालत करते हुए जो नीति अपनाई है उसको आप लोगों का समर्थन है। हमारा उद्देश्य है कि इस देश की सत्ता चलाने के लिए

हिन्दू और मुस्लिमों की बराबरी में सम्माननीय हकदार और सम्माननीय समान स्तर के हिस्सेदार के रूप में दलितों को भी मान्यता मिलनी चाहिए। हम लोगों का जो उद्देश्य है उसे हासिल करने के लिए मैं पूरे संकल्प के साथ प्रयास करूँगा, इस बात का मैं आप लोगों को आश्वासन देता हूँ।

मेरे इस प्रकार के आश्वासन की कि मैं उद्देश्य प्राप्ति के लिए लड़ता रहूँगा, आप लोगों को कोई जरूरत नहीं है। वास्तव में मुझे ही आप लोगों के आश्वासन की ज्यादा जरूरत है। आप लोगों ने मेरे लिए जो सम्मान, आदर और प्रेम व्यक्त किया है, उसकी कुछ भी जरूरत नहीं है। मुझे आप लोगों की ओर से अन्य प्रकार का आश्वासन चाहिए। वह आश्वासन है बल, एकता और अपने हक के समर्थन में खड़े रहने का, अपने हक के लिए लड़ने का और अपने हक हासिल कर सफल होने तक कभी भी पीछे न हटने का आपका संकल्प। अपनी इस जिम्मेदारी को पूरा करने के लिए आप लोगों की वचनबद्धता होनी चाहिए। मैं अपनी जिम्मेदारी के प्रति वचनबद्ध हूँ।

हमारा संघर्ष न्याय के सिद्धान्तों पर आधारित है। इसलिए इस लड़ाई में पराजित होने का कोई कारण मुझे दिखाई नहीं दे रहा है। संघर्ष तो मेरे जीवन की विशेषता है। यह लड़ाई पूरी तरह से मानसिक है। इसमें भौतिक या नीच ऐसा कुछ भी नहीं है। क्योंकि हमारी यह लड़ाई धन-दौलत के लिए नहीं है, या सत्ता के लिए नहीं है। हमारी लड़ाई स्वतंत्रता के लिए है। यह लड़ाई मानवी व्यक्तित्व के विकास के लिए है। जो मानवी व्यक्तित्व हिन्दू समाज व्यवस्था के कारण रौंदा गया है, चूर-चूर कर दिया गया है। और इस राजनीतिक लड़ाई में हिन्दू सफल हुए और हम असफल हुए तो हमेशा के लिए प्रताड़ित किए जाएँगे और हम लोगों का हमेशा के लिए उत्पीड़न होता रहेगा। मैं आप लोगों को अन्त में यही कहना चाहता हूँ कि पढ़िए, संघर्ष कीजिए और संगठित रहिए, अपने आप पर भरोसा रखिए और हिम्मत मत छोड़िए। आप लोग मेरे साथ रहेंगे इस बात को मैं अच्छी तरह जानता हूँ। उसी प्रकार मैं भी हमेशा के लिए आप लोगों के साथ रहूँगा।

कोसारे, एच.एल.—विदर्भातीत दलित चळवळ—पृ. 416-417

हिन्दुओं की बराबरी में समानता चाहिए

नागपुर में दिनांक 18, 19 और 20 जुलाई, 1942 को आयोजित अ.भा. दलित वर्ग परिषद में समता सैनिक दल का दूसरा सम्मेलन भी आयोजित किया गया था। यह परिषद 20 जुलाई, 1942 को आयोजित की गई थी और इस परिषद के अध्यक्ष थे सरदार गोपालसिंह, पंजाब। इस परिषद में तीन महत्त्वपूर्ण प्रस्ताव भी मंजूर किए गए थे। इस परिषद को सम्बोधित करते हुए डॉ. बाबासाहेब अम्बेडकर ने कहा—

"मध्य प्रान्त में समता सैनिक दल के इस व्यापक संगठन को देखकर मुझे बड़ी खुशी हो रही है। प्रारम्भ में समता सैनिक दल सन् 1926 में मुम्बई में शुरू किया गया था। समता सैनिक दल अपने सर्वसामान्य आन्दोलन का एक अभिन्न हिस्सा है। वास्तव में वह एक प्रभावी हथियार है। एक समय ऐसा था कि उस समय अपना उद्देश्य अपने समाज को हिन्दू समाज का एक अभिन्न अंग मानकर उसके बराबरी में समानता का स्थान प्राप्त करना था। आज हम लोग भारत के राष्ट्रीय जीवन के अलग और स्वतंत्र हिस्सा हैं और हम लोग हिन्दुओं की बराबरी में हैं, यह हमारी भूमिका है। जैसे अपने आन्दोलन की नीति और उद्देश्यों में परिवर्तन हुआ है, उसी प्रकार समता सैनिक दल की नीति और उद्देश्यों में भी परिवर्तन हुआ है। अपना मूल उद्देश्य है हिन्दुओं की बराबरी में हम लोगों को स्वतंत्रता और समानता प्राप्त होनी चाहिए। इसके लिए दलित समाज में जागृति पैदा करने के उद्देश्य से इस समता सैनिक दल की स्थापना की गई थी।

जैसा नाम है उसके अनुसार समता सैनिक दल का उद्देश्य हिन्दू समाज का पुनर्गठन करके दलित समाज को हिन्दू समाज में समानता का स्थान दिलवाना था। आज दल का उद्देश्य हिन्दू समाज से पूरी तरह अलग होकर उसकी बराबरी में सामाजिक समानता प्राप्त करना है। इस बात को हम धर्मान्तर के द्वारा प्राप्त कर सकते हैं। इसके लिए हमको एक-एक कदम आगे बढ़ना होगा। हम लोगों को स्वतंत्र राजनीतिक सत्ता की माँग के द्वारा राजनीतिक समानता की माँग के लिए पहले आन्दोलन करना जरूरी था। वह बहुत ही मुश्किल काम था क्योंकि अपनी राजनीतिक माँगों की आवाज बुलन्द करने के लिए दलित वर्ग को सुरक्षित और निर्भय

मंच उपलब्ध नहीं हो सका। एक समय ऐसा था कि उस तरह का मंच उपलब्ध होना पूरी तरह असम्भव था।

कांग्रेस का प्रभुत्व इतना बढ़ गया था कि वे मुम्बई जैसे शहर में अन्य किसी पार्टी को सभा करने नहीं देते थे। कांग्रेस के स्वयंसेवक आते थे और उस सभा को उधेड़ देते थे। वहाँ सभा करने की किसी की भी हिम्मत नहीं होती थी। इस (कांग्रेसी) आतंकवाद का मुकाबला करने के लिए हमारे स्वयंसेवकों की मूल जिम्मेदारी में हमने और कुछ नई जिम्मेदारियाँ जोड़ दीं। मतलब उनको राजनीति में सम्मिलित होकर कांग्रेस स्वयंसेवकों के जुल्मी और अत्याचारी हरकतों से अपने मंच की रक्षा करना, यह भी उनकी जिम्मेदारी हो गई। कांग्रेस के स्वयंसेवकों के आतंक का मुकाबला करने का यह तरीका बहुत ही प्रभावी साबित हो गया।

मैं पहली बार गोलमेज परिषद के लिए जा रहा था उस समय मुम्बई में जो घटना घटी उसके बारे में मुझे अच्छी तरह याद है। मैं मुम्बई में जहाँ रह रहा था उसके एकदम पास में मेरे गोलमेज परिषद के लिए जाने का निषेध करने के लिए कांग्रेस ने दलित समाज के नाम से एक सभा का आयोजन किया था। उस समय मैंने सभा के संचालकों से कहा कि सचमुच में यदि यह दलित वर्ग की ही सभा होनेवाली हो और उन्होंने किसी भी प्रकार का प्रस्ताव मंजूर किया तो मुझे कोई आपत्ति नहीं होगी। उनके द्वारा बुलाई गई सभा वास्तव में दलित वर्ग की सभा नहीं थी। लेकिन उन्होंने जो कुछ करने का तय किया था उसको न करने के लिए वे तैयार नहीं हुए। शाम के समय सभा आयोजित की गई। अपने स्वयंसेवक वहाँ जत्थे में गए। और उन्होंने कांग्रेस के स्वयंसेवकों को बेहाल करके सारी सभा पर अपना नियंत्रण कर लिया। कांग्रेसवाले डर के मारे वहाँ से भाग गए। उन्होंने अपना सारा सामान वहीं छोड़ दिया था। हमारे स्वयंसेवक विजय के रूप में वहाँ से कुर्सी, टेबल और घंटी अपने साथ लाए। अपना स्वयंसेवक दल मुम्बई में सबसे ज्यादा बलवान है। हमारे स्वयंसेवकों को चुनौती देने का काम आज तक किसी ने नहीं किया है। हम लोगों ने अपने राजनीतिक आन्दोलन किसी भी प्रकार की बाधा के बगैर चलाए हैं। वह सब समता सैनिक दल की वजह से, हम लोगों पर उनके बड़े उपकार हैं।

आप लोगों ने इस कल्पना को मुम्बई के दल से लिया है लेकिन आप लोगों ने अपने दल के विस्तार में मुम्बई को भी बहुत पीछे छोड़ दिया है, इस बात को मैं स्वयं देख रहा हूँ। इसके लिए मैं आप लोगों को धन्यवाद देना चाहता हूँ। आप लोगों की तरह बनने के लिए मुम्बई को सचेत होकर काफी मेहनत करनी पड़ेगी। मैं समता सैनिक दल की आवश्यकता को बहुत ही महसूस करता हूँ। दल के संगठन को तो मजबूत बनाना ही चाहिए लेकिन उसकी शाखाएँ अन्य राज्यों में भी स्थापित करनी चाहिए। इस संगठन का विस्तार इतने बड़े पैमाने पर करना चाहिए कि दलित वर्ग का हर युवक इस संगठन का सदस्य बनना चाहिए।

इस प्रकार के स्वयंसेवक संगठन का विरोध करनेवाले कुछ ही लोग हैं, जो अहिंसा पर विश्वास रखनेवाले हैं। और वे लोग इस प्रकार के संगठन और शक्ति प्रदर्शन का विरोध करते हैं। मैं स्वयं अहिंसा तत्त्व को माननेवाला हूँ। लेकिन मैं अहिंसा और लीनता में फर्क मानता हूँ। लीनता का मतलब दुर्बलता है और स्वयं अहिंसावादी होकर दुर्बलता को अपने ऊपर लाद लेना कोई सद्गुण नहीं है। एक उपनिषद् में एक मेमने की कथा है। वह भगवान के पास गया और उसने शिकायत की कि हे भगवान! तू सभी प्राणियों का पिता है। सभी प्राणी भाई-भाई हैं, लेकिन ऐसा होते हुए भी हर प्राणी भाई प्रेम को भूलकर मुझे मारने के लिए तुला हुआ है। आखिर ऐसा क्यों? मेमने ने इसकी वजह भगवान से पूछी। कथा में कहा गया है कि भगवान ने जो जवाब दिया वह बहुत ही मजेदार है।

भगवान ने कहा कि तू इतना लीन विनम्र दिखाई देता है कि मुझे भी तुझे खाने की इच्छा हो रही है। इस कथा के मेमने जैसी ही हमारी स्थिति हो गई है। और इसीलिए चारों ओर से हम लोगों को रौंदने के लिए तैयार हुए हैं। इसलिए मेरी यह स्पष्ट मान्यता है कि लीनता का मतलब स्वयं लीन होकर लादी गई दुर्बलता कोई सद्गुण नहीं है। यह बात सच है कि मैं अहिंसा पर विश्वास करता हूँ, लेकिन वह विश्वास संत-महान तुकाराम के अनुसार इस प्रकार का है—

दया उसका नाम जीवों का पालन।
और मटियामेट काँटों का॥

संत-महान तुकाराम ने एकदम सही ढंग से अहिंसा की व्याख्या की है। इसमें उन्होंने दो बातों को महत्त्व दिया है—1. भूतदया और 2. दुष्टों को मटियामेट करना। अहिंसा की इस व्याख्या के दूसरे पहलू की ओर हमेशा ही विशेष ध्यान नहीं दिया गया है। और इस पहलू की ओर ध्यान नहीं देने के कारण ही इस तत्त्व को उपेक्षा का स्वरूप प्राप्त हुआ है। अहिंसा तत्त्व में 'दुष्टों का विनाश' अहिंसा तत्त्व का मुख्य पहलू है। उसके बगैर अहिंसा एक छिलका है, केवल खोखला परमसुख (मोक्ष) है। उसकी वजह से उसके क्रियाशील कर्तव्य का पालन करना समाप्त हो जाता है। जब तक हम दूसरे को दु:ख देने की बुरी भावना नहीं रखते और जब तक हम सभी दुष्टों का विनाश करने की केवल सीमा तक सीमित हैं, तब तक शक्ति की हिफाजत करने की और शक्ति संगठन स्थापित करने के कार्य के विरोध में कोई भी दोष नहीं लगा सकता। जिस पर शील का नियंत्रण है वही हमारा आदर्श है। आप लोगों को किसी भी छोर पर डरने की जरूरत नहीं है। बेवजह किसी को भी सताना नहीं चाहिए। जिस किसी को भी आपके सहयोग की जरूरत हो उसको आपको सहयोग करना चाहिए। इस तरह से आप अपने समाज की बड़ी सेवा करते रहेंगे। आज तक तुम्हारा कार्य विशेष तौर पर अपने राजनीतिक जीवन को स्थिरता देने जा रहा है। इसके अलावा आपके कार्य का विस्तार अन्य क्षेत्रों में भी बढ़ाना

चाहिए। शहर में कुछ बदमाश लोगों का महिलाओं को भगाकर ले जाने की खबरें हमेशा पढ़ने को मिलती हैं। गाँव-देहातों में सवर्ण हिन्दू लोगों द्वारा अपने लोगों पर अन्याय करने की घटनाएँ सुनने को मिलती हैं। इन मामलों में आप लोगों को ध्यान देना चाहिए। यह इस प्रकार की महत्त्वपूर्ण बातें हैं कि आपके जैसे संगठन ही इसमें कुछ मदद कर सकते हैं।

आप लोगों ने अखिल भारतीय दलित वर्ग स्वयंसेवक दल का अधिवेशन आयोजित करने का प्रस्ताव मंजूर किया है इस बात की मुझे खुशी है। यह बहुत ही खुशी की बात है। और यह बात सफल हुई तो बहुत ही लाभदायी साबित होनेवाली है। मैं हर तरह से आप लोगों की सफलता की कामना करता हूँ।

आप लोगों के सामने मुझे बोलने का मौका दिया गया इसलिए मैं आप लोगों का और अध्यक्ष जी का आभारी हूँ।"

कोसारे, एच.एल.—विदर्भातील दलित चळवळीचा इतिहास, पृ. 425 से 427

देखिए, परिशिष्ट : आठ

अंग्रेजों को बचाया जाए इसलिए नहीं बल्कि अपने परिवारों की बरबादी न हो इसलिए...

पहला विश्वयुद्ध समाप्त होने के बाद महार लोगों की फौज में भर्ती बन्द कर दी गई थी। लेकिन डॉ. बाबासाहेब अम्बेडकर के अथक प्रयासों से अक्तूबर 1941 से महारों की दो पलटनें गठित करने का निर्णय तत्कालीन भारत सरकार ने लिया था। उसके अनुसार महार समाज के युवकों को इस अवसर का लाभ मिले और वे पलटन में भर्ती हो! इसलिए दिनांक 24 सितम्बर, 1941, बुधवार को रात में नौ बजे आर.एम. भट हाईस्कूल, परेल मुम्बई में एक जाहिर सभा का आयोजन किया गया था। इस सभा में दलित समाज के लोगों का सागर उमड़ पड़ा था। इस सभा को सम्बोधित करते हुए डॉ. अम्बेडकर ने कहा—

"सज्जनो,

आज की यह सभा बड़ी जल्दबाजी में आयोजित की गई है। भारत सरकार ने अपने समाज के लिए जो दो बटालियन्स गठित की है उसके बारे में मैं आप लोगों को कुछ जानकारी दूँ यही इस सभा का उद्देश्य है। सन् 1932 में 111वीं महार बटालियन गठित की गई थी। उस बटालियन के फौजियों ने पिछले विश्वयुद्ध में महार समाज का युद्ध बल लोगों को दिखा दिया था। लेकिन विश्वयुद्ध के समाप्त हो जाने के बाद सरकार ने उस बटालियन को खत्म कर दिया। उसके बाद फौज में भर्ती शुरू थी इसलिए कई युवकों ने निवेदन किया था, लेकिन उनको फौज में नहीं लिया जा रहा था। विद्यमान युद्ध होने के बाद सरकार ने अछूत लोगों का मजदूर पथक (Labour Corps) गठित करने की योजना बनाई। इस सम्बन्ध में जब मुझसे पूछा गया उस समय मैंने सरकार को बताया कि जब आप अछूतों को फौज में नहीं लेते, तो हमारे लोग आपके इस मजदूर पथक में सम्मिलित नहीं होंगे। यदि आप लोगों को हमारे लोग मजदूर पथक में चाहिए तो पहले हमारे लोगों को फौज में भर्ती करिए।

मेरे कहने का परिणाम सरकार पर हुआ और सरकार ने हमारे लोगों की एक बटालियन गठित करने का फैसला किया। और दूसरी भी एक बटालियन गठित

करने का मुझे आश्वासन दिया गया है। उसी तरह मैंने उनको यह भी कहा है कि बटालियन में महार लोग फौजी और उनके ऊपर के अफसर अन्य ऊँची जाति के, ऐसी बात नहीं होनी चाहिए बल्कि अफसर भी महार लोग ही होने चाहिए। मेरी इस बात को भी सरकार ने स्वीकार कर लिया है। उसके मुताबिक अपने लोग जमींदार, सूबेदार इसी ओहदे पर भी लिए जाएँगे ऐसी बात नहीं है, बल्कि लेफ्टिनेंट जैसे ओहदे पर भी लिए जाएँगे। बात यहाँ तक आ चुकी है। पिछले शनिवार को मेरी और माननीय गवर्नर साहब की मुलाकात हुई। वहाँ मुझे बताया गया कि अभी तक छह-सात सौ अछूत युवकों ने इस नए बटालियन में अपना नाम दर्ज कराया है। लेकिन उनको किसी बात की कमी महसूस हो रही हो तो वह है हममें से लायक उम्मीदवारों की। मुझे यह भी बताया गया है कि जिस तरह हम लोगों ने आपकी शर्तों को स्वीकार किया है उसी प्रकार अमलदारों के पद भरने के लिए आपके समाज के लायक लोग भेजने की आपकी जिम्मेदारी है। इसलिए आप लोगों को अमलदार के पद के लिए, दोनों बटालियन्स के लिए योग्य उम्मीदवारों को भेजना जरूरी है।

इस बटालियन्स के बारे में कुछ लोगों के मन में सन्देह पैदा हो गया और उन्होंने मुझसे पूछा कि सरकार ने वायसराय के विस्तारित कार्यकारी मंडल में अछूतों के एक भी प्रतिनिधि को नहीं लिया है। उसी प्रकार सरकार ने महार वतनदार आदि पर जुड़ी (लगान) लगाने के कारण फिलहाल आप उसके खिलाफ आन्दोलन कर रहे हैं। फिर उसी सरकार की फौज में भर्ती होकर हम लोगों को क्यों सरकार की मदद करनी चाहिए? इन्हीं सवालों का जवाब देने के लिए आज की इस सभा का आयोजन है।

फिलहाल भारत में अन्य समाजों की सोच किस प्रकार की है उसके बारे में मैं आपको बता रहा हूँ। कांग्रेस का कहना है कि जब तक अंग्रेज लोग हमें स्वराज्य नहीं दे रहे हैं तब तक हम लोगों को भी उनको मदद नहीं करनी चाहिए। इस सम्बन्ध में मैं आप लोगों को दो बातें बताना चाहता हूँ। उसमें पहली बात यह है कि मान लीजिए एक आदमी का अपना खुद का मकान है उसमें घर मालिक को जबरन बाहर निकालकर दूसरा आदमी वहाँ रह रहा है। दूसरा एक आदमी आकर घर में घुसे पहले आदमी को बाहर निकल जाने के लिए कहता है। और पहले घुसा हुआ आदमी बाहर नहीं निकल रहा है यह देखकर धमकाता है कि 'देख घर को आग लगा दूँगा', वही बात अभी हुई है। हम लोग इस देश के मालिक हैं और अपने देश में अंग्रेज लोग घुसे हुए हैं। उनको यहाँ से जाना चाहिए, इस प्रकार की दूसरों की तरह हमारी भी इच्छा है। यदि हिटलर आया और अंग्रेजों को कहने लगा कि आप लोग यहाँ से चले जाइए, वरना मैं इस देश को मटियामेट कर दूँगा। बताइए, उसने यदि उस तरह से किया तो किसका नुकसान होगा? इसमें अंग्रेजों का नुकसान नहीं होगा बल्कि इस देश के लोगों का होगा, इस बात को आप अच्छी तरह से ध्यान

में रखिए। मैं जो यह कह रहा हूँ कि इस युद्ध में अंग्रेजों को मदद कीजिए, उसका मतलब अंग्रेजों को बचाना नहीं है बल्कि अपने परिवारों की बरबादी न हो इसलिए कह रहा हूँ।

दूसरी बात यह है कि कुछ लोग कहते हैं, वायसराय ने डॉ. अम्बेडकर को अपने कार्यकारी मंडल में नहीं लिया है। फिर हम लोगों को क्यों फौज में भर्ती होना चाहिए? इसके बारे में मैं आप लोगों को यही कहना चाहता हूँ कि भयंकर लड़ाई और रूठने में बड़ा फर्क है। क्यों, है या नहीं? अपना प्रतिनिधि कार्यकारी मंडल में नहीं लिया गया, यह हम पर अन्याय हुआ है, इस बात को मैं मानता हूँ। इस बात को सरकार भी स्वीकार करती है। खुद माननीय वायसराय ने भी मेरे सामने इस अन्याय को स्वीकार किया है। लेकिन सरकार ने यदि 'हम करे सो कायदा' इस नैतिकता को अपनाया और अहंकार में आकर हम लोगों को कहने लगी कि 'जाइए, आप लोगों को जो लगता है सो कीजिए, हम आप लोगों के लिए कुछ नहीं करेंगे।' तो हम सरकार का क्या कर सकते हैं? हमारे पास साधन भी नहीं हैं। ऐसे समय हमारे पास रूठने के अलावा क्या साधन है?

मुझे मेरे बचपन की एक बात याद आ रही है। हम तीन-चार बहन-भाई हमारी बुआ के पास रहते थे। भोजन के समय इसको ज्यादा, उसको कम इस बात पर हम बहन-भाइयों की हमेशा शिकायत रहती थी। इस प्रकार के झगड़े में मेरा पहला नम्बर होता था। एक बार हमारी बुआ ने बैगन की सब्जी बनाई थी। भोजन के समय मैंने शिकायत की कि मुझे दूसरों की तुलना में बैगन की फाँक कम मिली है। मेरे भाई-बहनों ने तय कर लिया था कि आज मुझे कुछ भी नहीं मिलने देंगे। जिसकी वजह से मेरी शिकायत का कुछ भी लाभ नहीं हुआ। लेकिन मुझे बड़ा गुस्सा आया। मैं थाली से उठकर रूठकर बाहर चला गया। मुझे बैगन की जो फाँकें मिली थीं उसको भी मेरे वहाँ से चले जाने के बाद मेरे भाई-बहनों ने खा लिया था। उस दिन मुझे सारा दिन बगैर कुछ खाए भूखा रहना पड़ा। कहने का मतलब यही है कि दो समूह यदि बलवान हो तो संघर्ष अटल है। वरना रूठकर बैठने में कुछ अक्ल की बात है ऐसा मुझे नहीं लगता। हमारे पास कुछ अधिकार नहीं है। बोलने में और झगड़ने में बड़ा फर्क है। यह बात सच है कि वायसराय ने अन्याय किया है, लेकिन रूठकर किसी झुग्गी में जाकर बैठने का कोई मतलब नहीं है।

मुस्लिम लीग मुस्लिमों का बड़ा ताकतवर संगठन है। जिस प्रकार साँप और नेवले में बैर है उसी प्रकार अंग्रेजों का और इस संस्था का आपस में बैर है। इस तरह की सचाई होने पर भी मुस्लिम लोग जो हासिल किया जा सकता है उसको हासिल कर रहे हैं। फौज में 80 प्रतिशत मुस्लिम हैं। उसमें 50 प्रतिशत अमलदार हैं और 80 से 90 प्रतिशत कॉन्ट्रैक्टर्स हैं। इस प्रकार की सचाई है। मुस्लिम लोग विवाद की बजाय व्यवहार को महत्त्व दे रहे हैं और बहती गंगा में हाथ धो रहे हैं। यदि मुस्लिम

लोगों ने नहीं कहा तो अंग्रेजों को उनकी खुशामद करनी पड़ती है, क्योंकि मुस्लिमों के हाथ में शक्ति है। हमारी स्थिति उस प्रकार की नहीं है। हम लोग सभी दृष्टि से सताए गए हैं। इस प्रकार की सचाई होते हुए भी उन्होंने अपनी शर्तें कैसे मंजूर की इस बात का मुझे आश्चर्य लगता है।

इसलिए कॉलेज में पढ़नेवाले और अन्य पढ़े-लिखे युवकों को इन दो बटालियन्स में अमलदार के पद प्राप्त करने के लिए आगे आना चाहिए। सरकार ने मुझे इस प्रकार का भी आश्वासन दिया है कि जब भी युद्ध के बाद इन दो बटालियन्स को समाप्त किया गया तो बटालियन्स के लोगों को सिविल में अच्छी नौकरी दी जाए, इस प्रकार की व्यवस्था की जाएगी। इसलिए आप लोगों से कहना है कि इतनी सहूलियतें हम लोगों को प्राप्त हुई हैं उसका लाभ लेना हम लोगों पर निर्भर करता है। जो पढ़े-लिखे लोग हैं उन पर इस प्रकार की जिम्मेदारी है, इस बात को उनको भूलना नहीं चाहिए।

अपने नौजवानों को छाँव में बैठने की आदत छोड़ देनी चाहिए। मेरी भी यही इच्छा थी कि छाँव में काम मिलना चाहिए। फिलहाल सभी लोग महारों के खिलाफ हैं। अन्य जाति के लोगों में (सवर्ण हिन्दू) मातंगों के बारे में, चमारों के बारे में, भंगियों के बारे में (दिखावे के लिए) प्रेम है, लेकिन महारों के बारे में नहीं है। उसका दूसरा, तीसरा कारण और कोई नहीं, मैं हूँ। अन्य लोग (सवर्ण हिन्दू) मुझे शैतान मानते हैं और मेरे इर्द-गिर्द रहनेवाले महारों को शैतान की औलाद मानते हैं। मैं सन् 1926 से अछूतों के अधिकारों के लिए लड़ रहा हूँ। मैंने सरकार के साथ संघर्ष किया कि अछूतों को पुलिस में लिया जाए और उसका परिणाम यह है कि फिलहाल दो चमार और एक मातंग सब-इंस्पेक्टर हैं। एक भी महार नहीं है। क्या है इसकी वजह? जिन महार उम्मीदवारों को इन्टरव्यू के लिए बुलाया गया उनसे पूछा गया कि क्या आप डॉ. अम्बेडकर के अनुयायी हैं? उन्होंने हाँ कहा—उनका चयन नहीं किया गया। अब पुलिस सब-इंस्पेक्टर के पद से मेरे अनुयायियों का क्या सम्बन्ध है?

उसी प्रकार पिछले माह की बात है, अपने कुछ स्नातकों को मामलेदार के पद के इन्टरव्यू के लिए मध्य क्षेत्र के रेवेन्यू कमिश्नर ने बुलाया था। उनसे वहाँ जुड़ी (लगान) के बारे में सवाल पूछे गए। वहाँ गए तीनों उम्मीदवारों के महार होने की वजह से एक का भी चयन नहीं किया गया। लेकिन मैं इन अधिकारियों से पूछना चाहता हूँ कि ज्यादा जुड़ी (लगान) का और उम्मीदवारों के चयन का क्या सम्बन्ध है? और उस जुड़ी के बारे में सही जवाब मिलने पर भी एक भी महार उम्मीदवार का क्यों चयन नहीं किया गया? सचाई यह है कि सभी लोग महार जाति के खिलाफ हैं। अपने समाज के युवाओं को मामलेदार, सब-जज, डिप्टी-कलेक्टर बनना बड़ा मुश्किल होगा। लेकिन मिलिट्री में दो साल नौकरी कर लेने से आप लोगों को बड़ा अफसर होना बड़ा आसान होगा, इसमें कोई सन्देह नहीं। इसलिए हम लोगों को आगे लाभ लेना हो तो पहले कुछ दिन तक परेशानी बर्दाश्त करना जरूरी है। इस

बात को ध्यान में रखिए कि पत्थर को रूप प्राप्त होने के लिए छेनी और हथौड़े के वार बर्दाश्त करने पड़ते हैं। इसलिए जो लोग मैट्रिक तक पढ़े हैं, जो लोग बी.ए. हैं उनको इस अवसर का लाभ उठाना चाहिए।

आप लोगों ने अमलदारों के पदों के लिए अपने लोगों को नहीं भेजा तो उन पदों पर अन्य जाति के लोग नियुक्त किए जाएँगे। उच्च जाति के लोगों के मन में अपने लोगों के प्रति कोई प्रेमभाव नहीं है। इस बात को मुझे बताने की जरूरत नहीं है। आप सभी लोग अनुभव करते हैं। यदि वे लोग अफसर हो गए तो अपने सैनिकों के खिलाफ मनचाहे झूठे रिपोर्ट लिखकर सरकार को यह बताने का प्रयास करेंगे कि महार लोग फौज में काम करने के लायक नहीं हैं।

इसलिए अपने समाज के पढ़े-लिखे नौजवानों के लिए यह एक अच्छा अवसर आया है। कॉलेज की पढ़ाई करने के बाद हमारे युवाओं को दफ्तरों में बाबू की नौकरी करनी पड़ती है। उसमें उनको ज्यादा पदोन्नति भी नहीं मिलती। मामलेदार की नौकरी के लिए चक्कर काटने की बजाय दो साल तक फौज में नौकरी की तो उस आदमी को अच्छी तनख्वाह मिल जाती है। युद्ध समाप्त होने के बाद सिविल में उच्च पदों की नौकरियों में जो कुछ नियुक्तियाँ होंगी उसमें मिलिट्री में नौकरी करनेवालों को विशेष सुविधाएँ दी जाएँगी, अपनी बटालियन भंग हुई तो इस प्रकार का सवाल खड़ा होगा। लेकिन अपनी बटालियन युद्ध के बाद भी बरकरार रहेगी, इस प्रकार सरकार की ओर से मुझे आश्वासन दिया गया है।

लोग लड़ाई में नाम देने के लिए घबराते हैं, लेकिन आज की युद्ध की स्थिति की ओर देखने से लगता है कि युद्ध बहुत दिन चलनेवाला नहीं है, जल्दी ही खत्म हो जाएगा। इसलिए 'सिन्दोरे में रखा हुआ कुमकुम लगाएगी वह सुहागिन और जो न लगाएगी विधवा', इस कहावत के अनुसार अपने युवाओं को इस अवसर का अवश्य लाभ उठाना चाहिए। इतना कहकर मैं अपनी बात को समाप्त करता हूँ।"

सा. जनता, 27 सितम्बर, 1941

सभी जगह समता सैनिक दल की शाखाएँ स्थापित कर अपनी शक्ति बढ़ाइए

अखिल भारतीय समता सैनिक दल का दूसरा सम्मेलन दिनांक 30 जनवरी, 1944 रविवार को कानपुर में आयोजित किया गया था। इस सम्मेलन के अध्यक्ष थे बी.के. गायकवाड़ (नासिक)। इस सम्मेलन में मुम्बई, महाराष्ट्र, मध्यप्रान्त, गुजरात, पंजाब, बंगाल, मद्रास, संयुक्त प्रान्त, उसी प्रकार हैदराबाद, ग्वालियर, कोल्हापुर, इन्दौर, उज्जैन आदि रियासतों से सैकड़ों प्रतिनिधि आए थे। इस परिषद में डॉ. बाबासाहेब अम्बेडकर, रावबहादुर एन. शिवराज, पी.एन. राजभोज, प्यारेलाल कुरील, डॉ. तलीब आदि मान्यवर उपस्थित थे। इस परिषद को सम्बोधित करते हुए डॉ. अम्बेडकर ने कहा—

"मेरे समता सैनिक दल के शूर सैनिको!

आज यहाँ संयुक्त प्रान्त के दल का दूसरा सम्मेलन हो रहा है। पिछले सत्रह साल से इस दल का कार्य मुम्बई और मध्यप्रान्त में बड़े जोर-शोर से चल रहा है। इन दोनों राज्यों में समता सैनिक दल के दस हजार से ऊपर अनुभवी सैनिक तैयार हैं। मेरे मुम्बई राज्य में कुछ साल पहले कांग्रेस के गुंड अपने या अन्य किसी दल की जाहिर सभा होने नहीं देते थे। सन् 1927 को मेरे हाथों इस दल की स्थापना की गई। उस दिन से हमारी सभा में घुस जाने की कांग्रेस के किसी गुंड या मवाली की ताकत नहीं है। एक बार मेरे ऑफिस के सामने विरोधी दल की बड़ी सभा हुई थी। उस सभा में हमारे सैनिक गए और उन्होंने उस सभा के मंच पर अपना नियंत्रण कर लिया और सभा की गैसबत्ती, टेबिल, कुर्सी आदि को उठाकर मेरे ऑफिस में ले आए। उनका सामान आज भी मेरे पास वैसे ही पड़ा हुआ है। वह सामान अपने सैनिकों की बहादुरी का प्रतीक है। कहने का मतलब यही है कि हमारे सैनिक बहादुर हैं। मुझे उनके बारे में इतना विश्वास है कि वे यदि चाहें तो उन पर डाली गई जिम्मेदारी को पल भर में करके दिखाएँगे। इसलिए इस ध्येयवादी दल की शाखाएँ हर राज्य में, हर शहर में, गाँव-देहातों में स्थापित करके शक्ति बढ़ानी चाहिए।"

इस परिषद में कुल छह प्रस्ताव मंजूर किए गए थे।

सा. जनता, 6 जनवरी, 1945

देखिए, परिशिष्ट : नौ

जब तक राजसत्ता का विभाजन समान रूप से नहीं होगा तब तक स्वराज्य का क्या मतलब?

दिनांक 30 जनवरी, 1944 को कानपुर में अखिल भारतीय शेड्यूल्ड कास्ट्स फेडरेशन का दूसरा सम्मेलन हुआ था। यह सम्मेलन रावबहादुर प्रो. एन. शिवराज (मद्रास) की अध्यक्षता में हुआ था। इस सम्मेलन में उपस्थित विशाल दलित जनसमुदाय को सम्बोधित करते हुए डॉ. बाबासाहेब अम्बेडकर ने कहा—

"बहनो तथा भाइयो!

आज की यह परिषद एक तरह से प्रातिनिधिक परिषद है। यहाँ भारत के अलग-अलग प्रदेशों से प्रतिनिधि आए हैं। बंगाल और आसाम के प्रतिनिधि जापान के साथ चल रहे युद्ध में संकट निवारण का और महत्त्वपूर्ण कार्य कर रहे हैं, इसलिए इस परिषद में नहीं आ सके। इस परिषद में इतना बड़ा जनसागर देखकर मुझे बड़ा समाधान हो रहा है। किन्तु इस समुदाय में महिलाएँ बहुत ही कम हैं। हमारे महाराष्ट्र में और सी.पी. (विदर्भ) में किसी भी सभा (सम्मेलन, परिषदों) में महिलाएँ हजारों की संख्या में उपस्थित रहती हैं। हमारे यहाँ महिलाएँ घूँघट या परदा नहीं करती हैं। पति और पत्नी दोनों समान रूप से सामाजिक कार्य में सम्मिलित होते हैं। उसी प्रकार आप लोगों को भी सम्मिलित होना चाहिए। उसके बगैर अपने समाज का उत्थान नहीं होगा।

आज हम लोगों ने जो आन्दोलन शुरू किया है वह बहुत बड़े पैमाने पर होना चाहिए। लेकिन उससे पहले हम लोगों को इस बात को समझ लेना चाहिए कि हमारे आन्दोलन की विचारधारा क्या है? सभी लोग अछूतों की स्थिति के बारे में जानते हैं। दो हजार साल से अपनी इस प्रकार की स्थिति होने का मतलब क्या है? अपनी बुरी अवस्था कब से है और वह कब तक रहेगी? अपनी इस बुरी अवस्था का सबसे बड़ा कारण हिन्दू धर्म है। हिन्दू धर्म में अछूतपन को धर्म माना जाता है और उसी को हिन्दू धर्म की बुनियाद माना जाता है। हिन्दू धर्म में अछूतों को पढ़ने-लिखने की मनाही है। हिन्दू धर्म में रहकर शिक्षा पाना बड़ा मुश्किल है। हर किसी को इस देश का रखवाला बनना चाहिए। साफ-सुथरे कपड़े पहनकर आना चाहिए और हर तरह की धार्मिक असमानता समाप्त होनी चाहिए। लेकिन अछूतों की उस प्रकार की स्थिति नहीं है।

अछूतों का साफ-सुथरे कपड़े पहनना हिन्दू धर्म में अधर्म माना जाता है। अछूत लोग अपने पाँव में चप्पल पहनकर गाँव में जा नहीं सकते। अगर वे चले गए तो उन पर सवर्णों द्वारा भयंकर अन्याय करने के कई उदाहरण मेरे पास हैं। हिन्दू धर्म का अछूतपन अपने पतन का कारण है। जिस धर्म में अपना पतन है फिर भी उस धर्म को हम मानते हैं यह एक प्रकार की मूर्खता ही है। हिन्दू धर्म ग्रन्थों में लिखा है कि अछूतों ने अपने कानों से वेद को सुना तो उनके कानों में लोहे का गरम रस डाला जाए, वाणी से उच्चार किया तो उसकी जिह्वा छाँट दी जाए, शम्बूक अछूत था इसलिए राम ने उसकी हत्या कर डाली। उसी राम को हिन्दू धर्म भगवान (ईश्वर) मानता है और आश्चर्य की बात यह है कि जिस धर्म ने हमको इतना पतित बनाया, जिस धर्म ने हमको इनसानियत के हकों से हमेशा के लिए दूर रखा उसी धर्म से हमारे लोगों में से कुछ लोग चिपके हुए हैं। हम लोग अपने घर-संसार को छोड़कर गंगा स्नान में लगे हुए हैं। हम लोग अपनी बुरी अवस्था को समाप्त करना चाहते हैं तो हम लोगों को हिन्दू धर्म छोड़ देना चाहिए। हिन्दू धर्म का त्याग किए बगैर हमारा उत्थान होनेवाला नहीं है।

इस व्यावहारिक जीवन में हम कैसे जीवन जी सकते हैं इसके बारे में हम लोगों को सोचना चाहिए। भावी स्वराज्य में शासनकर्त्री जमात बनना हमारा उद्देश्य है। भावी स्वराज्य हमारा भी होगा और सभी का होगा। सभी को शिक्षा और नौकरी मिलेगी। आज मजदूर के जीवन में सुख नहीं है उसके बदन पर कपड़े नहीं हैं। उसको भूखे पेट रहना पड़ता है। उसको रहने के लिए मकान नहीं है। आज के मजदूर वर्ग की इस प्रकार की स्थिति समाप्त होनी चाहिए। यदि राजनीतिक सत्ता हमारे हाथों में आई तो हम हर मजदूर को कम से कम तीस रुपये वेतन देंगे। अपने राज्य में अच्छे मकान मिलेंगे और मजदूरों को पेंशन मिलेगी। हमारे राज्य में बीमारी के दिनों में भत्ता मिलेगा और कोई भी बेरोजगार नहीं रहेगा। लेकिन ब्राह्मण लोग हमारे हाथ में सत्ता आने नहीं देते। जब मुस्लिम सत्ता थी तब ब्राह्मणों ने 'अल्ला हो अकबर' कहकर मजा किया। आज वे अंग्रेजों की सेवा कर रहे हैं। ब्राह्मणों ने अंग्रेजों की तारीफ करके सभी महत्त्वपूर्ण सरकारी पदों को हासिल किया है। इस प्रकार की स्थिति को समाप्त करके राजसत्ता अपने हाथों में लेना चाहिए। उसके लिए हम लोगों को अपनी ताकत खड़ी करनी चाहिए।

कांग्रेस पार्टी और मुस्लिम लीग जैसी धन-दौलत हमारे संगठन के पास नहीं है। स्वराज्य में दूसरों का राज हम पर आएगा। इसके लिए हम लोगों को अपना मनुष्य बल संगठित करके अपनी शक्ति को बढ़ाना चाहिए। हिन्दू लोगों का एक अलग गुट है। मुस्लिमों का एक अलग गुट है और अपना एक अलग गुट है। इस प्रकार इस देश में तीन प्रमुख गुट हैं। इस देश की राजसत्ता इन तीनों गुटों में समान रूप से बाँटी जानी चाहिए। राजसत्ता का समान रूप से बँटवारा किए बगैर इस देश को

स्वराज्य नहीं मिलेगा। अंग्रेज मुस्लिमों को बड़ा मानते हैं और सरकार की ओर से उनको सुविधाएँ भी मिलती हैं। आज मुस्लिमों की पाकिस्तान या तो पचास प्रतिशत की माँग है। कांग्रेस के लोग बाहर आएँगे और पचास प्रतिशत मुस्लिमों को देंगे। लेकिन हमारी माँग हमारी ताकत के बगैर पूरी नहीं होगी। कांग्रेस और मुस्लिमों को ऐसा नहीं लगता कि हमारी माँगें पूरी हों। इसलिए मैंने अखिल भारतीय शेड्यूल्ड कास्ट फेडरेशन की स्थापना की है। अब भारत के सभी दलितों को संगठित होकर संघर्ष के लिए तैयार होना चाहिए।

कई लोग अपने मान-सम्मान के लिए और नेता बनने के लिए बड़े ललचाए हुए हैं। फाइलों में या कागजों पर कोई नेता नहीं बनता। अखबारों में नाम छप जाने मात्र से कोई नेता नहीं बनता। सी.आई.डी. ऑफिस बहुत बड़ा है। उसमें हर नेता के काम की डायरी रखी हुई होती है। उस तरह से आप लोगों की भी डायरी बननी चाहिए। सही काम कीजिए और अपने अधिकारों के लिए कुर्बानी देने की तैयारी रखिए। गवर्नर को नेताओं का डर लगना चाहिए। गवर्नर को लगना चाहिए कि नेताओं की बात नहीं सुनी तो वह जिस समाज का नेता है वह समाज हमें जूते मारे बगैर नहीं रहेगा, इसी को कहते हैं सच्चा नेता।

अछूत समाज में संगठन नहीं है। अछूत लोग आपस में अछूतपन मानते हैं। इसका भयंकर रोग ब्राह्मणों से भी अपने में ज्यादा है। हममें से जाति धर्म नष्ट होना चाहिए। मैं जात-पाँत को नहीं मानता। मेरा पच्चीस साल का अनुभव है कि जात-पाँत को माननेवाला नेता नहीं हो सकता।

समता सैनिक दल अपनी राजनैतिक पार्टी का बल है। लड़नेवाले सैनिकों के बगैर कोई भी राजनैतिक पार्टी बलवान नहीं हो सकती। हम लोगों को तो बड़ी-बड़ी संस्थाओं को टक्कर देनी है। इसलिए हम लोगों को समता सैनिक दल को बढ़ाना चाहिए। समता सैनिक दल को बढ़ाना हर नेता का काम है। कानपुर में और अन्य जगह समता सैनिक दल की स्थापना कीजिए। हर माह में दल के सदस्यों की ओर से एक आना दान लीजिए।

हमारी मुम्बई में समता सैनिक दल का कार्य बड़े जोर-शोर से शुरू है। परिषद के बाद अपना कार्य रुक जाता है। उसको रुकने मत दीजिए। अपना कार्य निरन्तर जारी रहना चाहिए। लोगों में चेतना पैदा कीजिए। युवाओं को संगठित कीजिए।

यहाँ मुझे कई संस्थाओं की ओर से सम्मानपत्र दिए गए हैं, उसके लिए मैं उनका आभारी हूँ। लेकिन वे मुझे नहीं चाहिए। मुझे सिर्फ काम करना है यदि मैं सम्मान के लिए काम करता तो मैं कांग्रेस का अध्यक्ष हो गया होता। मैं आप लोगों को यही कहना चाहता हूँ कि काम कीजिए, सम्मान आपके पीछे-पीछे दौड़कर आएगा।

मैं अछूत समाज को राजनीतिक अधिकार दिलवाने के लिए काम कर रहा हूँ। मुझसे कई लोग पूछते हैं कि मैं सम्पूर्ण देश की आजादी के लिए क्यों काम नहीं कर

रहा हूँ? पंडित नेहरू को देश के लिए हजारों कॉलेज छात्र मिल सकते हैं। लेकिन अछूतों के काम के लिए पंडित नेहरू को एक भी कॉलेज छात्र मिलनेवाला नहीं है। फिर इस कार्य को कौन करेगा? यह काम हमारा है। उस काम को हम लोगों को ही करना पड़ेगा। देश के लिए कई लोग हैं। अछूतों के लिए हमारे अलावा कोई नहीं है। मैं तो इसी काम को करता रहूँगा। जिस कार्य में आठ करोड़ दलित, प्रताड़ित लोगों का कल्याण है वही वास्तव में स्वराज्य पाने का कार्य है।

यहाँ छात्रों ने मुझे सम्मानपत्र दिया, उसके लिए मैं उनका आभारी हूँ। मैं अछूत छात्रों से एक सवाल पूछना चाहता हूँ। आप लोग डिग्री लेकर नौकरी करने के बाद समाज के लिए क्या करना चाहते हैं? आप लोगों को अपने सांसारिक जीवन में ही व्यस्त रहने की बजाय जिस समाज से हम आए हैं उस समाज की स्थिति क्या है उस पर ध्यान देना चाहिए। उस समाज के लिए अपनी नौकरी की आय का जितना सम्भव हो उतना हिस्सा देना चाहिए। मैंने भारत सरकार की ओर से हर साल अपने छात्रों की उच्च शिक्षा के लिए तीन लाख रुपये मंजूर करवाए हैं। उसका पर्याप्त उपयोग लीजिए और उच्च पदों को प्राप्त कीजिए। यदि आप लोगों ने उसका उपयोग नहीं किया और उच्च पदों को प्राप्त नहीं किया तो अन्त में आप लोग पछताएँगे। दूसरी एक बात, जो पढ़े-लिखे अछूत छात्रों में मुझे दिखाई देती है वह यह कि वे समाज की लड़कियों के साथ शादी नहीं करते। फिर दूसरा कौन करेगा? आप लोगों को इसके बारे में सोचना चाहिए।

अब मैं आप लोगों को इतना ही कहना चाहता हूँ कि आप लोगों ने जो आन्दोलन शुरू किया है वह बड़ा महान है, पवित्र है। अपने समाज के उत्थान के बगैर उसे हम लोगों को छोड़ना नहीं चाहिए।

सा. जनता, 30 दिसम्बर, 1944

मालिक के लाभ की अधिकतम मर्यादा निश्चित करने की केन्द्रीय सरकार की नीति होनी चाहिए

डॉ. बाबसाहेब अम्बेडकर दक्षिण भारत के दौरे पर गए थे, उस समय मद्रास और अन्य स्थानों पर उनके कार्यक्रम तथा सत्कार समारम्भ आयोजित किए गए थे। दिनांक 22 सितम्बर, 1944 को शाम को अडयार (मद्रास) में कुमारराज सर मुथिमा चेट्टिमार ने डॉ. अम्बेडकर के सम्मान में अपने 'चेट्टिमाड हाउस' नामक राजमहल के विशाल मैदान पर चाय पार्टी का आयोजन किया था। उसके बाद सदर्न इंडिया चेम्बर ऑफ कॉमर्स के सभागृह में उनका सत्कार किया गया था। वहाँ चेम्बर्स के प्रवक्ताओं ने कहा कि जब तक सरकार मजदूर आन्दोलन पर रोक नहीं लगाती तब तक देश में औद्योगिक और व्यापार सम्बन्धी विकास होना असम्भव है। इस सत्कार समारम्भ में डॉ. अम्बेडकर ने मजदूर वर्ग की हिमायत करते हुए अपने भाषण में कहा—

"मजदूरों के सम्बन्ध में सभी प्रकार के कानून बनाने का अधिकार राज्य सरकारों को दिया गया है। केन्द्रीय सरकार केवल इसमें निगरानी रखेगी। इस प्रकार के कानून बनाते समय राज्य सरकारों को मजदूरों और मालिकों के हितों को ध्यान में रखते हुए कानून बनाने चाहिए। आगे जब राष्ट्रीय सरकार आएगी उस समय इस बारे में उचित नीति अपनाई जाएगी।

लेकिन मेरी यह राय है कि इस सरकार को मजदूरों का न्यूनतम वेतन तय करने की नीति नहीं अपनानी चाहिए। मालिकों के लाभ की अधिकतम मर्यादा क्या होनी चाहिए, इसको तय करने की नीति अपनानी चाहिए। राज्य सरकारों को मजदूरों को उनकी बीमारी में जरूरी सभी प्रकार की मदद करने के सम्बन्ध में कुछ योजनाएँ हाथ में लेनी चाहिए। इस प्रकार की सलाह केन्द्रीय मजदूर विभाग ने उनको दी है। मजदूरों और मालिकों के बीच में जो विवाद पैदा होते हैं उनको बातचीत के द्वारा हल करना चाहिए और आपस में अपनत्व की भावना बरकरार रहे इसके लिए सरकार जल्दी ही तीन बड़े अधिकारी (कमिश्नर्स ऑफ कन्सीलिएशन) सभी ब्रिटिश सीमाओं में तीन विभागों में नियुक्त करनेवाली है।

सरकार ने आज तक 68 हजार लोगों को तांत्रिक प्रशिक्षण देकर रोजी-रोटी के लिए लगाया है। सरकार तांत्रिक शिक्षा का प्रसार हो इस प्रकार की व्यवस्था करनेवाली है। युद्ध समाप्त होने के बाद जो औद्योगिक आन्दोलन शुरू होगा उसमें इस प्रकार के शिक्षित तंत्रज्ञान का पर्याप्त उपयोग कर सकेंगे।

खैरमोडे, चां.भ.—डॉ. भीमराव अम्बेडकर चरित्र, खंड-9, पृ. 336

सत्ता में होकर भी गैर-ब्राह्मण पार्टी ब्राह्मणवाद को समाप्त नहीं कर सकी

सन् 1920 से 1936 के दरमियान दक्षिण भारत में गैर-ब्राह्मण पार्टी 'जस्टिस पार्टी' बड़ी प्रभावी थी। लेकिन उसके बाद धीरे-धीरे उसका प्रभाव घटता गया। उसको पुनः प्रभावी करने के प्रयास जून 1944 से शुरू हुए। इस सम्बन्ध में चर्चा करने के लिए डॉ. बाबासाहेब अम्बेडकर गैर-ब्राह्मण आन्दोलन के प्रमुख नेता पेरियार ई.वी. रामास्वामी से मिलना चाहते थे। पेरियार रामास्वामी सालेम से 23 सितम्बर, 1944 को मद्रास आए और दोनों की मुलाकात चेट्टीनाड हाउस, अडयार में हुई। वे दो घंटे तक विचार-विमर्श करते रहे।

दिनांक 24 सितम्बर, 1944, रविवार को मद्रास शहर की अछूत समाज की महिलाओं की ओर से डॉ. अम्बेडकर के सम्मान में रायपेट्टा के 'वुडलैंड' भवन के हॉल में चाय पार्टी का आयोजन किया गया था। वहाँ महिलाओं को सम्बोधित करते हुए उन्होंने कहा कि "महिलाओं को आन्दोलन में सम्मिलित होना चाहिए और अपने समाज के उत्थान के कार्य में सहयोग देना चाहिए। अपने समाज के पढ़े-लिखे लोगों को अपनी जाति का नाम बताने में डर लगता है, यह बड़े शर्म की बात है।"

उसी दिन दोपहर के समय 'दी संडे ऑब्जर्वर' मद्रास के सम्पादक पी. सुब्रह्मण्यम मुदलियार ने कोन्नेमर होटल में डॉ. अम्बेडकर के सम्मान में दोपहर का भोजन आयोजित किया था। भोजन के बाद वहाँ होटल के ग्रीन हॉल में निमंत्रित लोगों को सम्बोधित करते हुए डॉ. अम्बेडकर ने कहा—

"भाइयो तथा बहनो,

यहाँ गैर-ब्राह्मण पार्टी के पढ़े-लिखे युवा आए होते और उनके सामने मुझे किसी दार्शनिक की तरह गम्भीर भाषण देने की जरूरत महसूस हुई होती तो मुझे उस तरह से बोलने में बड़ी खुशी हुई होती। लेकिन यहाँ नए विचारों के युवाओं की बजाय पुराने नेता और कार्यकर्ता बहुत बड़ी संख्या में आए हैं। उनको देखकर मेरा उत्साह कुछ कम हो गया है। फिर भी मैं अपने विचार आप लोगों के सम्मुख रखना चाहता हूँ।

मद्रास ब्राह्मणेतर पार्टी 'जस्टिस पार्टी' सन् 1917 से 1937 के दरमियान इस राज्य में बीस साल तक सत्ता में थी फिर भी यह पार्टी सन् 1937 के चुनाव में क्यों हार गई? इस प्रकार का सवाल पूछा जा सकता है। गैर-ब्राह्मण पार्टी का गठन हुआ, यह एक प्रजातंत्र की दृष्टि से बड़ी महत्त्वपूर्ण ऐतिहासिक घटना है और वह बड़ी महत्त्वपूर्ण घटना है। गैर-ब्राह्मण (ब्राह्मणेतर), इस शब्द से उसको जातीय स्वरूप प्राप्त हुआ है लेकिन इस पार्टी को प्रजातंत्र की दृष्टि से बड़ा महत्त्व था। हिन्दू समाज में हजारों साल से ब्राह्मण और गैर-ब्राह्मण इस प्रकार के दो वर्ग मौजूद हैं। ब्राह्मण वर्ग गैर-बराबरी मानता है। उनके हाथों में हजारों साल से धार्मिक और राजनीतिक सत्ता अनियंत्रित रूप में बरकरार है। गैर-ब्राह्मण वर्ग समानता का समर्थक है। उसने तानाशाह ब्राह्मण वर्ग के साथ आज तक हजारों बार जबर्दस्त मुकाबला किया, और वह भी समाज में समानता की स्थापना के लिए। लेकिन तानाशाह ब्राह्मण वर्ग ने धार्मिक, सामाजिक और राजनीतिक जीवन में सभी महत्त्वपूर्ण पदों पर अधिकार जमाने की वजह से गैर-ब्राह्मण समाज को इस संघर्ष में कभी सफल होने नहीं दिया। जिसकी वजह से ब्राह्मण वर्ग गैर-ब्राह्मण वर्ग के अनियंत्रित राज्यकर्ता के रूप में आज भी बरकरार है। गैर-ब्राह्मण वर्ग समानता का समर्थक है। लेकिन वह विषमता के निर्माता ब्राह्मण वर्ग को मटियामेट करके समाज में समानता और देश में प्रजातंत्र स्थापित नहीं कर सका।

इस राज्य में गैर-ब्राह्मण पार्टी बीस साल तक सत्ता में थी। फिर भी वह ब्राह्मण वर्ग को बरबाद नहीं कर सकी। इसके कई कारण हैं। उसमें मुख्य कारण है इस पार्टी के लोगों का स्वार्थी व्यवहार, आँख मूँदकर दूसरों के पीछे चलने की आदत, पढ़े-लिखे गैर-ब्राह्मण लोगों की समाज से दूर रहने की आदत, पार्टी नीतियों में उदारता का अभाव और संगठन में अनियंत्रण। यह पार्टी सन् 1917 से 1937 तक बीस साल तक सत्ता में थी। लेकिन उसको जनता की भलाई के काम करने की बजाय ब्राह्मण वर्ग पर आरोप लगाना ही ज्यादा महत्त्वपूर्ण लगा। इसी में उस पार्टी की सारी शक्ति खर्च हो गई। गाँव-देहातों की जनता दरिद्रता से बेहाल है। वह साहूकारों के जाल में फँसी हुई है। उनके लिए उद्योग-धन्धे शुरू करना, उनको साहूकारों के जाल से मुक्त करना आदि महत्त्वपूर्ण काम करने की समझ इस पार्टी को कभी आई ही नहीं। इस पार्टी ने अपने रिश्तेदारों को नौकरी देने का ही एकमात्र काम किया। जिनको नौकरियाँ मिलीं वे लोग गैर-ब्राह्मण समाज से दूर रहकर मौज-मजा करने लगे।

ब्राह्मणों को गाली-गलौच देनेवाले गैर-ब्राह्मण समाज के लोग ब्राह्मणों की तरह गन्ध लगाना, पूजा-पाठ करना, कपड़े पहनना आदि ढंग से उनकी नकल करने लगे और ब्राह्मणी विचारों को ही अपनाने लगे। इसलिए ब्राह्मणवाद को समाप्त करना, यह जो गैर-ब्राह्मण समाज की नीति थी वह एक कोने में धूल खाते पड़ी रही और ब्राह्मणवाद जस का तस जिन्दा रहा। गैर-ब्राह्मण पार्टी के लोगों को इस

बात का बिलकुल होश नहीं रहा कि हम ब्राह्मणों से एकदम अलग हैं, उनका दर्शन और हमारा दर्शन एकदम भिन्न है और वे उस तरह व्यवहार भी नहीं कर सके, उस उद्देश्य को भी प्राप्त नहीं कर सके।

गैर-ब्राह्मणों के बर्ताव से यही बात साबित हुई कि ब्राह्मण लोग पहले दर्जे के ब्राह्मण हैं और हम लोग दूसरे दर्जे के ब्राह्मण हैं। दूसरी बात यह कि गैर-ब्राह्मणों के नेता भी न तो विद्वान थे और न तर्कशुद्ध विचार करनेवाले ऊँचे दर्जे के लोग थे। वे अपनी पार्टी की नीतियों को व्यापक बनाकर अपनी पार्टी को प्रजातंत्र (लोकशाही) की स्थापना के लिए सक्रिय नहीं कर सके। नेता कैसे चाहिए? स्पष्ट नीति तय करनेवाले और उस नीति के उद्देश्यों को पाने के लिए जान की कुरबानी करनेवाले गांधी या जिन्ना जैसे नेता नहीं चाहिए। गांधी आज एक राय व्यक्त करेंगे तो कल उसके खिलाफ एकदम विरोधी दूसरी राय व्यक्त करेंगे। इस प्रकार के कई उदाहरण दिए जा सकते हैं।

उन्होंने पाकिस्तान के बारे में आज तक एकदम परस्पर विरोधी राय व्यक्त की है। जिन्ना तो तानाशाह हैं। वे लीग के कार्यकारी मंडल को स्वयं बनाते हैं। वे लोगों द्वारा चुने हुए प्रतिनिधियों को मान्यता नहीं देते। गांधी और जिन्ना को उनके अनुयायी नेतृत्व से दूर क्यों नहीं करते? क्योंकि यदि वैसा हुआ तो कांग्रेस और लीग में गड़बड़ी पैदा हो जाएगी, इस बात को वे लोग जानते हैं क्योंकि इन दो नेताओं की वजह से ही उनकी पार्टियाँ संगठित हैं। गैर-ब्राह्मण पार्टी के नेताओं को पार्टी से अलग किया गया तो उनका भी संगठन नहीं रहेगा, क्योंकि उनका संगठन पहले ही बिखरा हुआ है। वह सीमेन्ट की तरह मजबूत नहीं है। इसलिए सन् 1937 के चुनाव में उस पार्टी को हार खानी पड़ी, जबकि गैर-ब्राह्मण मतदाता बहुत बड़ी संख्या में थे।

Dr. Babasaheb Ambedkar writing and speeches—Vol.-18,
part-2 (म.श.) 2002. P. 464-465

भारत के भावी संविधान में मजदूरों के राजनीतिक हकों को प्रधानता देनी चाहिए

दिनांक 23 सितम्बर, 1944 को शाम के समय पेराम्बूर में एम. एंड एस.एम. रेलवे एम्प्लाइज यूनियन ने अपने दफ्तर में डॉ. बाबसाहेब अम्बेडकर को सम्मानपत्र देकर उनका सत्कार किया था। यह समारम्भ सी. कृष्णमूर्ति की अध्यक्षता में हुआ था। इस यूनियन में जो अछूत कर्मकारी थे उनकी ओर से भी डॉ. अम्बेडकर को सम्मानपत्र दिया गया था। इस समारम्भ में डॉ. अम्बेडकर ने कहा—

"मद्रास प्रान्त पाखंडी धार्मिक मान्यताओं का बालेकिला है। लेकिन आज यहाँ जिन मजदूरों द्वारा इस सभा का आयोजन किया गया है उसमें ईसाई यूरोपियन, एंग्लो-इंडियन, हिन्दू, मुस्लिम, अछूत, ईसाई आदि मजदूर और अधिकारी हैं। इससे यह साबित होता है कि दरिद्रता सभी को एक जगह बाँधनेवाली रस्सी है।

यदि आप सभी मजदूर संगठित होकर रहे तो आप लोग अपनी आज की दरिद्रतावस्था को नष्ट करने का रास्ता खोज सकते हैं। विश्वयुद्ध समाप्त होने के बाद भारत को ज्यादा राजनीतिक हक मिलेंगे इसमें कोई सन्देह नहीं। लेकिन वे सभी हक पूरी तरह दूसरों के हाथों में जाने की बजाय उसमें मजदूरों का भी बड़ा हिस्सा होना चाहिए, क्योंकि हाथों में राजनीतिक सत्ता रही तो किसी वर्ग को अपना हर प्रकार का उत्थान करने में सहयोग हो जाता है। इसलिए मजदूर वर्ग को ट्रेड यूनियन के आन्दोलन को सँभालते हुए भारत को जो राजनीतिक हक मिलनेवाले हैं वह उपनिवेश के स्वराज्य के होने चाहिए, इस प्रकार का आन्दोलन करना चाहिए।

भारत के संविधान में मजदूरों के जो हक दर्ज किए जाएँगे उसमें राजनीतिक हकों को प्रधानता देनी चाहिए। केन्द्रीय विधिमंडल में 50 प्रतिशत और राज्य विधिमंडल में 30 प्रतिशत स्थान मजदूर वर्ग के लिए आरक्षित होने चाहिए। इसके लिए आप लोग आन्दोलन कीजिए। मजदूर विभाग मेरे पास है। मैं उनकी स्थिति अच्छी देखना चाहता हूँ। मजदूरों का ज्यादा से ज्यादा कल्याण करना, यही मेरा उद्देश्य है।"

अछूत समाज के मजदूरों को सम्बोधित करते हुए डॉ. अम्बेडकर ने कहा कि "केन्द्रीय सरकार ने रेलवे, पोस्ट और टेलीफोन विभाग में 13 प्रतिशत स्थान आरक्षित करने का निर्णय लिया है। लेकिन अछूत वर्ग में शिक्षा के विकास की स्थिति को देखते हुए पौने नौ प्रतिशत स्थान अछूतों के हिस्से में आएँगे, इसलिए अछूत समाज में बड़ी तेजी के साथ शिक्षा का प्रसार होना चाहिए और इस 13 प्रतिशत का लाभ समाज को मिलना चाहिए।"

खैरमोडे, चां.भ.—डॉ. बाबासाहेब अम्बेडकर चरित्र खंड-9, पृ. 355-356

अपनी सुरक्षा के लिए सुरक्षा दल गठित कीजिए

दिनांक 11 जनवरी, 1942, रविवार को आर.आई.एन. डॉकयार्ड फैक्टरी, मुम्बई के मिल राइट शॉप के अछूत कर्मचारियों की ओर से डॉ. बाबासाहेब अम्बेडकर को इमारत फंड के लिए रुपये 101 का निधि अर्पण करने का समारम्भ आयोजित किया गया था। और यह समारम्भ डॉ. अम्बेडकर की ही अध्यक्षता में आयोजित किया गया था। इस समारम्भ में विराट जनसंख्या में दलित समाज उपस्थित था। इस समारम्भ में भाऊराव गायकवाड़ और अन्य मान्यवर लोग उपस्थित थे। इस विराट दलित जनों को सम्बोधित करते हुए डॉ. अम्बेडकर ने कहा—

"भाइयो तथा बहनो,

आज यहाँ इमारत फंड के लिए इस सभा का आयोजन किया गया है। इसलिए मैं यहाँ उपस्थित हुआ हूँ। वास्तव में सौ रुपये की निधि के लिए मैं हर जगह जाता रहा तो मुझे मेरी उम्र भी कम पड़ जाएगी। लेकिन ये सौ रुपये मिल राइट शॉप के कुल बाईस लड़कों ने ही इकट्ठा किए हैं, यह बड़ी खुशी की बात है। दूसरी बात यह है कि डॉकयार्ड में वाडिया विभाग में अपने चालीस कर्मचारी और अन्य सौ कर्मचारी हैं। उन्होंने इस काम को कभी शुरू ही नहीं किया है। मुझे यह बताया गया कि यदि मैंने उन लोगों को कहा तो वे लोग इमारत फंड को सहयोग करेंगे। इसलिए मैं यहाँ आया हूँ। वे लोग यहाँ उपस्थित हैं या नहीं इसके बारे में मुझे जानकारी नहीं है। लेकिन जो लोग यहाँ उपस्थित होंगे उनको अपने अन्य कर्मचारियों को बताना चाहिए और जिस प्रकार इन लड़कों ने अपना उदाहरण पेश किया उस प्रकार उनको भी इमारत फंड को सहयोग करना चाहिए। यही मेरा उन लोगों से अनुरोध है।

जैसाकि मैंने कहा है, इमारत निर्माण के लिए लाख-सवा लाख लोगों में से हर व्यक्ति दो रुपये का दान दिया होता तो अब तक उस इमारत को हम लोग अपनी आँखों से देख भी रहे होते। इमारत फंड इकट्ठा होने के लिए इतना समय लगने में कोई न कोई बात जरूर होनी चाहिए और यदि मेरे पास उतने पैसे इकट्ठा हुए होते तब भी शायद मैं इमारत का निर्माण नहीं कर सका होता। इसकी वजह आज की युद्ध द्वारा निर्मित स्थिति है। युद्ध यूरोप के किसी कोने में चल रहा है, वह अब पूरब में

अपने दरवाजे तक पहुँचा है। बम की मार से भवन, शहर बरबाद हो रहे हैं। ऐसे समय अपनी इमारत यदि बम के हमले में ढह गई तो गरीब, अछूत समाज के लिए इमारत को खड़ी करना असम्भव हो गया होता। फिर भी जैसे माननीय उपशाम मास्टर जी ने कहा उस तरह इस इमारत की जगह को तो अपने अधिकार में कर लेना जरूरी है।

युद्ध की वजह से लोग परेशान हैं। इस प्रकार की स्थिति होने पर भी हम सभी लोग इस युद्ध में मरनेवाले नहीं हैं, इसमें कोई सन्देह नहीं है। कुछ मरेंगे तो कुछ जीएँगे। इसलिए मरनेवालों को जीनेवालों के लिए कुछ न कुछ सोचना जरूरी है। युद्ध में क्या होगा? इस प्रकार की डर की भावना ठीक नहीं है।

मैं दूसरी एक महत्त्वपूर्ण बात आप लोगों को बताना चाहता हूँ। इस सभा ने मुझे उसका लाभ लेने का अवसर दिया है। यदि दूसरी ओर मुझे उस तरह का मौका मिला तो मैं वहाँ भी उस बात को जरूर कहूँगा। फिलहाल चारों ओर 'ब्लैक आउट' शुरू है। जापानी हवाई जहाज आसमान में उड़ रहे हैं। युद्ध दरवाजे के पास आकर खड़ा है। इस प्रकार की स्थिति में अपने बाल-बच्चों को उसी प्रकार बेरोजगार लोगों को अपने-अपने गाँव भेज देना ही अच्छा है। सरकारी आदेश का इन्तजार करना ठीक नहीं है। पेट्रोल नियंत्रण की वजह से आप लोगों को मोटर नहीं मिलेगी। कितनी रेलगाड़ियों का उपयोग किया जाएगा इसके बारे में भी सोचिए। दूसरी बात यह है कि इस शहर में कई गुंडे और बदमाश लोग समय का इन्तजार कर रहे हैं। ऐसे लोगों से अपनी सुरक्षा के लिए आप लोग अपनी-अपनी चाल में, हर मोहल्ले में सुरक्षा दल गठित कीजिए और संगठित होकर रहिए।

अन्त में यहाँ उपस्थित मि. एफ.डब्ल्यू. शॉर्टलैंड साहब का इस सभा की ओर से अभिनन्दन करना जरूरी है। मैंने ऐसा सुना है कि शॉर्टलैंड साहब ने अपने बीस-बाईस लोगों को नौकरी पर लगाया है। वास्तव में बीस-बाईस लोगों को नौकरी पर लगाना कोई बहुत बड़ी बात नहीं है लेकिन हम लोगों को नौकरी के बारे में बहुत ही बुरा अनुभव आता है। यही धोबी तालाब के पास फौज में भर्ती करनेवाले रिक्रूटिंग ऑफिसर का दफ्तर है। वहाँ हर दिन अपने करीबन दस-पन्द्रह लड़के भर्ती के लिए जाते हैं। वे किसी की छाती कम, किसी का वजन कम, किसी का कुछ न कुछ कम बताकर उनको वापस लौटा देते हैं। बल्कि मुझे रोज यह बताया जाता है कि सवर्ण (हिन्दू) लड़का कैसा भी हो तब भी उसको भर्ती किया जाता है। इसकी वजह यह है कि भर्ती करनेवाले अफसर सवर्ण (हिन्दू) हैं। इस दृष्टि से देखा जाए तो मि. शॉर्टलैंड साहब ने जिन लोगों को नौकरी पर लगाया उन पर उन्होंने एक तरह से बड़ा उपकार ही किया है। इसलिए मैं शॉर्टलैंड साहब का अभिनन्दन करता हूँ।"

सा. जनता, 17 जनवरी, 1942

मैं तीन बातें होने नहीं दूँगा

दिनांक 20 जुलाई, 1942 को डॉ. बाबसाहेब अम्बेडकर अखिल भारतीय शेड्यूल्ड कास्ट फेडरेशन की परिषद में सम्मिलित होने के लिए नागपुर में थे। उसी दिन मतलब 20 जुलाई को वायसराय का प्रतिनिधि सन्देश लेकर डॉ. अम्बेडकर से मिलने के लिए नागपुर गया और उसी दिन उन्होंने वायसराय को तार द्वारा सूचित कर दिया कि श्रम मंत्रालय की जिम्मेदारी स्वीकार कर ली है। नागपुर की परिषद को समाप्त करके डॉ. अम्बेडकर तुरन्त मुम्बई पहुँचे। दिनांक 21 जुलाई, 1942 को नेशनल सीमेन्स यूनियन, मुम्बई की ओर से ताजमहल होटल में उनका जबर्दस्त सत्कार किया गया। उस अवसर पर केन्द्र सरकार के श्रम मंत्रालय के मंत्री के रूप में उन्होंने मुम्बई में अपने पहले भाषण में कहा—

"मैं स्वयं मजदूर वर्ग से आया हूँ। मजदूर वर्ग की जो भावनाएँ और इच्छाएँ हैं वही मेरी भी है। मेरी जिस कार्यकारी मंडल पर नियुक्ति हुई है वह कार्यकारी मंडल विशेष तौर पर युद्धप्रयास के लिए है। वह जनता द्वारा चुने गए दल के प्रतिनिधियों की सरकार नहीं है। बल्कि वह कई दलों से बनी हुई सरकार है, इसलिए कई बातें बहुमत पर निर्भर रहेंगी।

फिर भी, कुछ भी क्यों न हो मैं तीन बातें निश्चित तौर पर होने नहीं दूँगा। आज कर्मचारियों के रहन-सहन की जो स्थिति है उसमें कुछ भी कमी होने नहीं दूँगा। बल्कि व्यवस्थित और सुसंस्कृत ढंग से देखा जाए, इतना उसको बढ़ाने का प्रयास करूँगा। दूसरी बात यह कि राष्ट्रीय युद्ध समाप्ति प्रयासों में दूसरों की अपेक्षा ज्यादा स्वार्थ त्याग का बोझ मैं मजदूरों पर पड़ने नहीं दूँगा। तीसरी बात यह है कि आपात स्थिति के समय अस्थायी कुछ नियंत्रण मजदूरों को बर्दाश्त करने पड़े तब भी मजदूरों की स्वतंत्रता पर कुछ आँच आए इस प्रकार के नियंत्रण को मैं कानून की किताब में दर्ज नहीं होने दूँगा।"

दैनिक नवाकाल, मुम्बई, 23 जुलाई, 1942

केवल स्वराज्य मिल जाने से कोई लाभ नहीं वह किसके हाथ में रहेगा यह महत्त्वपूर्ण सवाल है

इंडियन फेडरेशन ऑफ लेबर, मुम्बई के सामने डॉ. बाबासाहेब अम्बेडकर का भाषण मई 1943 में हुआ, जब वे भारत सरकार के श्रम मंत्री बन गए थे। उनका यह भाषण मुम्बई में हुआ था। उन्होंने अपने भाषण में कहा—

"हिन्दी मजदूर आन्दोलन पूरी तरह से खोखला है। यह आन्दोलन केवल ऊपर-ऊपर चल रहा है। इसलिए मजदूर नेताओं को अपने भीतर झाँककर इस आन्दोलन के संगठन में जो दोष है उनको दूर करना चाहिए। इस देश में मजदूर आन्दोलन का सही उद्देश्य है 'मजदूर सरकार' की स्थापना करना।

पूँजीपति मालिकशाही की ओर निवेदन, आग्रह करनेवाला संगठन मजदूर आन्दोलन नहीं है। उससे मजदूरों की अपेक्षा पूँजीपतियों का संगठन होने का ज्यादा खतरा है। आज तक मैंने नहीं सुना है कि किसी मजदूर नेता ने मजदूर सरकार की स्थापना की घोषणा की हो। मजदूर आन्दोलन को अन्य राजनीतिक संगठन से अपना रिश्ता तोड़ देना चाहिए। और अपने विचार तथा कार्य में अपनी संगठित स्वतंत्रता स्थापित करनी चाहिए। मजदूर आन्दोलन को अपनी इच्छाएँ स्पट रूप से व्यक्त करनी चाहिए। मजदूर नेताओं को केवल मजदूरों की भलाई के लिए देश की सत्ता अपने हाथ में लेने का प्रयास करना चाहिए। केवल स्वराज्य मिलने से कुछ भी लाभ नहीं। यह स्वराज्य किसके हाथ में रहेगा यही महत्त्वपूर्ण सवाल है।"

नवयुग, मुम्बई, 16 मई, 1943

तो व्यक्ति का सुसंस्कारित और सुखी जीवन प्राप्त होने का बुनियादी हक स्थापित होगा

महाराष्ट्र चेम्बर ऑफ कॉमर्स, मुम्बई में डॉ. बाबासाहेब अम्बेडकर का व्याख्यान मई 1943 में आयोजित किया गया था। उस समय वे भारत सरकार के श्रम मंत्री थे। इस समारम्भ में उन्होंने अपने व्याख्यान में कहा—

"संसार में हमेशा-हमेशा के लिए शान्ति कायम होने के रास्ते में सबसे भयंकर तीन रुकावटें हैं, एक साम्राज्य का लोभ, दूसरा वर्ण-द्वेष और तीसरा है गरीबी। राष्ट्र को बलशाली बनाना पहली दो रुकावटों का इलाज है।

दुर्बल राष्ट्र को हमेशा गुलामी में ही रहना पड़ता है। इसलिए दुर्बल राष्ट्र को बलवान बनना चाहिए। वर्ण वर्चस्व का निर्माण पश्चिमी राष्ट्रों के आर्थिक वर्चस्व से पैदा हुआ है। भारत के अविकसित, औद्योगिक और आर्थिक शक्ति का सम्पूर्ण विकास करने पर वर्ण-द्वेष का सवाल हल हो जाएगा। युद्ध के बाद की दुनिया में गरीबी का सवाल हल न होना सम्भव नहीं है। औद्योगिक विश्व में बुनियादी क्रान्ति होगी और उसकी वजह से धन का संग्रह करने के अधिकार से भी व्यक्ति के सुसंस्कारिक और सुखी जीवन प्राप्त होने का बुनियादी हक पहले स्थापित होगा।"

नवयुग, मुम्बई, 16 मई, 1943

अछूतों के ही पैसों पर आन्दोलन के लिए भव्य इमारत का निर्माण कीजिए

दिनांक 10 अक्तूबर, 1940 गुरुवार को महाड तहसील महार हित संरक्षक संघ के लोगों की ओर से डॉ. बाबासाहेब अम्बेडकर को चाय पार्टी देने का समारम्भ परल में आर.एम. भट हाईस्कूल के सभागार में आयोजित किया गया था। इस समारम्भ में भाई चित्रे, कमलाकान्त चित्रे, दादासाहेब सम्भा जी गायकवाड़, लोखंडे, सवादकर आदि मान्यवर भी उपस्थित थे। इस समारम्भ में उपस्थित लोगों को सम्बोधित करते हुए डॉ. अम्बेडकर ने कहा—

"जिस महाड तहसील ने अछूतों के आन्दोलन की बुनियाद रखने में अगुवाई की उसी तहसील के लोगों के द्वारा मुझे पचास रुपये देकर सभा में निमंत्रित करने की परम्परा अछूत समाज में निभाई गई, उसके लिए वे लोग अभिनन्दन के योग्य हैं। मुम्बई में अछूत समाज के लिए एक भव्य भवन का निर्माण किया जाएगा और वह केवल अछूतों के पैसों पर ही बनाया जाएगा। इस भवन निर्माण के लिए पैसों की बड़ी आवश्यकता है। इस बड़ी जिम्मेदारी को निभाने के लिए आप लोगों ने अपने पहले के कार्य की तरह इस कार्य में भी बढ़-चढ़कर अगुवाई करेंगे, इस बात की मुझे पूरी उम्मीद है। मुझे महाड तहसील के लोगों के लिए बड़ा अभिमान है।"

सा. जनता, 26 अक्तूबर, 1940

सार्वजनिक कार्य के लिए एकता चाहिए

दिनांक 23 नवम्बर, 1940 शनिवार को रात में 9 बजे बी.डी.डी. चाल नम्बर 96 वरली, मुम्बई में शंकर नाथा खैरमोडे के नई व्यायामशाला का और डॉ. अम्बेडकर स्पोर्टिंग क्लब का सार्वजनिक उत्सव बड़े उत्साह के साथ मनाया गया था। डॉ. बाबासाहेब अम्बेडकर इस उत्सव समारम्भ के अध्यक्ष थे। इस समारम्भ में डॉ. अम्बेडकर के पहुँचते ही वहाँ इकट्ठा दलितों ने 'डॉ. अम्बेडकर जिन्दाबाद', 'डॉ. अम्बेडकर की जय जयकार', 'थोड़े दिन में भीमराज' आदि घोषणाओं के साथ उनका जबर्दस्त स्वागत किया। इस समारम्भ में डॉ. अम्बेडकर के साथ डी.वी. प्रधान, एम.ए. उपशाम, पी.एल. लोखंडे, वी.एल. केकशीकर, बी.एस. गायकवाड़ आदि मान्यवर उपस्थित थे। इस समारम्भ को सम्बोधित करते हुए डॉ. अम्बेडकर ने कहा—

"प्रिय बहनो तथा भाइयो,

आज कई लोगों को यह नहीं मालूम कि सभा का निश्चित समय कौन-सा है, इसलिए उनको भूखा रखकर लम्बा-चौड़ा भाषण करने की मेरी इच्छा नहीं है। मैं जिस उद्देश्य से यहाँ आया हूँ उसके बारे में दो बातें कहना चाहता हूँ।

मैंने इमारत फंड के काम को हाथ में लिया, उसका यदि कोई कारण है तो वह यह है कि मेरी आँखों के सामने अपने साम्राज्य का भविष्य खड़ा है। मेरे जीवन में मुझे जितना करना सम्भव था उतना काम मैंने किया है। सन् 1919 में सार्वजनिक आन्दोलन शुरू हुआ, उस समय अछूत समाज में किसी भी प्रकार की जागृति नहीं थी। इस बात की भी जागृति नहीं थी कि हम इनसान हैं। ब्राह्मण, मराठा, पाटील आदि सवर्ण (हिन्दू) लोग हम लोगों को जूतों की तरह समझते थे। जैसे साँप कहते ही सभी लोग डरते हैं उसी प्रकार पाटील, पटवारी, कुलकर्णी आदि लोगों से अछूत लोग घबराते थे। प्रारम्भ के दिनों में अपने लोगों को म्यूनिसिपैलिटी, लोकल बोर्ड, काउंसिल में प्रवेश मिलना मुश्किल था। लेकिन आज अपने लोग स्वाभिमान से कन्धे से कन्धा मिलाकर अपनी भलाई के लिए झगड़ रहे हैं। हममें से कोई गृहमंत्री या शिक्षामंत्री हो गया होता, लेकिन उस तरह की स्थिति नहीं आई है। जहाँ पट्टेवाले

की नौकरी मिलना मुश्किल थी वहीं आज हमारे लोग डिप्टी कलेक्टर हो रहे हैं। जिसने शून्य देखा उसी ने ही यदि सौ देखा, उसको अभिमान और आनन्द होना स्वाभाविक है।

हम अपने आन्दोलन के बहुत बड़े उद्‌देश्य को पाने में सफल हो गए हैं। लेकिन हम लोगों को और भी बहुत बड़ा काम करना बाकी है। इस कार्य के रास्ते में गांधी और कांग्रेस दोनों अछूतों के बहुत बड़े दुश्मन हैं। कुछ दिन पहले वायसराय और गांधी की मुलाकात हुई थी। उस समय गांधी से वायसराय ने पूछा, 'आप लोगों को स्वराज्य चाहिए, लेकिन आप राजे-रजवाड़े, मुस्लिम और अछूतों की क्या व्यवस्था करेंगे?' लेकिन गांधी अपने पत्र में कहते हैं, 'राजे-रजवाड़े और मुस्लिमों से हम समझौता करेंगे, लेकिन अछूतों के बारे में पूछनेवाले आप कौन हैं? हम अछूतों के बारे में जो चाहेंगे, करेंगे।' गांधी राजे-रजवाड़े और मुस्लिमों के साथ समझौता करने के लिए तैयार हैं। लेकिन सरकार के अछूत समाज के सवाल के बारे में पूछते ही गांधी बौखला जाते हैं। अछूत समाज के उत्थान में यह एक भयंकर पत्थर है। मेरे जिन्दा रहते यह पत्थर नष्ट हो सका तो आपका भविष्य सुखी होगा इसमें कोई सन्देह नहीं।

मुझे इस बात की बड़ी चिन्ता लगी रहती है कि हम लोगों ने आज तक जो एकता और प्रगति की है उसको आप लोग आगे कैसे टिकाएँगे? आज आप लोग एक खम्भेवाले तम्बू में सुखी और संतुष्ट होकर बैठ रहे हैं। लेकिन उस तम्बू का खम्भा गिर पड़ा तो आप लोगों की क्या स्थिति होगी? इसलिए उस तम्बू के चारों ओर खम्भे लगाकर और रस्सी बाँधकर उसको मैंने मजबूत करने के बारे में सोचा है। और इसीलिए मैंने इमारत फंड इकट्‌ठा करने का संकल्प किया है। इसमें मेरा उद्‌देश्य यही है कि मेरे बाद कोई भी आप लोगों को पराजित न कर सके। उसी प्रकार आप लोग सार्वजनिक कार्य को अच्छी तरह कर सकें। आज भी आप लोगों के सामने हजारों कठिनाइयाँ हैं। लेकिन वह पैसों के अभाव में वैसे ही रह गई हैं। इमारत फंड की आय से जो पैसा इकट्‌ठा होगा उसको अपनी समस्याएँ दूर करने के काम में लाया जा सकता है।

मैं अपने समाज में ज्यादा पढ़ा-लिखा हूँ। इसलिए मुझे सरकार से अधिकारी का पद माँगना मुश्किल काम नहीं था। मैं अधिकारी भी हो गया होता। लेकिन मेरे अनाड़ी भाइयों का क्या हुआ होता? मैं अछूत समाज के लिए अपने संसार की और स्वार्थ की परवाह किए बगैर काम कर रहा हूँ। जो जितना काम कर सकता है उतना उसको करना चाहिए। उसी प्रकार इमारत फंड को आप लोगों द्वारा जितनी मदद करना सम्भव हो उतनी आप लोगों को करनी चाहिए। मनुष्य तीन बातों का कर्जदार होता है। एक माँ-बाप का कर्जदार, दूसरा कुल का कर्जदार और तीसरा समाज का कर्जदार। जिस समाज में हमारा जन्म हुआ है उस समाज के कर्ज को बगैर भूले

चुकता करना चाहिए। समाज के कर्ज को चुकता करने का मौका आपको मिला है। उसका पूरा लाभ उठा सकते हो। और हर पुरुष-महिला को, अठारह साल के बेरोजगार लड़के को भी दो-दो रुपया देना चाहिए।

आप लोग जिले के स्तर पर, तहसील के स्तर पर, देश के स्तर पर संगठन बनाकर काम करते हो, लेकिन यह मुझे बिलकुल पसन्द नहीं है। मैं किसी भी प्रकार का भेदभाव नहीं मानता। यदि हम लोगों में मत-भिन्नताएँ पैदा हुईं तो हिन्दू समाज उसका लाभ उठाकर अपने आन्दोलन को खत्म कर देगा। मुझे नेता बनने में बिलकुल रुचि नहीं है। लेकिन हम लोगों को नेता किसलिए चाहिए, इसके बारे में सोचिए। यदि हमें नेता चाहिए तो वह इस तरह का चाहिए जो अपने दुश्मनों के साथ झगड़ सके, हमारे कल्याण के लिए लड़ सके, हमारी भलाई के खिलाफ आनेवाले गांधी, नेहरू, वल्लभभाई पटेल आदि के साथ दो-दो हाथ करनेवाला नेता हमें चाहिए। तब तो मैं भी ऐसे आदमी को नेता मानने के लिए तैयार हूँ। किसी भी पत्थर को सिन्दूर लगाने मात्र से वह भगवान नहीं बन सकता। चाल के सामनेवाले मैदान में तलवार घुमानेवाला लेकिन युद्धभूमि से दुम दबाकर भागनेवाला योद्धा किस काम का?

पांडवों ने जीवनभर कृष्ण की सेवा की। अन्त में स्वर्ग ले जाने के लिए उन्होंने कृष्ण से आग्रह किया। उस समय कृष्ण ने कहा, 'मैं ही घसीटे जगन्नाथ को बहता जा रहा हूँ।' इस प्रकार की स्थिति उन लोगों की नहीं हुई है जो अपने आन्दोलन से बाहर हैं। मतलब उनको काफी मिला है। अपने कार्य में कार्यकर्ता लोगों का अभाव है। इस कमी को अध्यापकों को पूरा करना चाहिए। अपने लोग कह रहे हैं कि इमारत बनाने के लिए खरीदी गई जगह अपर्याप्त है। उनका कहना है कि और जगह खरीदिए, हम पैसा दिलवाते हैं। ज्यादा भूमि खरीदने का मेरा इरादा है। मतलब हमारा इस कार्य के लिए कुल मिलाकर दो-ढाई लाख रुपया खर्च होगा। उसके लिए मैंने कुछ योजनाएँ तैयार की हैं। जिनका एक माह का वेतन 30 रुपये या ज्यादा है उनको अपना एक माह का वेतन देना चाहिए। उनका नाम इमारत के बोर्ड पर लिखा जाएगा।

मैं गाँव-देहातों में जाकर भी माँगनेवाला हूँ। लेकिन गाँव-देहातों में हर व्यक्ति से माँगने की बजाय, गाँव की सहयोग राशि के रूप में उस गाँव का नाम लिखा जाएगा। इसलिए मित्रो, अपना भविष्यकाल सुखद बनाना हो, अपने समाज का कल्याण करना हो तो आप लोगों को उसको अपनी जिम्मेदारी समझकर पूरी करनी चाहिए।"

सा. जनता, 30 नवम्बर, 1940

अब अंकुर निकला है कल फल लगने की स्थिति दिखाई दे रही है

दिनांक 24 नवम्बर, 1940, रविवार को शाम को छह बजे सोमवंशीय समस्त मंडल, चिखलपाड़ा, फोरास रोड, मुम्बई की ओर से इमारत फंड को निधि अर्पण समारम्भ डॉ. बाबासाहेब अम्बेडकर की अध्यक्षता में बड़े शानदार ढंग से सम्पन्न हुआ। इस समारम्भ में बैरिस्टर माने, मोहिते मास्टर, माननीय मडकेबुवा, उपशाम मास्टर, मा. धयाडकर, मा. मिंढे पाटील आदि मान्यवर उपस्थित थे और हजारों की संख्या में दलित जनसमुदाय उपस्थित था। लोगों ने डॉ. अम्बेडकर के आगमन पर 'डॉ. अम्बेडकर की जय', 'अम्बेडकर कौन है, दलितों के राजा हैं', आदि घोषणाओं से जबर्दस्त स्वागत किया था। इस सभा को सम्बोधित करते हुए डॉ. अम्बेडकर ने कहा—

"प्रिय बहनो तथा भाइयो,

आज की इस सभा में मुझे ऐसा नहीं लगता कि इमारत फंड के लिए इकट्ठा की गई रकम को स्वीकार करके यहाँ के लोगों को आशीर्वाद देने के अलावा कुछ कहा जाए। मुझे जो कुछ भी कहना था वह सब कुछ मैंने कल ही वरली की सभा में कह दिया है। इसके अलावा मेरे पहले के वक्ताओं को मुझे जो कुछ कहना था वह मैंने बता दिया है। इसलिए आप लोग आज मुझसे लम्बे-चौड़े भाषण की अपेक्षा मत कीजिए। इस कार्य का अभी-अभी प्रारम्भ हुआ है और उसका जितना अच्छा प्रभाव डाला जा सकता है, करना चाहिए। मतलब मैं कल हुए भाषण का सारांश बतानेवाला हूँ। उसी प्रकार जिन लोगों को इमारत फंड की जानकारी नहीं है उनको उसकी जानकारी देनी जरूरी है।

यहाँ इकट्ठा हुए हर पुरुष और महिला को विचार करना चाहिए कि पिछले बीस साल में हमारा अच्छा विकास हुआ है। उसी प्रकार इस बारे में भी सोचना चाहिए कि हमारा यह विकास कैसे बरकरार रह सकता है। पिछले बीस साल में समाज के विकास की जिम्मेदारी मुझ पर थी, उसको मैंने अपनी जिम्मेदारी समझकर किया है। कई लोगों को मेरा काम नापसन्द होगा और इसीलिए वे लोग मेरी आलोचना भी करते हैं। सामाजिक और राजनीतिक कार्यकताओं की आलोचना तो होती ही है।

मैं भी 'जनता' के माध्यम से हर सप्ताह में गांधी की आलोचना करता हूँ। मतलब कुछ लोगों को मेरी आलोचना करने का अधिकार है। लेकिन आलोचना करते समय अपना मन शुद्ध होना चाहिए। उसमें किसी भी प्रकार का गलत उद्देश्य या नफरत की भावना नहीं होनी चाहिए। मुझे सार्वजनिक जीवन में जो साधन उपलब्ध थे और गांधी को जो साधन उपलब्ध थे उनकी तुलना कीजिए। हम सभी की बीस साल पहले की स्थिति क्या थी? आज किस प्रकार की है? इन सभी के बारे में सोचा गया तो मेरे नाम पर कभी भी शून्य नहीं आएगा।

मेरे साथ काम करनेवाली अन्य पार्टियाँ भी भारत में हैं। ब्राह्मणेतर पार्टी (गैर-ब्राह्मण पार्टी) सन् 1850 से काम कर रही हैं। मराठाओं के राजा भी दो-दो पैसों से उनको सहयोग कर रहे हैं। उनके 'विजय मराठा' समाचार-पत्र को उन्होंने तीस हजार रुपयों तक का आर्थिक सहयोग किया है। लेकिन मुझे केवल ढाई हजार रुपये की मदद की है। उसी में मैंने बीस साल तक इस कार्य को चलाया है। लेकिन ब्राह्मणेतर पार्टी का क्या हुआ है? आज वायसराय मुम्बई में आए तो सैकड़ों लोगों से मिलते हैं। लेकिन हमारे भास्कर राव जाधव का कहीं अता-पता ही नहीं है, खैर।

मैंने बीस साल पहले सार्वजनिक कार्य का यह जो पौधा लगाया है वह अब हरा-भरा हो गया है और उसमें कल फल लगने की स्थिति दिखाई दे रही है। हमारा यह जो विकास हुआ है, उसको कैसे बरकरार रखा जाए इसकी व्यवस्था करना जरूरी है। ऐसा कोई नहीं कहेगा कि आज तक जो काम हुआ है रूखा-सूखा, फलरहित है। और जो कहेगा वह मेरा दुश्मन है ऐसा मानना होगा। मैं जो कह रहा हूँ वह सच है। मेरे कार्य की बुनियाद शुद्ध है। किसी के सामने भी हाथ फैलाने का मौका न आए इस प्रकार की व्यवस्था करना जरूरी है।

कई लोग कांग्रेस में जा रहे हैं लेकिन मुझे इस बात का पूरा भरोसा है कि कांग्रेस के लोग उनके हाथ पर चवन्नी रखेंगे तो मेरे हाथ पर बन्दा रुपया रखेंगे। मुम्बई के कांग्रेस के एक बड़े नेता मा. भुलाभाई देसाई मुझसे कहते हैं कि 'आप सेवाग्राम चलिए और गांधी से बात कीजिए', लेकिन मेरे लिए यह सम्भव नहीं है।

मैंने बचपन में पुराण कथाएँ पढ़ी थीं। उसमें कहा गया है कि दूसरों के अनाज पर पलनेवाला कभी भी स्वतंत्र हो नहीं सकता। भीष्म, द्रोण आदि लोगों को मालूम था कि कौरवों की बुनियाद झूठ पर है। गद्दी पर पांडवों का हक था। उनको इस बात का भी पता था कि युद्ध में पांडव ही विजयी होंगे। फिर भी वे कौरवों की ओर से लड़े। उस समय एक ने पूछा कि आपने ऐसा क्यों किया? भीष्म ने कहा, 'हम लोगों ने उनका अनाज (रोटी) खाया है, इसलिए।'

हमारी स्वतंत्रता उनकी खुशामद करने से मिलनेवाली नहीं है। उनकी 'जी-हुजूरी' करने से काम नहीं चलेगा। हमारे पूर्वजों ने वह सब कुछ करके देखा है। उन्होंने उनके सामने, हिन्दुओं के सामने छाता नहीं लिया है, पाँव में चप्पल नहीं पहनी है,

आदि कई बातें करके देखी हैं, लेकिन क्या उपयोग हुआ है? अब हम लोगों को उनके साथ झगड़ने की, उनका मुकाबला करने की जरूरत है। इसके अलावा और कोई रास्ता नहीं है।

मुझे उनका अनाज खाना नहीं है। मुझे स्वयं को समाज का उत्थान करना है। कोई गरीब आदमी अपनी कथरी को चिथड़े जोड़कर जैसे-तैसे बदन को ढकता है उसी तरह मैंने आज तक सामाजिक कार्य किया है। आप लोगों को यह बताना जरूरी है। मेरा मन कह रहा है कि पिछले बीस साल में मेरे हाथों से कुछ गलती नहीं हुई है। कोई भी आदमी इस बात को साबित करके दिखाए कि मेरे हाथ से फलाँ एक गलती होने से सार्वजनिक नुकसान हुआ है। आज तक का काम निराशादायी नहीं है। जो करना है उसको मनोबल ऊँचा करके करना है। हमको पैसों की जरूरत है। राजनीति पैसों के बगैर चलेगी नहीं। मनुष्य के संसार में पैसों की जरूरत होती है। उसी प्रकार सामाजिक संसार में उससे भी ज्यादा जरूरत होती है। हमारे पास पैसा नहीं है। कांग्रेस के पास पैसों का भंडार है। उनको इस कार्य में एक रुपया लगेगा तो हमको कम से कम चवन्नी तो खर्च करनी पड़ेगी। महाड और नासिक का सत्याग्रह हम लोगों ने भीख माँगकर चलाया है। लेकिन वह कब तक चलेगा? बर्तन में छेद होगा तो उससे पानी तो निकलेगा ही। इसलिए मुझे ऐसा लगता है कि कोई न कोई स्थायी व्यवस्था होनी चाहिए। इमारत बनाने के लिए कम से कम दो-ढाई लाख रुपया लगेगा। उसी इमारत से हम लोगों को हर साल पाँच हजार रुपया मिलेगा तो हमारी स्थिति सुधर सकती है। आप सभी लोगों को तन-मन-धन से इस काम में जुट जाना चाहिए।

कोई कहेगा कि डॉ. साहेब बेरोजगारों से भी पैसा लेते हैं। लेकिन मैं पूछना चाहता हूँ कि क्या मनुष्य उम्र भर बेरोजगार रह सकता है? एक माह-दो माह बेराजगार रह सकता है लेकिन उम्र भर बेरोजगार नहीं रह सकता। बेरोजगार रहते हुए भी उसको जीवन के लिए आवश्यक सभी बातें मिलती हैं। इतना ही नहीं वह अपना शौक भी पूरा कर लेता है। किसी भी आदमी को अपना दो रुपये दान देने में कोई कठिनाई नहीं है।

दूसरी बात यह है कि अपने समाज में अमीर लोग नहीं हैं। जिनको पचास रुपये वेतन मिलता है ऐसे लोगों को अमीर कहा जा सकता है। ऐसे कहा जा सकता है कि दो आना मजदूरी मिलनेवाले मजदूर से उनकी स्थिति अच्छी है। इसलिए ऐसे लोगों को ज्यादा उदारता रखनी चाहिए। जिनकी जितनी इज्जत होगी उतनी उनकी जिम्मेदारी है। लोग मेरी आलोचना करते हैं क्योंकि मेरे पास ज्ञान है और सामाजिक कार्य की सारी जिम्मेदारी मेरे सिर पर है। दो रुपये देकर अपनी कीमत बढ़ाना उचित नहीं।

तीसरी बात यह है कि जिनका वेतन तीस रुपये है या उससे ज्यादा है उन लोगों को अपनी पूरी तनख्वाह देनी चाहिए। कई लोग इस बात की चाहत रखते हैं कि अपना नाम इमारत पर आना चाहिए, जिनकी यह इच्छा हो कि अपना नाम इमारत

पर लिखा जाए तो उनको दान के रूप में एक माह की तनख्वाह देनी चाहिए। मैं इससे ज्यादा और क्या कर सकता हूँ।

किसी व्यक्ति को उसकी योग्यता के कारण उसको काम मिल सकता है, लेकिन कई अध्यापक, अध्यापिकाएँ और क्लर्क आदि लोग समाज की मजबूरियों का लाभ उठाते हैं। ऐसे लोगों को ही समाज के कल्याण के लिए आगे आना चाहिए। सभी को अपने हिस्से का दान देना चाहिए। मुझे उससे क्या लाभ? मेरा नाम भारत के चारों ओर है। मैं आज हूँ कल नहीं। यदि किसी ने मेरे काम के इतिहास को लिखा तो वह बहुत बड़ा हो जाएगा। आज तक काफी सफलता पाई है। 'फिर भी दिल्ली बहुत दूर', और आगे बहुत कुछ करना है। मैंने यह एक खम्भेवाला तम्बू खड़ा किया है। उसको चारों ओर से बल्लियाँ लगाकर मजबूत करना जरूरी है। और यदि उस तरह से नहीं किया तो जैसे ऊँचाई पर गई पतंग कन्नी कट जाने पर जमीन पर गिर पड़ती है उस प्रकार की आप लोगों की स्थिति नहीं होनी चाहिए। मेरे बाद भी आपका रास्ता बहुत दूर है। वह सुखदायी हो इसलिए मैं इस काम को कर रहा हूँ। इसलिए भाइयो और बहनो इस काम में पूरा सहयोग कीजिए। इस प्रकार की सूचना देते हुए मैं अपना भाषण समाप्त कर रहा हूँ।"

सा. जनता, 30 नवम्बर, 1940

चापलूसी छोड़कर मनुष्यत्व के स्वभाव को धारण कीजिए

दिनांक 11 मई, 1941 को आर.एम. भट हाईस्कूल, परल, मुम्बई में अछूत छात्र सम्मेलन (तीसरा) की ओर से डॉ. बाबासाहेब अम्बेडकर द्वारा स्थापित इमारत फंड को 'पर्स' दान देने के लिए प्रिं. दोंदे साहब की अध्यक्षता में एक जंगी जाहिर सभा का आयोजन किया गया था। इस समारम्भ में कई व्यक्ति और संस्थाओं की ओर से इमारत फंड में दान दिया गया था। इस सभा को सम्बोधित करते हुए डॉ. अम्बेडकर ने कहा—

"छात्र मित्रो तथा भाइयो और बहनो,

आज यहाँ आते समय कुछ महत्त्वपूर्ण मुद्दों पर बोलने की मेरी इच्छा थी लेकिन यहाँ इकट्ठा हुआ जनसमुदाय संख्या में बहुत ही कम होने की वजह से मैं यहाँ अपने उद्देश्य को अभी बताना उचित नहीं समझता। आज यहाँ तीन मोहल्लों के लागों ने समाज कार्य के लिए दान दिया है। इसके लिए मैं उनका आभारी हूँ।

हम लोगों को पैसों की बहुत जरूरत है। इमारत फंड के अलावा और भी समस्याएँ हमारे सामने आती हैं। पैसों की जरूरत हमेशा लगी रहती है। मेरे इंजीनियर ने प्रारम्भ में यह बताया था कि इमारत में दो-ढाई लाख रुपया लगेगा। अब लोहा, सीमेंट आदि महँगा होने के कारण दो-ढाई लाख रुपये की बजाय चार लाख रुपया खर्च होने की सम्भावना है।

चार लाख रुपयों की जिम्मेदारी कहाँ और इस सभा में प्राप्त अल्प निधि की जिम्मेदारी कहाँ? लोगों को इस जिम्मेदारी को पूरा करना असम्भव है उसके लिए मुझे दूसरा रास्ता खोजना पड़ेगा। लेकिन मुझे एक बात की बड़ी खुशी होती है। आज आप लोगों में सामाजिक कार्य के प्रति बड़े लगाव की भावना पैदा हो गई है। आप लोगों के काम करने के इस उत्साह को देखकर मुझे बड़ा समाधान हो रहा है। इसलिए मैं यहाँ के लोगों का बड़ा आभारी हूँ।

मुझे स्वयं ऐसा लगता है कि उच्च जातियों की संस्थाएँ जिस तरह से काम करती हैं, हम लोगों को भी उसी तरह से काम करने के लिए सीखना चाहिए। पूना के ब्राह्मणों की 'सेवासदन' नाम की संस्था है, इस संस्था में लड़कियों को पढ़ने-लिखने की सुविधा प्राप्त होती है। वहाँ की लड़कियाँ कुछ काम करती हैं। सन, त्योहार के समय वहाँ की लड़कियाँ टिकट बेचकर काफी पैसा इकट्ठा कर लेती हैं। ये लोग

पहले मेरी ओर भी आते थे लेकिन अब नहीं आते हैं, इसका कारण मेरी आज की भूमिका भी हो सकती है।

एक छात्र ने मुझे बताया कि अपने लोग (हिन्दू) सन, त्योहार आदि नहीं मनाते। लोग होली नहीं जलाते होंगे, गणपति नहीं मनाते होंगे। गुडी-पाडवा के दिन झंडा नहीं लगाते होंगे। लेकिन वे त्योहार के दिन कुछ न कुछ तो करते ही होंगे, ऐसा मुझे लगता है। ऐसे समय जो लोग समाज के काम के बहाने रसीदें लेकर घर-घर जाएँगे तो अच्छा होगा। यह एक बड़ी महत्त्वपूर्ण बात है। पढ़ना-लिखना सीखना जरूरी है। आप सभी लोगों की इस प्रकार की भावना बन गई है कि महार का मतलब सरकार का भिखारी। आप लोग समझते हैं कि भीख (रोटी) माँगना अपना धन्धा है, लेकिन वह गलत है। भीख माँगना कुत्ते का जीवन है। अपने लोगों ने भीख माँगने की आदत छोड़ देनी चाहिए। कांग्रेस ने सत्याग्रह का आन्दोलन केवल अपने हक हासिल करने के लिए शुरू किया है। यदि मैं कांग्रेस में गया तो चार लाख रुपये की बजाय दस लाख रुपये इमारत फंड के लिए इकट्ठा कर सकता हूँ लेकिन यह कुत्ते की आदत है, मनुष्य की नहीं। हम लोगों को इस आदत को छोड़ देना चाहिए। मनुष्य की आदत धारण करनी चाहिए। आप लोगों ने अपनी जिम्मेदारी को पहचाना इस बात का मुझे समाधान है।

दूसरी बात यह है कि दो साल से 'जनता' पत्र पर कई आपत्तियाँ आई हैं। 'जनता' पत्र की जिम्मेदारी का मूल बड़ा महत्त्वपूर्ण है। आप लोग 'जनता' पत्रिका को लेते हैं। उस अंक का सम्पादकीय मैंने कल ही रात में 11 बजे लिखकर दिया है और सुबह 'जनता' पत्र आपके पास पहुँच गया। 'जनता' पेपर को लगनेवाला कागज साढ़े नौ रुपये की बजाय अब साढ़े दस रुपये हो गया है। इस प्रकार की आर्थिक कठिनाई के कारण इस पेपर को बन्द करने की इच्छा हो रही है। लेकिन अखबार हमारे आन्दोलन की जान है। किस जगह किस प्रकार की विशेष घटना घटी इस बात की जानकारी हमें अखबार से पता चलती है। इसलिए कहता हूँ कि जिस दिन तुम्हारा अखबार बन्द होगा उसी दिन आपका आन्दोलन मिट्टी में मिल जाएगा। पिछले शनिवार को हमारी सभा हुई कि क्या अखबार को बन्द किया जाए? यदि साप्ताहिक निकाला जाए तो क्या एक पेज का रखा जाए? क्या द्वि साप्ताहिक निकाला जाए? युद्ध की वजह से 'जनता' को हर माह चार सौ रुपये का नुकसान होता है। उसको कैसे पूरा किया जाए? अन्त में तय किया गया कि प्रेस के कुछ लोगों को कम करके डेढ़ सौ रुपये जैसे-तैसे बचाए जा सकते हैं। समय बड़ा प्रतिकूल है। युद्ध की वजह से कागज महँगा हो गया है, शायद वह आगे मिलेगा भी नहीं। फिलहाल हम लोगों ने 'जनता' पत्र को चलाने का निर्णय लिया है। फिर भी आप लोगों को पत्र की जिम्मेदारी लेनी चाहिए। मैं यहीं अपनी बात को समाप्त करता हूँ और आप सभी के प्रति आभार व्यक्त करता हूँ।"

सा. जनता, 17 मई, 1941

युद्ध के बाद तानाशाही प्रस्थापित नहीं होनी चाहिए

डॉ. बाबासाहेब अम्बेडकर अपना मद्रास दौरा समाप्त करके दिनांक 26 सितम्बर, 1944 को सुबह द्वारपौड़ी रेलवे स्टेशन पर पहुँचे। वहाँ से वे मोटर से रामचन्द्रपुर पहुँचे। वहाँ के दलितों ने उनका जोरदार स्वागत किया। वहाँ से उनकी मोटर कोकीनाडा की ओर निकली। रास्ते में वेलंगी के दलितों ने उनका बड़ा सम्मान किया और सम्मानपत्र भी दिया। शाम को वे कोकीनाडा पहुँचे। वहाँ उनको ईस्ट गोदावरी डिस्ट्रिक्ट बोर्ड की ओर से सम्मानपत्र दिया गया। बोर्ड के अध्यक्ष राय बहादुर बी.बी. सर्वेरायडू इस समारम्भ के अध्यक्ष थे। इस समारम्भ को सम्बोधित करते हुए डॉ. अम्बेडकर ने कहा—

"भारत में इस प्रकार के कई विचार प्रवाह चल रहे हैं कि युद्ध को बिना शर्त मदद की जाए, सशर्त मदद की जाए, कुछ भी मदद न की जाए और युद्ध का विरोध किया जाए। जिसकी वजह से देश की राजनीतिक स्थिति में बड़ी गड़बड़ी पैदा हो गई है। अलग-अलग नेताओं की, अलग-अलग दलों की युद्ध की ओर देखने की दृष्टि अलग है। ये दल और नेता कहते हैं कि यह युद्ध हमारा नहीं है, इसमें अंग्रेजों की पराजय हुई तो अच्छा ही है लेकिन इस प्रकार की सोच बहुत ही गलत है।

यदि भारत में ब्रिटिशों का राज समाप्त होकर जापान या जर्मनी का राज शुरू हो गया तो भारत के सभी लोगों को पशुओं से भी भयंकर जीवन व्यतीत करना होगा। अंग्रेजों ने भारत पर कई प्रकार के अन्याय किए हैं पर उसके खिलाफ बोलने की, आन्दोलन करने की भारतीयों को संवैधानिक स्वतंत्रता थी और है। लेकिन जापान या जर्मनी के तानाशाही राज में इस प्रकार की स्वतंत्रता प्राप्त नहीं होगी। युद्ध समाप्त होने के बाद भारत को ज्यादा हक निश्चित रूप से मिलेंगे और उन हकों को हासिल करने के लिए युद्ध में जापान और जर्मनी को पराजित करने के लिए भारत के सभी राजनीतिक दलों को सहयोग करना जरूरी है, इसी में अपनी भलाई है।

इस सन्दर्भ में 'भारत छोड़ो' आन्दोलन करके युद्ध को प्रत्यक्ष या परोक्ष रूप में जो मदद होती है उनको असफल करने के लिए जिन-जिन लोगों ने प्रयास किया है

उनको सरकार ने जेल में डाल दिया। इसमें सरकार की ओर से अन्याय नहीं हुआ है। जिन लोगों को ऐसा लगता है कि जिन्ना और गांधी में समझौता होना चाहिए केवल उतनी-सी बात से भारत के राजनीतिक सवाल हल होनेवाले नहीं हैं बल्कि अछूत, हिन्दू, मुस्लिम आदि सभी वर्ग के और दल के लोगों को इकट्‌ठा बैठकर उन सवालों को हल करने का प्रयास करना चाहिए।"

Dr. Babasaheb Ambedkar writing and speeches Vol. 18, part-II (म.रा.) P. 476-477

बदली हुई स्थिति का एहसास रखिए

दिनांक 25 से 27 दिसम्बर, 1927 को महाड में सत्याग्रह परिषद के अवसर पर दिनांक 27 दिसम्बर को परिषद में दलित समाज की महिलाओं को उनकी जिम्मेदारी के सम्बन्ध में महत्त्वपूर्ण उपदेश करने के बाद समाज के पंचों को सम्बोधित करते हुए डॉ. अम्बेडकर ने कहा था—

"मैं अब आप लोगों को जो कुछ कहने जा रहा हूँ उसके बारे में गुस्सा करने की आवश्यकता नहीं। मैं आप लोगों का ही बेटा हूँ। यदि मैं गलत हूँ तो मुझे माफ कीजिए। अपने पूर्वजों ने पंचों की व्यवस्था की यह उन्होंने सबसे अच्छा काम किया है, ऐसा मैं मानता हूँ। हर समाज की रूढ़ियाँ, रिवाज तय हो चुके होते हैं। उन रीति-रिवाजों के मुताबिक सभी को चलना पड़ता है। जब कोई जाति के रिवाजों के मुताबिक बर्ताव न करता हो तो उसका सबक सिखाने के लिए बहिष्कार जैसी या जुर्माना जैसी सजा दी जाती है। इस प्रकार की सजा देने का अधिकार जाति के लोगों ने आप जैसे अगुआ (म्हेत्रे, मोहरे) लोगों को दिया है। इससे आप लोगों को समझ में आएगा कि आप लोगों की समाज में कितनी बड़ी प्रतिष्ठा है।

आप लोग समाज के न्यायाधिकारी और धर्माधिकारी हैं। आप लोग समाज को जिस प्रकार का धर्म बताएँगे और जिस प्रकार से न्याय करेंगे उसी तरह समाज को अच्छी-बुरी दिशा प्राप्त होगी। लेकिन आप लोगों के बारे में सभी को शिकायत है कि आप लोग जिधर दम उधर हम इस तरह से बर्ताव करते हैं। और सच का झूठ और झूठ का सच करते हैं, जिसकी वजह से समाज में अधर्म बढ़ रहा है। और इसके लिए आप लोग जिम्मेदार हैं। इसलिए मैं आप लोगों को जो कहना चाहता हूँ वह यह है कि आप लोगों को अपनी जिम्मेदारी को पहचानना चाहिए। इस बात को भी ध्यान में रखिए कि समय बदल रहा है। इस बात को भी ध्यान में रखिए कि बदलती परिस्थिति में हमें क्या करना है।

पुरानी परम्पराओं को, रीति-रिवाजों को छोड़ दीजिए। आप लोगों को नई परम्पराएँ स्थापित करने की आवश्यकता है। इतना ही नहीं तो जहाँ-जहाँ लोग इस नई परम्पराओं को स्वीकार करने के लिए अनुकूल नहीं होंगे वहाँ-वहाँ बहिष्कार के तंत्र को अपनाकर उनको सही राह पर लाना चाहिए। यदि इस काम को करने

के लिए आप लोग तैयार होंगे तो हम आपकी वंश परम्परा की गद्दी को स्वीकार करेंगे और यदि उस तरह से करने के लिए आप लोग तैयार नहीं होंगे तो नई नीति और नई परम्परा के पंच नियुक्त करके, हम लोगों को आपके अधिकारी को छीन लेना पड़ेगा। बदलती परिस्थिति में हमारी जाति को किस प्रकार के नियम लगाना उचित है इस बात पर विचार-विमर्श करने के लिए मैं सभी अगुआ (म्हेत्रे) लोगों की सभा आयोजित करनेवाला हूँ। उस सभा में सबकी राय से जो नियम सम्मत होंगे उनको अमल में लाने का प्रयास आप लोग करेंगे इस बात की मुझे पूरी उम्मीद है।"

बहिष्कृत भारत, 3 फरवरी, 1928

अछूतों का उत्थान और महिलाओं की जिम्मेदारी

दिनांक 27 दिसम्बर, 1927 को महाड में डॉ. अम्बेडकर ने महिलाओं के लिए विशेष कार्यक्रम में महिलाओं को सम्बोधित करते हुए कहा कि—

"आप इस परिषद में आई हैं इस बात की मुझे बड़ी खुशी है। जिस तरह जिन्दगी के सवालों को स्त्री और पुरुष दोनों मिलकर हल करते हैं उसी प्रकार समाज के जिन्दगी के सवालों को भी स्त्री-पुरुष सभी को मिलकर हल करना चाहिए। इस काम को केवल पुरुषों ने ही हल करने का सोचा तो उनको हल करने के लिए काफी समय लगेगा इसमें कोई सन्देह नहीं। उसी काम को यदि महिलाओं ने करने की बात सोच ली तो उस काम में तुरन्त सफलता प्राप्त होगी ऐसा मेरा मानना है। लेकिन उनको अकेले उस काम को करना सम्भव नहीं है। तब भी जो पुरुष वर्ग इस काम को कर रहा है उसको अवश्य सहयोग करना चाहिए। इसलिए मेरा आपसे यही अनुरोध है कि आपको इसके बाद हमेशा परिषदों में उपस्थित रहना चाहिए।

सचमुच में देखा जाए तो अछूतपन निर्मूलन का सवाल पुरुषों का नहीं बल्कि आप महिलाओं का है। आपने हम पुरुषों को जन्म दिया है। आप जानती हैं कि अन्य लोग हम लोगों को किस तरह जानवरों से भी नीच मानते हैं। कुछ जगह सवर्ण हिन्दू लोग हमारी छाँव भी बर्दाश्त नहीं करते। अन्य लोगों को कोर्ट-कचहरियों में मान-सम्मान की नौकरियाँ मिलती हैं। लेकिन आपके पेट से पैदा हुए हम बच्चों को पुलिस विभाग में मामूली पुलिस की नौकरी भी नहीं मिलती, इतना हमारा निम्न स्थान है। यह सब कुछ आपको पता होते हुए भी आपने हम लोगों को क्यों पैदा किया है, इस प्रकार का सवाल यदि आपसे कोई पूछे तो आप क्या जवाब देंगे? इस परिषद में इकट्ठा कायस्थ और अन्य सवर्ण महिलाओं के पेट से पैदा हुए बच्चों में और आपसे पैदा हुए हम बच्चों में क्या फर्क है?

आपको सोचना चाहिए कि ब्राह्मणों की औरतों में जितना शील है उतना शील आपमें भी है। ब्राह्मण औरतों में जितनी पवित्रता है उतनी पवित्रता आपमें भी है और आपमें जितना साहस, हिम्मत और धमक है उतनी ब्राह्मण औरतों में भी नहीं है। यह सब होते हुए भी ब्राह्मण औरत की कोख से पैदा हुए बालक सम्मानित होते हैं और आपकी कोख से पैदा हुए बालक सब जगह क्यों अपमानित होते हैं? उनको मामूली

इनसानियत के हक क्यों प्राप्त नहीं होते, इस बात पर क्या आपने कभी सोचा है? मुझे ऐसा लगता है कि आपने इस पर बिलकुल सोचा ही नहीं है। यदि आपने सोचा होता तो पुरुषों के पहले आप महिलाओं ने सत्याग्रह किया होता। क्योंकि आपकी कोख से जन्म लिया इतना ही पाप हमारे हाथों से हुआ है। और उसी पाप की वजह से हम लोगों को अछूतपन की इस सजा को भोगना पड़ रहा है। इसलिए आपको सोचना चाहिए कि आपकी कोख से जन्म लेना पाप क्यों माना जाए और अन्य औरतों की कोख से जन्म लेना पुण्य क्यों माना जाए। इस सवाल पर यदि आपने सोचा तो या तो आपको प्रजा उत्पत्ति को बन्द करना होगा या आपके कारण उनको लगनेवाले कलंक को भी धोना पड़ेगा। इन दोनों में से किसी न किसी एक बात को आपको करना होगा।

आप संकल्प कीजिए कि इस प्रकार की कलंकित स्थिति में हम इसके आगे कभी नहीं जीएँगे। जैसे पुरुषों ने समाजोत्थान करने का संकल्प किया है वैसा आप भी कीजिए। मैं और भी एक बात आप लोगों से कहना चाहता हूँ कि आप लोगों को सनातन, परम्परागत और घटिया रिवाजों को, मान्यताओं को त्याग देना चाहिए। सचमुच में देखा जाए तो अछूत मनुष्य को वह अछूत है इस प्रकार की पहचान देनेवाला कोई निशान उसके माथे पर नहीं है। लेकिन अछूत समाज में जिस प्रकार के रिवाज हैं, संस्कार हैं, उन संस्कारों की वजह से, रिवाजों की वजह से अन्य समाज के लोग फलाँ आदमी अछूत जाति का है ऐसा समझ लेते हैं, तुरन्त पहचान लेते हैं। मेरा ऐसा मानना है कि इस तरह के रिवाज, परम्पराएँ किसी समय हम लोगों पर जबरन लाद दिए गए थे, लेकिन अंग्रेज सरकार के राज्य में उस प्रकार की जबर्दस्ती हो नहीं सकती। इसलिए जिन बातों की वजह से अन्य लोग हम लोगों को अछूत समझ लेते हैं उन सभी बातों को हम लोगों को त्याग देना चाहिए। आप लोगों का साड़ी (लुगड़ा) पहनने का ढंग आपके अछूतपन को सिद्ध करता है। इसलिए उस ढंग को बदल देना चाहिए। उच्च वर्ग की महिलाएँ जिस ढंग से साड़ी (लुगड़ा) पहनती हैं उस ढंग से साड़ी पहनना आपको सीखना चाहिए, उस तरह से साड़ी पहनने में आपका कुछ खर्च नहीं होता।

उसी प्रकार गले में ढेर सारी मालाएँ (गकसरी) और हाथों में लम्बी-चौड़ी कथीर की या चाँदी की चूड़ियाँ (गोठ-पाटल्या) भी आपको अछूत के रूप में पहचानने की निशानी है। एक माला के अलावा ज्यादा मालाएँ (गकसरी) पहनने की जरूरत नहीं। उससे पति की आयु बढ़ती है या अपने शरीर की शोभा बढ़ती है, ऐसी कोई बात नहीं है। गहनों की बजाय कपड़े में ही ज्यादा सुन्दरता है। इसलिए कथीर या चाँदी के गहनों पर पैसा खर्च करने की बजाय अच्छे कपड़ों पर पैसा खर्च कीजिए। गहना पहनना ही हो तो सोने का पहनिए अन्यथा मत पहनिए। उसी प्रकार साफ-सफाई से रहने का प्रयास कीजिए। आप घर की मुखिया हैं इसलिए घर में किसी भी प्रकार की अमंगल बातें न होने देने की पूरी कोशिश कीजिए। यह एक बड़ी खुशी की बात

है कि पिछले मार्च महीने से सभी लोगों ने मरे हुए जानवरों का मांस खाना बन्द किया है। लेकिन किसी परिवार में वैसा न हुआ हो तो वहाँ भी उस तरह से करने की जिम्मेदारी आप लोगों को अपने कन्धे पर लेनी चाहिए।

जो पति मरे हुए जानवरों का मांस घर में लाए उसको आप सीधे शब्दों में कहिए कि इस तरह की बातें मेरे घर में नहीं चलेगी और मुझे पूरा यकीन है कि इस बात को करने का आपने संकल्प किया तो गलत, अमंगल बातें पूरी तरह बन्द हो जाएँगी।

उसी प्रकार आप लोगों को अपनी बच्चियों को भी पढ़ाना चाहिए। ज्ञान, पढ़ाई-लिखाई केवल पुरुषों के लिए ही नहीं है। उसकी महिलाओं को भी जरूरत है। इस बात को हमारे पूर्वजों ने भी समझा था। अन्यथा जो लोग फौज में थे उन्होंने अपनी लड़कियों को जो पढ़ाया वह न पढ़ाया होता। जैसी खदान वैसी मिट्टी, इस बात को ध्यान में रखिए। यदि आप अपनी अगली पीढ़ी को सुधारना चाहते हैं तो आपको लड़कियों को पढ़ाने में कोई कसर बाकी नहीं रखनी चाहिए। मैं यह मानता हूँ कि मैंने आप लोगों को जो उपदेश दिया है उस पर आप निश्चित रूप से अमल करेंगे। आप मेरी बातों पर तुरन्त अमल कीजिए, इसलिए, आप कल सुबह अपने-अपने घर जाने से पहले आपके साड़ी पहनने की पद्धति में परिवर्तन करके मुझे बतलाइए। उसके बाद जा सकते हैं। तब तो मैं समझूँगा कि मैंने जो कहा है उसका कोई फायदा हुआ है।"

बहिष्कृत भारत, 3 फरवरी, 1928

सवर्णों को अछूतों की बजाय सवर्णों का प्रबोधन करना उचित

दिनांक 18 जनवरी, 1928 को त्र्यंबकेश्वर में जन जागृति करने की दृष्टि से एक जनसभा का आयोजन किया गया था। डॉ. बाबासाहेब अम्बेडकर इस सभा के अध्यक्ष थे। उन्होंने अपने अध्यक्षीय व्याख्यान में कहा—

"यदि आप लोग हमारे लोगों के बारे में हमदर्दी रखते हैं तो आप लोग हमारे लोगों की सभा में आकर भाषण करने की बजाय सवर्ण लोगों की सभाएँ आयोजित कर उनमें हम लोगों के बारे में हमदर्दी पैदा करने का काम करेंगे तो बहुत ही अच्छा होगा।" उन्होंने मराठा समाज के लोगों को भी कहा कि "आप लोगों को शहर में सभाएँ आयोजित करने की बजाय गाँव-देहातों में आयोजित करनी चाहिए, क्योंकि वहाँ के मराठा लोगों की स्थिति जो हमने कुलाबा जिले में देखी है उससे वह एकदम भिन्न निठल्ले जैसी है। इसलिए आप लोगों को उन लोगों को समझाने का प्रयास करना चाहिए।"

बहिष्कृत भारत, 3 फरवरी, 1928

परिशिष्ट : एक

मनमाड में अखिल जी.आई.पी. रेलवे अछूत मजदूर परिषद आयोजित करने के बारे में अपनी भूमिका का खुलासा करनेवाला रेलवे अछूत मजदूरों के लिए प्रकाशित किया गया एक निवेदन पत्र—

निवेदन पत्र

"अखिल जी.आई.पी. रेलवे अछूत मजदूर परिषद का आयोजन मनमाड में इस माह के अन्त में होने जा रहा है। इस परिषद का आयोजन करने का निर्णय करने से पहले परिषद के संचालक मंडल के कुछ लोग पिछले माह डॉ. बाबासाहेब अम्बेडकर से मिले हैं। इस परिषद का आयोजन करने की असली वजह यह है कि आजकल जहाँ-तहाँ भयंकर आर्थिक स्थिति की वजह से कंगाली की स्थिति आ गई है। इस स्थिति का भयंकर बुरा परिणाम गरीब मजदूर वर्ग पर हो रहा है और उसमें भी अछूत वर्ग के मजदूरों की कठिनाइयों की कोई सीमा ही नहीं रही है। अछूत वर्ग के मजदूरों को सवर्ण वर्ग के मजदूरों से कुछ परेशानी तो होती ही है। लेकिन अधिकारी वर्ग के द्वारा जिस ढंग से सताया जाता है उस परेशानी को सुननेवाला कोई जिम्मेदार व्यक्ति नहीं है या उनकी शिकायतों को सही ढंग से अधिकारी वर्ग के सामने रखनेवाला सच्चा प्रतिनिधि नहीं है।

इसलिए अछूत वर्ग के मजदूरों को आज तक के भयंकर अनुभव से यह सत्य बात समझ में आई है कि दिल से अपनेपन की भावना के बगैर कोई काम नहीं होता है। रेलवे का दिन-रात जानवरों की तरह काम करना लेकिन उसका मुआवजा क्या है? एक समय पेट भर रोटी मिलेगी या नहीं, इतना कम वेतन प्राप्त करना! इस प्रकार की नौकरी करते समय अपने पारिवारिक निर्वाह के लिए कर्जदार होने की मुसीबत आती है, यह तो है ही। इस प्रकार की भयंकर स्थिति अछूतपन के कलंक के साथ अनुभव करते रहना दिन-ब-दिन कठिन हो रहा है। इन सभी बातों पर गम्भीर रूप से विचार-विमर्श करके कुछ प्रमुख लोगों ने यह तय किया है कि अछूत मजदूरों को संगठित करके अपने अगले कार्य की रूपरेखा तैयार करने के लिए अखिल जी.आई.पी. रेलवे अछूत मजदूर परिषद का आयोजन किया जाए।

मनमाड में आयोजित इस परिषद की अध्यक्षता अछूत वर्ग के सम्माननीय नेता डॉ. बाबासाहेब अम्बेडकर ने करने का निमंत्रण स्वीकार किया है। अछूत वर्ग का सम्पूर्ण उत्थान करके उनको राजनीतिक हक दिलवाने के लिए डॉ. बाबासाहेब अम्बेडकर ने आज तक जो स्वार्थत्याग किया है वह जनता के सामने हैं। भारत के जी.आई.पी. रेलवे में अछूत वर्गीय मजदूरों की संख्या काफी है। उनका उचित संगठन करने के बाद पूँजीपति और कारखानदार वर्ग के विरोध में हो रहे संघर्ष के बारे में सही चर्चा करके इस परिषद के सम्मेलन से अखिल रेलवे मजदूरों की भलाई की कई बातें होंगी इसमें कोई सन्देह नहीं है। मजदूरों का जीवन कितना कठिन होता है इसकी कल्पना केवल किताबें पढ़ने से नहीं होगी। उस प्रत्यक्ष भयंकर जीवन संघर्ष में सम्मिलित हुए बगैर उनकी असहाय स्थिति की कल्पना नहीं आएगी। रेलवे जैसे धनी और समर्थ व्यापारी संस्था को अपने मजदूरों की उचित चिन्ता करना कितना जरूरी है। इस बात को दूसरों को बताने से कोई लाभ नहीं है, बल्कि इस बात की समझ तो इस धनी वर्ग को ही आनी चाहिए। जिनकी मेहनत पर हम धनवान बन गए हैं और ऐशो-आराम की जिन्दगी बसर कर रहे हैं उन मजदूरों को कम से कम दो समय की पेट भर रोटी तो मिले। इतना वेतन देना हर कारखानदार का, धनी वर्ग का और पूँजीपति का पहला काम है। मजदूरों की लड़ाई पेट का सवाल है। इन मजदूरों को इस बात की हमेशा चिन्ता लगी रहती है कि हमें और अपने बाल-बच्चों को दो समय की रोटी कैसे मिलेगी? ऐसे समय थोड़ा-सा आराम और सुख पाने के लिए भी उन पर स्थिर नहीं होता है। इन सभी बातों पर विचार करके ही इस परिषद के आयोजन का निर्णय लिया गया है।

इस परिषद को सफल बनाने के लिए मनमाड, भुसावल, कल्याण, इगतपुरी, नांदगाँव, दौंड, सोलापुर, ठाणे और मुम्बई आदि शहरों के प्रमुख कार्यकर्ताओं ने पहले ही डॉ. बाबासाहेब अम्बेडकर से मिलकर विचार-विमर्श किया है। परिषद की कल्पना की जानकारी फैलते ही मुम्बई से लेकर दिल्ली, इलाहाबाद, लखनऊ, कानपुर, जबलपुर, रायपुर आदि ब्रांच लाइन विभागों से इस परिषद को सफल बनाने के लिए प्रत्यक्ष हमदर्दी का समर्थन मिल रहा है। इसलिए हर राज्यों के प्रतिनिधियों की प्रारम्भिक स्तर की सही परिषद सफल बनाने के लिए सभी अछूत रेलवे मजदूरों ने परिषद के संचालक मंडल को अपनत्व की भावना से, प्यार की भावना से, कार्य की जिद से मदद करने की आवश्यकता है। आर.आर. पवार इस परिषद के जनरल सेक्रेटरी हैं। रेलवे अछूत कर्मचारी उनके कार्य के बारे में अच्छी तरह जानते हैं। उसी प्रकार परिषद के अन्य संचालक लोगों के बारे में भी हमारे अछूत रेलवे मजदूरों को पूरी जानकारी है।

सबसे महत्त्वपूर्ण बात यह है कि यह परिषद अपने परम पूज्य नेता और स्वतंत्र मजदूर पार्टी के अध्यक्ष डॉ. बाबासाहेब अम्बेडकर की विशेष अध्यक्षता में होनेवाली

है। परिषद के निवेदन पत्र और चन्दे के लिए रसीद बुक विभिन्न स्थानों के कार्यकर्ताओं के पास भेज दी गई है। उसी प्रकार हर अछूत रेलवे कर्मचारी को इस परिषद का प्रतिनिधि होना ही चाहिए। हर अछूत रेलवे कर्मचारी डॉ. बाबासाहेब अम्बेडकर का यह सन्देश कि 'अपना संगठन स्वावलम्बन की राह पर चलेगा तो ही हम लोगों को सही सफलता प्राप्त होगी' अपने दिल में सँजोकर रखना चाहिए। मनमाड की इस अखिल जी.आई.पी. रेलवे अछूत कर्मचारी परिषद को सफल करना अपने मजदूर आन्दोलन की दृष्टि से विशेष महत्त्वपूर्ण है, इस बात को सभी को अच्छी तरह ध्यान में रखकर इस परिषद को तन-मन-धन से सफल बनाने का संकल्प करना चाहिए।[1]

उक्त परिषद इसी साल मनमाड में आयोजित करने का तय हो गया है। लेकिन परिषद के नियोजित अध्यक्ष डॉ. बाबासाहेब अम्बेडकर को पूर्व तय तिथियों पर अन्य काम होने की वजह से उपस्थित रहना असम्भव है। अब यह परिषद मनमाड में ही दिनांक 29 और 30 जनवरी, 1938 को आयोजित होगी। डॉ. बाबासाहेब अम्बेडकर ने उक्त तिथियों को परिषद आयोजित करने के लिए परिषद के संचालकों को सूचित किया है और वे परिषद की तैयारी में जुट गए हैं।

रेलवे या मिल या बड़े-बड़े कारखानों में अछूत लोगों को कितनी परेशानियाँ भोगनी पड़ती हैं, उनको इस शारीरिक मेहनत के काम में भी केवल अछूत होने के कारण कितना अपमान बर्दाश्त करना पड़ता है, उसी प्रकार अछूत मजदूरों को आर्थिक दृष्टि से भी भयंकर नुकसान बर्दाश्त करना पड़ता है। इस वास्तविकता को एक बार दुनिया के सामने रखना जरूरी है। उसी प्रकार आज के परिवर्तन के युग में भी अछूतपन का कलंक अछूत कर्मचारियों के उत्थान में किस तरह से रोड़ा बनता है इस बात को समझना आसान हो जाएगा। अछूत कर्मचारियों को अन्य कर्मचारियों से कभी भी अलग नहीं होना है। सभी कर्मचारियों की जो अन्य माँगें हैं उसमें अछूत कर्मचारी उनसे निश्चित रूप से सहयोग करेंगे लेकिन आज अछूत कर्मचारियों को अछूतपन की वजह से जो भयंकर स्थिति प्राप्त हुई है उस पर विचार-विमर्श करने के लिए और अन्य कर्मचारियों के हित सम्बन्धों के सवालों के बारे में निश्चित नीति तय करने के लिए यह जी.आई.पी. रेलवे मजदूर की परिषद आयोजित की जा रही है।

इस परिषद के बारे में उक्त प्रकार से सार रूप में खुलासा किया गया है। इसलिए अछूत रेलवे कर्मचारियों को अपने आपको संगठित करके मनमाड की इस परिषद को सफल बनाने का प्रयास करना चाहिए। इस परिषद के युवा और उत्साही जनरल सेक्रेटरी आर.आर. पवार ने इस परिषद को असाधारण और सफल करने का संकल्प किया है और वे अपने सहयोगी तथा मित्रों के सहयोग से इस कार्य में जुट गए हैं। डॉ. बाबासाहेब अम्बेडकर अध्यक्ष पद से इस प्रकार के मार्गदर्शन पर भाषण करनेवाले हैं

1. सा. जनता, 8 मई, 1937

कि जो रेलवे कर्मचारियों के लिए दिशा-निर्देश करनेवाला होगा। यह परिषद अखिल भारतीय स्तर की है। उसकी सफलता में ही भारतीय रेलवे अछूत कर्मचारियों का सही कल्याण है। इसलिए सभी कर्मचारियों को अपनी विशाल शक्ति से इस परिषद को कामयाब बनाने के लिए संचालक मंडल को प्रत्यक्ष सहयोग से मदद करनी चाहिए। इस परिषद के सफल होने से दुनिया को इस बात का पता चल जाएगा कि अछूत कर्मचारी समय आने पर अपना आन्दोलन स्वावलम्बन के रास्ते से सफल बना सकते हैं। हमें इस बात की उम्मीद है कि हमारे जागृत रेलवे अछूत कर्मचारी अपनी जिम्मेदारी को जानकर इस परिषद की असाधारण शक्ति का सभी को एहसास करा देने में कोई कसर नहीं छोड़ेंगे।"[1]

इस परिषद में उपस्थित रहने के सम्बन्ध में डॉ. बाबासाहेब अम्बेडकर ने परिषद के जनरल सेक्रेटरी को पत्र भेजा है। उसके अनुसार जनरल सेक्रेटरी ने डॉ. बाबासाहेब अम्बेडकर को पत्र लिखा और जाहिर खुलासा प्रकाशित किया। वे दोनों पत्र और खुलासा इस प्रकार हैं—

राजगृह, हिन्दू कॉलोनी
दादर, मुम्बई
14.1.1938

प्रिय रामचन्द्रराव पवार,
जनरल सेक्रेटरी,
रेलवे दलित कामगार मंडल और कामगार लोक,

मनमाड में आयोजित रेलवे दलित कामगार परिषद सभी दृष्टि से बहुत ही महत्त्वपूर्ण परिषद होगी। मैंने इस परिषद के लिए दिनांक 29 और 30 जनवरी, 1938 को उपस्थित रहना स्वीकार किया था, लेकिन कुछ जरूरी कामों की वजह से उक्त तिथियों को उपस्थित रहना मेरे लिए असम्भव है, इसलिए खेद है। उक्त परिषद सिर्फ पन्द्रह दिन आगे बढ़ाई गई है तो उक्त परिषद में उपस्थित रहने के लिए मुझे पर्याप्त समय मिलेगा। इसलिए उक्त परिषद दिनांक 12 और 13 फरवरी, 1938 शनिवार और रविवार को आयोजित की गई तो अच्छा होगा। उसी प्रकार कई दिनों से नासिक जिले के पूर्व में बसे सटाणे और काझीसांगवी आदि गाँवों में मैं आऊँ इस प्रकार की वहाँ के लोगों की इच्छा भी पूरी होगी। इसलिए उक्त तिथियों को परिषद आयोजित करने की मेहरबानी कीजिए। मैं इस बात को अच्छी तरह से जानता हूँ कि आपमें से कई लोगों को 29 और 30 जनवरी, 1938 की छुट्टी और पास प्राप्त करने के लिए काफी परेशानी हुई होगी। आपसे मेरा अनुरोध है कि इसके लिए आप मुझे माफ करें।

आपका नम्र
भीमराव डॉ. अम्बेडकर

1. सा. जनता, 25 दिसम्बर, 1937

प्रति,
परमपूज्य डॉ. बाबासाहेब अम्बेडकर
चरणों में प्रणाम।

आपके आदेश के मुताबिक रेलवे दलित मजदूर परिषद दिनांक 12 और 13 फरवरी, 1938 को शनिवार और रविवार के दिन आयोजित करने पर विचार-विमर्श के लिए स्वागत मंडल के सामने रखा है। आपके चरणों में,

आपका नम्र सेवक
आर.आर. पवार

जाहिर खुलासा

परमपूज्य डॉ. बाबासाहेब अम्बेडकर के आदेश के मुताबिक रेलवे दलित मजदूर परिषद दिनांक 12 और 13 फरवरी, 1938 को शनिवार और रविवार के दिन आयोजित करने का निश्चित हुआ है और बहुत जल्दी ही उसका कार्यक्रम प्रसिद्ध किया जाएगा।

आपका नम्र सेवक
आर.आर. पवार
जनरल सेक्रेटरी
मनमाड रेलवे दलित मजदूर परिषद[1]

Dr. Babasaheb Ambedkar
writing and speeches
Vol. 18, Part II, P. 87-91

1. सा. जनता, 22 जनवरी, 1938

परिशिष्ट : दो

दिनांक 14 मई, 1938 को कणकवली में आयोजित महार आदि दलित वर्गीय परिषद में डॉ. अम्बेडकर के भाषण के बाद निम्न प्रस्ताव मंजूर किए गए—

प्रस्ताव-1 : मरे हुए जानवरों को नहीं उठाना चाहिए।

प्रस्ताव-2 : महारों के बीच के पाण और बेले भेद को समाप्त करना चाहिए।

प्रस्ताव-3 : खोती पद्धति समाप्त करना चाहिए और महार वतन बिल का समर्थन करना चाहिए।

प्रस्ताव-4 : होटल या रेस्टोरेन्टों में सवर्ण हिन्दुओं की तरह व्यवस्था न हो तो उसका बहिष्कार किया जाए।

प्रस्ताव-5 : जगह-जगह महार सेवासंघ की शाखाएँ स्थापित की जाए।

प्रस्ताव-6 : महारकी के काम बन्द करवाए गए हों तो वे दूसरों को नहीं करना चाहिए।

प्रस्ताव-7 : हर गाँव को आठ आना चन्दा देकर संघ की शक्ति को बढ़ाना चाहिए।

सा. जनता, 28 मई और 4 जून, 1938

परिशिष्ट : तीन

निवेदन

दिनांक : 16, शनिवार और 17 रविवार, दिसम्बर, 1939
स्थान : हरेगाँव, शुगर फैक्टरी, तह. कोपरगाँव
जिला : अहमदनगर, अध्यक्ष—डॉ. बाबासाहेब अम्बेडकर

सभी वतनदार महार, मातंग, वेठिया (बँधुआ) आदि भाई-बहनों को बड़े विनम्रता के साथ सूचित किया जाता है कि आप लोगों को वतन (इनाम) के बारे में जो अभिमान और लोभ है उसको ध्यान में रखकर ही सरकार वतनदार महार, मातंग और वेठिया आदि लोगों पर बार-बार अन्याय कर रही है और जुल्म-ज्यादतियाँ कर रही है। गाँव-मजदूर महार आदि लोग बड़ी ईमानदारी के साथ सरकारी काम कर रहे हैं। लेकिन पाटील, पटवारी आदि लोगों के गलत रिपोर्ट के आधार पर सैकड़ों महार सरकारी काम नहीं करते, इस प्रकार का कारण दिखाकर उनको दंडित किया जा रहा है। पहले गाँव मजदूर महारों की ओर से जो सरकारी काम करवा लिए जाते थे, वे सभी सरकारी काम गाँव के मजदूर महार आदि लोगों से करवाए जा रहे हैं और दरिद्रता से पीड़ित और उन पर जो लगान (जुड़ी पट्टी) लगाया गया है, उसको बड़ी कठिनाइयों से देनेवाले महार आदि लोगों की इनाम भूमि पर हजारों रुपयों का ज्यादा लगान (जुड़ी) बढ़ाकर उनको और भी कंगाल किया जा रहा है। उसी प्रकार सरकारी काम के नाम पर उनको जो काम करना है उस काम का बेहिसाब बोझ उनके पीछे लगाकर उनको मटियामेट कर दिया है।

इसलिए हम लोगों को इस प्रकार के अन्याय के बारे में समय से पहले ही सोचना जरूरी है और अपनी जो सही माँग है उसको सब मिलाकर माँगना जरूरी है। यदि सरकार ने अपनी उचित माँग पर विचार नहीं किया तो हम लोगों पर जो अन्याय हो रहा है उसका संवैधानिक ढंग से प्रतिकार करना होगा। इन सभी महत्त्वपूर्ण और अपने अस्तित्व से सम्बन्धित बातों के बारे में इस परिषद में विचार-विमर्श होगा। इसलिए आप सभी लोगों को इस अवसर पर उपस्थित रहना जरूरी है।

कई कठिनाइयों के कारण इस परिषद के लिए आनेवाले मेहमानों के भोजन की व्यवस्था व्यवस्थापक मंडल के लिए करना सम्भव नहीं है। इस तरह से आप लोगों को सूचित करने में खेद हो रहा है। इस परिषद में आते समय सभी को अपने-अपने लिए अपना भोजन साथ में लाना चाहिए, यही अनुरोध है।

इस परिषद के लिए किसी को किसी भी प्रकार का पत्र व्यवहार करना हो तो उनको भाडराव गायकवाड़, एम.एल.ए. नासिक, इस पते पर करना चाहिए।

सा. जनता, 9 दिसम्बर और 23 दिसम्बर, 1939

परिशिष्ट : चार

सम्मान-पत्र

डॉ. भीमराव रामजी अम्बेडकर
एम.ए., पी-एच.डी. (कोलंबिया), डी.एस-सी. (लंदन),
बार.ॲट.लॉ. एम.एल.ए., जे.पी., मुम्बई
ज्ञानीमान्य भारतभूषण डॉक्टर साहेब,

बराबर तेरह साल पहले दिनांक 19 मार्च, 1929 को हमारे इस महाड शहर में आपके नेतृत्व में अछूत जनता ने चवदार तालाब में पानी पीकर अपना नागरिक समानता का जन्मसिद्ध हक कायम किया। उस ऐतिहासिक घटना की याद को बरकरार रखने के लिए दिनांक 19 मार्च का आज का दिन 'अछूत-स्वतंत्रता दिन' के रूप में मनाने के उद्देश्य से आप यहाँ आए हैं। इस महत्त्वपूर्ण ऐतिहासिक अवसर पर महाड शहर के नागरिकों की ओर से हम महाड म्यूनिसिपैलिटी के अध्यक्ष, उपाध्यक्ष और सभी सदस्य आपका हार्दिक स्वागत करते हैं।

आपने अपने छात्र जीवन में तरह-तरह की परेशानियाँ बर्दाशत करके ज्ञान प्राप्त किया है। आपकी असाधारण बुद्धि और ज्ञान पाने की लालसा को देखकर सर सयाजीराव महाराजा गायकवाड़ ने आपको विदेश जाकर ज्ञान सम्पादन करने का अवसर और साधन उपलब्ध करवाए हैं। आपने दर्शन, राजनीतिशास्त्र, समाजशास्त्र, अर्थशास्त्र, कानून आदि गम्भीर विषयों में देशी और विदेशी विश्वविद्यालयों में महारत हासिल की है। यदि आपने स्वार्थी भावना से बड़ी अधिकार की नौकरी हेतु अपनाया होता तो आपने अपनी महान योग्यता के बल पर सब कुछ हासिल किया होता। लेकिन आप सरकारी नौकरी के जाल में फँसने की बजाय अपनी स्वतंत्र योग्यता के अनुकूल बैरिस्टरी के पेशे को अपनाया और उसमें महान कीर्ति को प्राप्त किया।

आपने अपने प्रभावी नेतृत्व से इस देश के सात करोड़ अछूत जनता के स्वाभिमान को जगाया, उनमें नवचेतना और शक्ति का निर्माण करके उनमें उनके इनसानियत के जन्मसिद्ध हकों की चेतना जगाई। आपने अपने असाधारण प्रयासों से अछूत जनता के आचारों-विचारों में असाधारण क्रान्ति पैदा की। इतना ही नहीं आपने सवर्ण हिन्दू

समाज को भी अपने भीतर झाँककर देखने के लिए मजबूर किया है, विचार करने के लिए मजबूर किया है। इस काम को आपने दो दशकों के अल्पकाल में ही करके दिखाया है, यह बात जितनी चमत्कारिक है उतनी आनन्द देनेवाली और आशादायी भी है। भयंकर दलित और अछूत समाज में आपके जैसा असाधारण नेता पैदा हुआ है। यह अछूत जनता का ही नहीं बल्कि सम्पूर्ण हिन्दी जनता का परमभाग्य है।

तेरह साल पहले आपके नेतृत्व में इसी शहर के चवदार तालाब पर पानी पीकर हजारों अछूत भाइयों ने अपना नागरिक समानता का हक कायम किया है। उसके बाद यहाँ के जनमत में प्रशंसा योग क्रान्ति हुई है और वह भी आपके ही कारण हुई है। हम अपने महाड के नागरिकों की ओर से आपको यह आश्वासन देना चाहते हैं कि आपके अछूतोत्थान के महान कार्य को यहाँ के लोगों का समर्थन है।

आपने जिन लोगों में जन्म लिया है उस अछूत समाज के उत्थान के लिए आपके मन में जो बेचैनी है वह पिछले बीस साल में कई छोटे-बड़े अवसरों पर जनता ने अनुभव की है। जिस विशेष सामाजिक स्थिति में आपको अछूत जनता को राजनीतिक और सामाजिक उत्थान करना है उसके बारे में सोचने पर आपके आन्दोलन का स्वरूप बाहरी तौर पर जातीय दिखाई देने पर भी उसकी मूल प्रेरणा राष्ट्रीय है। इस बात को ज्ञानी लोगों को भी स्वीकार करना पड़ेगा। गोलमेज परिषद के समय और पूना पैक्ट के समय आपने स्थिति के अनुसार स्वजनहित और राष्ट्रहित को एक साथ रखने का पूरा प्रयास किया है। आपने राजनीतिक क्षेत्र में जो काम किया है उसके बारे में जिनको पूरी जानकारी है ऐसे हिन्दी नागरिकों के मन में आपके प्रति पूरी सम्मान की भावना है।

आपने तीन साल में स्वतंत्र मजदूर पार्टी की स्थापना करके अपने राजनीतिक कार्यक्षेत्र को बढ़ाया है। आप केवल अछूत ही नहीं बल्कि देश के मेहनतकश, दलित, किसान, मजदूर वर्ग के उत्थान के लिए जो मेहनत कर रहे हैं वह वास्तव में अभिनन्दन करने योग्य है।

इस देश का दलित और मेहनतकश वर्ग आपकी ओर बड़ी उम्मीद से देख रहा है। उनकी उम्मीदें आपके हाथों सफल हों और उसके लिए आपको लम्बी उम्र और स्वास्थ्य लाभ हो इस प्रकार की प्रार्थना करके हम लोग आपको यह सम्मानपत्र बड़े आदर के साथ और अपनत्व की भावना से अर्पण कर रहे हैं। आप उसको स्वीकार करें यही आपसे विनम्र अनुरोध है।

आपके नम्र सेवक
विष्णु नरहरी खोडके,
प्रेसीडेंट, महाड म्यूनिसिपैलिटी, महाड

सा. जनता, 23 और 30 मार्च, 1940

परिशिष्ट : पाँच

प्रस्ताव-1 : निजाम सरकार की सीमा में वतनदार महार, मातंग लोगों को जिस प्रकार के काम करने पड़ते हैं उनकी ओर ध्यान दिया जाए तो लगता है कि उनको सरकार की ओर से उचित मुआवजा नहीं मिलता। इसलिए यह परिषद निजाम सरकार से माँग करती है कि महार, मातंग लोगों को सरकारी जंगल भूमि देकर इन लोगों के पेट का सवाल हल किया जाए।

प्रस्ताव-2 : निजाम राज्य में रहनेवाले अछूत लोगों की ओर किसी भी प्रकार से ध्यान नहीं दिया जा रहा है, इसलिए यह परिषद सरकार से अनुरोध करती है कि सरकार की ओर से उनके पढ़ाई-लिखाई की व्यवस्था तुरन्त की जाए।

प्रस्ताव-3 : यह परिषद निजाम सरकार से माँग करती है कि नए संविधान में निजाम राज्य की अछूत जनता को उनकी जनसंख्या के अनुसार प्रतिनिधित्व दिया जाए।

सा. जनता, 1 मार्च और 8 मार्च, 1941

परिशिष्ट : छह

अखिल भारतीय दलित वर्ग महिला परिषद में स्वीकृत प्रस्ताव—

प्रस्ताव-1 : यह परिषद अ.भा. दलित वर्ग परिषद में 19 जुलाई, 1942 में स्वीकृत प्रस्तावों का पूरी तरह से समर्थन करती है।

प्रस्ताव-2 : अपने समाज में पति-पत्नी में विवाद उत्पन्न होने पर दोनों को नाता तोड़ देने के हक को कानूनी मान्यता होनी चाहिए। इसलिए यह परिषद माँग करती है कि उसके लिए सरकार को और समाज के नेताओं को कानून में उचित परिवर्तन करना चाहिए।

प्रस्ताव-3 : अपने समाज में एक व्यक्ति को एक ही समय में एक से ज्यादा औरतें करने की परम्परा प्रचलित है और वह बहुत ही अन्याय तथा जुल्म पर आधारित है। इसलिए यह परिषद इस तरह की माँग करती है कि एक से अधिक औरतें करने की परम्परा पर कानून से पाबन्दी लगनी चाहिए।

प्रस्ताव-4 : भारत की कपड़ा मिलों में काम करनेवाली मजदूर महिलाओं को, बीड़ी मजदूर महिलाओं को, म्यूनिसिपल और रेलवे मजदूर महिलाओं को अपने प्रतिष्ठानों में काम करते समय अन्य कर्मचारियों की तरह साल में 21 दिन की कैजुअल छुट्टी और एक माह की अधिकार की छुट्टी और काम करते समय दुर्घटना घटी तो उचित मुआवजा मिलना चाहिए। उसी प्रकार जिस संस्था में बीस साल की नौकरी पूर्ण हो उसके बाद कम से कम हर माह 15 रुपये पेंशन दिलवाने की योजना सरकार को कानून के द्वारा करने की व्यवस्था करनी चाहिए। इस प्रकार की माँग यह परिषद माननीय वायसराय के कार्यकारी मंडल के मजदूर मंत्री से कर रही है।

प्रस्ताव-5 : (अ) पढ़ाई-लिखाई की दृष्टि से महिला समाज काफी पिछड़ा हुआ है। इसलिए यह परिषद माँग करती है कि उनमें शिक्षा का प्रचार करने के लिए हर राज्य सरकार को हर इलाके

में 50 लड़कियों के लिए एक छात्रावास सरकारी खर्च पर चलाना चाहिए।

(ब) अछूत समाज बहुत ही गरीब होने की वजह से माँ-बाप अपनी लड़कियों को सामान्य और उच्च दर्जे की शिक्षा नहीं दे पाते। लेकिन शिक्षा प्राप्त करने की इच्छा रखनेवाली अछूत समाज की हर छात्रा को सभी सरकारी और गैर-सरकारी स्कूलों में फ्रिशिप और स्कॉलरशिप देने की व्यवस्था हर राज्य सरकारों को तुरन्त अपनानी चाहिए। इस प्रकार की माँग इस परिषद के द्वारा की जाती है।

(स) यह परिषद सभी राज्य सरकारों से अनुरोध करती है कि अछूत महिला की अशिक्षा और पिछड़ापन ध्यान में रखकर उनके लिए अनिवार्य प्राथमिक शिक्षा की योजना बनाकर हर राज्य सरकार को उसको तुरन्त अमल में लाना चाहिए।

प्रस्ताव-6 : कपड़ा मिलों में काम करनेवाली महिला मजदूरों पर नजर रखने के लिए कई जगह पुरुष मजदूर नियुक्त किए जाते हैं, जिसकी वजह से कई अवसरों पर मजदूर महिलाओं पर अन्याय होता है। इसलिए सरकार से अनुरोध है कि कपड़ा मिलों में या अन्यत्र समूह में काम करनेवाली मजदूर महिलाओं पर नजर रखने के लिए महिला मजदूर की ही नियुक्ति की जाएगी, इस प्रकार की कानूनी व्यवस्था करनी चाहिए।

प्रस्ताव-7 : जिस प्रकार राज्य और केन्द्रीय विधिमंडल की तरह स्थानिक स्वराज्य संस्थाओं में महिला प्रतिनिधियों को लिया जाता है, उसी प्रकार दलित महिलाओं के सम्पूर्ण विकास के लिए उनके प्रतिनिधि, उक्त सभी जगह आरक्षित सीटों द्वारा नियुक्त करने की कानूनी व्यवस्था सरकार को करनी चाहिए।

प्रस्ताव-8 : यह परिषद इस प्रकार का निर्णय करती है कि 'अखिल भारतीय दलित महिला फेडरेशन' की स्थापना की जा रही है। उसके लिए आवश्यक कोष इकट्ठा करने की जरूरत है।

कोसारे, एच.एल.—विदर्भातील दलित चळवळीचा, पृ. 419-420

परिशिष्ट : सात

सन् 1942 की अ.भा. दलित वर्ग परिषद के प्रस्ताव

प्रस्ताव-1 : **क्रिप्स योजना नामंजूर**

यह परिषद इस प्रकार की घोषणा करती है कि ब्रिटिश सरकार ने संवैधानिक परिवर्तन करने की जो योजना सर स्ट्रॅफर्ड क्रिप्स के द्वारा भेजी है उसको दलित समाज पूरी तरह अस्वीकार करता है। यह योजना एक तरह से दलित समाज के साथ विश्वासघात है। ब्रिटिश सरकार की ओर से भारत के वायसराय ने 8 अगस्त, 1940 की घोषणा द्वारा जो सार्वजनिक आश्वासन दिया था कि जिस संविधान को दलित वर्ग की मान्यता नहीं रहेगी उस प्रकार का कोई भी संविधान उन पर लादा नहीं जाएगा। लेकिन यह योजना उस आश्वासन को भंग करनेवाली है, इस तरह का इस परिषद का मत है।

क्रिप्स योजना का विरोध

कांग्रेस की इस माँग को कि नए संविधान को संविधान समिति स्थापित करके उसके द्वारा बनाया जाए, इसको ब्रिटिश सरकार ने स्वीकार किया है इसलिए, उसी प्रकार दलित वर्ग के हित सम्बन्धों की सुरक्षा के बारे में नई भारतीय राष्ट्रीय सरकार और इंग्लैंड की ब्रिटिश सरकार में किए जानेवाले समझौते की योजना को इस परिषद का जबर्दस्त विरोध है।

प्रस्ताव-2 : **संविधान को मंजूरी आवश्यक**

यह परिषद इस प्रकार की घोषणा करती है कि जिस संविधान में निम्न बातों की व्यवस्था नहीं होगी उस प्रकार के किसी भी संविधान को दलित वर्ग मंजूर नहीं करेगा—

1. संविधान को दलित वर्ग की मान्यता
2. भारत के राष्ट्रीय जीवन में दलित वर्ग एक भिन्न, स्वतंत्र और महत्त्वपूर्ण वर्ग है इस प्रकार से संविधान की मान्यता और

3. दलित वर्ग को वास्तव में सुरक्षितता महसूस हो इस प्रकार की योजनाओं को संविधान में सम्मिलित किया जाए।
   उस प्रकार की योजनाएँ निम्न प्रस्ताव में दी गई हैं।

प्रस्ताव-3 : **नए संविधान में व्यवस्था**

दलित वर्ग में सुरक्षा की भावना पैदा होने के लिए नए संविधान में निम्न प्रकार की व्यवस्था की जानी चाहिए, इस प्रकार की इस परिषद की माँग है—

दलित वर्ग के उत्थान के लिए राज्य बजट में व्यवस्था

1. हर राज्य सरकार के बजट में दलित वर्ग के बच्चों में प्राथमिक शिक्षा का प्रचार करने के लिए, समझौते के मुताबिक तय की गई रकम देनी चाहिए। उसी प्रकार हर साल दूसरी रकम उनकी उच्च शिक्षा की प्रगति के लिए देनी चाहिए। इस प्रकार की रकम राज्य सरकारों की तिजोरी पर पहला बोझ होना चाहिए।

   मंत्रिमंडल में प्रतिनिधित्व

2. केन्द्रीय और राज्य के मंत्रिमंडलों में दलित वर्ग को कानूनी तौर पर प्रतिनिधित्व मिलने की व्यवस्था की जानी चाहिए। और यह प्रतिनिधित्व उनकी संख्या, उनकी आवश्यकताएँ और उनका महत्त्व ध्यान में रखकर तय किया जाना चाहिए।

   सरकारी नौकरियों में प्रतिनिधित्व

3. दलित वर्ग को सरकारी नौकरियों में कानून सम्मत प्रतिनिधित्व मिलने की व्यवस्था की जानी चाहिए। और इस प्रकार का प्रतिनिधित्व उनकी संख्या, उनकी जरूरत और उनका महत्त्व ध्यान में रखकर तय किया जाना चाहिए। न्याय, पुलिस और गृह जैसे सरकार के सुरक्षित विभागों में दलित वर्ग के लिए निश्चित किए गए प्रमाण, कम से कम योग्यता के नियम के अनुसार, दस साल की सीमा में भरे जाने चाहिए, इस बात का आग्रह यह परिषद करती है।

   विधिमंडल और स्थानिक स्वराज्य संस्थाओं में कानून के अनुसार प्रतिनिधित्व

4. सभी विधि-मंडल और स्थानीय स्वराज्य संस्थाओं आदि में दलित वर्ग को उनकी संख्या, जरूरत और महत्त्व को ध्यान में रखते हुए कानून के द्वारा प्रतिनिधित्व मिलने की गारंटी होनी चाहिए।

स्वतंत्र मतदार संघ

5. सभी विधिमंडल और स्थानिक स्वराज्य संस्थाओं आदि में दलित वर्ग को स्वतंत्र मतदार संघ के द्वारा कानूनी तौर पर प्रतिनिधित्व मिलने की व्यवस्था होनी चाहिए।

लोकसेवा आयोग पर प्रतिनिधित्व

6. केन्द्रीय सरकार द्वारा राज्य पब्लिक सर्विस कमिशन पर दलित वर्ग को कानून के द्वारा प्रतिनिधित्व दिया जाए।

प्रस्ताव-4 : **ग्राम व्यवस्था में परिवर्तन**

जब तक दलित वर्गीय लोग गाँव से बाहर रहते हैं, जीवन निर्वाह के साधनों से वंचित रहते हैं, वे सवर्ण हिन्दुओं की तुलना में जनसंख्या में कम हैं, तब तक वे अछूत ही रहेंगे। उसी प्रकार उन पर सवर्ण हिन्दुओं का जो अन्याय, जुल्म हो रहा है वह भी बरकरार रहेगा। और वे लोग स्वतंत्र तथा पूर्ण विकसित जीवन कभी जी नहीं पाएँगे। सवर्ण हिन्दुओं के द्वारा दलितों पर जो अन्याय, जुल्म हो रहा है उससे दलितों की सुरक्षा करने के लिए, उनके पुरुषत्व का पूर्ण विकास करने के लिए, उनको आर्थिक और सामाजिक सुरक्षा मिलनी चाहिए, उसी प्रकार उन पर लादी गई अछूतपन की व्यवस्था को समूल नष्ट करने के लिए, यह परिषद गम्भीर और गहन अध्ययन के बाद इस निष्कर्ष पर पहुँची है कि भारत में सदियों से चली आई और आज भी प्रचलित गाँव (गाँव-देहात) व्यवस्था में बुनियादी परिवर्तन करना जरूरी है क्योंकि दलित वर्ग पर सदियों से सवर्ण हिन्दू लोगों की ओर से जो अन्याय, जुल्म हो रहा है उसका मूल इसी गाँव-व्यवस्था में है। इसमें परिवर्तन करने की जरूरत को ध्यान में रखते हुए इस परिषद की यह राय है कि राज्य व्यवस्था में संविधान के द्वारा परिवर्तन करना जरूरी है, उसी प्रकार आज की प्रचलित गाँव व्यवस्था में भी निम्न प्रकार के सुझाव के अनुसार परिवर्तन करना जरूरी है—

स्वतंत्र और नए गाँव का निर्माण

1. आज जहाँ अछूतों की बस्तियाँ हैं वहाँ से हटाकर सवर्ण हिन्दुओं की बस्तियों से दूर अछूतों की स्वतंत्र बस्तियाँ बनाने की व्यवस्था संविधान में की जाए।

सेटलमेंट कमिशन

2. अछूत वर्ग की बस्तियों के नए गाँव निर्माण करने के लिए सेटलमेंट कमिशन स्थापित करने की व्यवस्था संविधान में होनी चाहिए।

अछूत वर्ग के लिए भूमि

3. जो भूमि किसी भी प्रकार के इस्तेमाल में नहीं है इस प्रकार की सम्पूर्ण सरकारी खेती योग्य भूमि अछूत वर्ग की नई बस्तियाँ निर्माण करने के लिए सेटलमेंट कमिशन को सुपुर्द की जाए।

नई भूमि लेने का अधिकार

4. अछूत वर्ग की नई बस्तियों की योजना अमल में लाने के लिए लैंड ऑक्विजिशन कानून के तहत निजी स्वामित्व की नई जमीन खरीदने का अधिकार कमिशन को चाहिए।

केन्द्र सरकार की ओर से पाँच करोड़ की हर वर्ष व्यवस्था

5. इस योजना के कार्य को पूरी तरह सफल बनाने के उद्देश्य से केन्द्र सरकार की ओर से कमिशन को हर साल कम से कम पाँच करोड़ रुपये का अनुदान मिलने के बारे में संविधान में व्यवस्था होनी चाहिए।

प्रस्ताव-5 : **अखिल भारतीय शेड्यूल्ड कास्ट फेडरेशन की स्थापना**

इस परिषद की यह राय है कि दलित वर्ग का राजनीतिक आन्दोलन चलाने के लिए अब केन्द्रीय राजनीतिक संगठन स्थापित करने का समय आ गया है। इसलिए भारत के दलित वर्ग का केन्द्रीय राजनीतिक संगठन होने के उद्देश्य से यह परिषद 'अखिल भारतीय शेड्यूल्ड कास्ट फेडरेशन' स्थापित करने का निर्णय करती है और सभी स्थानीय राजनीतिक संस्थाओं को इस केन्द्रीय संगठन में सम्मिलित होना चाहिए और उसी के अन्तर्गत रहकर काम करना चाहिए, इस प्रकार का आवाहन करती है। अखिल भारतीय शेड्यूल्ड कास्ट फेडरेशन का संविधान बनाने के लिए परिषद के अध्यक्ष को एक समिति बनाने का अधिकार दिया जा रहा है और परिषद के अध्यक्ष उस समिति के अध्यक्ष होंगे। यह कमेटी अपने संविधान का प्रारूप निम्न सदस्यों के प्रोविजनल काउंसिल के सामने रखेगी और उनकी स्वीकृति से यह संविधान अमल में आएगा।

अ. भा. शेड्यूल्ड कास्ट फेडरेशन

प्रोविजनल काउंसिल के सदस्य

अध्यक्ष

रावबहादुर एन. शिवराज (मद्रास)

सदस्य—

बंगाल— 1. आर.एल. विश्वास,
2. ए.डी. रॉय,
3. आर.एस. धुसिया,
4. बी.सी. मंडल।

मुम्बई— 1. डी.जी. जाधव,
2. पी.एन. राजभोज,
3. बी.के. गायकवाड़।

पंजाब— 1. गोपाल सिंह,
2. सेठ किसन दास।

मध्य प्रान्त—

वरहाड— 1. आर.वी. कवाडे,
2. के.एच. शेंदरे,
3. एच.एल. कोसारे।

यू.पी.— 1. रायसाहब शामलाल,
2. रायसाहब राम सहाय,
3. डॉ. नन्दलाल जायसवाल,
4. बद्री प्रसाद वाल्मीकि,
5. बाबू तिलक चन्द।

कोसारे, एच.एल.—विदर्भातील दलित चळवळीचा, पृ. 412 से 416

परिशिष्ट : आठ

दिनकर राव जवलकर का दिनांक 27 दिसम्बर, 1927 को महाड सत्याग्रह परिषद में भाषण—

"यह बात सच है कि धर्म की लड़ाई लड़ने के लिए हम लोग यहाँ आए हैं। लेकिन अफसोस की बात है कि कुछ मराठा लोग आप लोगों का विरोध कर रहे हैं। इसके लिए मराठा होने के कारण मुझे बड़ी शर्म महसूस हो रही है। आज तक हम मराठाओं और ब्राह्मणों ने आप लोगों को जिस तरह से सताया उसके लिए हम लोग पापी हैं।

हम लोगों ने आप लोगों के हाथ में जो झाड़ू थमाया है उसको आप लोगों को फेंक देना चाहिए। जहाँ हमारा हक है वहाँ तुम्हारा भी हक है। आपके नेता बैरिस्टर अम्बेडकर ने जो आन्दोलन शुरू किया है वह आप लोगों के अधिकारों की स्थापना के लिए है। मैं दो बार जेल गया हूँ। जेल से डरने का कोई कारण ही नहीं है। अंग्रेज सरकार के जेल में जातिभेद नहीं है। बाहर के इस जात-पाँतवादी नरक में जीने की बजाय जेल में जाना अच्छा है।

मैं और जेधे यहाँ आप लोगों के प्रति सत्यशोधक समाज की हमदर्दी दिखाने के लिए आए हैं। मराठा लोग महारों से ज्यादा से ज्यादा काम करवाते हैं। उनकी पीड़ा को देखकर कुलकर्णी (पटवारी) भी नहीं पसीजते। मराठाओं का अगला जन्म अछूतों के परिवारों में हो। अछूतों में डॉ. अम्बेडकर जैसा ज्ञानी और कर्मवीर नेता नहीं हैं। वे आप लोगों के लिए काम कर रहे हैं। आप लोगों को उनका साथ देना चाहिए।

भारत का भगवान (ईश्वर) ब्राह्मणवादी है। वह भगवान आप लोगों के दु:खों को नष्ट करनेवाला नहीं है। उसको डॉ. अम्बेडकर जैसा व्यक्ति ही नष्ट कर सकता है। यदि आज मैं महार होता तो निश्चित रूप से आप लोगों के साथ जेल में आया होता। आप लोगों को कानून की परवाह किए बगैर अपने हक को स्थापित करना चाहिए। आज का यह दिन हिन्दुओं के इतिहास में बहुत ही महत्त्वपूर्ण माना जाएगा। आप लोगों को जेल से डरने का कोई कारण ही नहीं है। इस प्रकार का डर घी-रोटी खानेवाले ब्राह्मणों को हो सकता है। सवर्णों (हिन्दू) की अक्ल को ठिकाने लगाना आप लोगों के हाथ में है। आप लोग हिन्द पुत्र हैं। 'हर हर महादेव' कहकर तालाब

पर कब्जा कीजिए और आप लोगों के सेनापति डॉ. अम्बेडकर साहेब जैसा कहेंगे, वैसा ही कीजिए। यह मेरी अपनी राय है। ब्राह्मणेतर (गैर-ब्राह्मण) पार्टी की राय दूसरी है। उसी बात को बताने के लिए मैं यहाँ आया हूँ। आप लोगों के लिए ब्राह्मणेतर पार्टी का इस प्रकार का सन्देश है कि फरियादी का फैसला होने तक सत्याग्रह को स्थगित रखिए। इस पार्टी की यह सलाह है कि सरकार से विरोध करने में अछूत वर्ग की कोई भलाई नहीं है।"

उसके बाद केशवराव जेधे जी ने अपने भाषण में कहा—

"जिन लोगों ने आप लोगों को सताया, प्रताड़ित किया उनका मुकाबला आप लोगों को करना चाहिए। यह लड़ाई इनसानियत के हकों की स्थापना के लिए है। जिस तालाब पर गधे और कुत्ते पानी पीते हैं उस तालाब पर जाने के लिए आप लोगों को रोकना बड़े शर्म की बात है। आप लोगों ने भाला[1], संग्राम[2] और मनुस्मृति को जलाया बहुत ही अच्छा काम किया है। सत्याग्रह करके जेल में जाना अच्छी बात है। जो लोग आप लोगों का विरोध करते हैं उनकी बात मत सुनिए।"

---

1. एक ब्राह्मणवादी और ब्राह्मणों द्वारा प्रकाशित पत्रिका।
2. यह भी एक ब्राह्मणवादी पत्रिका।

परिशिष्ट : नौ

अ.भा. समता सैनिक दल, पहला सम्मेलन, नागपुर
दिनांक 20 जुलाई, 1942

प्रस्ताव-1 : (अ) समता सैनिक दल की यह परिषद नागपुर में आयोजित अखिल भारतीय दलित परिषद में मंजूर सभी प्रस्तावों का समर्थन करती है और इसमें मंजूर प्रस्तावों को वास्तव में अमल में लाते समय समता सैनिक दल तन-मन-धन से अपनी जिम्मेदारी को निभाएगा इस प्रकार की घोषणा करता है।

(ब) यह परिषद समता सैनिक दल को चाहनेवालों से आग्रह करती है कि हर राज्य में मुख्य शहरों में समता सैनिक दल की शाखाएँ स्थापित की जाएँगी।

(स) अ.भा. समता सैनिक दल का संविधान बनाने के लिए दल के अधिकारियों की एक उपसमिति नियुक्त की जा रही है। इस समिति को मुम्बई मध्यप्रान्त और अन्य जगह समता सैनिक दल का जो संविधान है उसका अध्ययन कर अ.भा. समता सैनिक दल के लिए अनुकूल संविधान बनाना चाहिए। स.सै.दल की उपसमिति के निम्न प्रकार से पाँच सदस्य होंगे—

1. एम.एम. ससालेकर, ज. सेक्रे. स.सै. दल, मुम्बई
2. एस.बी. जाधव, सेक्रे. स.सै. दल, मुम्बई
3. आर.आर. पाटील, ज. सेक्रे. स.सै. दल, मध्य प्रान्त-बरहाड
4. ए.एल. कोसारे, अध्यक्ष. स.सै. दल, मध्य प्रान्त-बरहाड
5. पी.एल.के. तलीब, (पीएच.डी.) लखनऊ (उ.प्र.)

प्रस्ताव-2 : भारत पर जर्मन, जापान फॉसिस्टों का फौजी हमला होने की सम्भावना है। ऐसे समय भारत की अखिल भारतीय जनता की फॉसिस्ट विरोधी मजबूत एकता का मोर्चा खड़ा करना जरूरी है। इसलिए यह परिषद सभी हिन्दी जनता को संगठित होने का आवाहन करती है।

प्रस्ताव-3 : समता सैनिक दल का दूसरा सम्मेलन जब पंजाब में अ.भा. दलित वर्ग परिषद होगी उस समय लिया जाए।

कोसारे, एच.एल. : विदर्भातील दलित चळवळीचा, पृ. 425

परिशिष्ट : दस

प्रस्ताव-1 : इस परिषद का अनुरोध है कि देश के विभिन्न भागों में अछूतों के जो अलग-अलग स्वयंसेवक संघ हैं उनको एक करने के लिए उनको समता सैनिक दल जैसे अखिल भारतीय दल में सम्मिलित होना चाहिए।

प्रस्ताव-2 : यह परिषद इस प्रकार की घोषणा करती है कि अखिल भारतीय दलित वर्ग फेडरेशन की अलग-अलग शाखाओं को अपनी-अपनी सीमा समता सैनिक दल के बल को बढ़ाने के लिए स्वयंसेवक पथक की स्थापना करके उनको संगठित करना चाहिए, इस प्रकार की हमारी निश्चित राय बन चुकी है।

प्रस्ताव-3 : यह परिषद इस प्रकार का अनुरोध करती है कि अखिल भारतीय दलित फेडरेशन की सभी शाखाओं को अपने-अपने स्वयंसेवकों को आवश्यक शिक्षा देने के लिए शिक्षा केन्द्र और छावनियाँ स्थापित करनी चाहिए।

प्रस्ताव-4 : इस परिषद की यह स्पष्ट मान्यता है कि भारत सरकार सुरक्षा कानून के अनुसार स्वयंसेवक संस्थाओं पर थोपे गए प्रतिबन्ध गलत और असमर्थनीय है इसलिए फॉसिस्ट विरोधी समता सैनिक दल जैसे स्वयंसेवक संस्था के विकास में इस प्रकार के प्रतिबन्धों से बेवजह रुकावट पैदा होती है। इसलिए इस परिषद की माँग है कि इन प्रतिबन्धों को तुरन्त हटाया जाए।

प्रस्ताव-5 : अखिल भारतीय दलित फेडरेशन ने अभी अपने सम्मेलन में जो प्रस्ताव मंजूर किए हैं उन सभी प्रस्तावों को इस परिषद की मान्यता है।

प्रस्ताव-6 : (अ) समता सैनिक दल का संविधान बनाने के लिए यह परिषद निम्न मान्यवरों की एक समिति नियुक्त कर रही है—

1. बी.के. गायकवाड़ (अध्यक्ष)
2. एम.एम. ससालेकर (सदस्य)

3. एस.बी. जाधव (सदस्य)
4. आर.आर. पाटील (सदस्य)
5. के.एन. वाल्मीकि (सदस्य)
6. ए.एल. कोसारे (सदस्य)
7. पी.एल. ललिंगकर (सदस्य)

(ब) यह परिषद अगले साल के लिए (1944-45) निम्न मान्यवरों की वर्किंग कमेटी नियुक्त कर रही है—

1. बी.के. गायकवाड़ (अध्यक्ष) महाराष्ट्र
2. एम.एम. ससालेकर (ज.से.) मुम्बई
3. आर.आर. पाटील (ज.से.) मध्य प्रान्त
4. के.एम. वाल्मीकि (सदस्य) संयुक्त प्रान्त
5. ए.एल. कोसारे (सदस्य) मध्य प्रान्त
6. पी.परमार (सदस्य) गुजरात
7. एस.बी. जाधव (सदस्य) मुम्बई

जिन राज्यों को प्रतिनिधित्व नहीं मिला होगा उनको प्रतिनिधित्व देने के लिए, जरूरी सदस्य नियुक्त करने का अधिकार यह परिषद वर्किंग कमेटी को देती है।